NATURZEIT MIT KINDERN

OSTSEEKÜSTE
MECKLENBURG-VORPOMMERN

Lena Marie Hahn | Stefanie Holtkamp

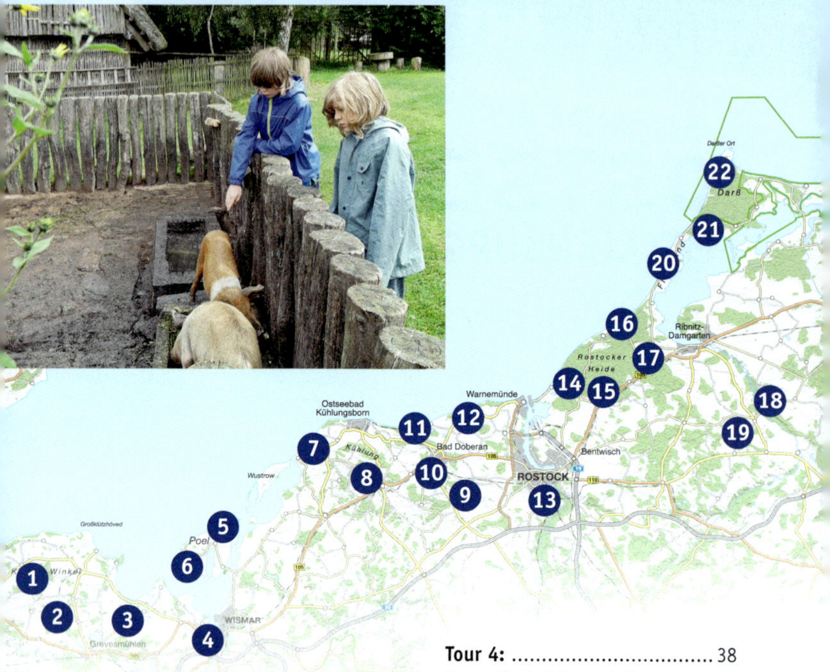

Ostseeküste mit Kindern

Wander- und Entdeckertouren

KLÜTZER WINKEL UND WISMARER BUCHT

ROSTOCK UND FISCHLAND-DARSS

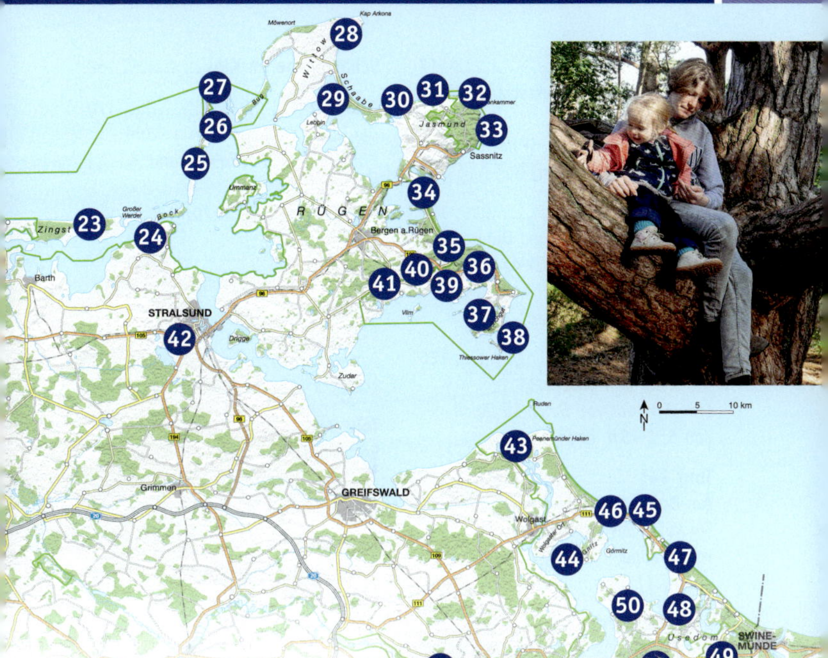
Kap Arkona
Möwenort
Wittow
Schaabe
Jasmund
Sassnitz
Lebbin
Bug
Ummanz
RÜGEN
Bergen a.Rügen
Großer Werder
Bock
Zingst
Barth
STRALSUND
Drigge
Vilm
Thiessower Haken
Zudar
Grimmen
GREIFSWALD
Ruden
Peenemünder Haken
Wolgast
Görmitz
Usedom
SWINE-MÜNDE
ANKLAM
0 5 10 km
N

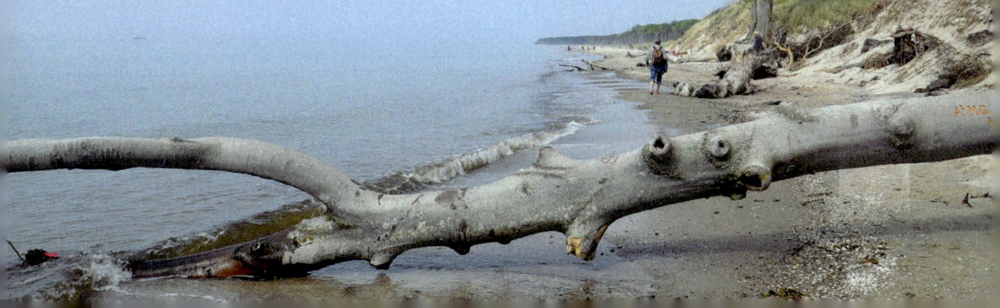

Badeparadies und Abenteuerland
Urlaub mit Kindern an der Ostsee

Bereits im 18. Jahrhundert entdeckte der mecklenburgische Großherzog Friedrich Franz, dass das Bad in der Ostsee heilsame Wirkung habe, und gründete das Seebad Heiligendamm. Damit begann im Jahr 1793 der Badetourismus an der deutschen Ostsee. Heute ist die Küste zwischen Wismar und dem Stettiner Haff eines der beliebtesten Urlaubsgebiete Deutschlands.

Die meistbesuchten Badeziele sind die beiden großen Inseln Rügen und Usedom und die Halbinsel Fischland-Darß-Zingst, die alle lange Sandstrände zu bieten haben. Typisch sind die Seebäder, beginnend bei Boltenhagen und Kühlungborn in der Mecklenburgischen Bucht über die Bernsteinbäder Binz, Sellin, Baabe und Göhren auf Rügen und die Kaiserbäder im Süden der Insel Usedom. Sie stehen für buntes Badeleben mit Kulturprogramm, Souvenirläden, Strandkörben, Seebrücke, Strandpromenade mit schönen alten Villen, Hüpfburg am Meer und große gastronomische Auswahl. Besonders gefallen uns die Orte Binz und Ahlbeck sowie Bad Doberan mit seinem geschichtsträchtigen Seebad Heiligendamm. An der durch etliche Lagunen zerklüfteten, ungefähr 2000 Kilometer langen Küstenlinie Mecklenburg-Vorpommerns gibt es aber auch noch viele kleine Buchten und versteckte Plätze am Wasser. Wer es gerne still und ursprünglich hat, sollte sich auf der kleinen Insel Poel nach einem Quartier umsehen oder auf der autofreien Insel Hiddensee. Alternativ kann man sich auf den Inseln auch ein Quartier am Bodden suchen.

Im Sand buddeln, in der Sonne liegen, Burgen bauen und in den Wellen toben ist ein wunderbares Urlaubsvergnügen. Aber die Region an der Ostseeküste ist weit mehr als das größte Planschbecken Deutschlands. Entfernt man sich ein Stückchen vom Sandstrand, lassen sich bei einer Kanutour auf den Flüssen im Hinterland Biber, Reiher und Seeadler beo-

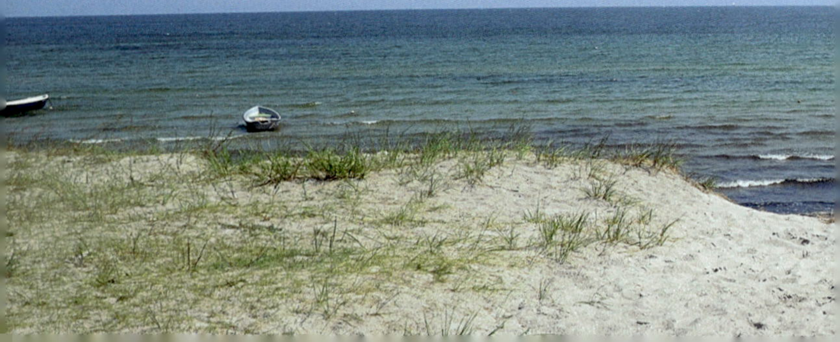

bachten. Mit dem Fahrrad erforschen wir die Ostsee abseits der Seebäder und radeln zu abgelegenen Stränden, an denen niemand Strandkörbe aufstellt oder Eis verkauft. Die schmalen Pfade an den Hochufern lassen sich dagegen besser zu Fuß erkunden und an den stillen Kiesstränden auf Rügen und Usedom kann man Hühnergötter finden, Steine werfen und auf Felsen klettern.

Reist man außerhalb der Badesaison an die Ostsee, ist dort wilde, ursprüngliche Natur zu entdecken. Am Meer lassen sich die Möwen im Wind treiben und man kann, wenn es warm genug ist, barfuß über menschenleere Strände spazieren und anschließend in einem der gemütlichen Ostsee-Cafés eine heiße Schokolade trinken.

Im September und Oktober sammeln sich die Kraniche am Bodden und ihre trompetenartigen Rufe schallen weit über die Felder. Von mehreren Aussichtstürmen oder bei einer Bootstour können wir den abendlichen Flug zu den Schlafplätzen beobachten. Im Frühsommer und Herbst ist auch die beste Zeit zum Wandern. Besonders viele schöne Wege mit Wurzeln, Weitblick und Abenteuerfaktor gibt es auf Rügen. Das flache Fischland-Darß-Zingst, Usedom und die westliche Küste sind perfektes Fahrradland.

Die alten Hansestädte bieten ein schönes Kontrastprogramm. Die großen alten Backsteinkirchen von Wismar, Bad Doberan, Rostock und Stralsund sind auf den allerersten Blick wohl eher für Eltern interessant – schaut man genauer hin, gibt es aber auch für Kinder viel zu entdecken: sei es der Weitblick vom Kirchturm oder die Geschichte von Bruno Backstein, eine astronomische Uhr oder eine spezielle Kinderführung im Kloster von Bad Doberan.

In Stralsund gibt es auch noch das Meeresmuseum mit Haien und das Ozeaneum mit Pinguinen auf der Dachterrasse. In Marlow wartet im Vogelpark nicht nur der Tierpark, sondern auch ein Kletterparadies und in Torgelow am Stettiner Haff liegt das Ukranenland, in dem man wahrhaftig ins Mittelalter eintauchen kann. Zoo, Sommerrodelbahn und Hochseilgarten ergänzen das Kinderprogramm.

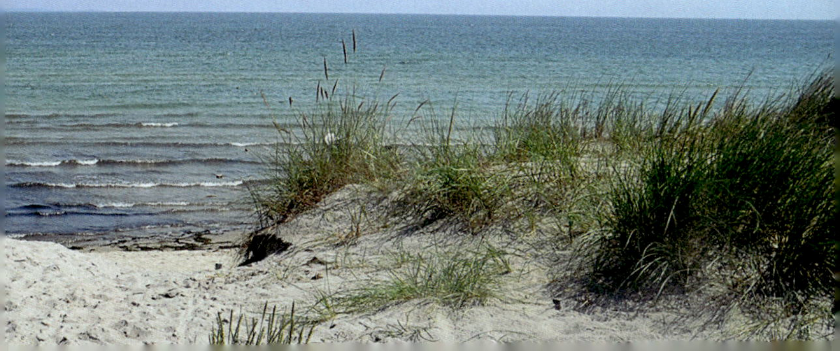

Ostsee aktiv
Sport und Spiel für Familien

Baden und Schwimmen

Besonders beliebte Ziele für den Badeurlaub sind die Inseln Usedom, Rügen und Hiddensee sowie die Halbinsel Fischland-Darß-Zingst – zu Recht, denn hier ist es wirklich besonders schön. Es gibt jedoch auch weniger bekannte und meist preisgünstigere Alternativen. Die Küste zwischen Graal-Müritz und Dierhagen und die langen Strände der kleinen Insel Poel, die vor Wismar in der Ostsee liegt, haben wir ebenfalls als sehr angenehme Badeziele erlebt.

FKK war in der DDR viel gängiger als im Westen und daher gibt es in allen Badeorten an der Küste auch FKK-Bereiche. Vor den Seebrücken badet man in Textil, rechts und links davon wechseln FKK- und Textilbereich in regelmäßigen Abständen. Die Strandzugänge sind entsprechend beschildert. Meist gibt es etwas abseits auch noch einen Hundestrand.

Weitere Badeplätze gibt es am Bodden, der allerdings eher wie ein großer See wirkt und daher als Badeziel nicht ganz so beliebt ist.

Surfen und SUP

Der Bodden ist das bevorzugte Revier der Wind- und Kitesurfer. Für die Schulung von Anfängern sind die Bedingungen hier optimal: Das Wasser bleibt lange flach und es gibt nur selten kleine Wellen. Die meisten Surfschulen verleihen auch SUPs – Surfboards, die man mit dem Paddel vorantreibt. Etwas größere Kids haben den Dreh meist schnell raus, sodass Stand-Up-Paddeln ein perfekter Sport für die ganze Familie werden kann.

Surfschulen, die auch Kinder unterrichten, gibt es zum Beispiel in Thiessow und Klein Zicker auf Rügen [› Seite 145], der kleinen Insel Ummanz [www.surfen-auf-ruegen.de] und in Zingst [www.die-surfschule.de].

Kanu und Kajak

Im Hinterland der Ostseeküste gibt es mehrere kleine Flüsse, die sich gut zum Paddeln eignen. Durch das geringe Gefälle im doch recht platten Norden Deutschlands sind sie alle auch für Anfänger im Kanu gut zu paddeln und werden teilweise

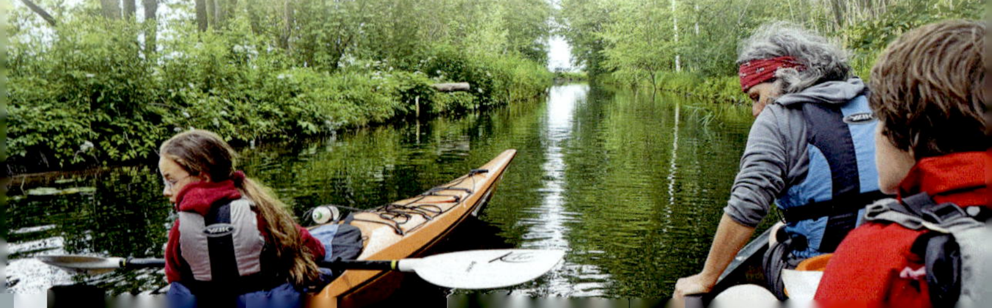

noch recht wenig befahren. Besonders geeignet für längere Paddeltouren ist die Peene **[› Tour 54]**, die über lange Strecken breit und träge durch ein Naturschutzgebiet fließt und deshalb auch gerne »Amazonas des Nordens« genannt wird. An ihrem Ufer gibt es in regelmäßigen Abständen einfache Zeltplätze. Man kann aber auch in festen Unterkünften übernachten. Ebenfalls reizvoll für kürzere Touren sind die kleineren Flüsse Recknitz **[› Tour 18]**, Tollense und Uecker.

Für Touren auf dem Bodden oder dem Achterwasser, das als große offene Wasserfläche eher ein anspruchsvolles Paddelrevier ist und nur mit Seekajaks befahren werden sollte, müssen Paddler schon etwas Erfahrung mitbringen. Einen gut organisierten Kanuverleih mit sehr gutem Material gibt es in Anklam [www.abenteuer-flusslandschaft.de].

Stationen für Kajaktouren auf Bodden, Achterwasser und Ostsee finden wir in Prerow [www.darsstour.de], in Neppermin auf Usedom [www.inselkanu.de] und auf dem Campingplatz in Lütow [www.wassersport-usedom.com].

Reiten

Reiten am Meer – das gehört wohl zu den Träumen jedes Pferdenarren. An der Ostsee ist das allerdings nur außerhalb der Badesaison möglich. Aber auch das leicht hügelige Hinterland mit viel Natur ist

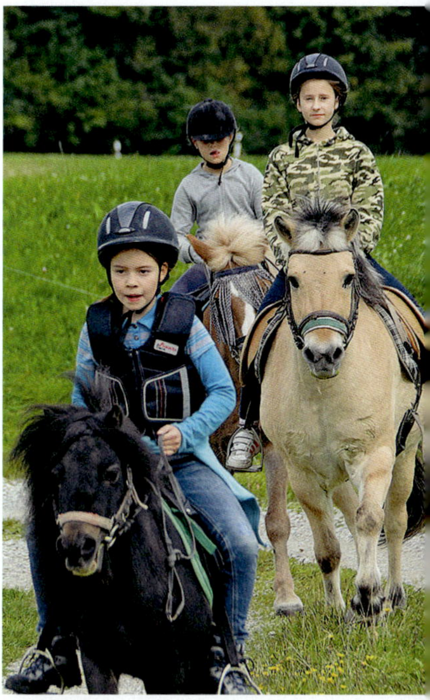

ausgesprochen schön für Ausritte. Anfänger können in der Reitbahn die Grundlagen lernen und auf vielen Höfen kann man auch ein Pony für einen Spaziergang mit den kleinsten Pferdefans leihen. Besonders geeignet, um Kinder mit Pferden vertraut zu machen, sind die spielerisch orientierten Schnuppertage, die auf einigen Höfen angeboten werden. Passende Adressen sind unter den Kinderzielen für die jeweilige Region zu finden.

Über die dort genannten Höfe hinaus gibt es weitere gute Adressen. Um sich ein Bild von einem Hof zu machen, schaut man zu allererst die Pferde an. Da die Sicherheit bei einem Reitausflug für Kinder immer ein wichtiger Aspekt sein sollte, achtet man besonders auf freundliche und gelassene Tiere. Pferde, die draußen stehen, sind zwar oft ein bisschen strubbelig und nicht glänzend gewienert, dafür aber deutlich ausgeglichener als ihre Stallkollegen. Wache Augen und ein passender Futterzustand sind wichtiger als ein sauberes Fell. Ein Sicherheitsrisiko ist dagegen ungepflegtes, brüchiges Sattelzeug. Genau wie stinkende oder dreckige dunkle Ställe ist das ein

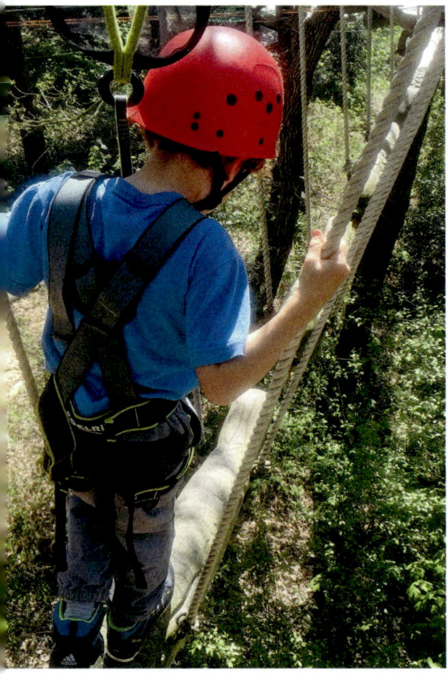

Zeichen für einen schlecht geführten Hof.

Machen die Pferde einen guten Eindruck und wir fühlen uns willkommen, sind wir dort am richtigen Platz.

Wer Pferdenarren in der Familie hat, aber verschiedene Interessen unter einen Hut bringen muss, ist vielleicht mit einer Ferienwohnung auf einem Reiterhof gut beraten. Dort können die pferdeverrückten Kids am Reitprogramm teilnehmen, während der Rest der Familie etwas anderes unternimmt. Eine gute Adresse für ein solches Arrangement sind zum Beispiel die Bernsteinreiter in der Nähe von Ribnitz-Damgarten [www.bernsteinreiter-hirschburg.de]. Aber auch auf kleineren Höfen gibt es Ferienwohnungen.

Hochseilgarten

Hoch in der Luft baumelnde Seile, Baumstämme oder Seilbahnen verbinden eine Plattform oben im Baum mit der nächsten. Professionell mit Klettergurt und Helm gesichert überwindet man den Abgrund: mal in einer Holzkistenbahn, mal heißt es auf einem Seil balancieren oder durch ein aus Seilen geknüpftes Spinnennetz steigen. Ein Hochseilgarten wirkt wie eine Mischung aus Affenkäfig und Abenteuerspielplatz. Die einfachsten Parcours sind leicht von Fünfjährigen zu meistern und befinden sich wenige Meter über dem Boden, die Profiversion schwankt in zehn bis 15 Metern Höhe in den Baumwipfeln und verlangt neben viel Mut auch recht sportliche Aktionen.

Ein Besuch im Hochseilgarten mit Kindern ist ein Familienevent: Junioren unter zwölf oder 14 Jahren dürfen nämlich nur in Begleitung eines Erwachsenen zwischen die Bäume. Gemütlich zuschauen und bewundern, wie toll der Nachwuchs das macht, ist also nicht.

Gerade weil es ein wenig Mut kostet, sich darauf einzulassen, bieten Hochseilgärten besondere und intensive Erlebnisse – sozusagen ein gemeinsam durchlebtes Abenteuer. Kinder bewegen sich zwischen den Plattformen oft viel furchtloser als Erwachsene, sodass die Eltern nicht unbedingt die tollen Helden und Lehrer sind, sondern mit ihren Kindern auf Augenhöhe stehen. Alles Wichtige erklären die Trainerinnen und Trainer. Dann zieht man auf eigene Faust los. Man kann einfach anfangen und sich vorsichtig an Schwierigeres herantasten – im eigenen Tempo und bis zu den persönlichen Grenzen. Richtet man sich bei den Grenzen nach dem ängstlichsten Familienmitglied, wird keiner überfordert, und oft sind es am Ende die Eltern, die nicht unbedingt noch weiter hinauf müssen.

Bei der Wahl eines passenden Hochseilgartens für einen ersten Versuch sollte man auf eine Auswahl an einfachen Einsteigerparcours achten. Nur so kann man die Anforderungen langsam steigern. Alle Anlagen an der Ostsee sind sehr familienorientiert und erfüllen diese Voraussetzungen. Nur an der Hohen Düne in Marktheidenfeld gibt es kaum Parcours in mittlerer Höhe, sodass man von drei gleich auf acht Meter hinaufsteigen muss.

Fahrradtouren

Die ganze Küstenlinie Mecklenburg-Vorpommerns ist für Radfahrer gut erschlossen. Auf dem Ostseeküstenradweg, der gut ausgebaut teilweise wirklich nahe am Meer entlangführt, könnte man die ganze Distanz von Lübeck bis zur polnischen Grenze erradeln. Der Langstreckenradweg führt dann durch Polen weiter ins Baltikum. Rund um die Touristenorte an der Ostsee gibt es viele weitere Fahrradwege.

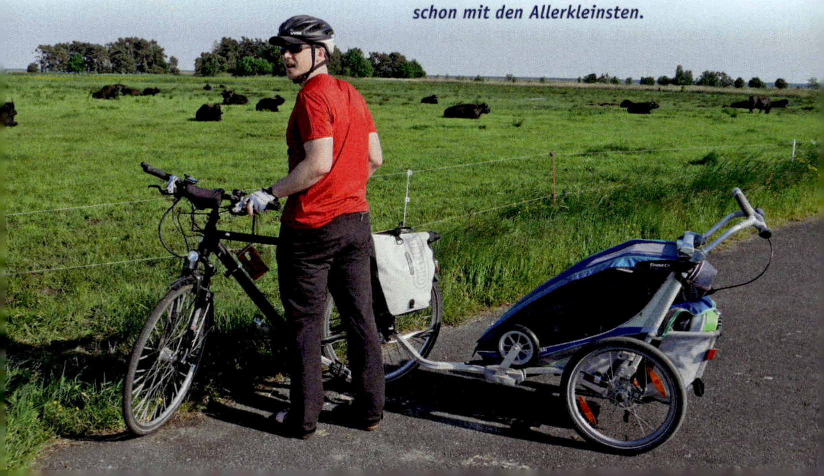

Fahrradtouren funktionieren auch schon mit den Allerkleinsten.

Leider ist es falsch, dass man im angeblich ja flachen Norden immer mühelos vorankommt. Neben dem Wind, der eigentlich immer direkt von vorne kommt, fordern auch einige Hügel gute Kondition – deutlich mehr, als wir erwartet hätten. E-Bikes sind an der Ostseeküste durchaus keine Ausnahmeerscheinung. Trotzdem sind Fahrradtouren eine sehr gute Möglichkeit, neben den schicken und tendenziell

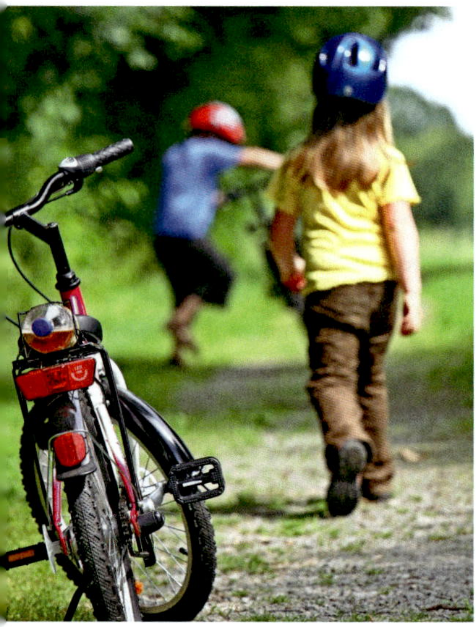

vollen Badeorten auch stille Natur und abgelegene Strände zu entdecken. Wir haben für dieses Buch Routen mit mäßigen Höhenunterschieden ausgesucht.

Wer zu Hause gute geländegängige Räder hat und viel mit dem Rad unterwegs sein will, sollte diese, wenn möglich, mitnehmen. Es findet sich zwar in den meisten Orten und an allen im Buch beschriebenen Touren ein Verleih, die Räder sind aber meist einfache Dreigang-Räder. Auch Kinderräder sind nicht überall verfügbar. Um flexibler zu sein, kann es auch Sinn machen, wenigstens diese ins Auto zu laden. Die Tagesmiete für ein einfaches Fahrrad liegt zwischen € 7 und € 12. Meist werden auch Kindersitze, Kinderfahrradanhänger und Anhängeräder verliehen.

Hike and Bike mit Zwergen

Mit Kindern im Kindergartenalter zu wandern, ist für Eltern meist eine Geduldsprobe. An jeder Ecke gibt es etwas Interessantes zu sehen und vorwärts geht es nur sehr langsam. So schön es sein kann, sich auf Kinder-Bummeltempo einzulassen und die Welt mit Kinderaugen anzuschauen, bewegungsfreudige Eltern kommen dabei manchmal etwas zu kurz. Lernen die Kinder dann Fahrrad fahren, kann man mit kombinierten Rad-Wandertouren das Tempo erhöhen und den Bewegungsradius für Eltern deutlich ausweiten. Die Kids sausen mit dem Rädchen voraus und die Erwachsenen laufen flott hinterher.

Kinder müssen dazu schon so sicher fahren, dass sie mit kleinen Steigungen und engen Wegstellen zurechtkommen. Muss man noch ständig aufpassen, wird die Tour für die Eltern schnell stressig. Die Wege sollten keine zu langen Steigungen und keine wirklich gefährlichen Stellen (etwa steile Böschungen neben dem Weg) aufweisen. Kleine Hügel oder ein paar Hoppelstellen sind für fortgeschrittene kleine Radler eher spannend, vor allem wenn man das Ganze als echte Mountainbike-Abenteuertour verkauft. Gut geeignet für eine Zwergenradtour sind die Wanderungen 1, 9, 12, 16, 24, 28, 31, 34, 35, 48, 49.

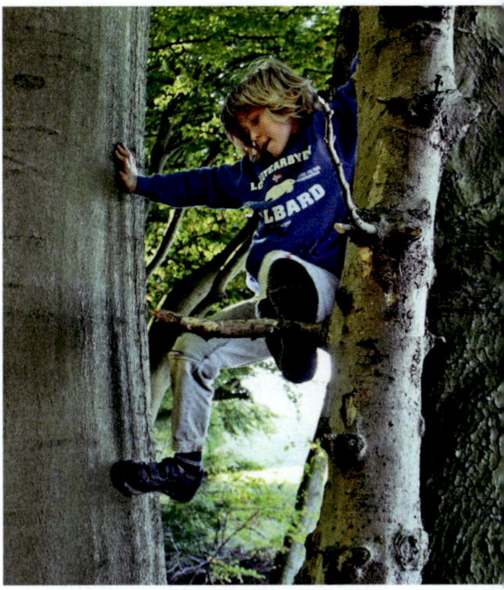

Wandern mit Kindern

Lange Spaziergänge auf breiten Feld- und Waldwegen mögen die wenigsten Kinder. Die Wanderungen in diesem Buch führen daher möglichst über schmale Pfade im Wald, am Seeufer oder am Meer, an denen es viel zu entdecken gibt. Beobachtungsplätze und Badestellen, ein Wegstück am Meer entlang, Bäume zum Klettern, ein Gasthof oder ein Picknickplatz, Weiden mit Tieren, ein Spielplatz oder Stationen eines Walderlebnispfades sorgen auf unseren Touren für Abwechslung.

Dazu ist es notwendig, immer genug Zeit für Pausen sowie zum Spielen am Wasser oder zum Klettern auf Bäumen und Felsen einzuplanen. Auch ein Picknick an einem schönen Platz wertet eine Wanderung in Kinderaugen deutlich auf.

Sollte unterwegs doch einmal die Motivation nachlassen, gibt es auf unserem Blog www.wandern-mit-kindern.info unter »Wanderspiele« einige Spielideen für unterwegs.

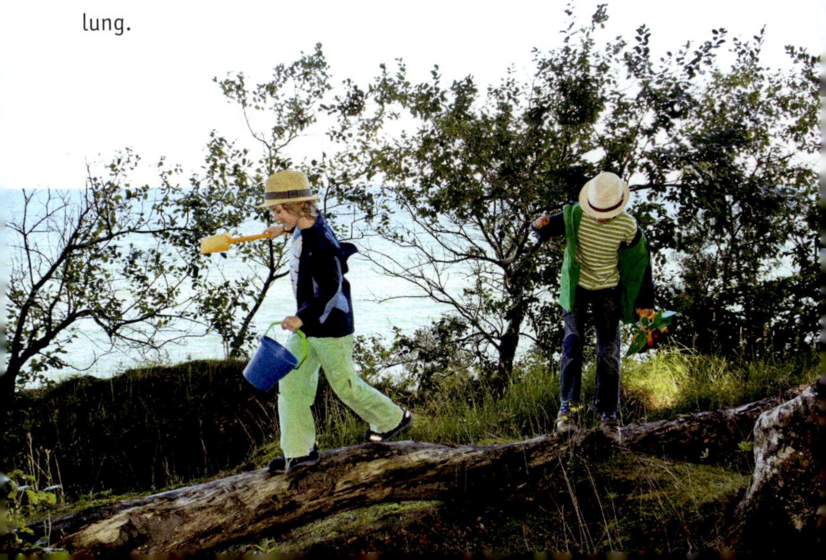

Die Touren in diesem Buch

Vom Umgang mit Altersgruppen und Gehzeiten

Unter den Touren in diesem Buch sind Wanderungen, Fahrrad- und Kanutouren sowie einfache Ausflüge. Das Symbol im Balken des Tourensteckbriefes verrät auf den ersten Blick, was wir vor uns haben. Für alle Touren geben wir eine Altersempfehlung. Auch die Informationen im Steckbrief helfen dabei, die passenden Touren für die eigene Familie auszuwählen. Die detaillierte Beschreibung und eine Karte sorgen für problemlose Orientierung.

Die Altersangaben

Für jede Tour gibt es im Infokasten auf der ersten Seite eine Altersempfehlung. Alle Altersgrenzen sind durchschnittliche Werte. Bei den Wanderungen orientieren sie sich vor allem an der Länge der Strecke. Technische Schwierigkeiten gibt im flachen Gelände an der Küste auf keiner der Touren. Wer mit lauffreudigen Kindern unterwegs ist, kann also auch mutiger sein.

Gehzeiten

Die Geschwindigkeit von Kindern ist selbst innerhalb einer Altersgruppe recht unterschiedlich. Die angegebenen **Gehzeiten sind daher am moderaten Tempo von Erwachsenen** gemessen. Wir kalkulieren dabei auf unkomplizierten Wegen mit drei Kilometern oder 300 Höhenmetern in einer Stunde.

Für Kinder unter sechs Jahren müssen bis zu 50 Prozent mehr Zeit eingerechnet werden! Auch Grundschulkinder benötigen noch etwas Zeitzugabe. Mit wachsender Erfahrung entwickelt man auch ein Gefühl für das individuelle Tempo der eigenen Familie. Zusätzlich ist genügend Zeit für Pausen wichtig. Beträgt die reine Gehzeit ein bis zwei Stunden, wird daraus mit Kindern im Vorschulalter schnell ein vollwertiger Halbtagesausflug.

Fahrradtouren

Anders als bei den Wanderungen gibt es bei den Radtouren durchaus Strecken, die schon etwas Ansprüche an die Fahrtechnik stellen und für die Jüngsten nicht geeignet sind. Hinweise auf die Beschaffenheit der Wege sind im Tourensteckbrief unter Anspruch und Charakter zu finden.

Radeltempo ist noch unterschiedlicher als Gehzeiten. Deshalb ist bei den Radtouren neben den Kilometern nur eine ungefähre Zeit angegeben. Einen enormen Einfluss auf das Fahrtempo hat die Beschaffenheit der Wege.

Während ein erwachsener Radfahrer auf Asphalt locker 15 bis 20 Kilometer in der Stunde zurücklegen kann, braucht man auf hoppeligen Waldwegen auch ohne jüngere Kinder im Schlepptau entschieden länger. Mehr als acht bis zehn Kilometer sind, je nach Wegzustand, kaum zu schaffen. Wer noch Räder unter 20 Zoll in der Gruppe hat, sollte eher mit fünf bis acht Kilometern pro Stunde kalkulieren. Auch hier muss zusätzlich viel Zeit für Pausen eingeplant werden.

Kanutouren

Kinder sitzen entweder zwischen den Eltern im Kanu oder im Kajak in der vorderen Luke und müssen nur so lange mitpaddeln, wie sie Lust haben. Die richtige Länge einer Paddeltour ist also eher von der Erfahrung und Kondition der Eltern abhängig. Da der Bewegungsdrang bei den Jüngsten meist recht ausgeprägt ist, sollte aber die Zeit, in der sie im Boot stillhalten müssen, nicht zu lang ausfallen. Paddelzeiten von drei bis vier Stunden sind da ausreichend. Etwa im Alter von etwa zehn bis zwölf Jahren kann man Kinder auch ein eigenes Kajak fahren lassen. Voraussetzung ist, dass sie sicher schwimmen können. Für erste Versuche sollte es außerdem windstill sein. Bei einer ersten längeren Tour ist ein Einer-Kajak, in dem sich zwei Kinder abwechseln, sodass zwischendurch Ruhepausen im Boot der Eltern möglich sind, eine bewährte Lösung. Für unerfahrene Paddler und Gruppen mit alleine paddelnden Kindern sollte eine Tagesetappe auf strömungsfreiem Wasser nicht mehr als zwölf bis 15 Kilometer haben.

Jüngere Kinder müssen im Kanu unbedingt eine Rettungsweste tragen, die man mit dem Boot ausleihen kann. In einem guten Verleih wird man darauf bestehen! Eine Rettungsweste unterscheidet sich durch den Kragen, der auch bei Ohnmacht vor den Ertrinken schützt, von einer normalen Schwimmweste.

Für eine Kanutour lassen sich auch größere Kids und Teenager noch gut begeistern, die Wandern mit der Familie oft nicht mehr ganz so spannend finden.

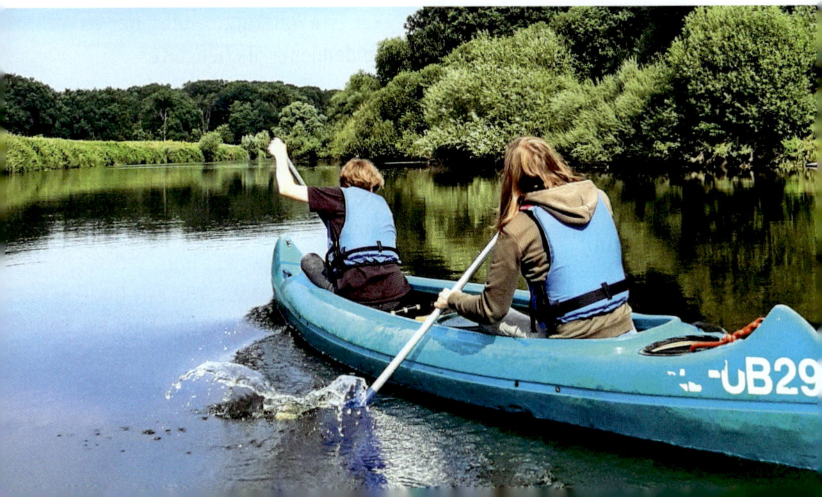

Planung und Motivation

Egal ob wir nun wandern, Rad fahren oder im Kanu unterwegs sind: Kinder motiviert ein erreichbares Ziel vor Augen. Deshalb unterteilen wir die Strecke gerne in mehrere überschaubare Etappen und machen öfter eine Pause zum Spielen oder für einen kleinen Snack.

Trotz allem wird es immer wieder Momente geben, in denen die Motivation auf der Strecke bleibt. Oft helfen dann kleine Wanderspiele, wie sie zum Beispiel auf unserem Blog unter www.wandern-mit-kindern.info zu finden sind.

Älteren Kindern kann man auch die Wanderkarte in die Hand drücken und ihnen eigenverantwortlich die Führung der Gruppe übertragen. Aus lustlosen Mitläufern werden dann aktiv beteiligte Wanderer.

Hat man sich in der Strecke verschätzt oder an einem schönen Platz die Zeit vergessen, sollte man das Erreichen des Zieles nicht erzwingen. Die meisten unserer Touren lassen sich problemlos abkürzen. Nur wenn auch die Kinder Spaß an der Wanderung haben, werden sie beim nächsten Mal gerne wieder dabei sein.

Orientierung

Die Touren in diesem Buch verlaufen überwiegend auf markierten Wander- und Radwegen. Die Übersichtskarten im Buch, die Wegbeschreibung und die Farbmarkierungen sollten ausreichen, um die Wege zu finden.

Eine gute Ergänzung sind jedoch digitale Karten auf dem Handy. Ihr größter Vorteil ist, dass man sich unterwegs jederzeit orten kann. Zusammen mit der Nutzung unserer GPS-Tracks bieten sie eine sehr bequeme Möglichkeit, um in jedem Fall sicher und stressfrei auf dem richtigen Weg zu bleiben. Da die Netzabdeckung an der Ostseeküste einem Schweizer Käse gleicht, empfiehlt es sich allerdings, vorher mit einer guten WLAN-Verbindung Offlinekarten aufs Handy zu laden.

GPS-Daten

Zu allen Touren stehen unter www.naturzeit-verlag.de GPS-Tracks zum kostenlosen Download bereit. Die Daten sind anhand einer digitalen Karte erfasst und unterstützen mithilfe von GPS-Gerät oder Handy-App die Orientierung unterwegs. Ausführlichere Infos zur Navigation mit GPS-Tracks sind unter www.naturzeit-blog.de zu finden.

Die im Tourensteckbrief unter »Anfahrt« angegebenen Koordinaten können in ein normales Navigationssystem im PKW eingeben werden, sodass der Startpunkt einer Tour stressfrei zu finden ist. Wer mit Google Maps navigiert, kann als Ziel auch einfach den Namen des angegebenen Parkplatzes verwenden.

55 WANDER- UND ENTDECKERTOUREN FÜR FAMILIEN

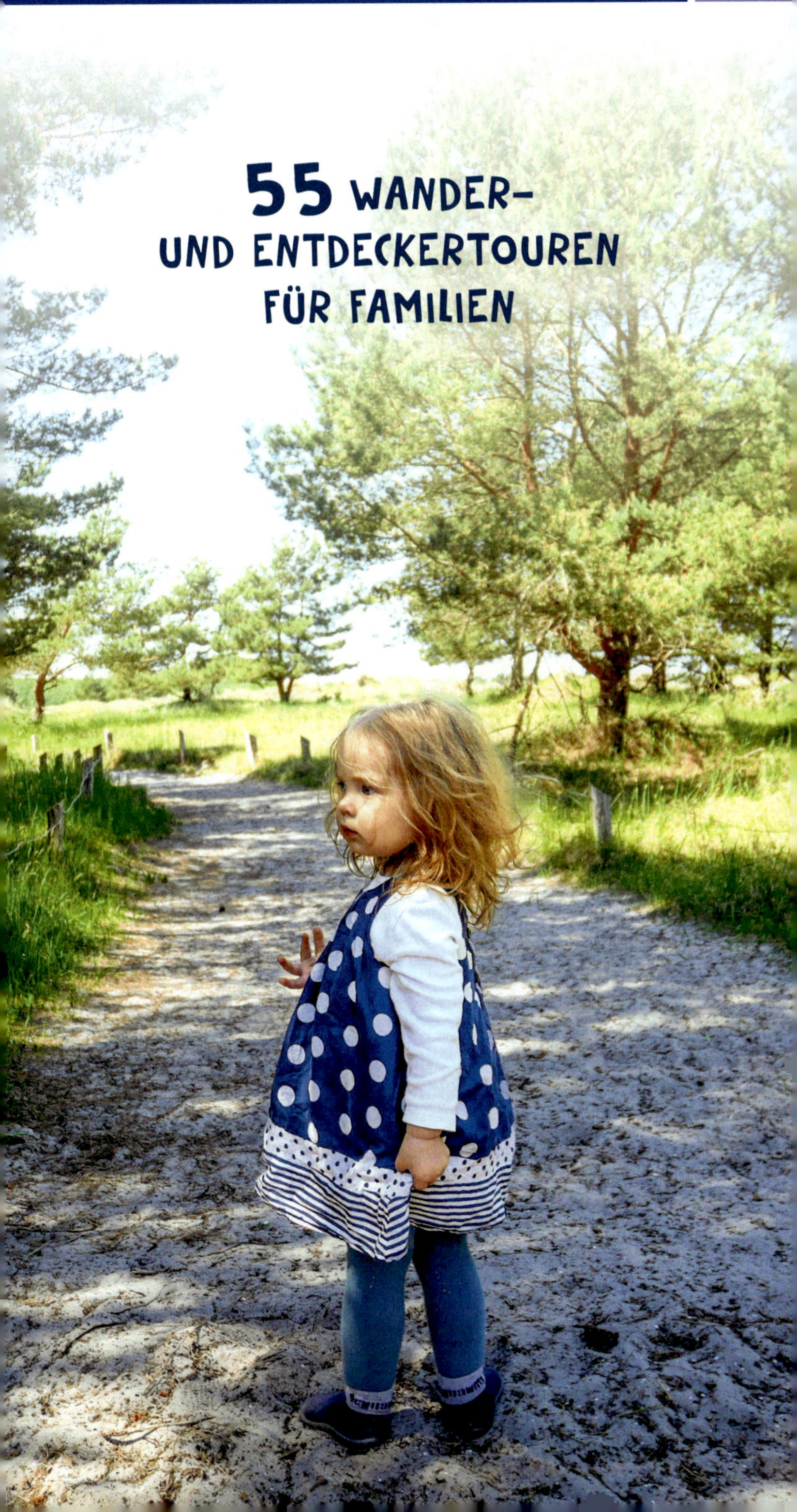

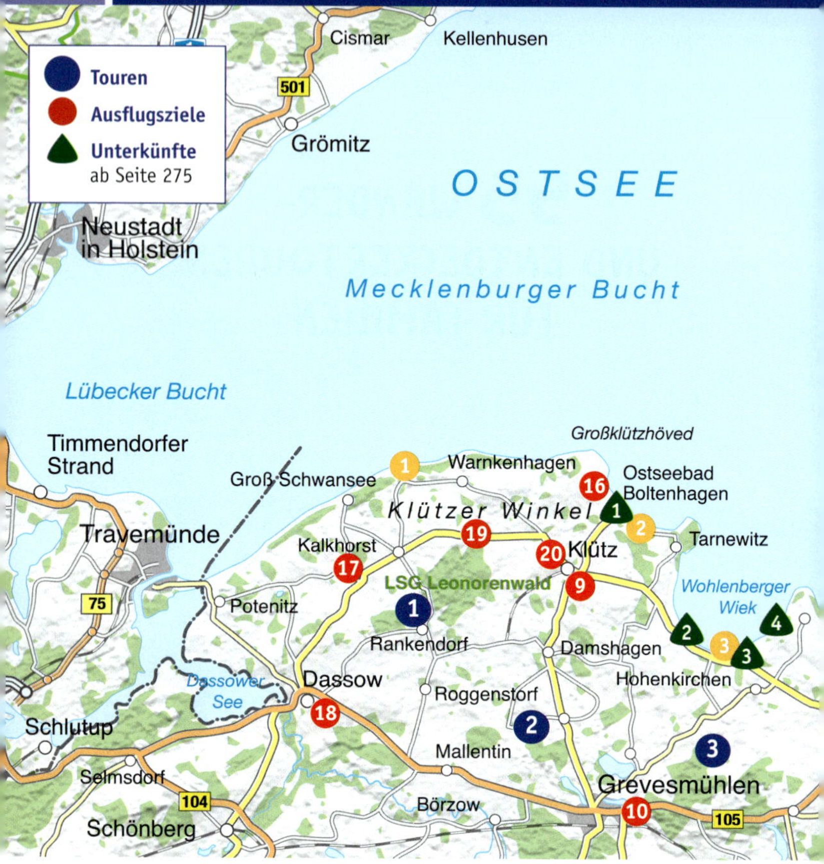

Die Küste rund um Wismar gehört nicht zu den gängigsten Ferienzielen an der mecklenburgischen Ostseeküste und genau das macht ihren besonderen Charme aus. Wer ohne Strandpromenade, Cafés und Restaurants, ein komfortables Hotel, Strandkorbvermietung und Einkaufsbummel im Urlaub nicht auskommt, wählt Boltenhagen oder Kühlungsborn zum Quartier. Ruhiger geht es in Rerik und auf der kleinen Insel Poel zu, ohne dass wir deshalb auf die Annehmlichkeiten eines kleinen Badeortes verzichten müssen. Wer dagegen wilde Natur zu schätzen weiß, besucht die rauen, abgelegenen Strände des Klützer Winkels.

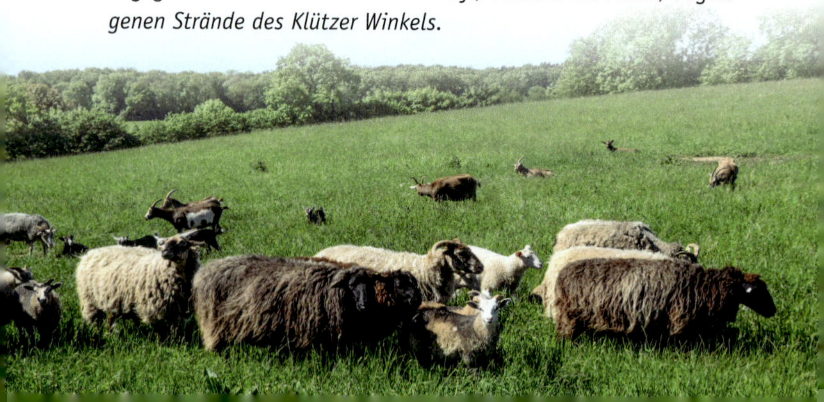

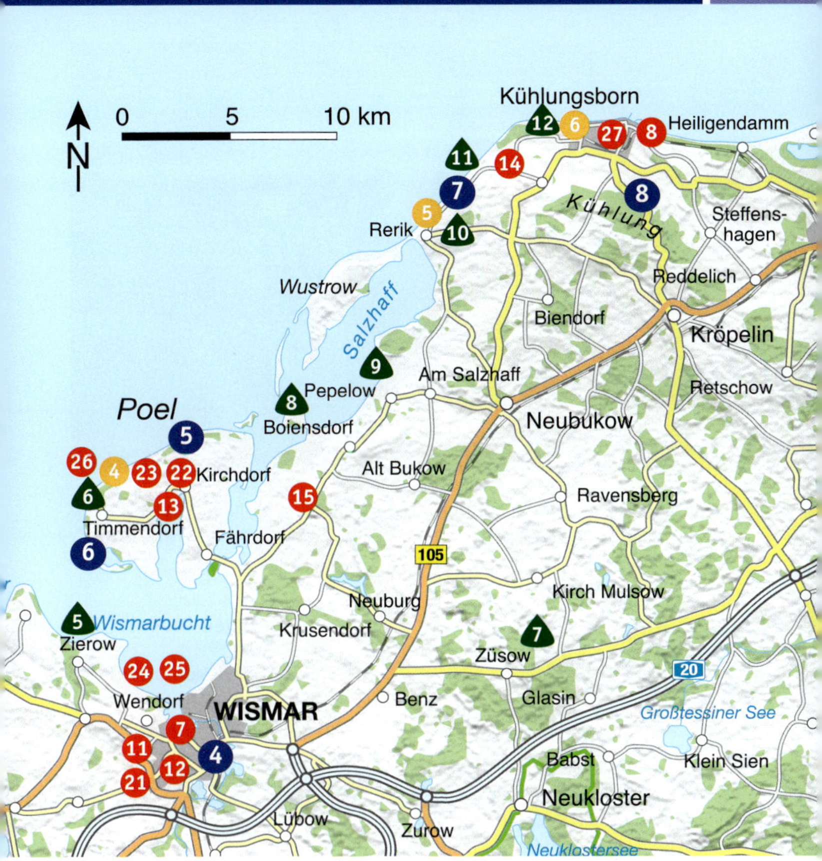

Baden mit Kindern

1 Klützer Winkel

GPS N 54°00'11.2", E 11°02'35.8"
Von Travemünde zieht sich ein langer Sand-Kiesstreifen bis Brook, dann beginnt die Klützer Steilküste und erst im Seebad Boltenhagen kommt man wieder ans Meer. Stichstraßen führen von der L01 zwischen Dassow und Wismar zu Strandparkplätzen bei Rosenhagen, Barendorf, Groß Schwansee und Brook. Der Strand ist hier etwas rauer, aber auch niemals überfüllt. Besonders gut gefallen hat uns die Küste in der Nähe von Brook.

2 Boltenhagen

Boltenhagen ist ein lebhaftes Seebad an einer langen Sandbucht mit einigen Villen an der Strandstraße. Die meisten Hotels liegen aber zwischen der Strandstraße und dem Meer im Uferwald. Im Ortszentrum gibt es einen Campingplatz und mehrere Wohnmobilstellplätze direkt an der Straße.

3 Wohlenberger Wiek

GPS N 53°55'54.1", E 11°15'53.1"
Die Küstenstraße verläuft direkt hinter der langgezogenen Sandbucht, an der es ganz sanft ins Wasser geht. Das hat den Vorteil, dass man direkt hinter dem Strand parken kann und sich die Bucht auch für einen kurzen Stopp am Meer eignet. Idyllischer ist das Meer aber ohne Straße.

4 Insel Poel

Gegenüber von Wismar liegt die kleine Insel Poel in der Ostsee. An ihrer Westseite gibt es zwischen Timmendorf und Gollwitz einen langen durchgehenden Sandstrand, der teilweise vor einem Hochufer liegt. Die Badeorte Timmendorf, Am Schwarzen Busch und Gollwitz sind kaum als Seebäder

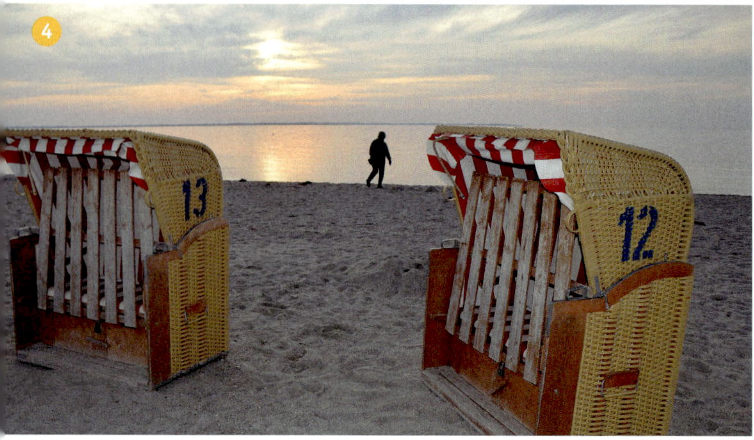

zu bezeichnen. Die ganze Insel ist noch angenehm verschlafen und ein kleines Paradies für alle, die es im Urlaub still und naturnah lieben.

5 Rerik

GPS N 54°06'13.6", E 11°36'18.9"
Auch Rerik ist ein eher dörfliches Seebad und liegt auf dem Hochufer, vor dem es aber einen breiten Sandstrand gibt. Hinter dem Strand östlich des Ortes stehen zwei schöne Campingplätze zur Wahl. Auch Rerik ist noch ein wenig Provinz in Sachen Tourismus und hat uns wirklich gut gefallen.

6 Kühlungsborn

Kühlungsborn ist das quirligste Seebad an der mecklenburgischen Küste westlich von Rostock. Die moderne Fußgängerzone ist immer gut besucht. Neben einem komfortablen, schön im Uferwald gelegenen Campingplatz gibt es hier jede Menge Hotels und einen schönen breiten Sandstrand mit Promenade zum sandfreien Flanieren und mit bester Infrastruktur.

Badenvergnügen indoor

7 Wonnemar Wismar

Mit Abenteuerwellenbecken, Strömungskanal, großem Außenbecken, Solebad, Sportbecken und riesigem Rutschenturm ist das Wonnemar das größte Erlebnisbad im Norden. Eine Saunalandschaft mit sechs verschiedenen Häusern zum Schwitzen gibt es auch.
Geöffnet Mai bis September 10–21 Uhr, Oktober bis April 10–22 Uhr. Fünf Stunden Badezeit im Sportbad inkl. Thermalbereich €19, Kinder 5 bis 15 Jahre €16, Familie €55, Aufschlag für die Sauna, Tel. 03841 327623. www.wonnemar.de

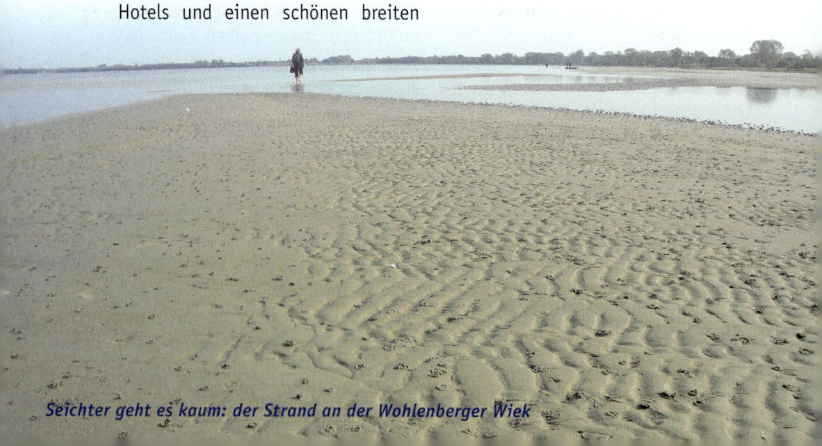

Seichter geht es kaum: der Strand an der Wohlenberger Wiek

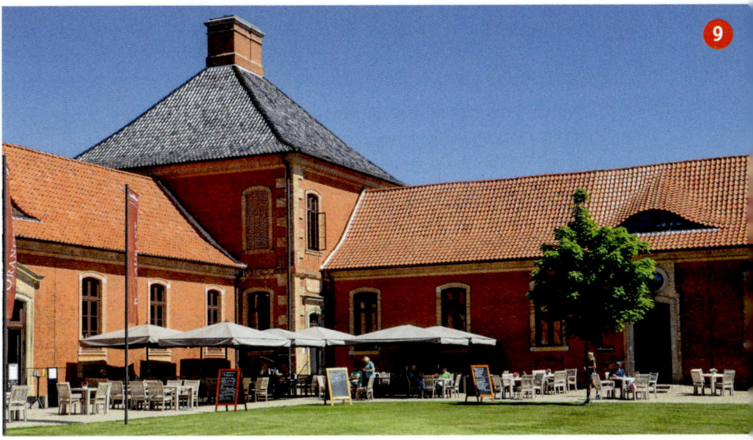

8 Kübomare Kühlungsborn

Meerwasserschwimmhalle mit Strömungskanal, Sprudelliegen und großer Sauna.

Geöffnet täglich 10–21 Uhr, Sauna 14–21 Uhr, Badezeit 3 Stunden inkl. Sauna €19, Kinder bis 16 Jahre €12, Familienkarte €33. www.kuebomare-kuehlungsborn.de

Kultur, Natur und Museen

9 Schloss Bothmer

GPS N 53°57'31.4", E 11°09'53.7"
1726 bis 1732 nach holländischen und britischen Vorbildern errichtet, ist Schloss Bothmer das größte barocke Backsteinensemble in Mecklenburg. Bis 1945 wurde es von der Familie Bothmer bewohnt und war der Mittelpunkt eines großen Landgutes. Die Schlossanlage wurde bis 2016 renoviert und kann jetzt besichtigt werden. Rund um das Schloss gibt es eine große Parkanlage mit Café.

Museum geöffnet April bis Oktober Di–So 10–17 Uhr, Mai, Juni und September bis 18 Uhr, Juli und August täglich 10–18 Uhr, Eintritt €6, Kinder bis 18 Jahre frei.

Der Schlosspark ist ganzjährig ab 9 Uhr bis zur Dämmerung geöffnet. Eintritt frei.

10 Piraten Open Air Theater

Zwischen Ende Juni und Anfang September gibt es auf der Open-Air-Bühne in Grevesmühlen jedes Jahr ein anderes spannendes Piratenspektakel zu sehen. Nach »Exekution in Cartagena« und »Ein Königreich vor dem Wind« steht 2022 »Das Geheimnis der Galeone« auf dem Programm. Die Kartenvorbestellung läuft online unter www.piratenopenairtheater.de.

Die Festonallee besteht aus 69 holländischen Königs-Linden und führt am Haupteingang des Schloss Bothmer in die Felder.

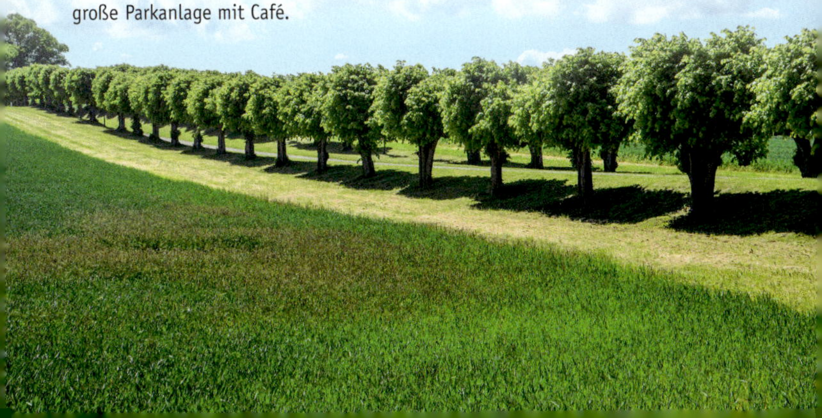

11 phanTechnikum Wismar

Hat Feuer einen Schatten? Gibt es Wände aus Luft? Kann man Erde schmelzen? Die Ausstellungsbereiche des Museums sind den vier Elementen Feuer, Wasser, Erde und Luft zugeordnet. Es gibt eine Luftschleuse und einen Feuertunnel. In den Räumen können Große und Kleine Technik zum Anfassen erleben: in Experimentierstationen, aber auch an spannenden Objekten, wie zum Beispiel historischen Flugzeugen und dem Nachbau eines Gleitschirmes des Flugzeugpioniers Otto Lilienthal.
Geöffnet Di bis So 10 – 17 Uhr, Juli und August täglich 10 – 18 Uhr, €8, Kinder 6 bis 17 Jahre €5, Familie (3 Personen) €15 und jedes weitere Kind €3,50. www.phantechnikum.de

12 Stadtmuseum Wismar für Kinder

Im Stadtmuseum im Schabbelhaus findet sich eine kindgerechte Ausstellung zur Geschichte der Stadt, insbesondere den Bürgerhäusern und der Bierbraukunst. Ein für Kinder konzipiertes Heft über die Stadtgeschichte gibt es in der Gästeinformation in der Lübschen Straße 23a [› Tour 4] oder zum Ausdrucken als pdf unter kinder.wismar.de.

13 Veste Kirchdorf, Poel

GPS N 53°59'40.3", E 11°26'10.2"
Der Kirchturm der ab 1210 erbauten roten Backsteinkirche in Kirchdorf auf Poel ist 47 Meter hoch und schon von weitem zu sehen. Erst wenn man sich dem Gebäude nähert, bemerkt man, dass das Kirchenschiff in einer Wallanlage steht. Sie gehört zu einer 1614 erbauten herzoglichen Festung. Neben der Kirche stand damals der herzogliche Wohnsitz, ein zweistöckiges Backsteingebäude. Die Schlossanlage hatte die Form eines fünfzackigen Sternes und im Sternenschweif befanden sich die Kirche und Soldatenunterkünfte. Um das Schloss zog man ein System von Wassergräben und Erdwällen. Schon wenige Jahre später wurde das Schloss im 30-Jährigen Krieg wieder zerstört und die Ruine diente den Inselbewohnern als Steinbruch. Geblieben ist nur die bis zu elf Meter hohe Wallanlage, von der man heute noch einen schönen Blick über die Ostsee hat.

14 Leuchtturm ohne Meer

GPS N 54°07'56.2", E 11°41'39.2"
Der Leuchtturm von Bastorf steht auf der 78 Meter hohen Bukspitze, einem grünen Hügel, umgeben von Feldern und über zwei Kilometer von der Küste entfernt. So sieht man sein Signal, das vor der Sandbank Hannibal in der Einfahrt zur Wismarer Bucht warnen soll, vom Meer aus in fast 100 Metern Höhe. Den Turm kann man besteigen. Vom Café-Restaurant Valentins neben dem Leuchtturm hat man ebenfalls einen guten Ausblick.

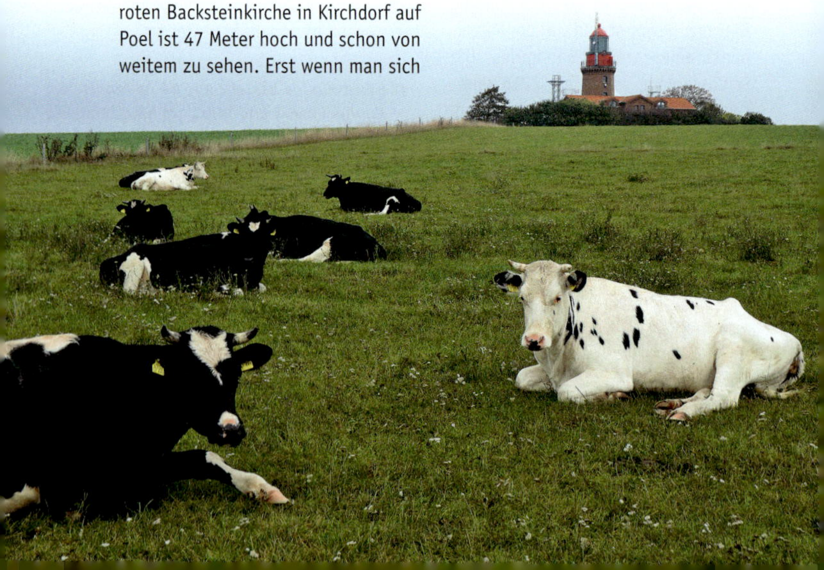

Torten und Eis sind dort übrigens köstlich.

Geöffnet 11–16 Uhr, im Sommer bis 17 Uhr. €2,50. leuchtturm-bastorf.de

15 Windmühle Stove

GPS N 54°00'09.5", E 11°32'45.3"

Die Holländerwindmühle von Stove ist über hundert Jahre alt und noch voll funktionstüchtig. Im benachbarten Dorfmuseum sind Gerätschaften des bäuerlichen Lebens der vergangenen Jahrzehnte und auch ein richtiger Lehmbackofen zu sehen. Hier wird demonstriert, wie man früher Brot gebacken hat, wie man buttert, spinnt und filzt – und natürlich können Besucher dabei mitmachen.

Geöffnet April bis Oktober, Di bis So 10–16 Uhr, Juli, August täglich 10–18 Uhr.
www.muehlenverein-stove.de

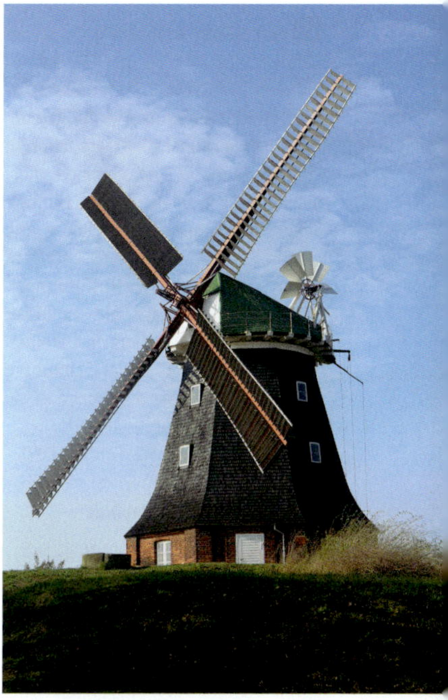

Freizeitparks

16 Golf für alle

Auf dem SwinGolfplatz in Boltenhagen geht es weniger ernst zu als auf einem richtigen Golfplatz. Gespielt wird mit nur einem genormten Schläger und einem weichen Ball. Ansonsten geht es hier ganz wie beim richtigen Golf mit langen Schlägen über das Green zu 18 kleinen Löchern im Boden. Es gibt ein Café mit Terrasse und für jüngere Kinder einen Spielplatz.

1 Spiel €12, Jugendliche bis 15 Jahre €8,50. www.swingolf-boltenhagen.de

17 Minimare Entdeckerpark

Ein großer Abenteuerspielplatz, verschiedene Themenparks zur Geschichte Mecklenburgs zum Anfassen und Mitmachen und viele historische Miniaturbauwerke vom Piratenschiff bis zur Burg Stargard finden sich auf dem Gelände in Kalkhorst. In Zukunft soll es auch einen Indoor-Bereich im alten Gutshaus geben.

Geöffnet Mitte März bis Mitte November, Juni bis September täglich 10–18 Uhr, sonst eingeschränkt. €9,50, Kinder 3 bis 5 Jahre €3, Kinder 6 bis 13 Jahre €6,50, Familie €27, Tel. 038827 885945.
www.minimare.de

Ziele für Tierfreunde

18 Tigerpark Dassow

Der Tigerpark Dassow wird von der berühmten Tiertrainer- und Zirkusfamilie Farell geführt. Besucher haben hier die Möglichkeit, beim täglichen Training und der Fütterung der im Park lebenden Tiger und Löwen zuzusehen. Den Park in Dassow führt der Senior Dieter Farell gemeinsam mit Tochter Monica und Sohn Rene. An einigen Tagen gibt es mittags für Kinder einen Mitmach-Zirkus mit Vorführung in der Manege und anschließendem Besuch des Raubtiertrainings.

Geöffnet März bis Oktober 10–17 Uhr. Das komplette Programm mit Mitmachzirkus findet in den Ferien und an Wochenenden statt. Unter der Woche kann man um 11.30 und 12.30 Uhr bei der Raubtierfütterung und um 14 Uhr bei einer Aktion bei den Löwen dabei sein.
Dassow, Gewerbestraße 35–53.
tigerpark.de

19 Hof Hoher Schönberg

GPS N 53°58'39.4", E 11°05'48.9"
Auf dem 25 Hektar großen Biobauernhof im Klützer Winkel wird gewirtschaftet wie früher. Die Tiere leben in kleinen Gruppen und kommen morgens auf die Weiden. Es gibt Hühner, Schweine, Ziegen, Kühe, Hunde und Katzen. Jeden zweiten Samstag in Monat finden Erlebnis-Hofführungen statt. Vom Parkplatz am Hofladen führt ein Weg zwischen den Weiden zum Aussichtsturm Hoher Schönberg mit tollem Blick über die grünen Hügel bis zur Ostsee.
€ 12,50, Kinder € 7,50, Familie € 30, Tel. 038827 888233. www.hofhoherschoenberg.de

20 Schmetterlingspark Klütz

In der Freiflughalle des Schmetterlingsparkes flattern über 600 bunte tropische Schmetterlinge von Blüte zu Blüte. Blaue Himmelsfalter, elegante Weiße Baumnymphen und Bananenfalter mit großen Augenflecken auf den Flügeln gilt es zu entdecken. Mit etwas Glück kann man auch dabei sein, wenn ein Schmetterling aus seiner Puppe kriecht.
An der Festwiese 2, Klütz. Geöffnet April bis Oktober, täglich 9.30 – 17.30 Uhr, € 9, 1. Kind € 5,50, weitere Kinder € 4,50. www.schmetterlingszoo.de

21 Tierpark Wismar

Im Wismarer Zoo sind vor allem heimische Wildtiere und einige Haustiere zu Hause. Dazu gehören neben einigen Wisenten auch Luchse, Rot- und Damhirsche, Füchse und Waschbären. Besonders lebhaft geht es bei den Äffchen und den Degus zu und auch auf der Mäuseinsel ist immer etwas los.
Geöffnet März bis Oktober täglich 9 – 18 Uhr, im Winter nur am WE von 10 – 16 Uhr, € 6, Kinder ab 3 Jahre € 4. www.tierpark-wismar.de

Bauernscheune Wismar

Direkt neben dem Tierpark warten in der Bauernscheune ein Café und ein Spielgelände mit Rutsche, Sandbaustelle, Abenteuerspielplatz, Spielhaus und Kletterwand.
Geöffnet Di bis Fr 10 – 18 Uhr, Sa, So 13 – 18 Uhr, Tel. 03841 3264171. www.bauernscheune.wobau-wismar.de

In der angrenzenden Wagenburg finden Familien eine originelle und preisgünstige Übernachtungsmöglichkeit in einem von 15 Planwagen für jeweils vier Personen.
Übernachtung € 15 pro Person, Frühstück € 6, Eintritt für den Zoo inkusive. wagenburg.wobau-wismar.de

22 Kutschfahrten auf Poel

Mit verschiedenen Kutschen bietet das Gestüt Neuhof Fahrten über die Insel an. Auch Ponyreiten und Ausritte an

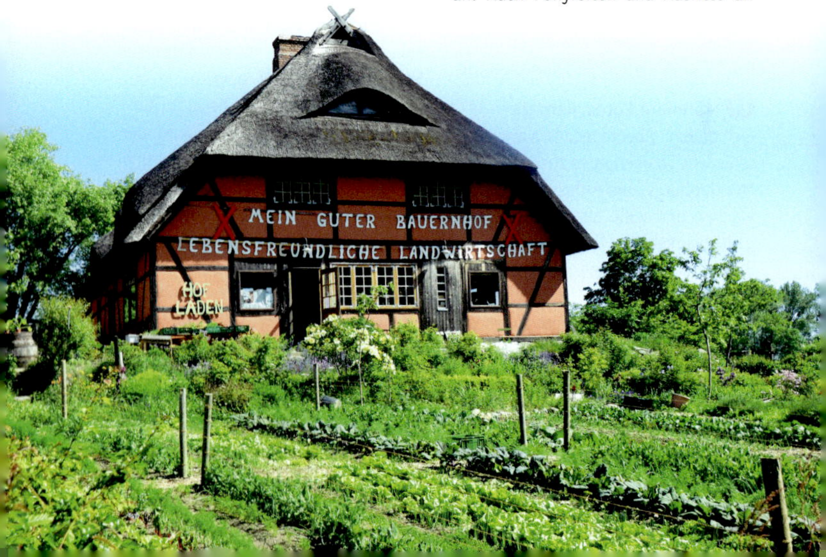

den Strand für fortgeschrittene Reiter sind möglich.
Neuhof 20, Tel. 038425 20615.
www.gestuet-neuhof.de

23 Reiten am Strand

Auch auf dem Reiterhof Plath in Timmendorf können Gäste am Strand reiten. Im Sommer ist das vor 9.30 oder nach 19 Uhr möglich, im Winter gibt es keine Begrenzungen. Der einstündige Strandritt kostet etwa € 25. Reitkappen können gegen Gebühr ausgeliehen werden. Für die Jüngsten stehen kleinere Ponys für geführte Runden zur Verfügung. Auf dem Hof gibt es auch Ferienwohnungen.
Strandstraße 31, Timmendorf.
Tel. 038425 20760.
www.reitanlage-plath.de

Auf dem Wasser

Aus dem Hafen von Wismar starten im Sommer Ausflugsfahrten.

24 Hafenrundfahrt

GPS N 53°53'50.4", E 11°27'44.6"
Von April bis Oktober kann man vom alten Hafen in Wismar mehrmals täglich zu einer einstündigen Hafenrundfahrt starten.
€ 15,50, Kinder 6–14 Jahre € 9,50, Familienkarte 2+3 € 40,50.
www.adler-schiffe.de

Pfannkuchenfahrt

Rundfahrt vom alten Hafen in Wismar für alle, die bei Seeluft schrecklich hungrig werden.
Anmeldung unter Tel. 04651 9870888.
www.adler-schiffe.de

25 Fahrten mit der Wissemara

GPS N 53°53'50.4", E 11°27'44.6"
Die Wissemara ist der seetüchtige Nachbau einer typischen Hanse-Kogge aus dem 14. Jahrhundert. Liegt die Kogge im Hafen, kann man sie dort besichtigen. Im Sommer ist sie jedoch zweimal am Tag zum dreistündigen Segeltörn unterwegs.
Je nach Fahrt und Termin zwischen € 28 und € 32 pro Person, Kinder bis 14 Jahre 50% Rabatt. Die Tickets bucht man im Voraus unter www.poeler-kogge.de.

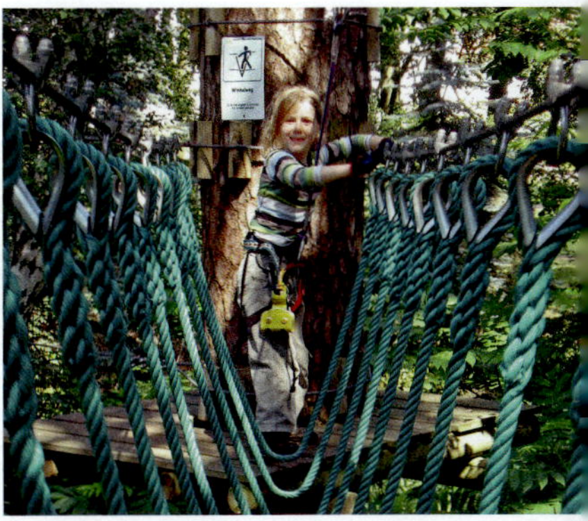

Outdoorsport

26 Wassersportcenter Insel Poel

Kitesurfen, Windsurfen und einen Katamaran segeln – die Wassersportschule in Timmendorf hat ein breites Programm. Zum Windsurfenlernen gibt es im Sommer einen speziellen Basiskurse für Kids von acht bis zwölf Jahren. Hier werden innerhalb von drei Tagen in acht Unterrichtsstunden die Grundlagen vermittelt.
Am Strand 25, Timmendorf.
Der Kurs kostet € 165.
Tel. 3841 200800.
www.kitesurfen-windsurfen-katamaran.de

27 Kletterwald Kühlungsborn

GPS N 54°09'06.5", E 11°44'41.5"
Im Küstenwald direkt hinter der Kühlungsborner Strandpromenade liegen die sieben Parcours des Kletterwalds. Einer davon ist für Kinder ab fünf Jahren geeignet und umfasst 15 Elemente Kletterspaß in Bodennähe. Der nächstschwierige Parcours ist ab 125 Zentimeter Körpergröße freigegeben, es folgen zwei ab 135 Zentimeter und zwei weitere ab 145 Zentimeter, während der Parcours »Risiko« Kletternden ab 15 Jahren vorbehalten ist.
Einlasszeit Feriensaison 10–16 Uhr, eingeschränkt 11–15 Uhr. Genaue Termine bitte auf der Homepage nachschauen. Erwachsene € 23, Kinder 6–17 Jahre € 18. Kids-Parcours € 13 (1h), plus € 2,50 pro Person für Handschuhe. Familien ab drei Personen erhalten € 2 Rabatt pro Person.
www.kletterwald-kuehlungsborn.de

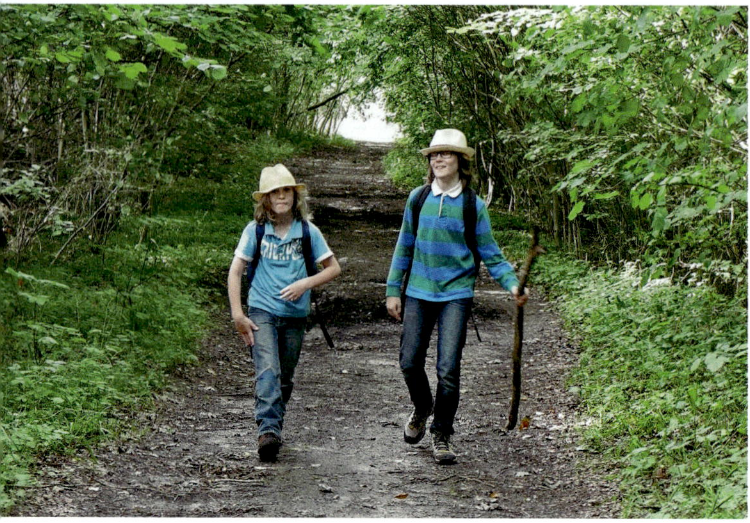

65 m

STRECKE 8 km

2 h 45

ab 6

Tour 1: Märchenhafter Lenorenwald

Ein Spaziergang zwischen Weihern, Wald und Wiesen

Der Lenorenwald ist mit Abstand die größte Ansammlung von Bäumen im Klützer Winkel, und er hat durchaus etwas von einem verwunschenen Märchenwald. Es gibt ein Schloss, weitläufige Wiesen und Wälder mit Pferden und Schafen, belebte Weiher und majestätische Baumgestalten, ein uriges Dorf ohne feste Straßen, das längst vergangenen Zeiten entsprungen zu sein scheint, und ein merkwürdiges Hexenhäuschen tief im Wald. Eigentlich ist es nur ein ganz normaler Waldspaziergang – aber mit ein bisschen Fantasie wird er zu einer Wanderung durchs Märchenland.

TOUREN-STECKBRIEF

Anfahrt: Vom Ostseebad Boltenhagen aus geht es über Klütz die L01 entlang nach Kalkhorst (die Straße heißt zunächst Lübecker, dann Klützer und schließlich Kalkhorster Straße). Im Ort links abbiegen in die Heinrich-Schliemann-Straße und dann die übernächste wieder links – sie heißt »Am Park« und führt auf holprigem Pflaster mitten in die Botanik. Direkt hinter der Einfahrt zum Schloss befindet sich bei **GPS N 53°57'56.2", E 11°03'40.5"** ein kleiner Parkplatz.

Anspruch und Charakter: Der klassische Waldspaziergang führt über breite Forstwege ebenso wie über grasbewachsene Pfade. Bei feuchter Witterung kann es matschig werden. Achtung: Der kleine Weiler Borkenhagen ist nur über diese Feldwege zu erreichen, hier verkehren also mitunter Autos.

Highlights: Wald und Wiesen, Pferde und Schafe, ein merkwürdiges Hexenhäuschen und mehrere verwunschene Baumgestalten.

Einkehr: Keine.

In der Nähe: Minimare-Entdeckerpark in Kalkhorst, Tigerpark Dassow, Schloss Bothmer, Schmetterlingspark Klütz.

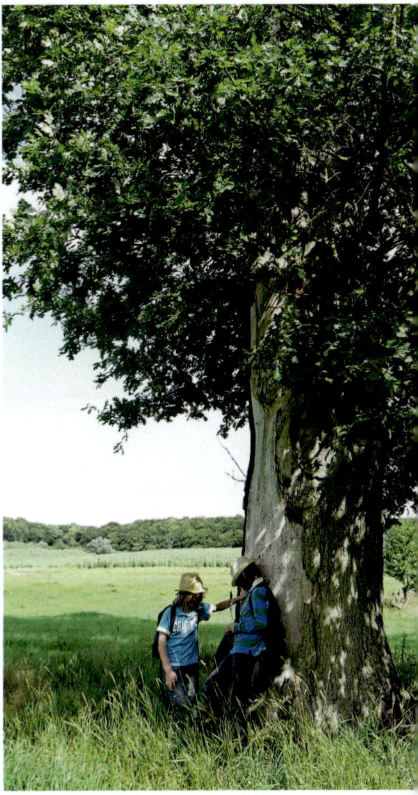

Wanderung: Wir beginnen unsere Wanderung am **Schloss** und werfen durch das schmiedeeiserne Tor einen kurzen Blick auf das romantischverspielte Bauwerk aus dem 19. Jahrhundert, das sich in Privatbesitz befindet. Vom Parkplatz aus wenden wir uns nach rechts und laufen in den lichten Wald hinein. Vom Weg aus haben wir eine Zeit lang noch den Blick auf den **Schlosspark mit Weiher** und anschließender Schilffläche. Wir bleiben auf dem Hauptweg und an seinem Ende wenden wir uns nach links. Der Wald öffnet sich nun dem Ausblick auf Wiesen und Pferdeweiden. An der nächsten **Kreuzung** ① biegen wir wieder links ab. Auf dem grasbewachsenen Pfad geht es nun immer geradeaus.

Im Wald rechter Hand versteckt sich ein **Weiher** ② – einer von vielen, die noch folgen werden, denn der Lenorenwald ist reich an Wasserflächen. Das sorgt im Spätsommer zwar für eine Menge Mücken, ermöglicht auf der anderen Seite aber auch Begegnungen mit Libellen und kleinen Fröschen. Vielleicht ist sogar ein verwunschener Prinz darunter?

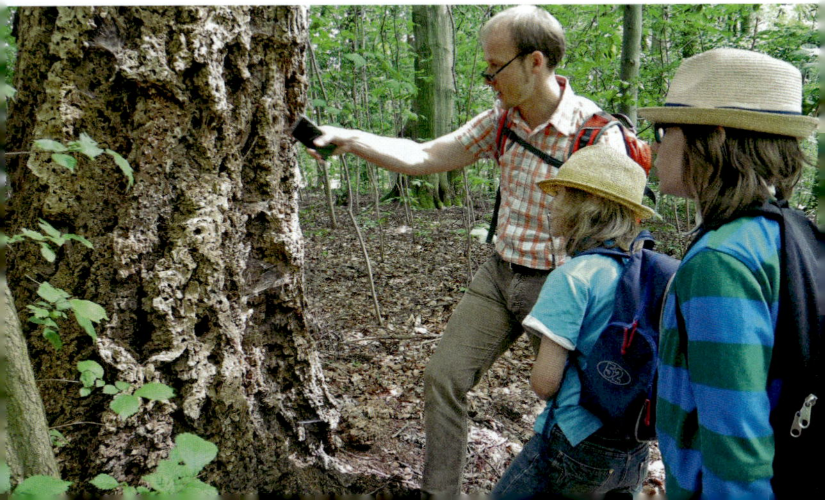

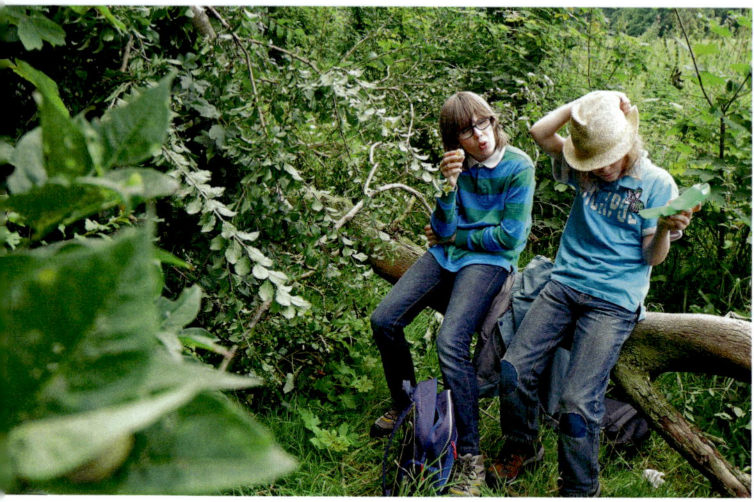

Eine ganze Weile später macht der Weg eine Rechtskurve und folgt dem Waldsaum. Bei der nächsten Gelegenheit biegen wir links ab und entdecken gleich darauf eine unheimlich **dicke Linde** ③ auf der linken Seite. Diesem Weg folgen wir lange, kümmern uns nicht um kleinere Pfade, die zu beiden Seiten abzweigen. Links entdecken wir ein kleines Mäuerchen aus Findlingen, rechts kurz darauf die Überbleibsel einer großen alten **Heuraufe** im Wald, wo die Wildtiere im Winter versorgt werden konnten, und wieder links ein merkwürdiges **kleines Häuschen aus Mauersteinen**. Ob hier wohl eine Hexe haust, oder vielleicht der gute Lenorenwaldgeist?

Der Weg macht nun eine leichte Rechtskurve, und für eine Weile besteht der Wald fast ausschließlich aus Lärchen. Kurz darauf stoßen wir auf einen breiten **Forstweg** ④, auf den wir nach rechts einbiegen. Wir folgen ihm, bis wir auf eine klassische Vier-Wege-Kreuzung zu kommen. Hier gibt es einen **Picknickplatz** ⑤ mit einer überdachten Sitzgelegenheit und mehreren Bänken, die im Halbkreis aufgestellt sind. Eine Infotafel stellt die im Wald lebenden Tiere vor.

Wir wenden uns nach rechts. Auf diesem Weg bleiben wir ebenfalls eine ganze Weile, bis er sich in eine schnurgerade Plattenstraße verwandelt. An deren erster **Kreuzung** ⑥ biegen wir rechts ab. Dort wo links die Bäume weichen und wir übers freie Feld blicken können, sehen wir rechts einen besonders hübschen **Weiher**. Ein kurzes Stück folgen wir noch dem Waldrand, bis wir an einer **freistehenden Birke** ⑦ rechts abbiegen können.

Der Pfad öffnet sich bald zu einer großen Lichtung. Mitten darauf regiert die Baumgestalt einer wuchtigen **Eiche**. Links wach-

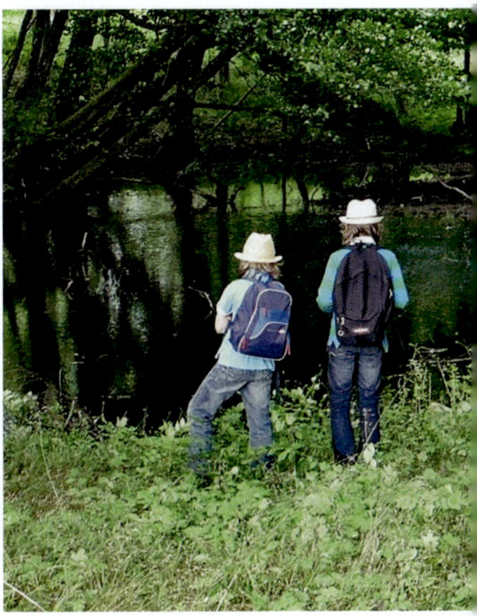

sen dicht gedrängte Tannen, die ihren Auftritt als Weihnachtsbäume wohl verpasst haben. Hinter dieser Kolonie biegen wir links ab und tauchen wieder in den Wald ein. Dort entdecken wir ein paar ungewöhnliche Bäume: erst links eine Konifere, dann nach einer Rechtskurve wilde Kirschbäume zu beiden Seiten. Linker Hand kommen nun die reetgedeckten **Häuser von Borkenhagen** in Sicht. Es handelt sich nur um wenige Höfe. Der sandige Waldweg, auf dem wir laufen, ist Borkenhagens Hauptstraße! Dass uns ein Auto entgegen kommt, ist aber ebenso selten wie andere Wanderer, selbst zur Hochsaison. Wahrscheinlicher ist, dass wir die örtliche Schafherde antreffen.

Das Märchen vom Lenorenwald
Was sonst niemand weiß: Wir wandeln hier auf den Spuren einer heldenhaften Prinzessin! Das Wandermärchen vom Lenorenwald folgt in seiner Handlung haargenau unserer Wegbeschreibung. Die Geschichte von Prinzessin Leonora kann helfen, jüngere Kinder zum Laufen zu motivieren. *www.family4travel.de/kluetzer-winkel-das-wandermaerchen-vom-lenorenwald*

Es geht immer geradeaus, bis wir uns wieder auf dem altbekannten Weg befinden. Nun müssen wir nur noch in den zweiten Weg rechts abbiegen, und schon sind wir wieder am Parkplatz.

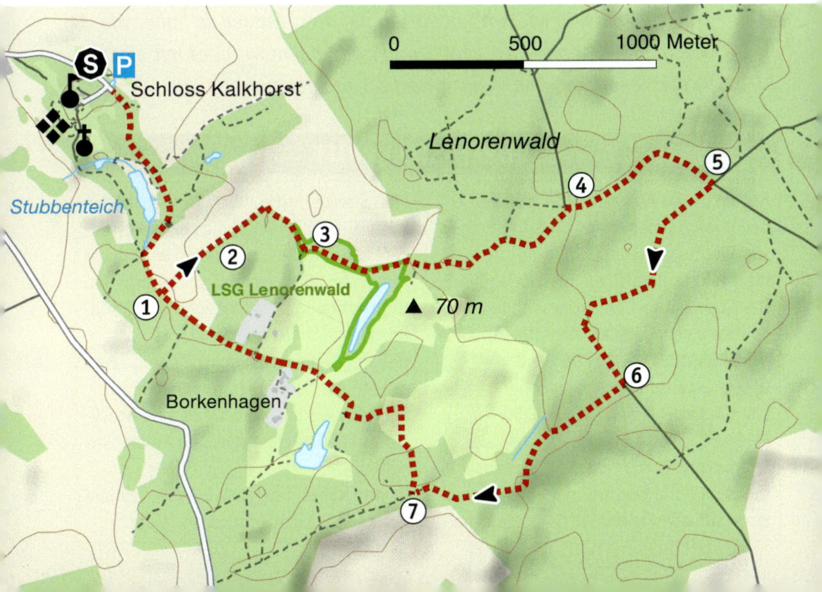

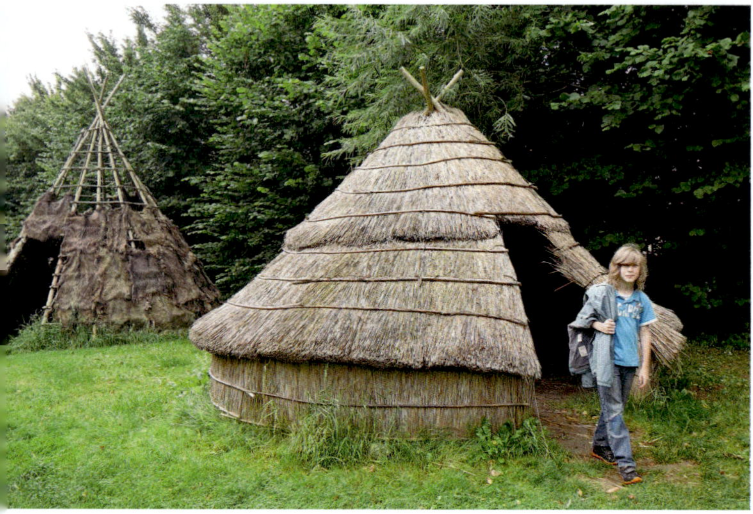

2 h

ab 4

Tour 2: Zeitreise in die Steinzeit

Ausflug ins Freilichtmuseum von Kussow

Wie war das damals eigentlich so, als die Menschen noch als Jäger und Sammler durch die Gegend zogen und Mammutherden verfolgten? Und wie sahen wohl die Häuser aus, in denen die allerersten Familien als Bauern und Viehzüchter sesshaft wurden? Wie viel Mühe kostete es, unter steinzeitlichen Bedingungen Schlafmatten und einfache Decken zu weben, Korn zu mahlen für erstes Brot, und woher kamen die Teller und Schüsseln der Steinzeitleute? Im Steinzeitdorf Kussow kommen wir den Antworten auf diese Fragen so nahe, wie es nach 6000 Jahren eben geht – und zwar indem wir alles mit eigenen Augen angucken und vieles selbst ausprobieren.

TOUREN-STECKBRIEF

Anfahrt: Das winzige Dorf Kussow erreicht man, indem man von Boltenhagen aus Richtung Grevesmühlen auf der L03 fährt und in Rolofshagen rechts abbiegt. Das Steinzeitdorf ist ausgeschildert und befindet sich bei den Koordinaten **GPS N 53°54‘02.0“, E 11°08‘30.8“.**
Öffnungszeiten: April bis Oktober, 10–17 Uhr. €4, Kinder 4 bis 14 Jahre €2,50, Familie (2+3) €9. www.steinzeitdorf-kussow.de
Charakter: Durch das Freilichtmuseum führt ein Rundweg. Wer nur einen kurzen Blick auf alles wirft, ist nach einer halben Stunde fertig. Wer sich auch den (teils einen kleinen Obolus extra kostenden) Aktivitäten zuwenden will, muss auf jeden Fall mehr Zeit mitbringen.
Highlights: Voll eingerichtetes Steinzeitdorf mit Mitmach-Aktivitäten wie Weben, Töpfern, Bogenschießen, Tiergehege mit Schweinen und Schafen.
Einkehr: An der Feuerstelle sind Stockbrot und Würstchen zum Selberrösten erhältlich.
In der Nähe: Tigerpark Dassow, Schloss Bothmer, Schmetterlingspark Klütz.

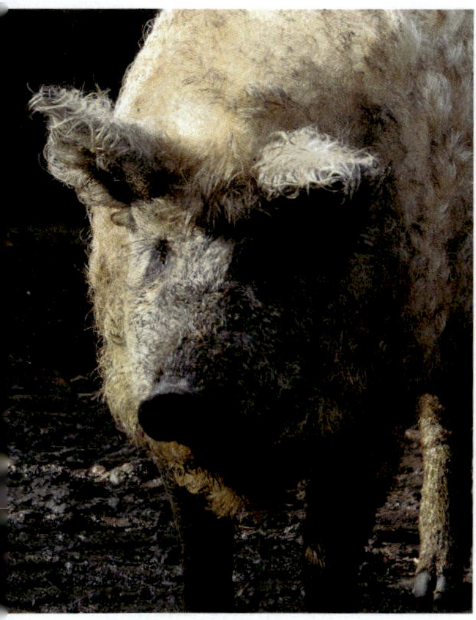

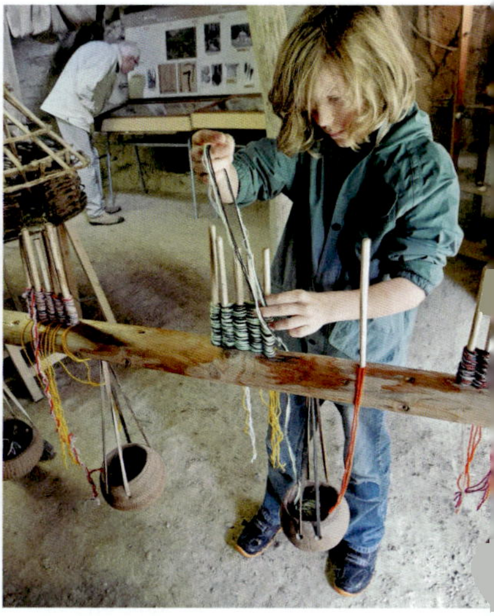

Rundgang: Der Weg führt uns durch das Portal und als erstes links zur Kasse. Dann stehen wir auch schon mitten im jungsteinzeitlichen Dorf. Wenn wir chronologisch vorgehen wollen, durchqueren wir es zunächst und treten links von der Vorratshütte durch die Palisaden. Hinter der Holzbrücke wartet eine kleine **Ausstellung über die Eiszeit**, deren Schautafeln zwischen den Bäumen aufgespannt sind. Sie sind leider ganz schön in die Jahre gekommen, jedoch lohnt es sich, die verblichenen Texte zu entziffern. Der Trägerverein des Steinzeitdorfs sammelt derzeit Spenden zur Erneuerung, da die Eintrittsgelder nicht kostendeckend erhoben werden können. Danach erreichen wir ein **Hüttenlager** aus der Zeit, als die Menschen noch als Nomaden von Ort zu Ort zogen, um Tiere zu jagen und die Früchte der Natur dort zu sammeln, wo sie zufällig wuchsen. Da für die Hütten ausschließlich vergängliche Naturmaterialien verwendet wurden, lässt sich nicht mehr mit Bestimmtheit sagen, wie die vorübergehenden Behausungen der Menschen aussahen. Im Hüttendorf sind daher verschiedene Vorschläge zu sehen, die von heute noch als Nomaden lebenden Völkern abgeguckt wurden.

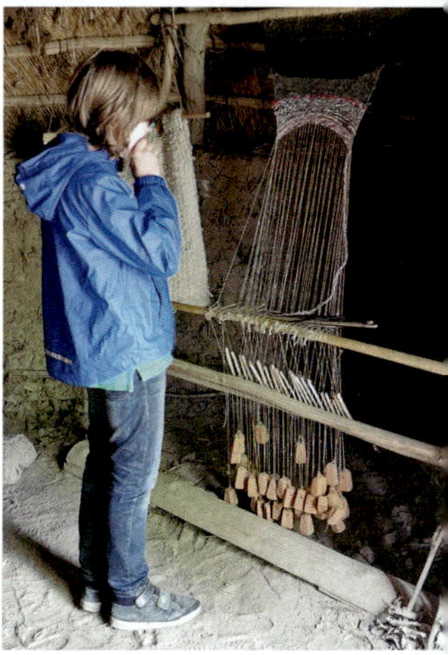

Durch einen Durchgang gelangen wir zur Feuerstelle, wo wir Stockbrot und Würstchen kaufen und selbst über den Flammen rösten können. Auch der Stand zum steinzeitlichen Bogenschießen (keine Extragebühr) befindet sich hier, und ein

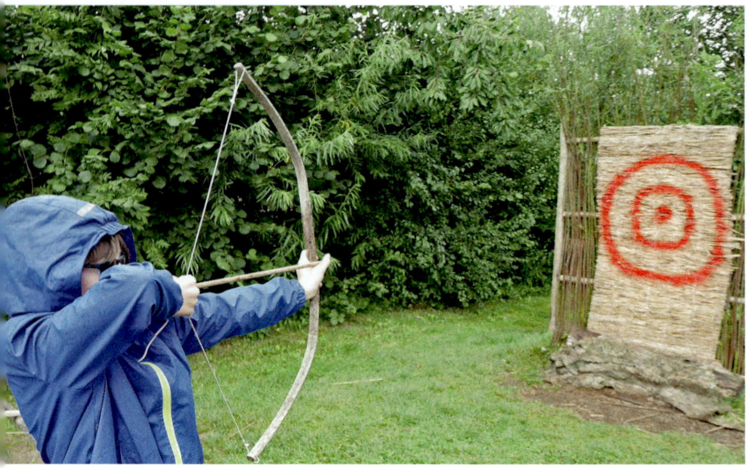

Wann war eigentlich die Steinzeit?

Der Begriff »Steinzeit« beschreibt einen ausgesprochen langen Zeitraum. Mit der **Altsteinzeit** begann vor etwa 2,6 Mio. Jahren die Geschichte der Menschheit. Die Vorfahren des modernen Menschen lebten damals in Afrika. Aus dieser Zeit hat man bereits einfache Steinwerkzeuge gefunden, daher kommt der Name. Etwa 45.000 Jahre vor unserer Zeitrechnung begann die Wanderung der anatomisch modernen Menschen auf den europäischen Kontinent.

Die Menschen lebten nomadisch als Jäger und Sammler. Zum Ende der letzten Eiszeit, etwa 10.000 vor unserer Zeitrechnung, beginnt die Mittelsteinzeit. In dieser Zeit veränderte sich die Landschaft durch die Erwärmung der Erde besonders stark. Aus kargen Steppen, über die riesige Tierherden zogen, wurden ausgedehnte Wälder, in denen ganz andere Tierarten wie zum Beispiel Hirsche und Wildschweine zu Hause waren. Viele Tiere der Eiszeit wie zum Beispiel Mammut, Wollnashorn, Höhlenbär und Höhlenlöwe starben damals aus. Die Menschen mussten ihre Jagdtechniken verändern. Es war aber auch nicht mehr notwendig, hinter Herden herzuziehen, da die Waldtiere nicht wanderten. So wurden die Menschen langsam sesshaft.

Den Beginn der **Jungsteinzeit** definiert man dann in Europa am Übergang zu bäuerlicher Lebensweise. Hier in Norddeutschland fand dieser Wandel etwa 4300 v. Chr. statt. Aus dieser Zeit stammen auch die meisten Großsteingräber, die heute noch in der Landschaft zu sehen sind.

nachgebautes **Großsteingrab**. Die Ställe der Tiere sind ebenfalls nur ein paar Schritte entfernt. Auch wenn die Stammbäume der Schafe und Schweine freilich nicht bis ins Neolithikum zurückreichen, hat sich der Betreiberverein des Steinzeitdorfs bemüht, besonders alte Haustierrassen aufzutreiben.

Entlang der Schaubeete mit uralten Getreidesorten und Pflanzen, die – wie man aus Resten in den ausgegrabenen Töpfen und Schüsseln weiß – schon damals als Nahrung dienten, gelangen wir wieder ins Dorf. Nun können wir die verschiedenen Siedlungshäuser aus der Jungsteinzeit besichtigen. Sie sind karg, aber nach allem, was wir wissen, vollständig eingerichtet. In einem der Häuser können wir die möglicherweise damals vorherrschende Mode anprobieren, in einem anderen das Stöckchenweben und das Arbeiten mit Ton versuchen.

Tour 3: Spaziergang mit Alpaka

Mit Leonardo und Alberto durch den Wald

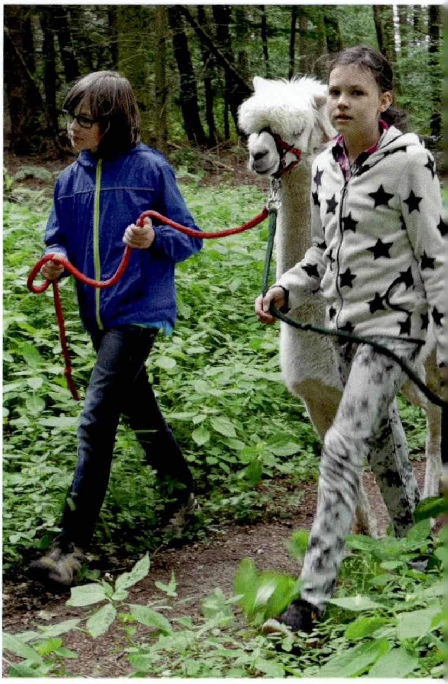

Unternehmungslustig blinzelt Leonardo unter seinem dichten weißen Pony hervor. Genau wie die Kinder kann er kaum erwarten, dass wir zu unserem gemeinsamen Spaziergang aufbrechen. Sein Kumpel Alberto, schwarz wie die Nacht, geht den Ausflug ruhiger an. Seine großen Kulleraugen blicken sanft in die Welt und laden zum Streicheln des kuscheligweichen Alpaka-Fells ein. »Da muss man aufpassen«, warnt sein Besitzer Marco Holter augenzwinkernd. »Es heißt, wer einem Alpaka einmal zu tief in die Augen gesehen hat, kommt von den schönen Tieren nie wieder los.«

eben

etwa 2 h

ab 6

Wanderung mit Alpaka: Alles kann, nichts muss, wenn man eine Alpaka-Wanderung bei Familie Holter bucht. Heute sind wir zu sechst: drei Gäste, der Alpaka-Experte und seine beiden Töchter Sarah und Sophie. Auch ihr Hund Krümel ist mit von der Partie. Und natürlich Leonardo und Alberto, die Stars dieser Wanderung. Voller Vertrauen folgten sie ihrem menschlichen Herdenchef, der Leonardo am Halfterstrick ins Naturschutzgebiet hineinführt, das direkt hinter dem Alpaka-Hof beginnt. Ein zweiter Strick auf der anderen Seite endet in Silas' Hand – ganz

TOUREN-STECKBRIEF

Anfahrt: Der Alpakahof am Iserberg hat die Adresse Dorfstraße 10 in 23936 Hamberge. Von Grewesmühlen aus die B105 Richtung Wismar fahren, hinter Neu Degtow links und gleich wieder links den Schildern der Pension Rabe folgen. Hamberge ist ein kleines Sackdorf und der Alpakahof sein letztes Haus auf der linken Seite bei **GPS N 53°52'26.9", E 11°14'16.0".**

Lamahof: Anmeldung mindestens einen Monat im Voraus per Telefon 0172 3029875 oder Mail an marco.holter@t-online.de. Je nach Arrangement kostet eine zweistündige Alpaka-Wanderung ab €30 pro Person, Kinder bis 13 Jahre €15. www.iserbergalpaka.de

Anspruch und Charakter: Geführte Wanderung auf ebenen Waldwegen.

Highlights: Insgesamt 15 Alpakas auf dem Hof, die sich – wenn sie Lust dazu haben – ausgiebig streicheln lassen. Individuelle Arrangements möglich, auch Kindergeburtstage mit heizbarem Veranstaltungsraum. Kleiner Hofladen mit Alpaka-Produkten.

In der Nähe: Freilichtbühne Grevesmühlen, Schmetterlingspark Klütz.

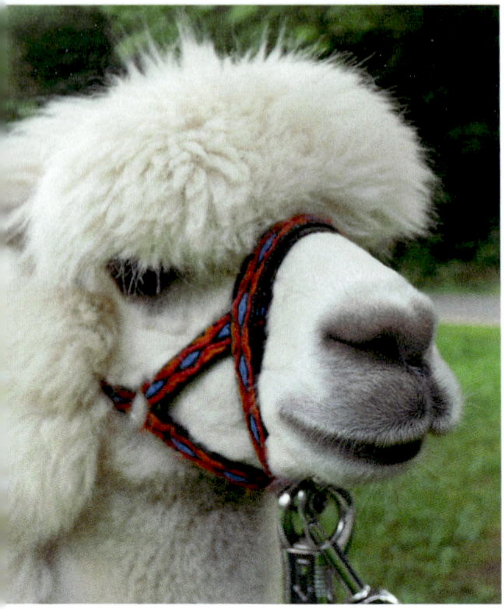

alleine kann das Gastkind die fremden Tiere nicht führen, dazu sind unsere wolligen Wandergefährten zu skeptisch. Das tut der Sache aber keinen Abbruch, versichern die Jungs. Sie gehen stolz neben ihren neuen Freunden her, lauschen den Ausführungen über die natürliche Lebenswelt der Alpakas sowie der heimischen Tierwelt um sie herum, und vergraben immer wieder einmal ihre Hände in der weichen Wolle.

Die Alpaka-Wanderungen dauern je nach Absprache etwa zwei Stunden. Sehenswerte Zwischenziele gibt es im Evershäger Forst genug: den mittelalterlichen Sühnestein zum Beispiel, der schon bald an einer Kreuzung in Sicht kommt, auch Hünengräber und den Iserberg, von wo aus bei guter Sicht sogar die Ostsee auszumachen ist. Auf Wunsch ist auch eine Schatzsuche möglich, oder die große Tour von 3,5 Stunden inklusive Verpflegung.

Im Zentrum der Wanderung stehen aber immer die Tiere. »Wenn die beschließen, dass sie eine Pause brauchen, dann machen wir eine Pause«, erklärt Marco Holter. Aber auch so halten wir oft

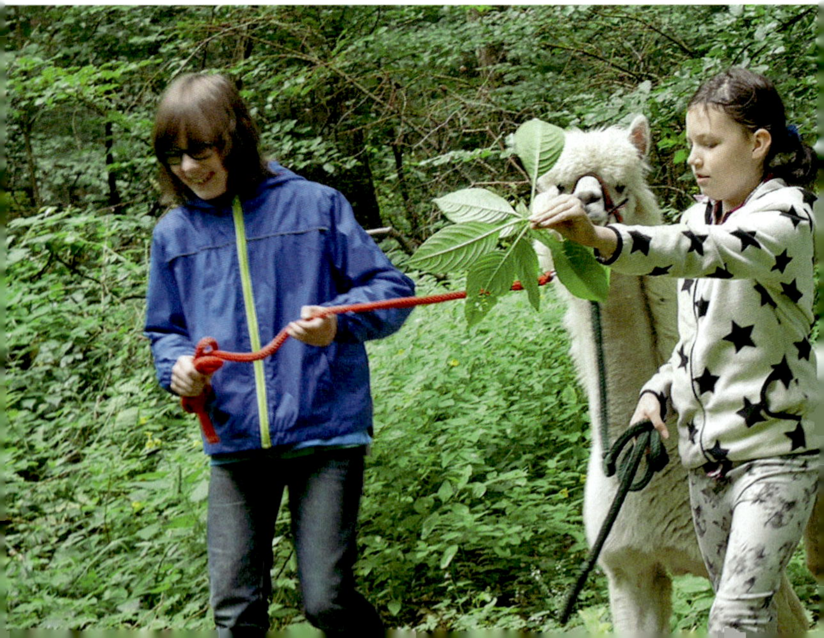

an, weil es so viel zu sehen gibt. Keine hundert Schritte vor uns schleicht ein Fuchs übers Feld und nimmt dann schnell Reißaus, als Krümel bellt. Auch die Waldtiere, die gerade nicht zu sehen sind, haben Spuren hinterlassen. Unser Wanderführer zeigt uns einen Scheuerbaum der Wildschweine und kann viel Wissenswertes über sie und die anderen Bewohner des Naturschutzgebietes erzählen.

Und auch aus ihrer täglichen Arbeit berichtet der Inhaber des Alpakahofs am Iserberg. »Hauptberuflich« sind Leonardo, Alberto und er nämlich in der tiergestützten Therapie tätig und arbeiten mit Menschen mit Behinderung. Deshalb ist es ratsam, **mindestens einen Monat im Voraus** einen Termin für eine Wanderung zu vereinbaren. Auch wenn so eine Wanderung für die Alpakas nach Marco Holters Aussage eher Lust als Last ist, möchte er seine haarigen Mitarbeiter nicht mit zu vielen Terminen überfordern.

Als wir nach dem ausgiebigen Waldspaziergang wieder am Hof eintreffen, lernen wir auch die Damen der Alpaka-Herde kennen. Insgesamt 15 Tiere leben bei Familie Holter. Hier herrscht klassische Rollenverteilung: Die Stuten kümmern sich um den Nachwuchs, dem Broterwerb gehen nur die Männer nach, weil die bei den Alpakas über ein ausgeglicheneres Gemüt verfügen. Noch mehr Infos gibt es in dem kleinen Hofladen der Holters, in dem auch jeder ein Stück seines Lieblingsalpakas für zu Hause erwerben kann: als Bettdecke nämlich, zu denen die Wolle der heimischen Herde verarbeitet wird.

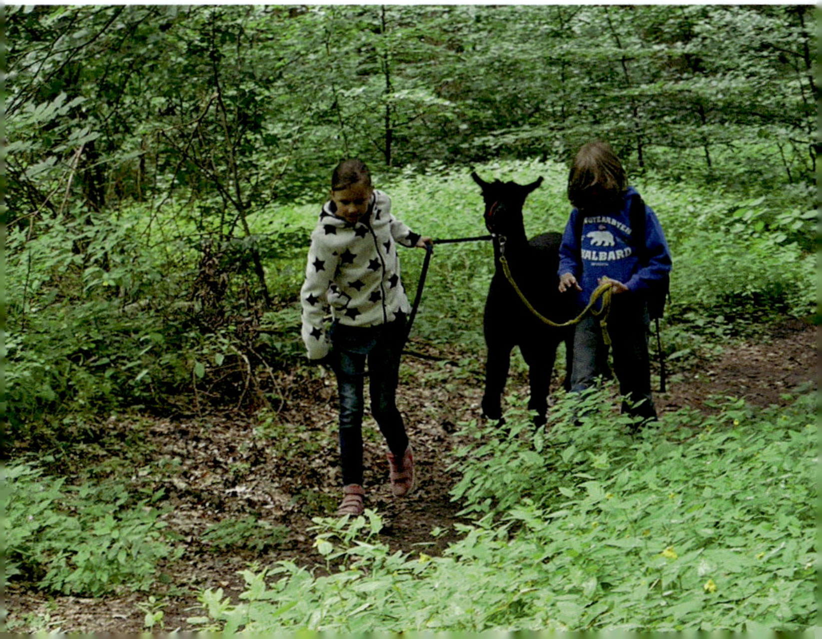

Was ist eigentlich ein Backstein? Baumaterial aus dem Ofen

Wenn man vor einer der riesigen Backsteinkirchen steht, kann man eigentlich kaum glauben, dass die roten Steine, aus denen sie besteht, aus Lehm und Wasser gebacken werden. Sie werden im Ofen gemacht wie Brot oder Kuchen – nur bei viel höheren Temperaturen. Der »Teig« für so einen roten Stein besteht aus Lehm, Sand, Ton und Wasser. Früher wurde der Lehm vor der Verarbeitung über den Winter in Wasser gelöst und dem Frost ausgesetzt, um eine schön krümelige Struktur zu erzeugen. Im Frühsommer wurde der »Backsteinteig« dann in Formen oder Rahmen gestrichen und anschließend 14 Tage lang in einem Meiler oder Ofen bei Temperaturen von 600 bis 900°C gebrannt. Brot oder Kuchen wäre da schon lange kohlschwarz.

Der weiße Schwan ist Teil der Legende um die Gründung des Klosters von Bad Doberan mit seiner eindrucksvollen Backsteinkirche.

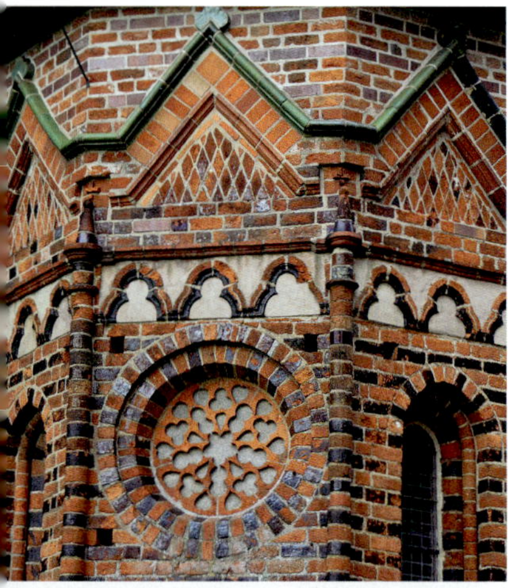

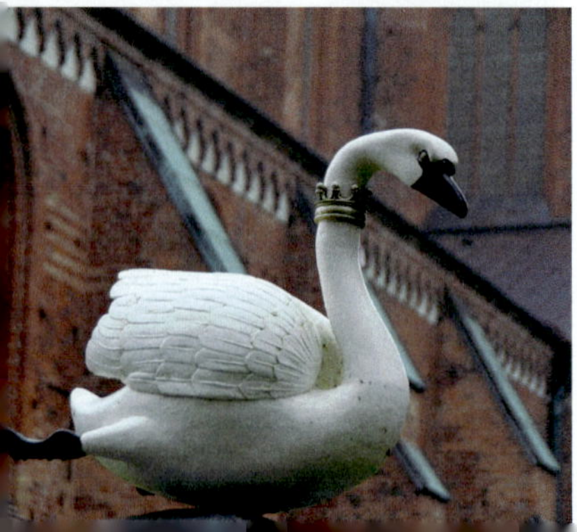

Weil das Grundmaterial für den Stein weich war, konnte man es leicht in ungewöhnliche Formen gießen und so entstanden die Ziersteine, die man an vielen Bauwerken der Backsteingotik entdecken kann. Kunstvoll geformte Backsteine schmücken Säulen und Türrahmen und gliedern die Fassaden mit Friesen und Bögen.

Backstein war im Mittelalter das typische Baumaterial in Regionen, in denen Naturstein nicht ausreichend zur Verfügung stand. Die Produktion der rötlichen Kunststeine war und ist recht aufwändig. Durch die Produktion von Formsteinen gab es aber plötzlich beim Bau von Kirchen ganz neue Möglichkeiten.

Die meisten großen Kirchen im Ostseeraum gehören zur Stilrichtung der Backsteingotik. Sie wurden während der Hansezeit in den neu erblühenden,

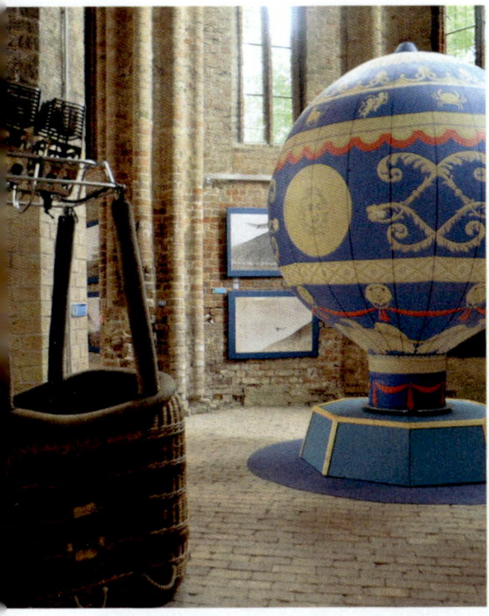

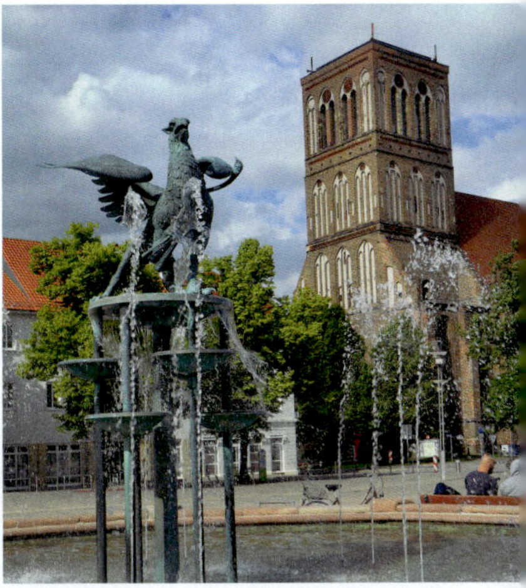

Die Nikolaikirche in Anklam wurde im Zweiten Weltkrieg schwer beschädigt. Auch heute fehlt ihrem Turm noch die Spitze. In ihrem Inneren soll in Zukunft das Ikareum die Geschichte von Otto Lilienthal und den ersten Flugversuchen der Menschheit erzählen.

wohlhabenden Handelszentren wie Lübeck, Wismar, Rostock und Stralsund sowie deren Umgebung errichtet. Der gängige Bau- und Kunststil war dabei die Gotik, die von der Mitte des 12. Jahrhunderts bis zum 15. Jahrhundert vorherrschte. Ihr besonders typisches Merkmal sind die schlanken Spitzbögen, mit denen man große Glasfenster und damit lichtdurchflutete Räume realisieren konnte. Zum ersten Mal wurde in Fenstern auch farbiges Glas eingesetzt.

Parallel entwickelte man zu dieser Zeit ganz neues Wissen über die Statik von Gebäuden, sodass man die Mauerdicke reduzieren konnte und stattdessen mit Stützbögen, Stützstreben und Rippengewölbe zu arbeiten begann. Die gaben dem Innenraum eine neue Weite und den Dachkonstruktionen eine attraktive Struktur. So konnte man immer größere Kirchen bauen und immer höhere Kirchtürme errichten. Die Größe der Stadtkirche gab so eine Aussage über den Reichtum der Kaufleute einer Stadt und die handwerklichen Fähigkeiten ihrer Baumeister.

Der heilige Nikolaus und die Hanse

In jeder der alten Hansestädte an der Küste – Wismar, Rostock, Stralsund, Anklam und Greifswald – gibt es mindestens zwei große Backsteinkirchen. Eine davon ist meist dem heiligen Nikolaus von Myra geweiht, der nicht nur als Wohltäter der Kinder bekannt ist, sondern auch als Schutzheiliger der Kaufleute und Seefahrer gilt. Nikolaus von Myra war ein Bischof und lebte im 4. Jahrhundert im Gebiet der heutigen Türkei. Myra lag am Meer. Der Bischof soll Stürme beschwichtigt, Piraten vertrieben und Getreide vermehrt haben – so erzählen es die Legenden. Kein Wunder, dass sich die Kaufleute einer Hansestadt seinen Segen wünschten.

Neben der Nikolaikirche steht in den Hansestädten fast immer auch noch eine beinahe ebenso große Marienkirche. Die Verehrung der Mutter Gottes ist ein typischer Aspekt der katholischen Religionslehre. Seit der Reformation sind aber auch die meisten Marienkirchen in Norddeutschland evangelische Gotteshäuser.

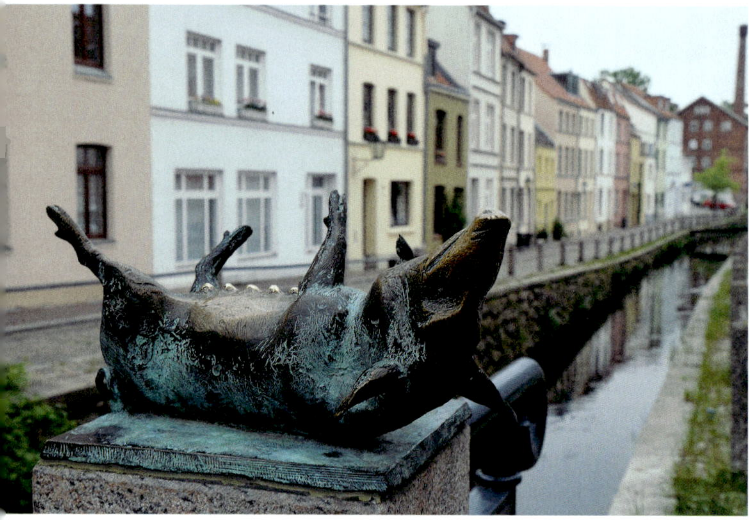

eben

STRECKE 2,5 km

1 h

ab 6

Tour 4: Bruno Backstein und die Bronzeschweine

Ein Rundgang durch Wismars Altstadt

Die schöne Altstadt von Wismar mit drei großen gotischen Backsteinkirchen gehört zum Weltkulturerbe der UNESCO: Grund genug, der Stadt einen Besuch abzustatten. Außerdem gibt es in den verwinkelten Gassen schöne Cafés und originelle kleine Läden. Wismar hat Stil. Das interessiert ihre Kinder nicht? Keine Angst, auf unserer Runde durch Wismars Gassen kommen Groß und Klein auf ihre Kosten.

Stadtrundgang: Wir beginnen unsere Runde durch die Altstadt an den großen Parkplätzen am **Alten Hafen** ①. Von hier aus überqueren wir den Straßenring um die Altstadt, laufen in die Fischerreihe und biegen in die zweite Straße auf der rechten Seite ab. Sie heißt Speicherstraße. Das Haus mit der Nummer

TOUREN-STECKBRIEF

Anfahrt: Wir beginnen unsere Runde durch Wismars alte Gassen am kostenlosen **Parkplatz Schiffbauerdamm II** bei **GPS N 53°53'40.9", E 11°27'23.7".** Wenn hier nichts mehr frei ist, gibt es direkt nebenan kostenpflichtige Alternativen. Wer an den Höhenschranken scheitert, parkt in der Ladestraße hinter dem Busbahnhof.
Anspruch und Charakter: Rundweg durch die Altstadtgassen mit vielen interessanten Stopps. Kinderwagentauglich!
Highlights: Spielplätze, Blick vom Kirchturm, Kinderfilm über die Backsteingotik im Museum, Schweinebrücke.
Einkehr: Cafés und Restaurants am Marktplatz und in den umliegenden Gassen.
In der Nähe: Hafenrundfahrten, Bootstour nach Poel, Piratenfahrt, Tiergarten Wismar, Phantechnikum.

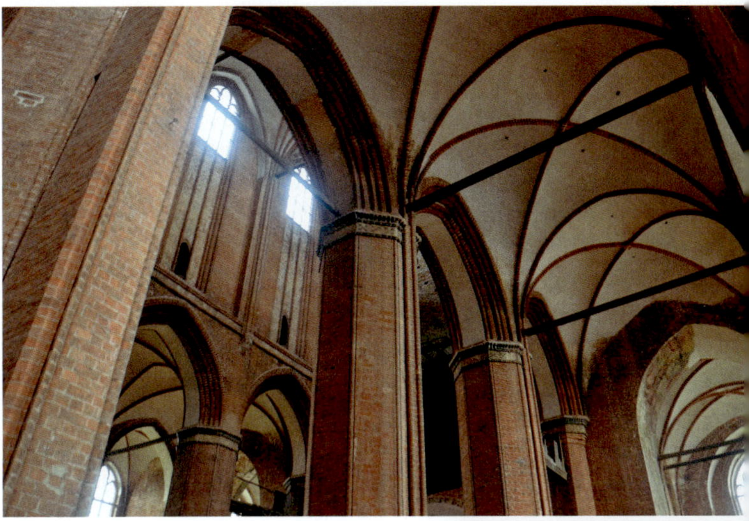

acht soll das Geburtshaus des legendären Piraten Klaus Störtebeker sein – vielleicht. An der nächsten Kreuzung gehen wir rechts in die Heidestraße, an deren Ende man schon die Schaukel eines kleinen **Spielplatzes** erspähen kann. Links hinunter geht es dann zur ersten Backsteinkirche unserer Runde.

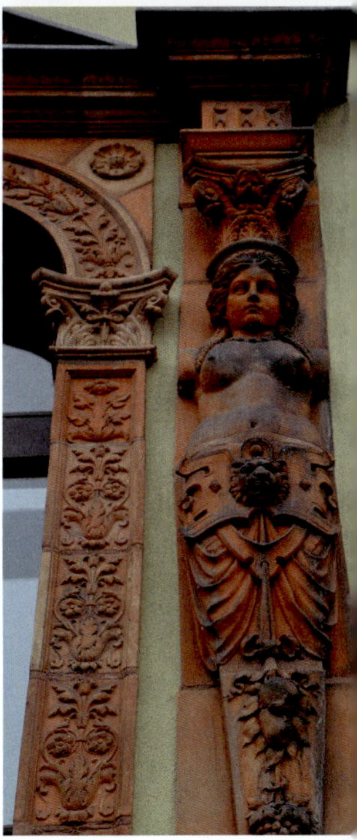

Nicht nur für Tatort-Fans lohnt sich ein Abstecher nach links in den Innenhof des Gebäudeensembles rund um die **Heilig-Geist-Kirche** ②. Sie ist die kleinste von vier alten Backsteinkirchen in der Stadt und war im Mittelalter Teil eines Hospitales. Die Kranken wurden im sogenannten Langen Haus, dem Gebäude neben der Kirche, gepflegt. Neben der Heilig-Geist-Kirche befindet sich übrigens auch die Touristeninformation, wo eine detaillierte Innenstadtkarte erhältlich ist.

Wir wenden uns jetzt, solange die Geduld der Kinder noch ausreicht, dem eindrucksvollsten und ungewöhnlichsten Platz Wismars zu und marschieren weiter geradeaus in die Große Hohe Straße. Dann befinden wir uns zwischen zwei mächtigen **Backsteinkirchen**, die sich fast gegenüber stehen. Rechts ragt der Turm von St. Georgen über die Häuser, links sehen wir den Turm der Marienkirche. Beide Kirchen wurden im Zweiten Weltkrieg schwer beschädigt.

Die Mauern von **St. Georgen** ③ wurden restauriert, im Inneren der Kirche gibt es jedoch nur rohe Wände, Backsteinsäulen und einen roten Terracottaboden. Aber gerade das macht die Kirche so eindrucksvoll. Hier fehlt jede Verzierung und es wirkt nur der Raum an sich. Und der ist wirklich unglaublich hoch und verfügt über eine ungewöhnliche Akustik. Jedes Geräusch im Kirchenraum hinterlässt einen leisen Nachhall. St. Georgen wird nicht mehr als Kirche genutzt. Hier finden vor allem Konzerte und Kulturveranstaltungen statt. Im Sommer kann man auch mit dem Aufzug zur Turmspitze fahren und auf die Stadt hinunter schauen.

Das geht ebenso vom Nachbarturm der **Kirche St. Marien** ④. Im Gegensatz zu St. Georgen wurde die alte Kathedrale St. Marien nicht restauriert. Auf dem Platz hinter dem hohen Turm steht kein Kirchenschiff. Nur die Grundmauern und die Basis der Säulen sind wieder zu sehen. Die Ruine der Kirche wurde 1960 gesprengt und abgetragen. Für uns wird der Turm von St. Marien zum Dreh und Angelpunkt unseres Besuches in Wismar. Unten gibt es eine kleine **Ausstellung über die Backsteingotik**. Sehr viel plastischer sind die Erklärungen in einem kurzen Film, den wir in der Ausstellung ansehen können (€ 3, ermäßigt € 2, Kinder unter sieben frei). So erfahren wir, wie eigentlich Backsteine hergestellt wurden und wie man ohne Kran und Hebebühne im 13. Jahrhundert ein so mächtiges Gebäude errichten konnte. Der Respekt vor den mittelalterlichen Baumeistern und Handwerkern, die auf einfachen Gerüsten in unglaublicher Höhe herumturnten, um Stein für Stein Deckengewölbe und Dach zu errichten, wächst dabei ungemein. Die 3D-Brille auf der Nase und der muntere Bruno Backstein, der die Geschichte der Kirche und der Backsteingotik flott und verständlich vermittelt, wecken auch bei Kindern Interesse. Anschließend kann man zu jeder vollen Stunde in einer geführten Gruppe zur Turmspitze hinaufsteigen.

Jetzt wird es dringend Zeit für eine kleine Pause und da kommt der **Marktplatz** ⑤ gerade recht. Durch eine der schmalen Straßen

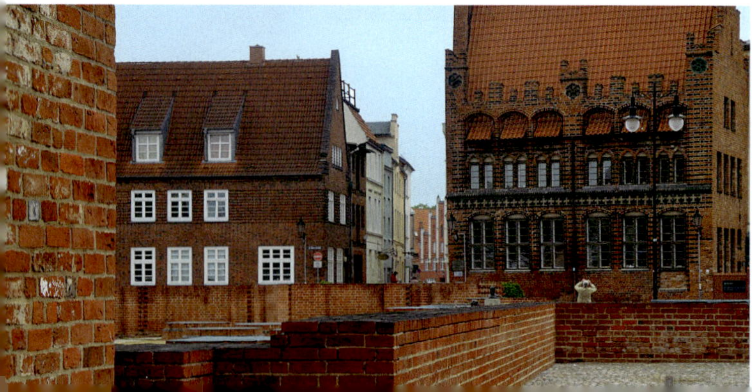

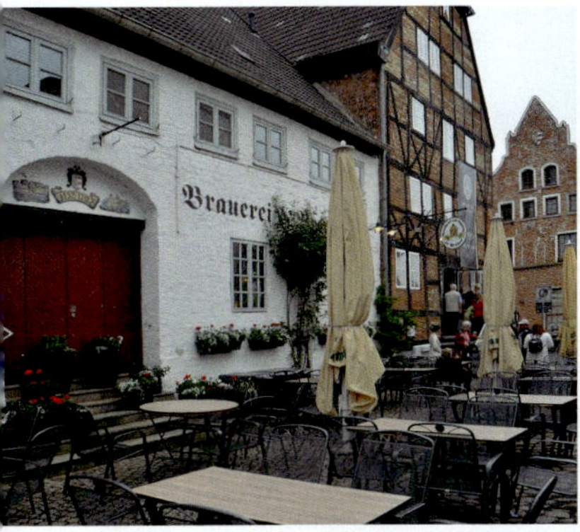

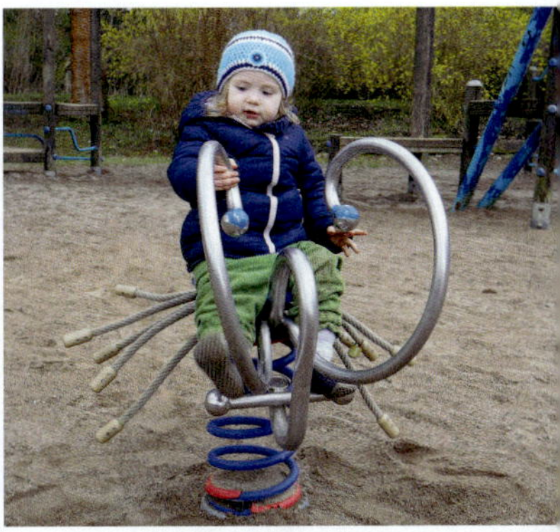

hinter der Marienkirche ist der auch schnell erreicht. Cafés, Restaurants, Eisdiele, Würstchenstand auf dem Markt, Bäckerei – es ist alles da und keiner sollte hungrig vom Platz gehen. Und für die Erwachsenen: Besonders bemerkenswert sind am Marktplatz das Rathausgebäude aus dem 13. Jahrhundert und der »Alte Schwede«, ein Kaufmannshaus aus dunkelrotem Backstein. Im auffälligen Giebelhaus ist heute ein Restaurant untergebracht.

Am Ende des Marktplatzes treffen wir dann auf die Fußgängerzone von Wismar. Erst rechts und dann gleich wieder links gehen wir durch die Altböter- zur ABC-Straße. Wer jetzt schon müde ist, läuft hier einfach geradeaus weiter. Für konditionsstarke Stadtbesucher führt ein kurzer Abstecher nach rechts durch die Gerberstraße zum **Alten Wasserturm** ⑥ – einem Rest der mittelalterlichen Stadtbefestigung. Hinter dem Turm liegt der Lindengarten und links neben einem Teich ein **Spielplatz im Grünen**.

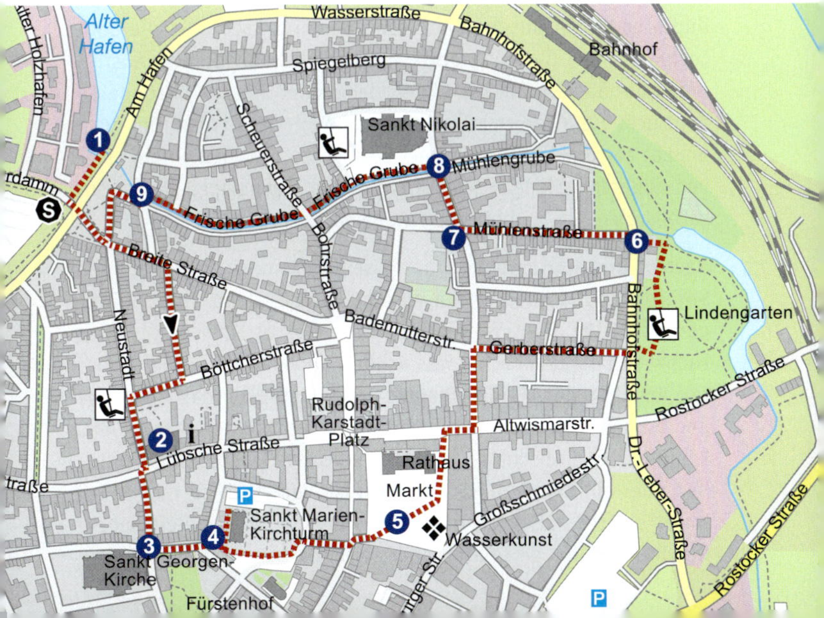

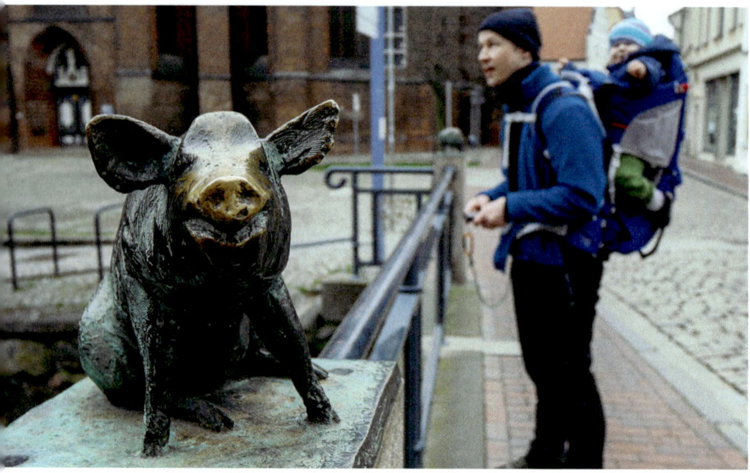

Zurück zur ABC-Straße geht es dann auf der parallel verlaufenden Mühlenstraße. Am Ende der ABC-Straße steht links an der Ecke eines der ältesten Häuser Wismars. Das **Schabbelhaus** ⑦ mit aufwändig gestalteter Fassade beherbergt das Stadtmuseum [› Seite 22]. Wir sind jetzt an der **Grube**, einem künstlich errichteten Wasserlauf, der den Schweriner See mit der Ostsee verbindet und im Mittelalter die Wasserversorgung der Stadt sicherstellte. Auch die Brücke vor uns verdient besondere Beachtung: Auf jedem der vier Eckpfeiler des Brückengeländers aalt sich ein glänzendes Bronzeschwein.

Hinter der **Schweinebrücke** ⑧ laufen wir links am Wasser entlang und vor uns ragt die nächste rote Kirche auf. **St. Nikolai** wurde etwa 50 Jahre später als die Marienkirche nach deren Vorbild erbaut. Mit unserem neu erworbenen Wissen über die Bautechniken der Backsteingotik machen die aufwändige Ausformung der Säulen und die vielen liebevollen Details besonderen Eindruck. Viele Informationen aus dem Film kann man hier noch einmal am praktischen Beispiel betrachten. Im Kirchenraum stehen außerdem Modelle aller wichtigen norddeutschen Backsteinkathedralen und es gibt eine schöne Spielecke.

Nach so viel Kultur geht es hinter der Kirche noch einmal auf den **Spielplatz** und dann immer an der Grube entlang bis zum **Ziegenmarkt** ⑨. Vor uns steht über dem Wasser ein schiefes altes Fachwerkhaus und rechts das schöne Gebäude der alten Brauerei. Am Ende des kleinen Platzes durchqueren wir das Wassertor und stehen wieder am **Alten Hafen**. Wer jetzt noch Hunger hat, kann hier zum Abschluss unserer Runde ein Fischbrötchen erstehen oder ein Kistchen Räucherfisch als Vorrat für zu Hause. Am Hafen starten außerdem diverse Ausflugsboote, zum Beispiel zur Rundfahrt durch den Hafen oder zur benachbarten Insel Poel.

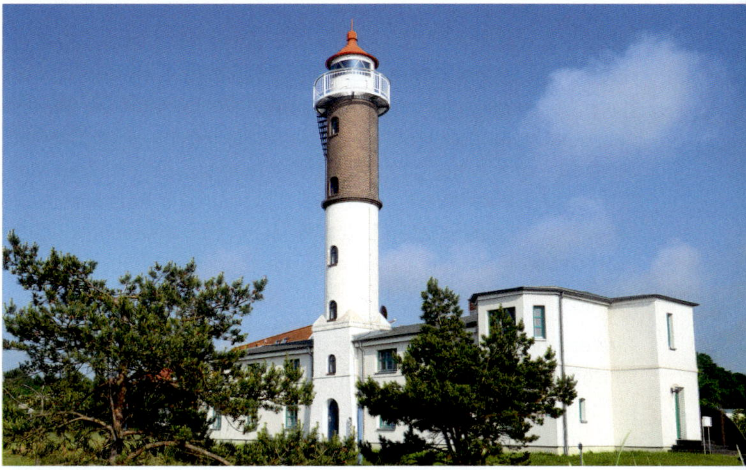

Tour 5:
Rundfahrt über die Insel Poel

25 m

STRECKE 16,5 km

2–3 h

ab 6

Vom Schwarzen Busch zum Timmendorfer Leuchtturm

Die Westseite der Insel Poel ist von einem langen Sandstreifen gesäumt, ganz im Süden und ganz im Norden bei Gollwitz liegt dieser vor bröckeligen Lehmklippen. Im Inselinneren dominieren Felder. Drei kleine Ferienorte liegen an der Küste: Timmendorf, Schwarzer Busch und Gollwitz. Timmendorf mit seinem alten Leuchtturm und dem kleinen Fischerhafen ist sicher der charmanteste. Am Dorfplatz von Gollwitz gibt es neben dem Teich ein angenehmes Restaurant. Am Schwarzen Busch finden wir an der Strandpromenade viele Spielgeräte. Alle Orte sind so gut wie autofrei und die Parkplätze liegen in großzügiger Entfernung vor dem Dorf. Das beste Verkehrsmittel, um die Dörfer der kleinen Insel Poel und ihre Natur kennenzulernen, ist daher ein Fahrrad.

Von Schwarzer Busch nach Timmendorf (6 km):
Vom Fahrradverleih im Zentrum des Ortes Am Schwarzen Busch

TOUREN-STECKBRIEF

Anfahrt: Mit eigenen Rädern kann man diese Runde auch gut in Timmendorf starten und dort auf den großen Parkplätzen vor dem Dorf parken. Wer auf einen Fahrradverleih angewiesen ist, fährt nach Schwarzer Busch. Der einzige Parkplatz liegt rechts vor dem Ort bei **GPS N 54°00'35.1", E 11°26'04.5".**

Anspruch und Charakter: Einfache Radtour auf Feld- und Plattenwegen. Kurze Abschnitte auf wenig befahrenen Straßen.

Highlights: Einsamer wilder Strand südlich von Timmendorf, Spielplätze in Am Schwarzen Busch, Café Frieda.

Einkehr: Café Frieda, Restaurants und Cafés in Timmendorf oder Gollwitz.

In der Nähe: Indoorspielplatz Poel, Kutschfahrten und Reiterhof, Kirchenveste Kirchdorf, Bootsverleih.

fahren wir ortsauswärts und biegen hinter der zweiten Häuserreihe links in die Straße »Zum Reetmoor« ein. An den letzten Häusern zweigt links ein **Feldweg nach Oertzenhof** ① ab, den man später auf dem Rückweg vom Café Frieda heraufkommt. Jetzt fahren wir hier geradeaus auf einem gut befahrbaren Plattenweg in vielen Kurven und leicht bergauf am **Rethmoor** entlang. Nur auf dem letzten Stück vor der ersten Kreuzung sind die Platten so verschoben, dass man nur langsam darüber hoppeln kann.

An der **Kreuzung** ② oben auf dem Hügel fahren wir rechts und sausen den Berg wieder hinunter bis zum Meer. Geradeaus führt ein sandiger Weg zum Wasser, wir bleiben links auf dem Plattenweg und fahren zwischen Wald und Feld weiter in Richtung Timmendorf. Auch am nächsten Strandzugang halten wir uns rechts und gleich wieder links auf dem Plattenweg. Der Weg näher am Strand ist zwar auch für Fahrräder freigegeben, aber so sandig, dass man höchstens schieben kann.

So treffen wir kurz vor **Timmendorf Strand** auf die **Inselstraße** ③ und fahren hier rechts in den Ort hinein. Die Straße endet am **Fischerhafen** ④ mit dem alten Leuchtturm von 1871. In der Straße rechts hinter dem Strand gibt es einen Imbiss, ein Café und eine Bäckerei, in der man Fischbrötchen und Kuchen für ein Picknick an einem der schönen Plätze am Strand kaufen könnte, die im nächsten Abschnitt folgen. Links neben dem Hafenbecken gibt es ebenfalls **Picknicktische** und einen **Spielplatz** mit einem großen Boot.

Von Timmendorf zum Faulen See und nach Neuhof (7 km):
Direkt am Spielplatz geht auch unser Weg weiter. Er führt zum Waldrand, wo wir einen guten Blick auf die Steilküste westlich

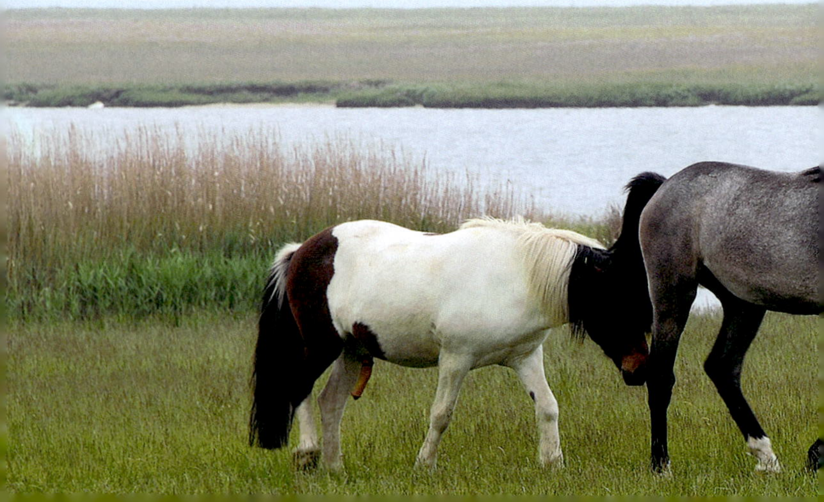

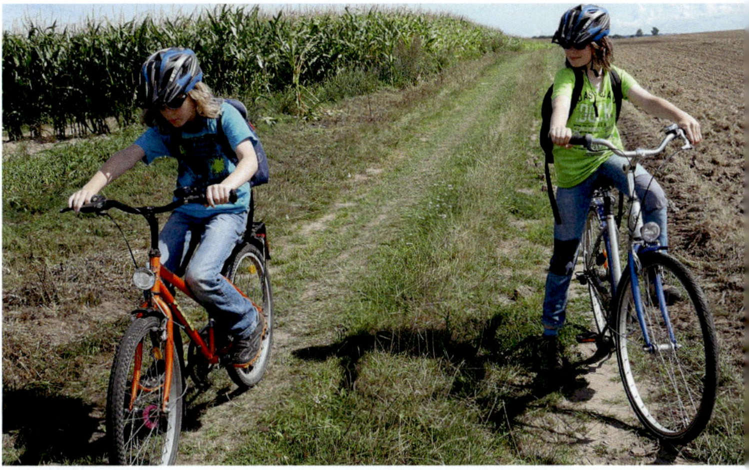

von Timmendorf haben. Dann radeln wir zunächst auf dem geschwungenen Waldweg in direkter Nähe zum Wasser. Stichwege führen zur Abbruchkante des Hochufers und erlauben einen guten Blick über die Küste und das Meer. An einem dieser Aussichtspunkte führt ein schmaler Pfad in unmittelbarer Nähe des Hochufers weiter. Hier müssen wir mit dem Fahrrad nach links auf den breiteren **Feldweg am Waldrand** ausweichen. Der Küstenpfad ist mit dem Fahrrad viel zu gefährlich.

Auf dem Weg zwischen einem ausgedehnten Weizenfeld und dem Wald geht es immer geradeaus bis zum Rand des **Naturschutzgebietes Rustwerder** ⑤. Die letzten Stichwege nach rechts enden nicht mehr an der Steilküste, sondern an schönen einsamen Plätzchen an einem schmalen Sandstrand, an denen man prima picknicken kann. An einem Wäldchen, in dem sich ein Parkplatz versteckt, stehen wir dann an einer Pferdeweide, die schon zum

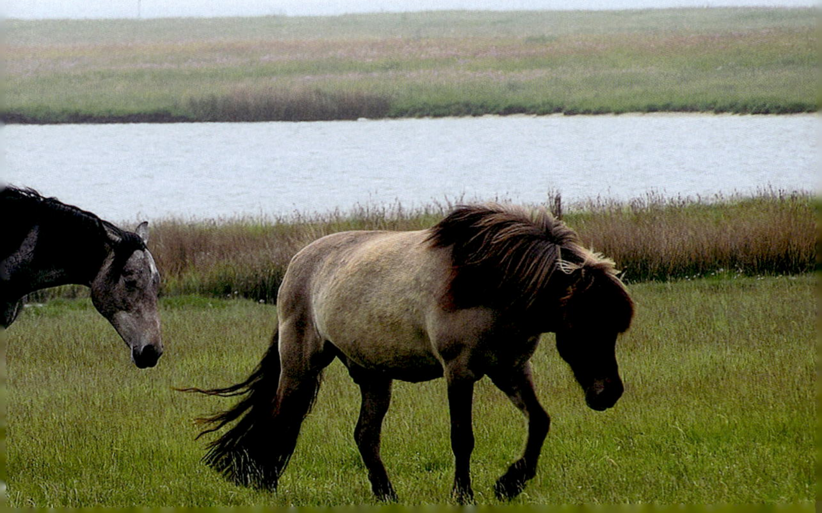

Schutzgebiet gehört. Das Gewässer auf der Weide ist der **Faule See** und das Schwemmland rundherum entsteht durch Lehm und Sand, der vor allem zur Schneeschmelze von der Steilwand abbricht und dann vom Meer hierher gespült wird. Dieser Teil der Küste ist in ständiger Bewegung. Rechts kommen wir hier zum schmalen **Strand**, der im Sommer FKK-Gebiet ist. Auf dem Weg dorthin steht unter einem Baum ein **Picknicktisch**.

Abstecher zur Veste Poel
Wer genug Konditionsreserven hat, fährt in Seedorf auf einem hoppeligen Feldweg geradeaus nach Kirchdorf weiter und kommt dort genau an den alten Festungswällen mit der Inselkirche heraus. Vom gleichen Weg biegt dann für den Rückweg ein Feldweg nach Neuhof ab. Die sehenswerte Kirche ist aber auch mit dem Auto von der Inselstraße gut erreichbar.

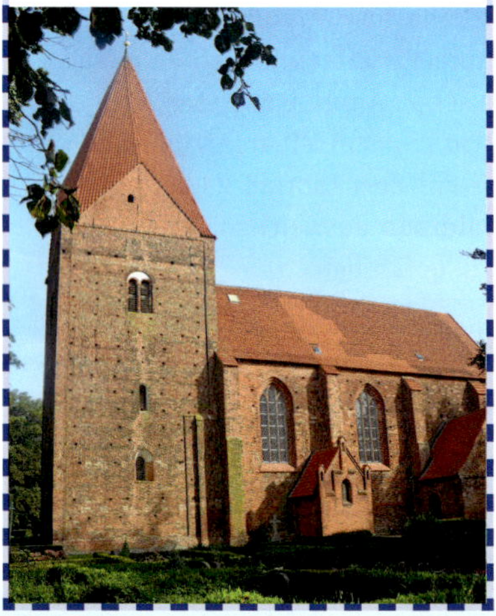

Links fahren wir dann weiter auf einer breiten geschotterten Straße, auf der auch ab und zu Autos fahren. An einigen Häusern verzweigt sich die Straße und wir radeln links auf einem **Plattenweg in Richtung Timmendorf**. Links von uns steht eine Baumreihe, rechts blicken wir weit über ein Feld. In Timmendorf erreichen wir dann für ein kurzes Stück die **Straße** ⑥, die aber nach dem Bau der Umleitung um Timmendorf kaum befahren ist.

Hinter dem **Reiterhof** geht es dann wieder rechts auf einem autofreien Weg durch Felder zu den ersten Häusern von **Seedorf**. An der **Kreuzung** ⑦ vor dem Ort biegen wir links ab

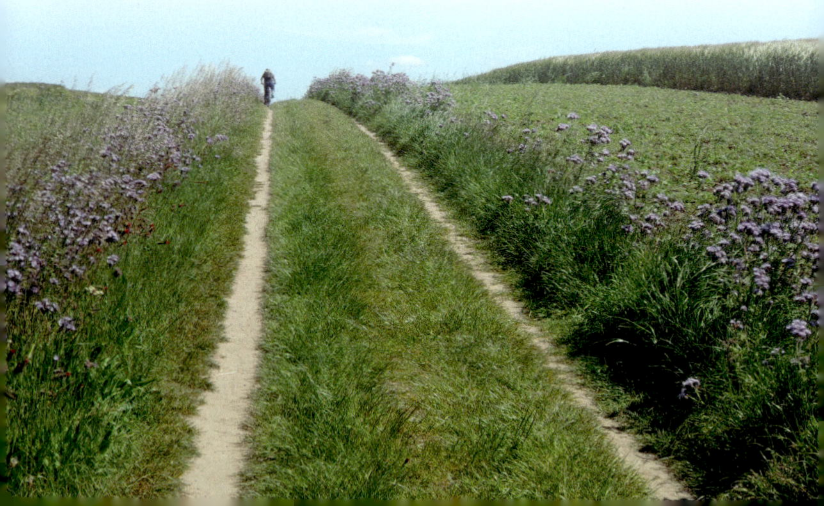

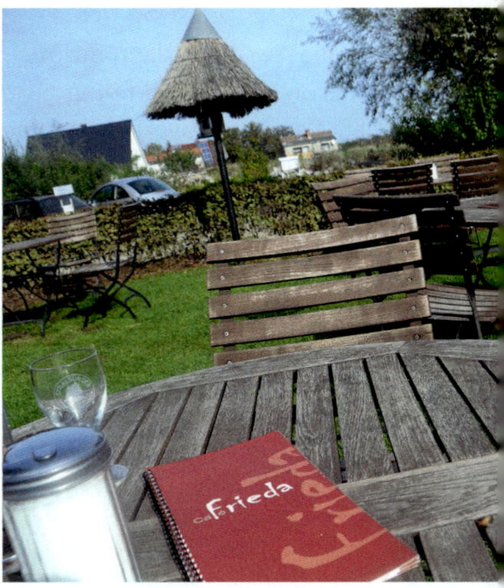

nach Neuhof und hinter einer Linkskurve geht es dann rechts in einen Sandweg zwischen zwei Pferdekoppeln. An dessen Ende treffen wir auf eine Straße.

Von Neuhof zum Café Frieda und nach Schwarzer Busch (3,5 km): An der **Kreuzung in Neuhof** ⑧ fahren wir geradeaus am Gutshof mit seinen Pferdeställen vorbei. Wer nicht ins Café will, radelt hier einfach geradeaus weiter nach Schwarzer Busch. Um zum **Café** zu kommen, biegen wir in Neuhof rechts ab und bleiben ein kurzes Stück auf der Straße. Etwa auf Höhe des weithin sichtbaren **Sen-**

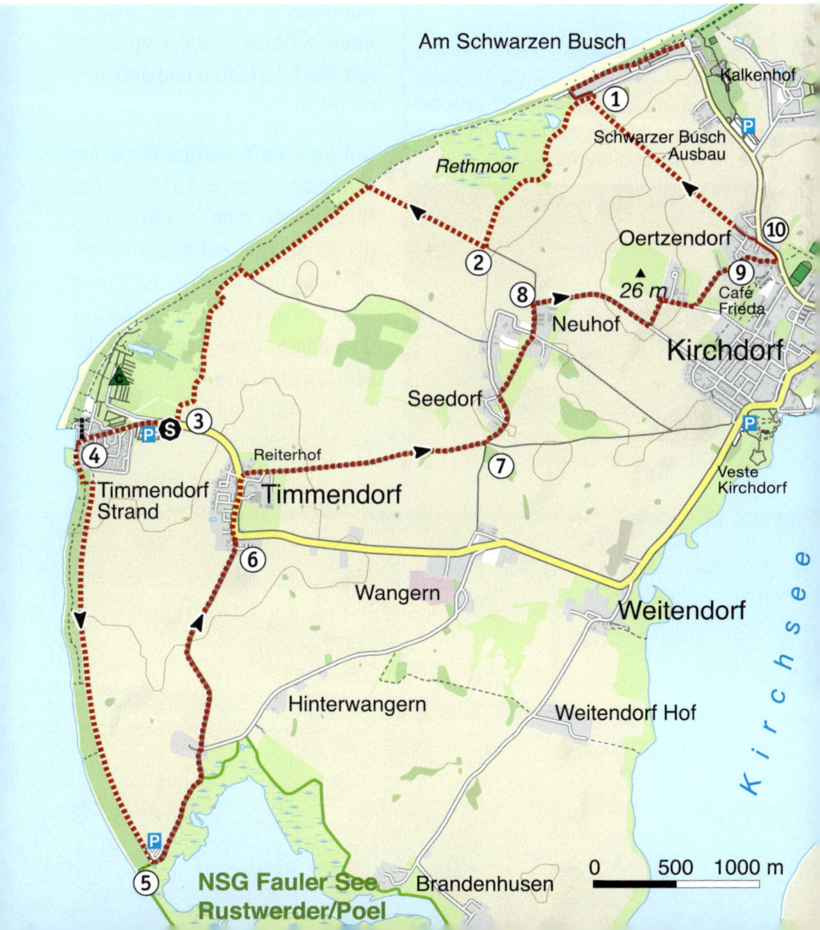

demastes führt dann ein Weg nach links. Das Café Frieda ist ab hier mit braunen Pfeilen ausgeschildert. Sie lotsen uns rechts am **Sendemast** vorbei und durch eine Wohnsiedlung mit flachen Plattenbauten. Dann geht es links durch die normale Inselwelt, abseits von gepflegten Feriensiedlungen, bis zum **Café** ⑨ mit einem kleinen Garten, in dem Tische stehen. Auch innen ist es sehr gemütlich. Außerdem schmecken die hausgebackenen Kuchen und Torten vorzüglich. Wer es lieber deftig mag, bekommt auch eine Suppe oder einen Flammkuchen. An den Caféwänden sind Bilder regionaler Künstler ausgestellt. Das etwas abseits der Touristenpfade gelegene **Café Frieda** ist für uns einer der gemütlichsten Orte auf Poel.

Wer lieber richtig essen gehen möchte, findet alternativ in Schwarzer Busch direkt in der Düne das *Restaurant Strandperle* oder in Gollwitz die *Fünf Eulen* mit Fischgerichten und deftigen Kleinigkeiten.

Um vom Café zurück nach *Am Schwarzen Busch* zu kommen, folgen wir dem Schotterweg bis zur **Straße**. Auf dieser fahren wir links und dann in der Kurve geradeaus weiter. Am Ende der dort angezeigten **Sackgasse** ⑩ führt ein Feldweg in gerader Linie zurück zum Meer und zu unserem Start.

Von Schwarzer Busch nach Gollwitz

Variante ab 4 Jahren, 10 km

Eine Ergänzung zu dieser Radrunde oder eine seperate Mini-Tour für die Jüngsten ist der Uferweg von *Am Schwarzen Busch* in die andere Richtung nach Gollwitz. Der breite Weg ist eben und einfach befahrbar. Unterwegs wartet ein netter Rastplatz mit Schaukelfischen und am Ende der Strecke kurz hinter Gollwitz der Aussichtspunkt auf das Vogelschutzgebiet Langenwerder. In Gollwitz gibt es ebenfalls zwei Cafés und den Gasthof Fünf Eulen. Für die Rückfahrt kann man den am Parkplatz vor dem Ort beginnenden Feldweg nehmen, schöner ist die Fahrt auf dem Uferweg.

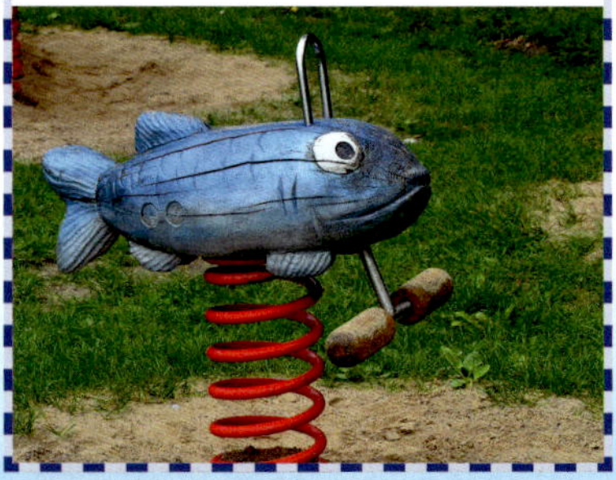

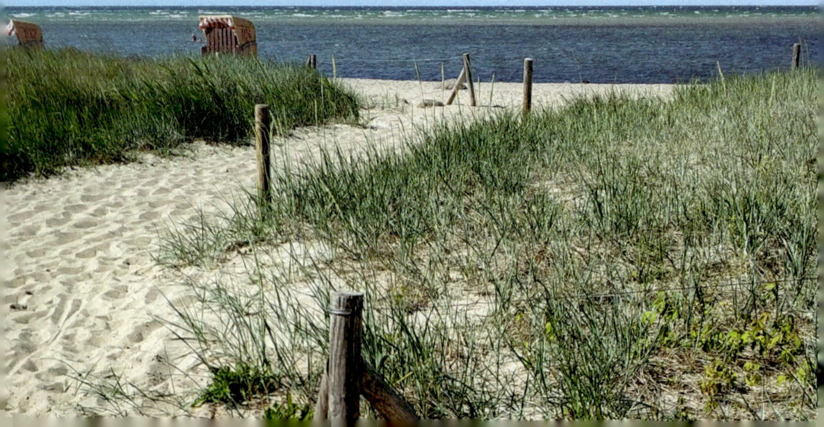

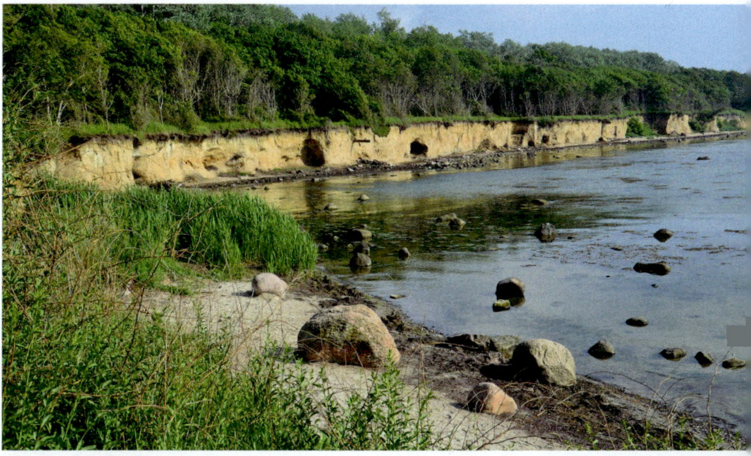

Tour 6: An der Steilküste von Timmendorf

eben

STRECKE 4,5 km

1 h 30

ab 6

Zwischen Hochufer und Strand

Westlich von Timmendorf erstreckt sich eine Steilküste, in der hunderte von Schwalben brüten. Ein schmaler Sandstreifen am Meer und ein Weg auf dem Hochufer ermöglichen hier eine schöne kleine Wanderrunde. Besonders stimmungsvoll ist der Weg am Abend, wenn am Horizont die Sonne im Meer versinkt.

Wanderung: Am Ende der Wiese mit dem **Spielplatz** ①, links neben dem **Fischerhafen von Timmendorf**, führt ein Pfad zu einer kleinen Sandbucht hinunter. Von hier aus kann man unterhalb des Hochufers an der Küste entlanglaufen. Vor den Abbrü-

TOUREN-STECKBRIEF

Anfahrt: Vom Damm, der auf die Insel führt, immer der Hauptstrecke durch Kirchdorf hindurch folgen und dann links bis nach Timmendorf Strand. Vor dem Dorf gibt es bei **GPS N 53°59'34.4", E 11°22'54.6"** einen großen Parkplatz.

Anspruch und Charakter: Breiter Feldweg oben auf dem Hochufer, weglos und teilweise recht eng am schmalen Strand zurück. 2020 existierte oben auf der Klippe auch noch ein abenteuerlicher Pfad, der jedoch abbruchgefährdet ist, stellenweise sehr nahe am Abgrund entlangführt und nur noch mit erhöhter Vorsicht zu begehen ist.

Sicherheit: Strände vor einem Steilufer sind immer nur auf eigene Gefahr zu betreten, da Abbrüche nie ausgeschlossen werden können. Vor allem Frost und Regen machen die Klippen mürbe, sodass Wandernde nur bei stabilem Wetter im Sommer hier laufen sollten.

Highlights: Einsamer wilder Strand mit imposanten Klippen, Aussichtspunkte mit Bank auf den Klippen, Schwalben und Mauersegler beobachten, Spielplatz am Timmendorfer Hafen.

Einkehr: Restaurants und Cafés am Hafen.

In der Nähe: Indoorspielplatz Poel, Strand von Timmendorf, Kutschfahrten und Reiterhof, Kirche und Veste in Kirchdorf, Bootsverleih.

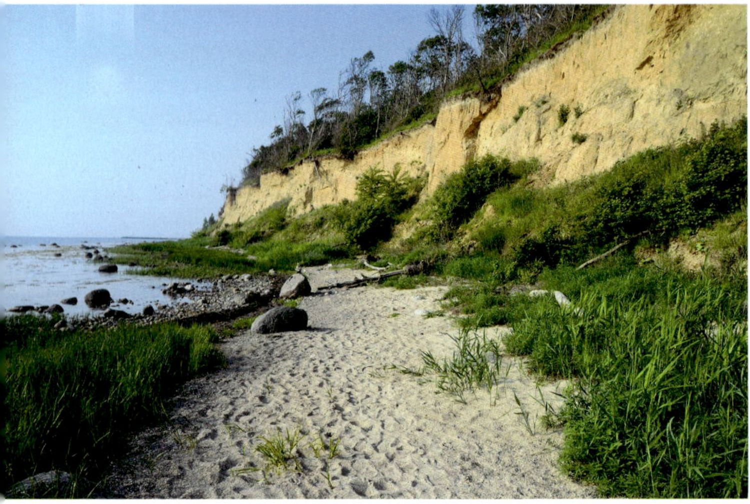

chen des Hochufers bleibt am Anfang nur ein schmaler Streifen Sand und die angeschwemmten Algen müffeln vor sich hin. Hinter den ersten Kurven wird der Sandstreifen breiter und man kann auch den gebotenen Abstand von der bröckelnden Wand halten. Die Steilwand wird hier deutlich höher und ist durchlöchert von Schwalbennestern. Die Bewohner der **Vogelkolonie** fliegen laut kreischend vor der Wand hin und her und versorgen den Nachwuchs mit Futter. Schon für dieses Schauspiel lohnt sich der Weg.

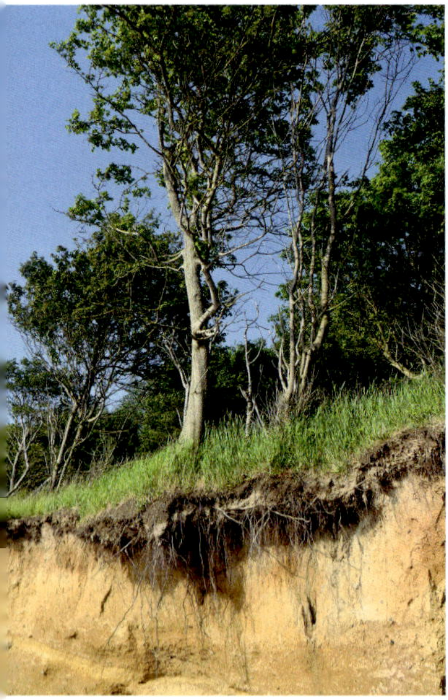

Bäume über dem Abgrund: Die Klippe bröckelt unter den Wurzeln.

Dann verliert die Wand zur linken Seite langsam an Höhe und der Landstreifen davor wird wieder schmaler. Wir laufen jetzt über groben Kies. An einem **Sandplatz** ② mit ein paar großen Steinen und einem Warnschild geht es links mit einem großen Schritt hinauf.

Auf halbem Weg zum Waldrand zweigt links ein Pfad ab. Er führt zum Rand der Klippe und dort, zeitweise hart am Abgrund entlang, nach Timmendorf zurück. Bei unserer Recherche war dieser Weg noch gut begehbar, da die Küste hier aber beständig an Material verliert, könnte sich das schnell ändern. Der sichere Weg führt angesichts der bröckelnden Steil-

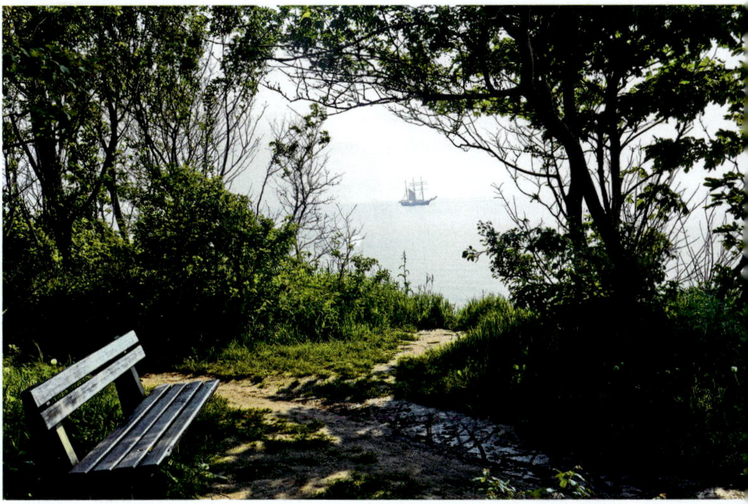

wand auf jeden Fall bis zum Waldrand und erst dann links auf einen breiteren **Feldweg ③.**

Nach einem knappen Kilometer führt dann links wieder ein **Abstecher zum Steilufer ④**, dem wir folgen. Ab hier können wir ohne Gefahr dem geschwungenen Weg durch den Wald folgen und von einigen **Aussichtspunkten** den weiten Blick über das Meer genießen. Mit etwas Glück sieht man vielleicht die Wissemara auf der Ostsee schwimmen. Der Nachbau einer hanseatischen Kogge startet im Hafen von Wismar zu Ausflugsfahrten.

Der Waldpfad schlängelt sich zwischen Bäumen hindurch zurück zum Hafen. Auf der anderen Seite des Hafenbeckens beginnt der lange Sandstrand von Timmendorf, an dem auch in der Nebensaison Strandkörbe auf Gäste warten. Von hier aus hat man einen guten Blick auf den Sonnenuntergang.

Vorsicht: Am Strand unterhalb der Klippen nicht nach längeren Regenperioden, bei starkem Wind oder bei Tauwetter laufen. Frost und Wasser zersetzen den Boden und unter diesen Bedingungen kommt es besonders häufig zu Abbrüchen an der Klippe, die für Wandernde am Strand nicht ganz ungefährlich sind.

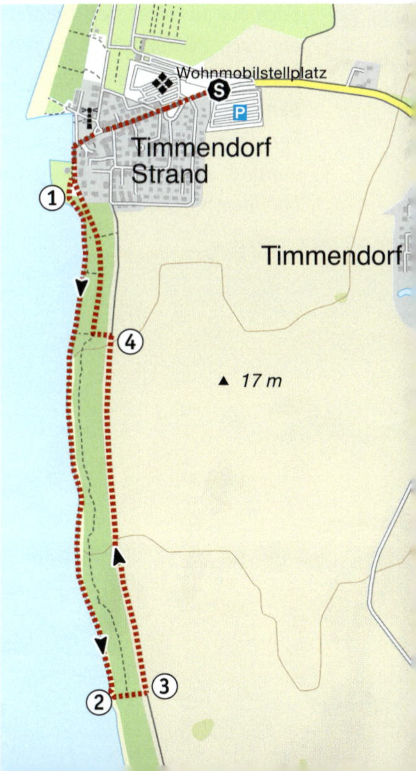

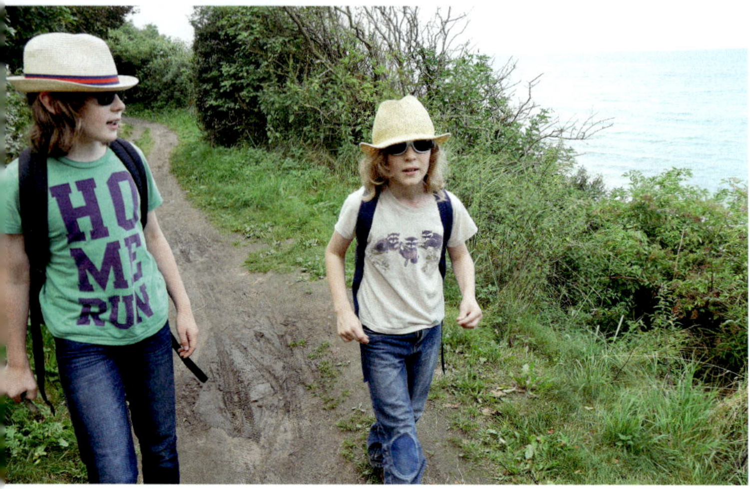

30 m

STRECKE 7,2 km

2 h 30

ab 6

Tour 7: Wandern mit Meerblick

Der Hochuferweg von Rerik

Das Rauschen der Ostsee im Ohr, der Schatten der Bäume über uns. Immer wieder öffnet sich der dichte Uferbewuchs und gibt den Blick auf das Meer frei. Theoretisch könnten wir direkt an der Küste bis nach Kühlungsborn laufen, oder gleich ganz bis nach Polen. Praktisch können wir jederzeit umkehren, und obwohl wir denselben Weg zurücklaufen, sieht der gewundene Pfad aus der neuen Perspektive ganz anders aus. Das letzte Stück gehen wir am Strand entlang, wo Spaziergänger gerne Steine aller Größen zu kunstvollen Gebilden auftürmen.

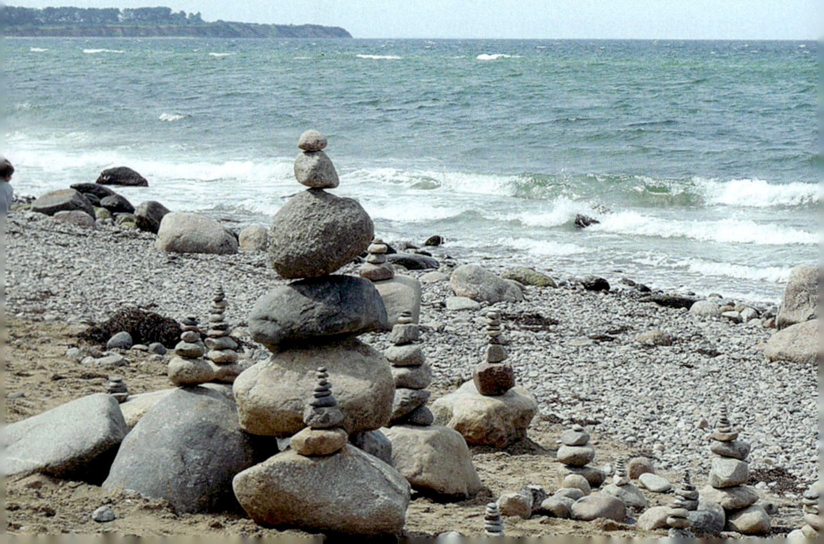

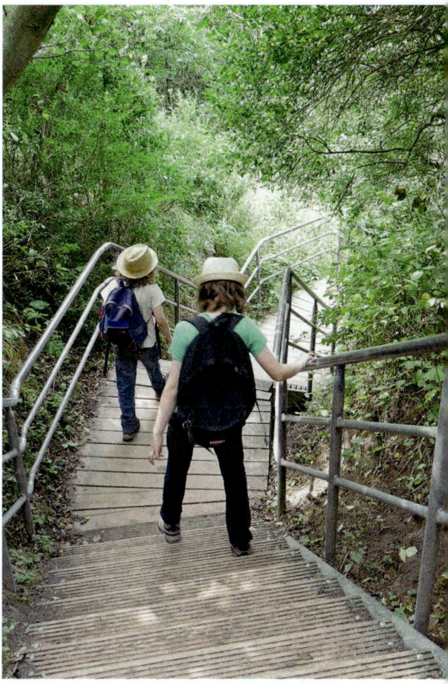

Wanderung: Vom kostenlosen Parkplatz aus folgen wir den Schildern **»zum Strand«** und laufen dann durch die Kastanienallee, bis wir den **Küstenstreifen** ① erreicht haben.

Wir gehen am Imbiss vorbei und biegen rechts auf den **Steilküstenweg** ein. Der Pfad, der näher am Wasser verläuft, ist als Fußweg gedacht, der etwas weiter im Land verlaufende als Radweg. Wir wandern durch den Küstenwald, und für den Anfang hören wir das Meer eher, als dass wir es sehen. Nach ein paar Schritten gelangen wir an einen kleinen, leicht verwilderten **Rosengarten**. Etwas später treffen wir auf die erste **Info-Tafel** zum Thema Steilküste zwischen Rerik und Meschendorf. Rechts führt ein

TOUREN-STECKBRIEF

Anfahrt: Rerik liegt westlich von Kühlungsborn. Kostenpflichtige Parkplätze gibt es entlang der Strandpromenade im Ort. Eine gute Möglichkeit zum kostenlosen Parken findet sich »Am Parkplatz« bei **GPS N 54°06'25.3", E 11°37'9.4"**, zu erreichen über die Kröpeliner Straße (die Hauptzufahrtsstraße) gleich rechts am Ortseingang. Von dort sind es nur ein paar Gehminuten zum Steilküstenweg.
Anspruch und Charakter: Eigentlich geht es immer nur geradeaus auf dem sandigen Steilküstenpfad und auf dem Rückweg dieselbe Strecke retour. Trotzdem ist das Gelände abwechslungsreich. Streckenweise müssen Fußgänger sich den Pfad mit Radfahrern teilen.
Achtung: An der Steilküste geht es oft unvermittelt abwärts. Der Weg ist bedingt geeignet für Kinderwagen.
Highlights: Meerblick, Spielplatz, Rosengarten, Strandübergänge mit Bademöglichkeit.
Einkehr: Fischbrötchen-Imbiss am Weg, weitere Gastronomie in Rerik.
In der Nähe: Kletterwald Kühlungsborn, Barnstorfer Leuchtturm.

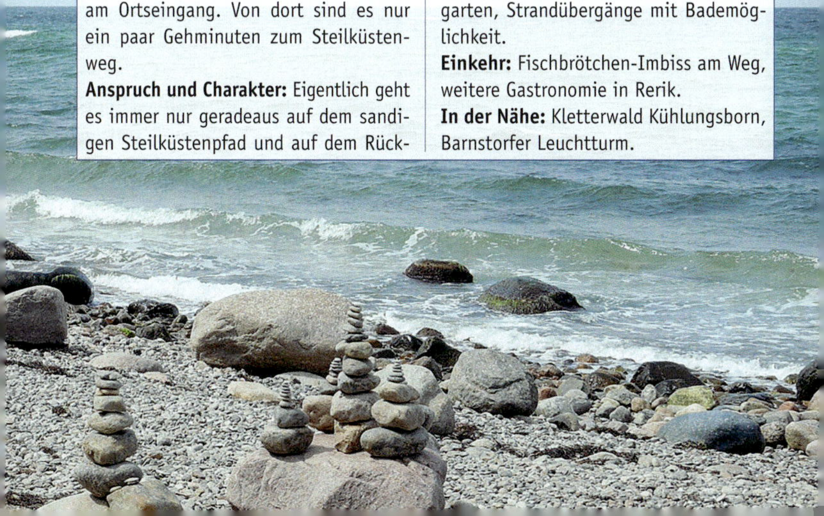

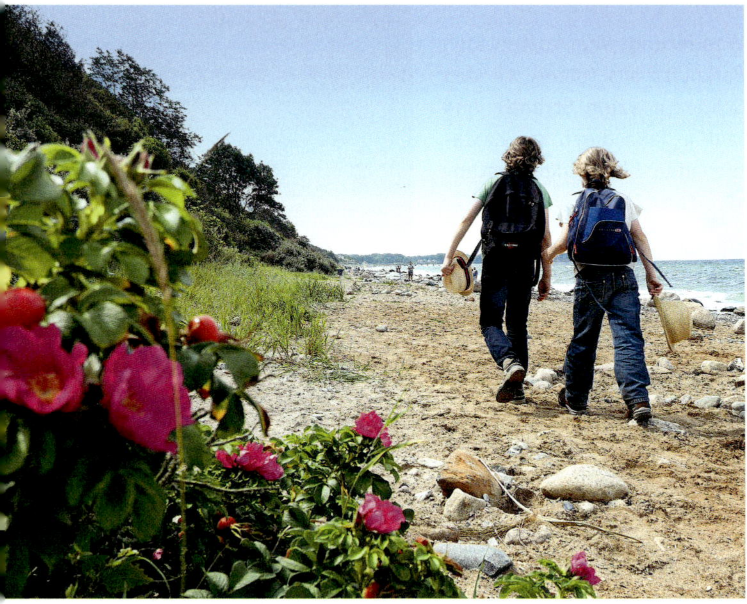

Spaziergang am Salzhaff

4 km eine Strecke, Gehzeit 2 h 30 min.

Auch schön ist eine Wanderung an der Küste des Salzhaffs. Hierfür starten wir am besten auf dem kostenlosen Parkplatz bei **GPS N 54°05'59.3", E 11°37'28.3"** am südlichen Ortsausgang von Rerik in der John-Brinckman-Straße.

Durch einen Durchlass in der Hecke im hinteren Teil des Parkplatzes gelangen wir auf einen unebenen Fußweg, der uns zum **Wasser** ⑤ führt. Hier ist das Revier der Kite-Surfer, die wir bei ihren Sprüngen auf dem Wasser beobachten können. Links herum führt ein schmaler Weg am Ufer entlang. In regelmäßigen Abständen stehen Bänke. Meist ist das Ufer schilfbewachsen, an einigen Stellen gibt es aber auch direkten Zugang zum Wasser.

Als Wendepunkt bietet sich der kleine **Sandstrand bei Roggow** an. Weil es am Haff praktisch keinen Wellengang gibt und das Wasser extrem flach ist, eignet sich die Stelle besonders gut zum Baden mit kleinen Kindern. Zurück geht es zwangsläufig auf demselben Weg – zumindest für ein Familienmitglied, das das Auto holt. Der kleine Strand ist über einen langen Stichweg auch von der Landstraße aus zu erreichen: GPS N 54°04'30.9", E 11°37'19.5".

Pfad landeinwärts, wo wir einen kleinen **Spielplatz** ② durch die Büsche blitzen sehen. Wir können den kurzen Abstecher jetzt einlegen oder ihn uns für den Rückweg aufheben.

Weiter am Steilufer entlang treffen wir nach etwa 600 Metern auf die **Teufelsschlucht** ③ und auf eine Treppe, über die wir zum Strand gelangen könnten. Fürs erste lassen wir sie links liegen. Ab jetzt müssen wir uns den recht schmalen Weg mit Radlern teilen. Zum Glück sind hier selbst in der Hauptsaison nicht allzu viele unterwegs. Im Gegenteil, der gewundene Pfad entlang der Küste wirkt hier nicht zuletzt aufgrund seiner Abgeschiedenheit besonders erholsam.

Erst nach einer kleinen **Holzbrücke** wird er wieder belebter, wenn wir uns dem **Campingplatz** ④ nähern. Dort können wir uns im kleinen Laden ein Eis am Stiel besorgen. Wer gar kein Eis braucht, kann genauso gut auch schon vorher umkehren.

In der **Teufelsschlucht** ③ wählen wir nun den Abstieg und legen die letzten Meter am Strand zurück. Hier stapeln Spaziergänger häufig Steine zu kunstvollen Türmchen auf – es gibt genug davon in allen Größen. Je näher wir Reriks Ortsmitte kommen, desto sandiger wird der Strand.

»Unseren« **Aufgang** ① in Richtung Kastanienallee und Parkplatz erwischen wir, indem wir am ersten DLRG-Häuschen den Strand verlassen.

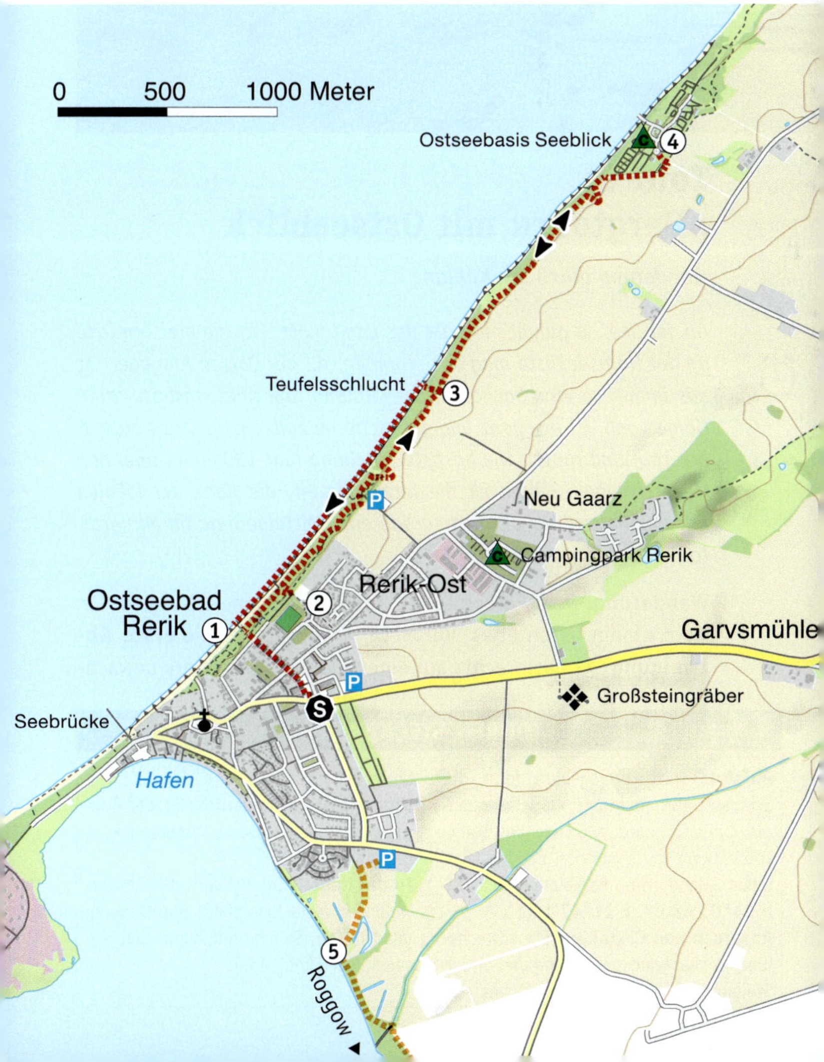

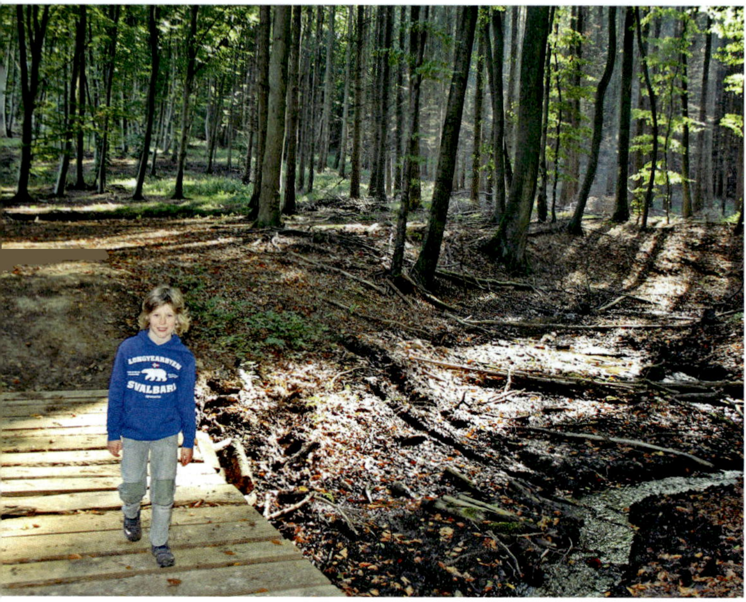

100 m

STRECKE 6,5 km

2 h 15

ab 8

Tour 8: »Bergtour« mit Ostseeblick

Wanderung durch die Kühlung

An der See, so glaubt man, ist das Land platt. Für die meisten Orte an der Nordseeküste mag das stimmen. An der Ostsee hingegen ist das immer so eine Sache. In der Kühlung, die Kühlungsborn ihren Namen gab, ist das ganz und gar nicht der Fall. Hier geht es ordentlich rauf und runter. Die höchste Erhebung ragt 130 Meter über den Meeresspiegel. Schuld ist die letzte Eiszeit, die dank der lokalen Gegebenheiten aus der Endmoräne ein »Mittelgebirge im Miniaturformat« geformt hat.

Wanderung: Vom Parkplatz aus folgen wir dem Fußweg in den Wald hinein. Nach etwa 300 Metern nehmen wir die **erste Abzweigung** ① nach rechts auf einen kleinen, teils stark bewach-

TOUREN-STECKBRIEF

Anfahrt: Von Kühlungsborn führt die Schlossstraße Richtung Kröpelin durch die Kühlung. Ganz am Ende des Waldstücks, kurz vor Jennewitz, befindet sich linker Hand ein Parkplatz bei **GPS N 54°05‘58.6“, E 11°47‘12.1“.**

Anspruch und Charakter: Ein abwechslungsreicher Waldspaziergang, der einige Steigungen und teils unwegsames Gelände umfasst.

Highlights: Abenteuerliche Pfade, Picknickplätze, Klettersteine, Ostseeblick.

Einkehr: Keine.

In der Nähe: Kühlungsborn mit Kletterwald und Molli-Spielplatz, Bad Doberan mit Münster, Sommerrodelbahn und Museum, Dampfzug Molli.

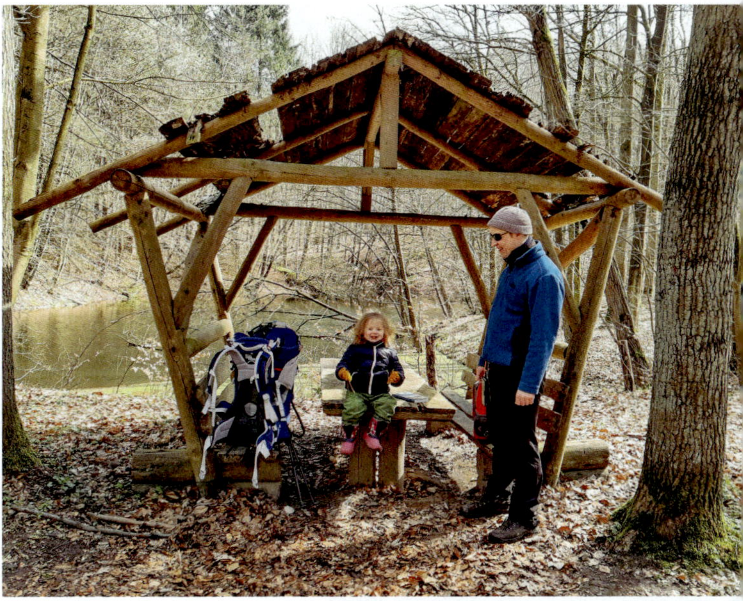

senen Abenteuerpfad. Kurz darauf stehen wir direkt oberhalb der Cubanze. Das Bächlein hat hier ein hübsches Tal geschaffen. Wir folgen ihm immer am linken Ufer entlang. Ganz am Ende des Pfades stoßen wir auf einen **breiteren Waldweg** ②, dem wir rechts herum ebenfalls bis zu einer **Kreuzung** ③ folgen. Hier wenden wir uns nach links und bleiben eine ganze Weile auf dem gut begehbaren Forstweg.

Rechts erblicken wir bald eine Wiese. Nachdem wir etwa 400 Meter sachte bergauf gelaufen sind, kommt von links ein breiter Weg, der uns rasch wieder zum Parkplatz zurückbringen würde. Wir folgen aber den ausgeschilderten **Wanderwegen 5 und 28** weiter geradeaus, die uns ebenso sachte wieder bergab und bis an den Waldrand führen. Dort macht der Pfad eine scharfe Linkskurve und quert einen weiteren kleinen **Bach** ④.

Direkt dahinter klettern wir einen kurzen, steilen Hang hinauf. Am Ende des Weges wenden wir uns nach rechts und nicht einmal 100 Meter weiter – hinter einer eingezäunten Schonung – gleich wieder nach links. Nach einem kurzen Marsch bergauf erreichen wir eine **Kreuzung mit überdachtem Picknicktisch** ⑤.

Nun könnten wir links herum eine weitere Abkürzung nehmen, würden uns damit aber um einen besonders schönen Teil der Strecke bringen. Also geht es rechts herum und bei der nächsten Gelegenheit auf einer Lichtung wieder nach links. Am Ende dieses Weges stoßen wir auf eine **Buchenreihe** ⑥, die auf einem niedrigen Wall den Wald säumt. Einige der Bäume eignen sich

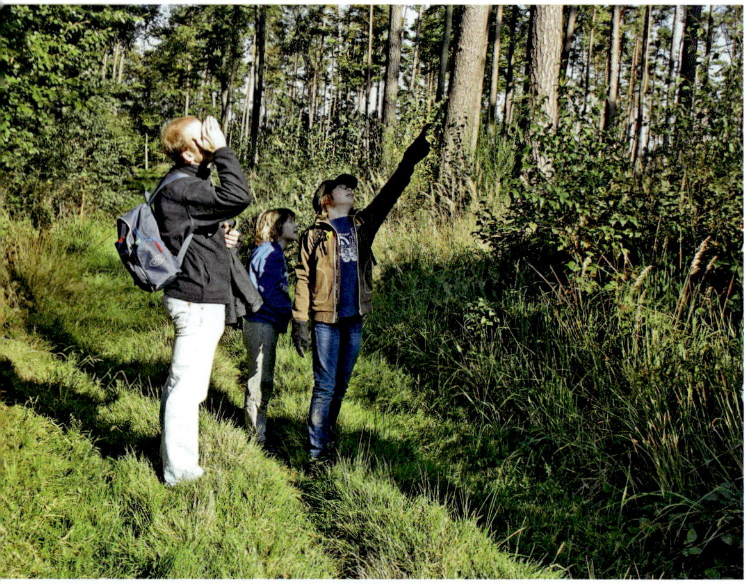

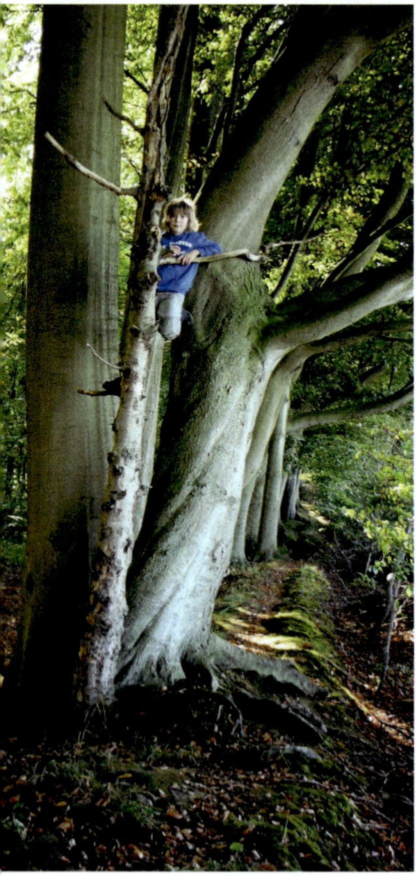

zum Klettern. Hier gehen wir links. Kurz darauf können wir in der Ferne die Ostsee blitzen sehen.

Schließlich erreichen wir einen breiten Weg, der an dieser Stelle durch **drei große Findlinge** ⑦ für den Verkehr gesperrt ist. Mehrere Möglichkeiten bieten sich hier, wir halten uns konsequent links und folgen dem **Forstweg**. Es geht leicht bergauf, dann stoßen wir auf einen noch breiteren **Waldweg** – die Abkürzung vom Picknickplatz.

Wir wenden uns nach rechts und hören bald die Straße. Unser Weg endet an einem **Parkplatz mit Schranke** ⑧. Vorne links führt ein sehr unwegsamer Wirtschaftsweg direkt neben der Straße entlang. Eine besser begehbare Alternative verläuft auf der anderen Straßenseite, allerdings erfordert diese ein kurzes Wegstück direkt auf dem vielbefahrenen Asphalt. Dazu folgen wir dem Pattweg an der Schranke nach rechts, sodass wir die Straße direkt an der Einmündung des Wanderwegs auf der anderen Seite überqueren. Dort halten wir uns links und gehen ebenfalls parallel zur Straße. Nach einem kurzen Stück führt uns der Weg an die Fahrbahn und wir müssen ihr nun direkt folgen, sehen aber schon die Einmündung des nächsten Wanderweges auf der anderen Seite.

Je nachdem, für welche Möglichkeit wir uns entschieden haben, gehen wir nun geradeaus oder von der Straße kommend rechts. Diesem Weg folgen wir in eine Senke, wo noch einmal ein **schöner überdachter Picknickplatz ⑨** an einem Teich auf uns wartet. Am Ende des Weges gehen wir rechts und schon sind wir wieder am Parkplatz.

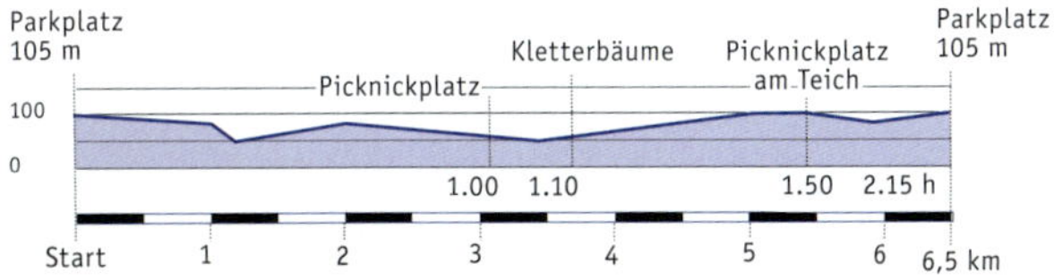

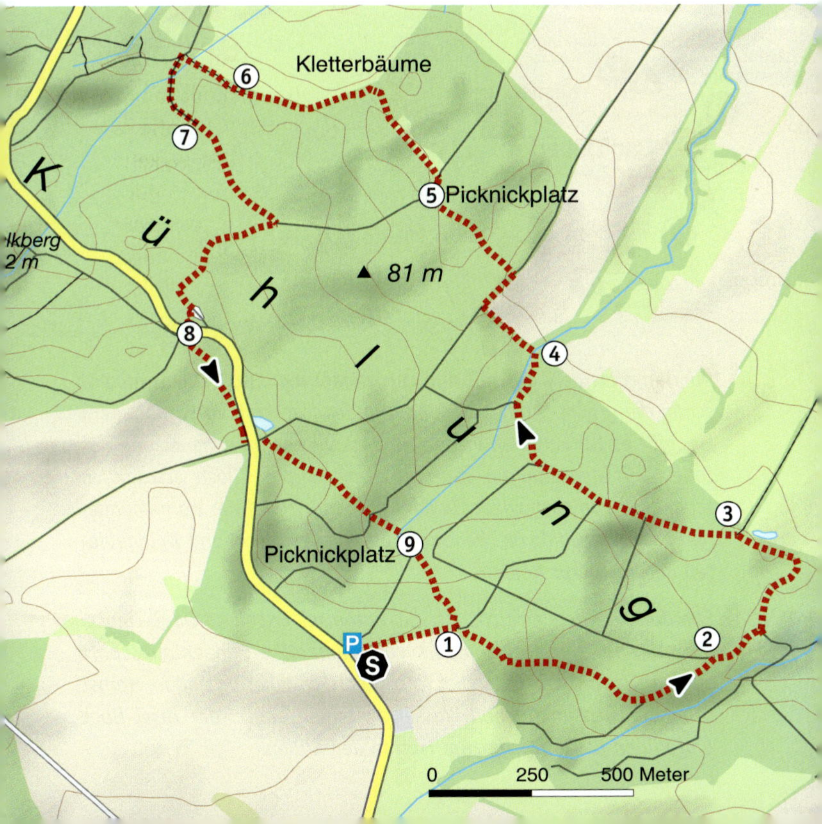

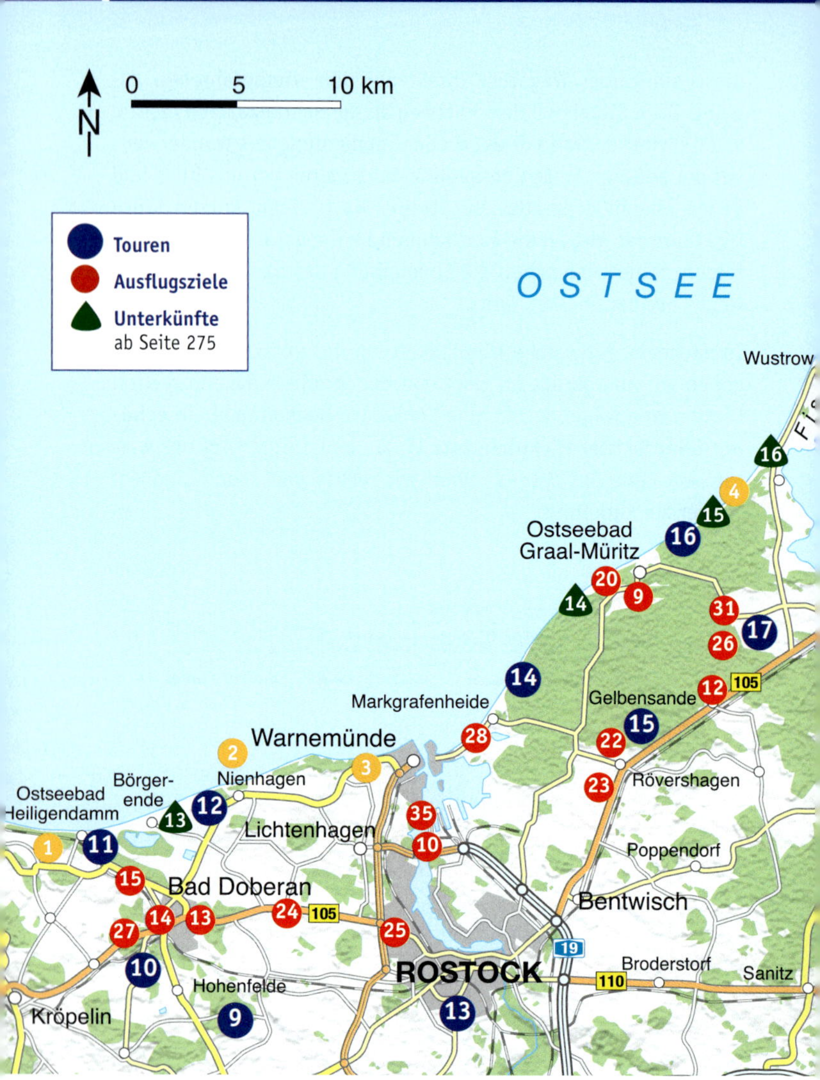

Rund um Rostock, das mit nur wenig mehr als 200.000 Einwohnern schon die größte Stadt des Bundeslandes Mecklenburg-Vorpommern ist, gibt es für Familien viel zu entdecken: das Darwineum und das tolle Schiffsmuseum im IGA-Park zum Beispiel. Doch erstaunlich schnell ist man auch wieder in der Natur, am Strand von Warnemünde, im Gespensterwald von Nienhagen oder in den Moor- und Waldgebieten der Rostocker Heide.

Ebenfalls schnell erreicht ist die Halbinsel Fischland-Darß-Zingst, die teilweise zum Nationalpark Vorpommersche Boddenlandschaft gehört. Im Naturschutzgebiet laicht der Ostseehering und im Herbst sammeln sich im flachen Wasser zwischen Zingst, der Insel Bock und Rügen die Kraniche zum Flug in den Süden.

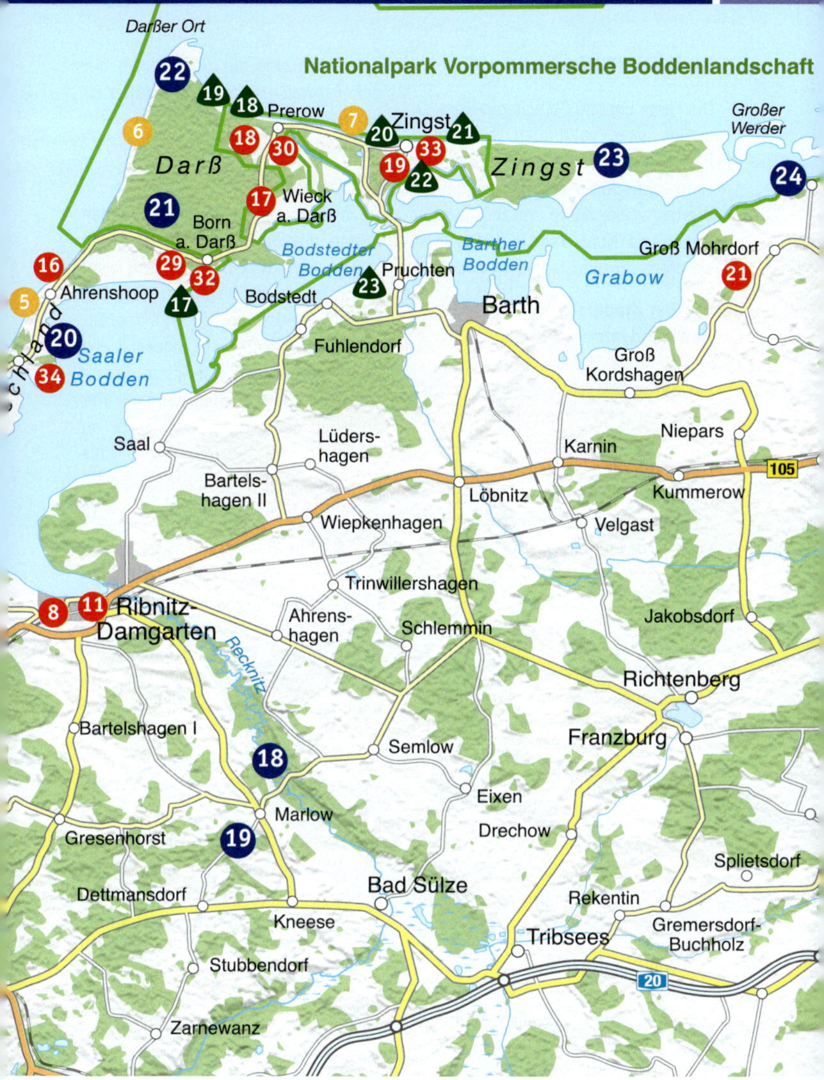

Aber nicht die ganze Halbinsel steht unter Naturschutz. Zwischen Prerow und Zingst lädt viel feiner Ostseesand zum Buddeln, Flanieren und Baden ein. Auf der schmalen Landbrücke mit dem schönen Namen Fischland liegen Ahrenshoop, das sich in der Vergangenheit einen Namen als Künstlerdorf gemacht hat, und das Dörfchen Wustrow. Aus Wustrow und Prerow kamen in der Vergangenheit besonders viele Seefahrer, Fischer und Kapitäne. Mit den Zeeskähnen, den flachen Holzbooten der Boddenfischer, kann man auch heute noch über den Bodden segeln.

Zwischen Ahrenshoop und Prerow liegt der raue Weststrand – ein Küstenbereich mit ganz besonderem Charme – und auch die Küste zwischen Rostock und dem Fischland ist ein attraktives Badeziel.

Baden mit Kindern

Die Küste um und östlich von Rostock eignet sich vorzüglich für einen Badeurlaub. Ein langer Sandstreifen zieht sich von Markgrafenheide bis Dierhagen die Küste entlang und der West- und Nordstrand des Darß ist ebenfalls ein sehr beliebtes Badeziel.

1 Der Kinderstrand von Heiligendamm

GPS N 54°08'38.9", E 11°49'33.3"
Ein besonders schöner Abschnitt der Küste findet sich ganz unerwartet vor dem noblen Seebad Heiligendamm. Unterhalb des malerischen Küstenwaldes im Westen der weißen Paläste badet es sich ganz entspannt. Ein Café in traumhafter Lage oben am Hang macht den Kinderstrand auch zum perfekten Ziel für den Strandspaziergang. [› Tour 11]

2 Nienhagen

Eine Treppe und ein barrierefreier Rampenweg führen vom winzigen Seebad hinab zum perfekten (weil regelmäßig wieder aufgeschütteten) Sandstrand am Fuße der Steilküste.

3 Warnemünde

Am breiten Stadtstrand von Warnemünde finden wir ein Badeparadies mit guter Infrastruktur.

4 Am Ribnitzer Moor

Vor dem Ribnitzer Moor liegt zwischen den Badeorten Graal-Müritz und Dierhagen ein durchgehender breiter Sandstrand. Die Zugänge zwischen den Orten sind nur zu Fuß oder mit dem Fahrrad erreichbar und daher ist es hier auch im Hochsommer nicht überfüllt.

5 Fischland

In Wustrow gibt es einen schönen Strand mit Seebrücke. Es folgt ein Stück Steilküste und dann vor Ahrenshoop vier Kilometer feinster, breiter Sandstrand. Große (kostenpflichtige) Parkplätze in regelmäßigen Abständen locken vor allem Tagestouristen aus dem Hinterland an. Wer auch in der Hauptsaison Platz an einem Traumstrand haben will, ohne allzu weit zum Auto zu laufen, wird außerorts nicht enttäuscht.

6 Darßer Weststrand

Der Traumstrand für alle Naturliebhaber zieht sich zwischen Ahrenshoop und dem Darßer Ort an der Westseite der Halbinsel Fischland-Darß-Zingst hinauf. Teilweise lieblich, teilweise wild, faziniert er mit skurril geformten Windflüchtern, die sich in den Sand der Uferböschung krallen oder bereits in den Sand gestürzt sind. Auf der Landseite liegt der Darßwald, auch gerne als Darßer Urwald bezeichnet. Der Wald und der Strand sind Teil des Nationalparkes Vorpommersche Boddenlandschaft und stehen unter Naturschutz, es führen aber etliche gut markierte Fahrradwege durch den Wald und zu Übergängen zum Meer. Der Strand ist nur mit dem Fahrrad oder zu Fuß von Ahrenshoop oder Prerow erreichbar.

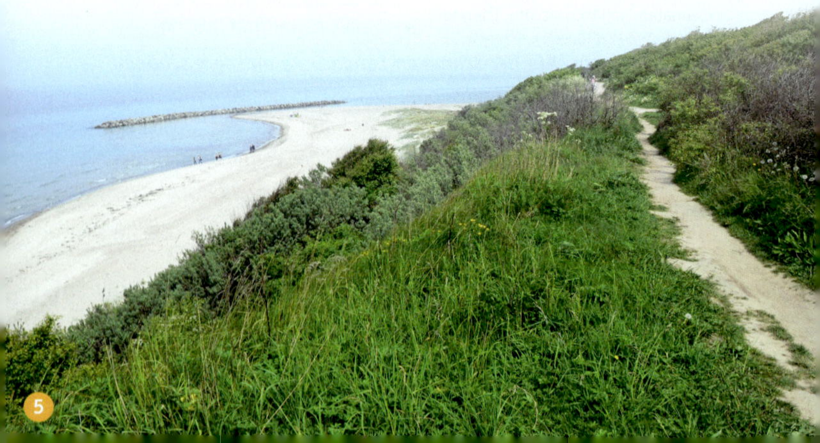
5

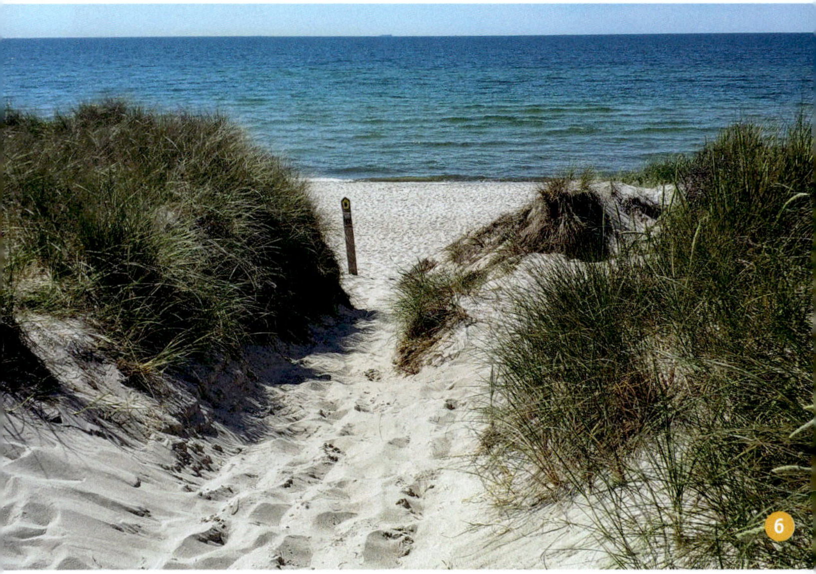

7 Der Nordstrand zwischen Prerow und Zingst

Zwischen Prerow und Zingst ist die komplette Küste sandig und durch die Straße, die die Orte hinter dem Deich verbindet, auch gut erreichbar. Wer Strände mit Infrastruktur mag, badet in der Nähe der Orte. Hunderte von Parkplätzen an der Straße ermöglichen zwischen den Orten den schnellen Zugang zum Wasser.

Badevergnügen indoor

8 Therme Ribnitz-Damgarten

Mit Sportbecken, Wellenbad, Strömungskanal, Kleinkinderbecken, 60 Meter langer Wasserrutsche und kleiner Saunalandschaft hat die Therme Ribnitz-Damgarten alles, was das Herz begehrt.

Da die Therme auch ein Schulschwimmbad ist, ist in der Schulzeit von Di bis Fr nur von 14–21 Uhr geöffnet, Sa und So 10–18 Uhr, in den Mecklenburgischen Ferien Di bis So 10–18 Uhr. Eintritt Schwimmbad (drei Stunden): €12 (€18 inkl. Sauna), Jugendliche bis 18 Jahre €9 (€15 inkl. Sauna), Kinder bis 1 Meter Körpergröße €2, Familientageskarte €50. www.bodden-therme.de

9 Aquadrom Graal-Müritz

Meerwasser-Schwimmbad mit Sportbecken, Kinderbecken, Strömungskanal und Außenbecken. Große Saunalandschaft und Wellnessbereich mit Hammam, Bädern und Massagen.

Geöffnet täglich von 11–21.30 Uhr. Eintritt Schwimmbad für 3 h €12,50, Kinder €9, Sauna €14. www.aquadrom.net

Kultur, Natur und Museen

10 IGA-Park Rostock

GPS N 54°08‘20.6“, E 12°05‘02.4“

Die Parkanlage in Rostock ist das Überbleibsel der Internationalen Gartenschau (IGA) im Jahr 2003. Nachdem lange versucht wurde, den Charakter eines kleinen grünen Freizeitparks beizubehalten, mussten in den vergangenen Jahren viele baufällig gewordene Attraktionen abgerissen werden. Dafür ist der Park mittlerweile eintrittsfrei. Ein Spaziergang in der weitläufigen Grünanlage am Warnowufer lohnt sich immer noch – vor allem in Kombination mit einem Besuch im schwimmenden Schifffahrtsmuseum.

Täglich geöffnet 8–22 Uhr, im Winter bis 17 Uhr. iga-park-rostock.de

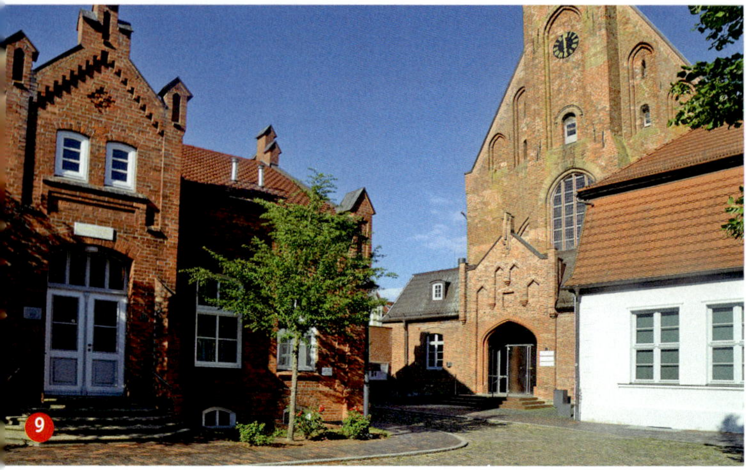

Schifffahrtsmuseum Rostock
An Bord des Traditionsschiffs »Dresden«, das am Warnowufer vor Anker liegt, befindet sich ein Museum über die Geschichte der Schifffahrt. Wichtigster Teil der Ausstellung ist das Frachtschiff selbst. Der 157 Meter lange Frachter wurde von 1956 bis 1961 in der Warnowwerft erbaut. Maschinenraum, Brücke, Funkstation, Schiffshospital und mehrere Mannschaftskabinen sind im Originalzustand zu besichtigen. Weitere 12.000 Ausstellungsstücke, darunter viele Schiffsmodelle, verdeutlichen die Entwicklung der Schifffahrt vom Einbaum bis zu modernster Technik. Der Hit für Kinder ist ein Miniaturhafenbecken, in dem sie selbst kleine Schiffe steuern dürfen.
Geöffnet Di bis So, 10–18 Uhr, im Winter nur bis 16 Uhr. €4, Kinder 7 bis 14 Jahre €2,50. Für das Museum mindestens zwei Stunden einplanen! schifffahrtsmuseum-rostock.de

Ein Schiff als Museum. Die »Dresden« ist im IGA-Park am Warnowufer vor Anker gegangen.

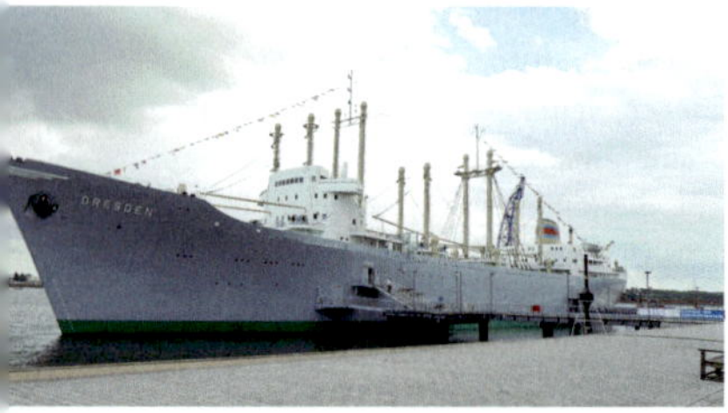

11 Deutsches Bernsteinmuseum Ribnitz-Damgarten
Im ehemaligen Klarissenkloster lässt sich erforschen, was für ein durch und durch merkwürdiges Material Bernstein ist und für welch vielseitige Verwendungen das fossile Harz im Lauf der Jahrhunderte schon herhalten musste. Die modern konzipierte Ausstellung vermittelt die Geschichte des Bernsteins von seiner Entstehung bis heute auf unterhaltsame Weise. Im Obergeschoss gibt es eine Schauwerkstatt und das »KinderBernsteinLand« mit Bastel-Angeboten, wie beispielsweise Karten gestalten mit Bernsteinstaub, die im Eintrittspreis inbegriffen sind.
Im Kloster 1–2. Geöffnet täglich von 9.30–18 Uhr, im Winter nur Di bis So bis 17 Uhr. €8,50, Kinder 4 bis 16 Jahre €4, Familie €18,50. www.deutsches-bernsteinmuseum.de

12 Jagdschloss Gelbensande
GPS N 54°12'26.9", E 12°18'51.8"
Das kleine Schloss in Fachwerk-Optik ließ der Großherzog von Mecklenburg Ende des 19. Jahrhunderts als familiären Rückzugsort errichten. Die erste Etage ist heute wieder wie zu Herzogs Zeiten eingerichtet und dient als Museum. Kinder können sich auf Mäusesuche begeben oder ein Quiz lösen, mit dem sie nebenbei viel über adelige Wohnverhältnisse in verflos-

senen Jahrhunderten lernen. Unten residiert das Schloss-Café-Restaurant.
Geöffnet täglich 10–17 Uhr, im Winter 11–16 Uhr.
Museum: €5, Kinder 3 bis 10 Jahre €2, Familie €14.
museum-jagdschloss-gelbensande.de

13 Doberaner Münster

Die weithin sichtbare Zisterzienserklosterkirche aus dem 13. Jahrhundert ist das Wahrzeichen Bad Doberans. Ihre Ausstattung gilt als eine der reichsten Europas. Etwas ganz Besonderes sind die Rundgänge unter dem Motto »Kinder führen Kinder«, bei denen Schüler verschiedener Altersstufen gemeinsam die Geschichte des Klosters und des Ortes Doberan erzählen. Auch Führungen ins Deckengewölbe und andere Sonderführungen finden regelmäßig statt.

Auf dem weitläufigen Klostergelände gibt es außerdem einen schönen Spielplatz, einen Kräutergarten, zwei Cafés und mehrere Ruinen zu erkunden.
Geöffnet Mai bis September Mo bis Sa 9–18 Uhr, so ab 11 Uhr. Herbst und Frühjahr 10–17 Uhr, im Winter nur bis 16 Uhr. Besichtigung ohne Führung €3, Kinder bis 18 frei. »Kinder führen Kinder«, ganzjährig samstags um 11 Uhr, Familie €8.
www.muenster-doberan.de

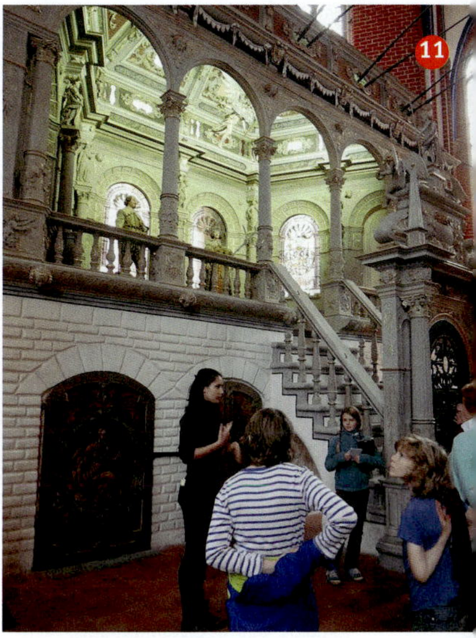

14 Stadtmuseum Bad Doberan

Die kleine Ausstellung im architektonisch interessanten Möckelhaus zeigt die Entwicklung Doberans mit Heiligendamm vom Kloster zum mondänen Badeort. Kinder können hier das Münster in 3D nachpuzzeln und über die Bademoden vergangener Jahrzehnte staunen.
Geöffnet Di bis Fr 10–16 Uhr, Sa 10–16 Uhr. Familienkarte €6, als Kombi-Ticket mit Besichtigung des Münsters €10.

Das Schloss Gelbensande aus dem 19. Jahrhundert sieht eher aus wie ein Herrenhaus.

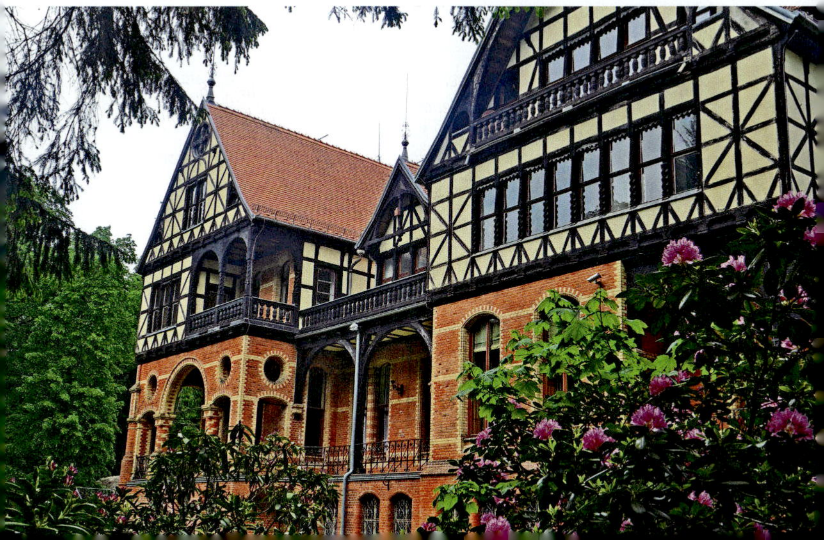

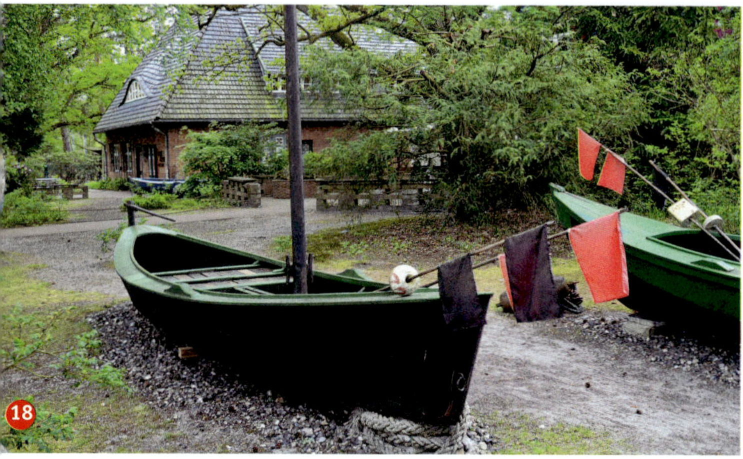

18

15 Eine Fahrt mit dem Molli
Die Dampflok Molli symbolisiert über hundert Jahre Eisenbahngeschichte. Im Juni 1886 wurde die Konzession zum Betrieb einer Schmalspurbahn zwischen Bad Doberan und Heiligendamm gewährt. Heute geht die Strecke bis nach Kühlungsborn und wird im Stundenrhythmus mit zwei Zügen befahren. Dazu wurde für den Molli im Jahr 2009 eine neue Dampflok nach historischem Vorbild gebaut, aber auch eine der alten Loks versieht hier noch ihren Dienst. Eine Fahrt mit dem Dampfzug lässt sich gut mit unserem Rundgang durch Heiligendamm verbinden. **[› Tour 11]**

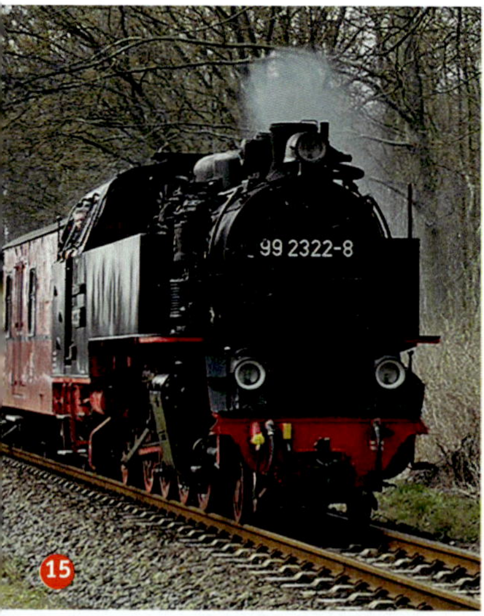

15

Einen aktuellen Fahrplan des Molli gibt es unter www.molli-bahn.de. Die Familienkarte (max. 2+3) für die Fahrt von Bad Doberan nach Heiligendamm und retour kostet €27, für die komplette Strecke bis Kühlungsborn sind es €39. Einzeln zahlen Erwachsene €11 bzw. 16,50, Kinder €8,50 bzw. 12,50. Im Zug werden auch Fahrräder transportiert.

16 Windmühlencafé Ahrenshoop
GPS N 54°22'44.3", E 12°25'15.6"
Der Nachbau einer historischen Windmühle dient seit 2016 in Ahrenshoop als Café. Bei schönem Wetter sitzt man gemütlich im Garten und nebenan weiden häufig Schafe.
www.muehle-ahrenshoop.com

17 Darßer Arche in Wieck
Das Nationalparkzentrum in Form eines Bootes steht in Wieck am Darß. Neben der Gästeinformation und einem Bio-Café gibt es hier auch eine kleine Ausstellung über den Nationalpark mit einer Rallye für Kinder.
Bliesenrader Weg 2 , Wiek.
Geöffnet Juni bis September täglich 9–17 Uhr, Mai und Oktober täglich 10–17 Uhr, November bis April Di bis Sa 10–16 Uhr, €6,20, Kinder 6 bis 15 Jahre €0,60.
www.darsser-arche.de

18 Darß-Museum in Prerow
Das kleine Museum in der Waldstraße zwischen dem Café Teeschale und

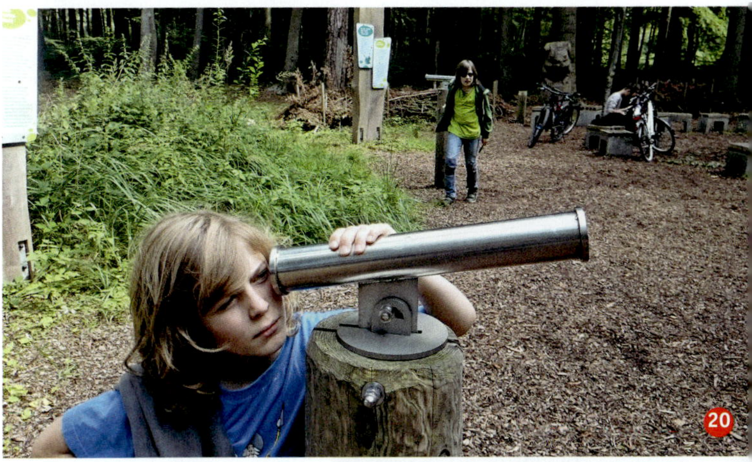

dem Kulturkaten (Konzerte, Theater, Kabarett) befindet sich in einem denkmalgeschützten Backsteinhaus und zeigt Exponate zur Geschichte des Darß, des Dorfes Prerow mit seiner besonderen Baukultur, die sich vor allem in üppig und phantasievoll gestalteten Haustüren erhalten hat, und zur Seefahrt auf der Ostsee.
Waldstraße 48, Prerow.
Wegen umfangreicher Renovierungen 2022 geschlossen.
www.foerderverein-darss-museum.de

19 Experimentarium Zingst

Erst ausprobieren und dann herausfinden, warum etwas so ist – so funktioniert das Experimentarium, das vor allem für Familien ein interessantes Ziel ist. An jedem Tag der Woche gibt es einen anderen Workshop zum Mitmachen: Modellbau, eine Speckstein-Werkstatt, den Tag der Rakete oder Bauen und Konstruieren. Auf dem Außengelände gibt es außerdem einen Spielplatz mit kleinem Leuchtturm und Modellschiffen, die Kinder selbst über das Wasser steuern dürfen. Das Experimentarium ist ein Technik-Museum zum Mitmachen, Anfassen, und »Begreifen«.
Geöffnet September bis März Di bis So 10–16 Uhr, April bis Juni Di bis So 10–17 Uhr, Juli und August täglich 10–18 Uhr. €5, Kinder 3 bis 4 Jahre €3, Kinder ab 5 Jahre €5, Familie (2+2) €18.

20 Ostseelehrpfad Graal-Müritz

Seit wann gibt es eigentlich das Meer und was ist eine Sprotte? Auf dem Ostseelehrpfad und weiteren Erlebnispfaden an der Strandpromenade von Graal-Müritz kann man an vielen Stationen klettern und spielen und erfährt nebenbei Wissenswertes über die Ostsee. Es gibt einen kleinen Barfußpfad, Stationen im Küstenwald und seltsame Tiere aus Stein. Die Pfade sind kostenlos und jederzeit frei zugänglich.

21 Kranorama Groß Mohrdorf

Die Beobachtungplattform mit Blick auf die Felder, auf denen die Kraniche zusätzlich gefüttert werden, wurde im Herbst 2015 eröffnet. **[› Seite 133]**

22 Köhlerhof Wiethagen

GPS N 54°11‘04.0“, E 12°14‘43.5“
Was ist Holzkohle eigentlich genau, und wie wird sie hergestellt? Was ist Pech und was Terpentin, und was kann man damit anstellen? Obwohl das Fragen sind, die sich uns in unserer heutigen Lebenswelt wahrscheinlich nicht gerade aufdrängen, ist es äußerst spannend, auf dem Köhlerhof die Antworten zu suchen. Außerdem ist da noch der Märchenwald, in dem nicht nur Goldmarie und Pechmarie auf uns warten.
Geöffnet von April bis Mitte Dezember, Di bis Fr 9–16 Uhr, So 10–16 Uhr. Erwachsene €4, Kinder 3 bis 14 Jahre

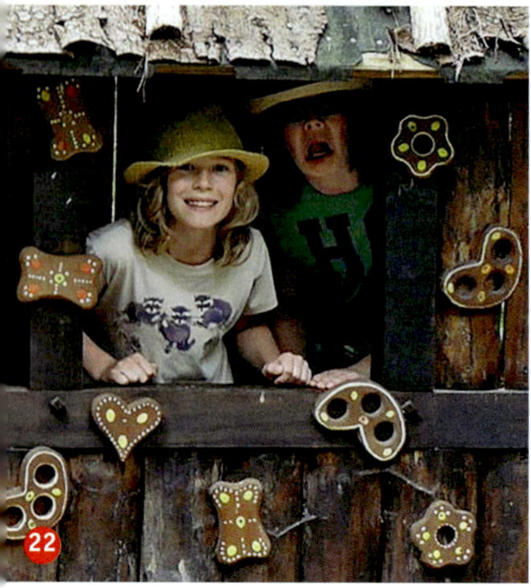

€2. Familie (2+2) €8.
www.koehlerhof-wiethagen.de

Freizeitparks

23 Karls Erlebnis-Dorf Rövershagen

Was 2001 als »Karls Erdbeerhof« öffnete und mit Erdbeeren zum Selbstpflücken sowie thematisch abgestimmtem Hofcafé begann, hat sich inzwischen zu einem Hybrid aus Bauernhof-Freizeitpark und Erlebnis-Shopping ausgewachsen. In Rövershagen befindet sich der Hauptsitz des Unternehmens, das entlang der Ostsee mittlerweile auch Ableger in Zirkow auf Rügen und Koserow auf Usedom sowie in abgespeckter Form in Warnemünde (»Pier 7«) hat. Geboten werden in Rövershagen unter anderem ein Indoor- und ein schöner Outdoor-Spielplatz mit Wasserspielen, Rutschenturm, Sackrutsche, eine Traktor-Bahn, ein »Fliegender Kuhstall«, Ponyreiten, Streichelwiese, ein Aquarium und ein Hochseil-Parcours, saisonal Maislabyrinth, Sand- oder Eisskulpturen.

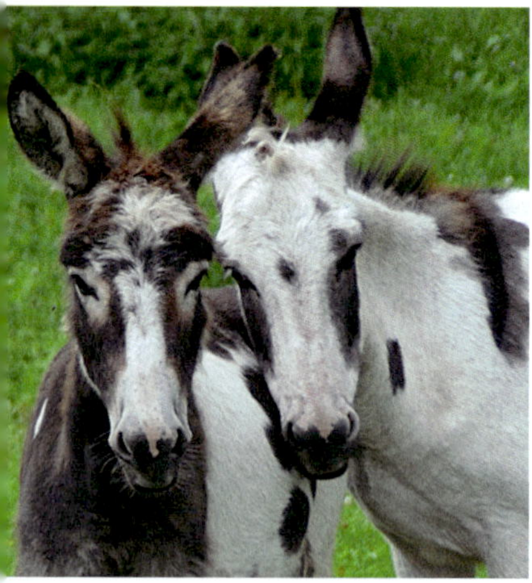

Der Eintritt ist kostenlos, etliche Attraktionen kosten jedoch einzeln (auch Tageskarten sind für €18, online €14 erhältlich). Ganzjährig geöffnet von 8–19 Uhr. www.karls.de

24 Indoorspielplatz Pandino

GPS N 54°06'58.2", E 11°59'43.6"
Zwischen Bad Doberan und Rostock gelegen. Auf Kletterturm, Hüpfburg, Kettcar und Trampolin können sich Kinder hier auch bei Regen austoben.
Geöffnet Mi bis Fr 14–19 Uhr, Sa, So und Ferien 10–19 Uhr. Kinder 3–16 Jahre €12,50, Kinder 1–2 Jahre und Erwachsene €4,50. www.pandino-mv.de

Ziele für Tierfreunde

25 Zoo Rostock mit Darwineum

Mehr als nur Tiere angucken: Der Rostocker Zoo ist mit seinen ausgedehnten Parkanlagen, seinen Wasser-Spielplätzen und spannenden Mitmach-Stationen etwas ganz Besonderes. Highlights sind das Darwineum und das Polarium, die sich auf insgesamt 33.000 Quadratmetern der Entstehung des Lebens, der Evolution und dem Leben am Nord- und Südpol widmen. Es gibt Aquarien und interaktive Ausstellungen. In der weitläufigen Tropenhalle toben sich die Menschenaffen aus und Faultiere baumeln zum Greifen nah über den Köpfen der Besucher. Nicht umsonst hat der international anerkannte Zoo-Kritiker Anthony Sheridan den Rostocker Zoo in der Kategorie der mittelgroßen Tiergärten als »besten Zoo Europas« ausgerufen.
Geöffnet täglich ab 9 Uhr, Juni bis August bis 18 Uhr, November bis Februar bis 16 Uhr, dazwischen bis 17 Uhr. Die Familienkarte für zwei

Erwachsene mit bis zu drei Kindern kostet €53, einzeln zahlen Erwachsene €18 und Kinder 4 bis 16 Jahre €10. www.zoo-rostock.de

26 Eselhof I-Ahh Klockenhagen

Auf dem Hof von Angela und Wolfgang Heinze wohnen 37 graue Langohren. Auf der Streichelwiese stehen die Zwerg- und Hausesel Arne und Celina und lassen sich geduldig kraulen. Eine Mitarbeiterin beantwortet alle erdenklichen Fragen und passt auf, dass niemand über die Stränge schlägt. Außerdem gibt es auf dem Hof Schafe, Hühner, Tauben, Hasen und Meerschweinchen.

Wenn das Wetter es erlaubt, können Familien einen vorgegebenen, zwei Kilometer langen Rundweg mit der Kutsche fahren: Hinwärts braucht das Zugtier etwas Überzeugungshilfe durch einen Erwachsenen, der es am Halfter führt, der Rückweg klappt hingegen ganz von selbst (etwa 45 min, €25). Kleinere Kinder bis 35 Kilo Gewicht dürfen auch auf Eseln reiten, Spaziergang am Führzügel in Elternbegleitung etwa 45 Minuten, €15.

Auf dem Hof dürfen zahlende Besucher die Esel streicheln und verschiedene andere Tiere anschauen. Es gibt einen kleinen Spielplatz mit Hüpfburgen. Das Eintrittsgeld muss zusätzlich zu den Esel-Touren entrichtet werden: €5–8, Kinder 3 bis 14 Jahre €3–5. Geöffnet ist der Hof von Ostern bis Oktober täglich 10–18 Uhr. Am Tannenberg 7, Klockenhagen, Tel. 03821 390951. www.eselhof-klockenhagen.de

Rodelbahn und Hochseilgarten

27 Sommerrodelbahn Bad Doberan

Schwungvoll abwärts geht es in den Stülower Bergen am Ortsrand von Bad Doberan. Auf 521 Metern saust man auf Bob-Schlitten insgesamt 40 Meter in die Tiefe, durch einen beleuchteten Kreisel und blitzschnell durch mehrere steile Kurven. Wer genug gerodelt ist, kann auf dem Trampolin oder auf dem Hydraulikbagger weitermachen. Ein kleiner Spielplatz, Beachvolleyballfeld und ein Mini-Zoo mit Hühnern, Hasen, Schafen und im Sommer zwei Eseln komplettieren das Angebot. Kiosk, Toiletten und kostenlose Parkplätze sind vorhanden.

Stülower Weg 70. Geöffnet März bis Oktober täglich 10–18 Uhr, Juli und August bis 20 Uhr, im Winter je nach Wetterlage. Einzelfahrt €2,30 für Erwachsene, Kinder 3–16 Jahre €2, Mehrfachfahrten günstiger. Kinder unter acht Jahren nur in Begleitung eines Erwachsenen, Kinder unter drei dürfen nicht rodeln. www.sommerrodelbahn-dbr.de

28 Kletterwald Hohe Düne

Der Kletterwald Hohe Düne liegt in der Nähe des Parkplatzes Stubbenwiese in Markgrafenheide und direkt an der Ostsee. Mit fünf Parcours über acht Meter Höhe bietet er besonders viel für forsche Kletterer ab neun Jahren. Für die jüngeren gibt es drei Parcours in sehr moderater Höhe bis drei Meter. Mindestalter fünf Jahre.

Warnemünder Str. 20, Rostock.

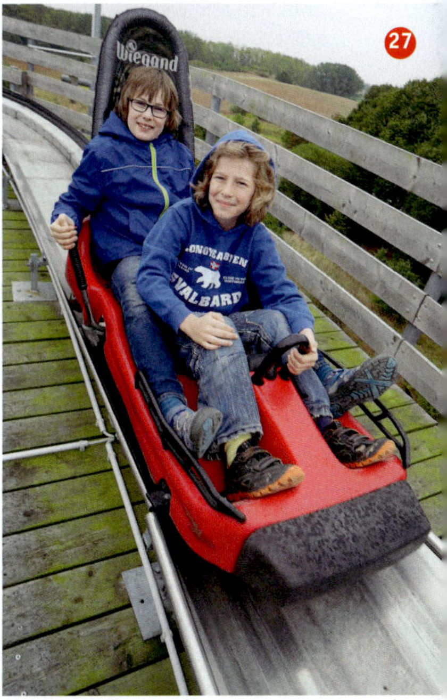

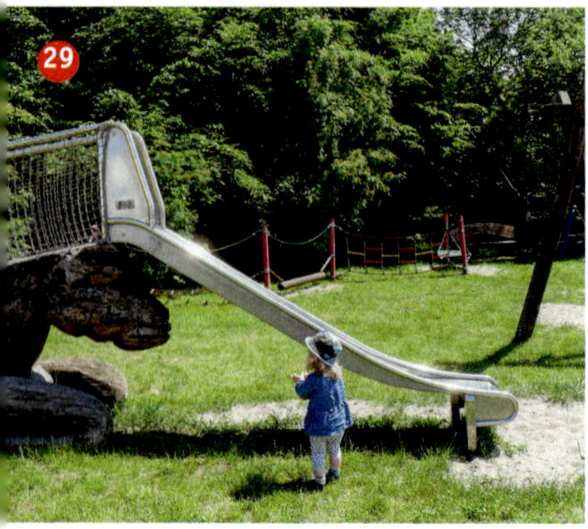

Geöffnet von April bis Oktober. Juni, Juli, August täglich 10 – 16.30 Uhr, ansonsten eingeschränkt. € 26, Kinder 5 Jahre € 15, Kinder 6 bis 12 Jahre € 19, ab 13 Jahre € 23, Familienkarte (2+1) € 59. kletterwald-hohe-duene.de

29 Kletterwald Gut Darß

GPS N 54°23'06.8", E 12°31'12.9"

Nur zwei von acht Parcours im Kletterwald in Born sind höher als sechs Meter, zwei haben eher Spielplatzniveau. Der Park ist ideal für Familien und auch zum Einstieg ins Klettern zwischen den Bäumen. Ab Körpergröße 1,10 Meter und bis zwölf Jahre nur in der Begleitung eines Erwachsenen. Am Gut Darß gibt es außerdem einen Spielplatz, einen Streichelzoo und eine Minigolfanlage.

Geöffnet von Mitte März bis Oktober. Juni, Juli, August täglich 9 – 19 Uhr, ansonsten 11 – 17 Uhr. € 23, Kinder bis 17 Jahre € 17, Familie € 49 – 65. www.gut-darss.de

Outdoorsport

30 Kids & Co im Seekajak

Im schnittigen Seekajak über den Bodden, die Ostsee oder den Prerowstrom gleiten – mit der kundigen Führung des Teams von DarßTour ist das auch für Kids von acht bis zwölf Jahren mit ihren Eltern kein Problem. Der Inhaber Henrik Schmidbauer ist selbst Vater von fünf Kindern und hat eine Tour konzipiert, die speziell Familien ins Seekajakfahren einführt. Die gewählte Route ist abhängig von Wind und Wetter. Kinder- und Zweier-Kajaks, in denen auch jüngere Kids mitfahren können, sind vorhanden. Neu ist das Angebot Baumklettern.

Vier Stunden Kajaktour mit fachkundiger Begleitung und Anleitung € 54 pro Person, Kinder € 34. www.darsstour.de

31 Erlebnisreiterhof Bernsteinreiter

GPS N 54°14'24.8", E 12°20'18.2"

Reitunterricht und Ausritte auf Großpferden oder Ponys sind bei den Bernsteinreitern in Klockenhagen ebenso möglich wie Ponyreiten. In den Sommerferien können Kinder auch als Tageskinder am Ferienprogramm teilnehmen, was besonders interessant ist, wenn man in einem der modernen Ferienhäuser auf dem Hof wohnt. Großer und professionell organisierter Betrieb.

Ponyreiten täglich von 9 – 18 Uhr ohne Anmeldung, (selbst geführt 30 Minuten € 20), Ausritt ab € 45. Tag im Pferdestall mit Reitunterricht und Ausritt € 55, Tel. 0174 85 30 842. www.bernsteinreiter.de

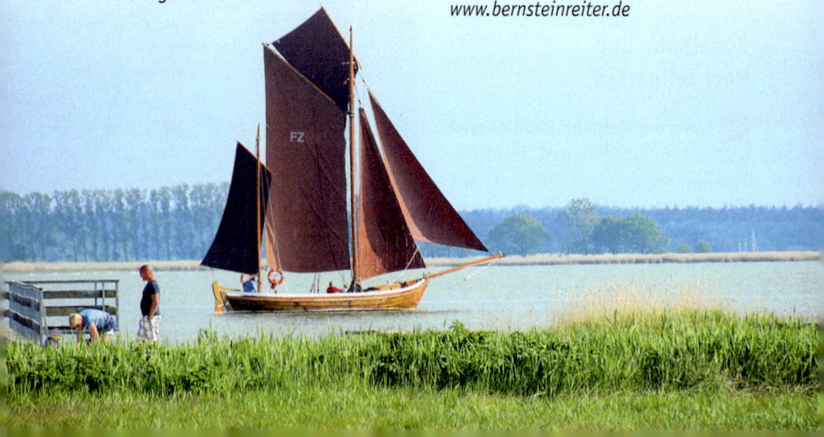

32 Reiterhof Kafka

GPS N 54°23'03.7", E 12°31'0.8"
Auf dem Reiterhof in Born auf dem Darß gibt es für die Kleinen Ponyreiten und für Größere Ausritte, für Anfänger auch im Schritt. Geübte können auch in einem zweistündigen Ausflug zum Weststrand reiten.
Ponyreiten 30 Minuten €8, 60 Minuten €15, Ausritte €20–60, Tel. 0162 7676105. reiterhof-kafka.de

Auf dem Wasser

33 Kranichfahrten

Im Herbst, wenn sich die Kraniche jeden Abend an den Schlafplätzen im flachen Küstenwasser des Boddens sammeln, kann man das Spektakel auch vom Wasser beobachten.

Jeden Mittwoch und Freitag fährt die **MS Schaprode** von Zingst nahe an die Schlafplätze heran. Begleitet wird die Fahrt von einem Experten des Kranichinformationszentrums Groß Mohrdorf.
Die Fahrten finden von Mitte September bis Ende Oktober statt. €23, Kinder 4 bis 14 Jahre €16. www.reederei-zingst.de

Etwas preisgünstiger sind die Fahrten mit der Reederei Rasche aus dem Hafen von Born und Prerow.
€20, Kinder bis 14 Jahre €10. www.fahrgastschiff-darss.de

Vom Hafen Prerow fährt außerdem die Baltic Star, ein nostalgischer Schaufelraddampfer, zum Einflug der Kraniche auf den Bodden.
€18, Kinder bis 12 Jahre €10. www.reederei-poschke.de

34 Touren mit dem Zeesenboot

Die flachen, etwa zehn Meter langen Holzboote, auf Plattdeutsch Zeeskahn genannt, sind die traditionellen Boote der Boddenfischer. Die Boote sind wegen ihres geringen Tiefganges besonders gut für flache, geschützte Gewässer geeignet. Ihren Namen erhielten sie durch die typische Fangtechnik, die im Bodden seit dem 15. Jahrhundert üblich war. Es wurde mit Grundschleppnetzen, den sogenannten Zeesen, gefischt. Heute werden die attraktiven Boote mit den rotbraunen Segeln nur noch als Freizeitboote genutzt. Die typische braune Farbe der Segel entstand übrigens aus praktischen Gründen: Die einfachen Baumwollsegel wurden früher mit Ockerfarbe, Holzteer, Lebertran, Gerblauge aus Eichenrinde und Rindertalg imprägniert, um sie haltbar zu machen. Dabei entstand auch die typische Färbung.

Von mehreren Häfen rund um den Bodden werden Ausfahrten mit den historischen Seglern angeboten. Von Born und Wiek fahren die Zeeskähne Martha Bernstein und Marie-Luise des Skippers Martin Rurik (www.zeesbootfahrten.de), in Dierhagen liegen die Hanne Nüte und Lütt Hanning zu Ausfahrten bereit (www.boddenskipper.de) und im Wustrower Hafen bietet Jochen Eymael Touren mit seinen Booten Bill und Butt an (www.kunstscheune-barnstorf.de/butt). Ein 90-Minuten-Törn liegt etwa bei €18 pro Person.

In Wustrow findet außerdem jedes Jahr am ersten Wochenende im Juli eine große Zeesbootregatta statt. Der Anblick ist absolut außergewöhnlich.

35 Wassersportpark Supieria

GPS N 54°08'20.6", E 12°05'02.4"
Ganz neu eröffnet ist der Wasserski- und Wakeboard-Park unterhalb des Schifffahrtmuseums in Warnemünde. An der Umlaufanlage mit sechs Masten und zehn Hindernissen können sich auch schon Kinder ab etwa zehn Jahren ausprobieren. Im Aquapark, einem aufblasbaren Hindernisparcours auf dem Wasser, dürfen sich sichere Schwimmer ab sechs Jahren austoben. Es gibt auch einen SUP-Verleih. Im Laufe von 2022 sollen noch ein Kletterpark, Wasserrutschen und weitere Attraktionen folgen.
Wakeboard-Park ab €16 plus Miete für Equipment, Aquaprak € 8 pro Stunde. Die Öffnungszeiten sind wetterabhängig.
Infos unter supieria.de.

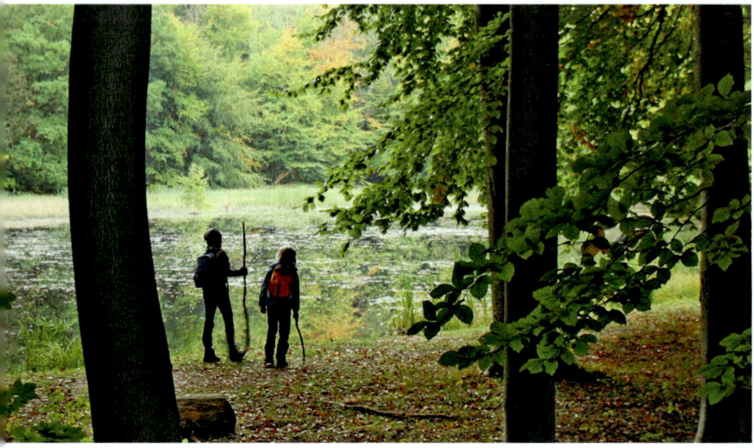

Tour 9: Doberaner Klosterteiche

65 m

STRECKE 6,1 km

2 h

ab 6

Von fleißigen Mönchen, uralten Toten und quicklebendigen Forellen

Die Zisterzienser-Mönche, die im heutigen Doberan ihr Kloster gründeten, wollten ein gottgefälliges Leben fern jeder Stadt führen. Gemäß dem Grundsatz »Ora et labora« – bete und arbeite – schufen sie ein eigenständiges kleines Reich, das auf Selbstversorgung ausgelegt war. Um auch an den vielen mittelalterlichen Fastentagen nicht zu kurz zu kommen, legten die Mönche Fischteiche an. Wenn man ihre stattliche Anzahl betrachtet, kann es den Brüdern nicht schlecht gegangen sein. Die Teiche existieren heute noch. Sie stehen mittlerweile unter Naturschutz und können bei einem Spaziergang erkundet werden. Anschließend können wir im Fischereihof der Familie Detlefsen frischen Fisch essen, während die Kinder auf dem Sandspielplatz toben.

Wanderung: Mit dem Parkplatz im Rücken laufen wir ein paar Meter auf Asphalt, bis hinter Kleingartenkolonie und Ponyweide das Naturschutzgebiet beginnt. Wir bleiben immer auf dem Hauptweg. Die Schilffläche rechts neben uns ist eigentlich schon der erste **Klosterteich**. Kurz dahinter kommt aber auch eine anständige Wasserfläche in Sicht: der **Haferteich** ①. Hier gibt es gleich den schönsten Rastplatz der Tour mit einer sehr langen Bank, einer Feuerstelle und einem Kletterbaum am Wasser.

Weiter geht es am Bach entlang, wo sich mehrere Stellen zum Spielen und Planschen eignen. Wichtig zu wissen: Alle Fischteiche sind bewirtschaftet und über den Bach miteinander verbunden. Er darf daher nicht gestaut werden. An einer Kreuzung mit **Insektenhotel** ② könnten wir abkürzen und rechts abbiegen. Unser Weg führt geradeaus, vorbei an mehreren Infotafeln und immer neuen Klosterteichen zu unserer Rechten. Sie heißen Pflanzgartenteich, Schunbergteich und Klosterteich.

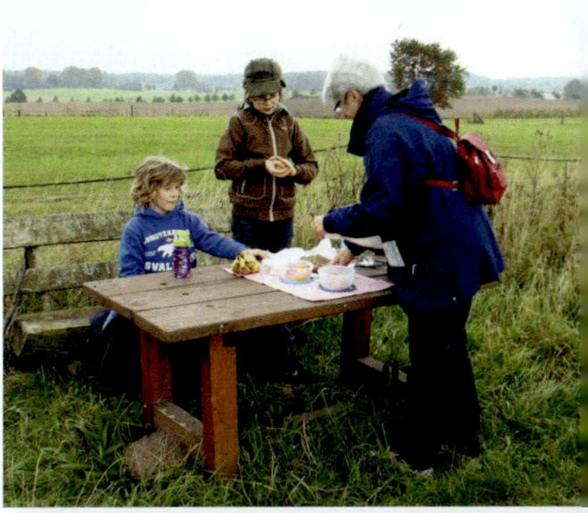

An der nächsten **Gabelung** ③ halten wir uns rechts und überqueren den Bach, dann biegen wir links ab. Jetzt sehen wir die nächsten Wasserflächen links von uns: Panzower- und Bornkohlhofsteich. Der Weg endet, und wir wenden uns nach links.

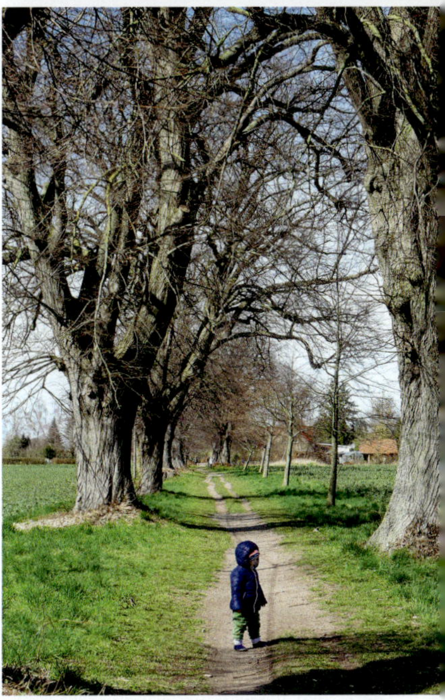

Der schönere Weg verläuft jetzt oben auf dem Damm, wo wir in den Mittelteich sehen können. Ein Stück später treffen wir auf eine **Gabelung** und halten uns rechts, sodass wir den Fichtenteich nur von ferne sehen. Kurz vorm Brückenteich, dem letzten in der Reihe, erreichen wir eine schräge **Kreuzung** ④. Hier biegen wir rechts ab und laufen kurz recht steil bergauf, immer geradeaus.

TOUREN-STECKBRIEF

Anfahrt: Von Parkentin aus sind die Klosterteiche ausgeschildert. Im Ortsteil Hütten nicht den ersten Parkplatz nehmen, sondern dahinter zwei Mal rechts abbiegen, um zu einem zweiten kostenlosen Parkplatz auf der anderen Seite des Fischereihofs Detlefsen zu gelangen: **GPS N 54°04'36.2", E 11°57'28.6".**

Anspruch und Charakter: Klassischer Waldspaziergang auf gut ausgebauten Wegen. Die Kurzversion ist kinderwagentauglich, danach kann es streckenweise zu matschig dafür sein. Mitunter geht es etwas auf und ab. Der größte Teil der Wanderung liegt im Schatten, ein kurzes Stück geht es aber auch durch Felder. Viele Mücken im Spätsommer!

Highlights: Klosterteiche, Großsteingrab, Fischereihof mit Spielplatz und Forellen, Ponys, Kühe, Schafe und Hühner.

Einkehr: Fischrestaurant Detlefsen im Fischereihof.

In der Nähe: Kunsthandwerker in Bartenshagen: Kerzenscheune mit Mitmach-Angeboten, Töpferei, Glaskunst. Bad Doberan mit Münster, Museum, Molli-Bahnhof und Sommerrodelbahn.

Am Waldrand haben wir die Möglichkeit, rechts herum eine Abkürzung einzuschlagen, die uns den Marsch übers freie Feld erspart. Geradeaus sehen wir in der Ferne allerdings schon eine **Bank mit Tisch** ⑤, die uns zum Picknick lockt.

Jetzt ist es nicht mehr weit bis in das winzige Sackdorf **Ivendorf**. Dort wenden wir uns nach rechts und laufen auf dem Grünstreifen neben der geteerten Straße. Wir passieren ein traditionelles niederdeutsches Hallenhaus mit dem typischen Pferdegiebel. In der **Linkskurve am Ortsende** ⑥ folgen wir dem Feldweg geradeaus und dann rechts zurück zum Wald.

Zurück geht es durch die Felder entlang einer Gebüschreihe, die vor allzu viel Sonne und Wind schützt. Am Waldrand treffen wir auf eine **Kreuzung** ⑦. Wer abgekürzt hat, kommt hier von rechts. Wir gehen immer weiter geradeaus in den Wald hinein, bis wir nach einem knappen Kilometer eine **Kreuzung** ⑧ erreichen, die mit Betonplatten ausgelegt ist. Dort halten wir uns geradeaus. Der »Totenweg« macht hier seinem Namen Ehre: Die hohen Fichten linker Hand, die nur ganz oben grün sind, lassen tatsächlich ein bisschen wohliges Gruselgefühl aufkommen.

Schließlich passieren wir eine Schranke und verlassen das Naturschutzgebiet. Kurz darauf haben wir die Wahl, am Waldrand rechts den blauen Schildern zu einem offenen **Hügelgrab** ⑨ zu folgen, das sich ein paar hundert Meter entfernt befindet.

Ein Hügelgrab aus der Jungsteinzeit
In einer Senke liegen hier große Steine im Kreis. Der mittlere Stein war vermutlich einer der Decksteine, unter dem die Asche der toten Steinzeitmenschen vergraben wurde. Wer genau hinguckt, findet viele künstliche Einbuchtungen, über deren Zweck sich die Wissenschaftler immer noch streiten. Ursprünglich war das Gebilde mit Erde bedeckt und mit Gras bewachsen, aber wohl schon in der Bronzezeit – also vor ungefähr 3000 Jahren – wurde der Bau zerstört.

Wieder zurück auf dem Weg erreichen wir die **kleine Siedlung Bollbrücke**. Hier biegen wir rechts ab und laufen durch eine stattliche Lindenallee zurück nach Hütten, wo wir direkt am Parkplatz herauskommen.

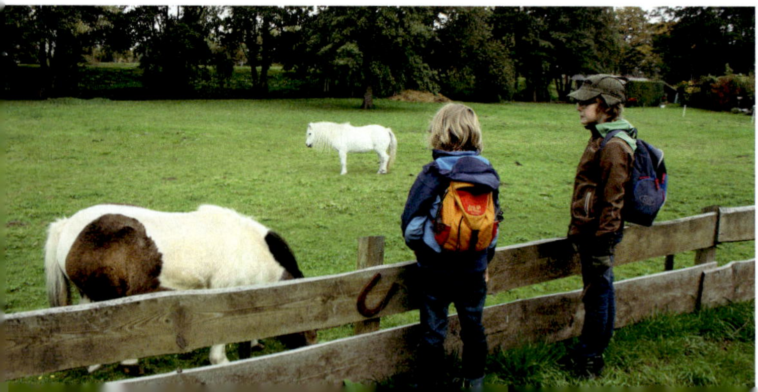

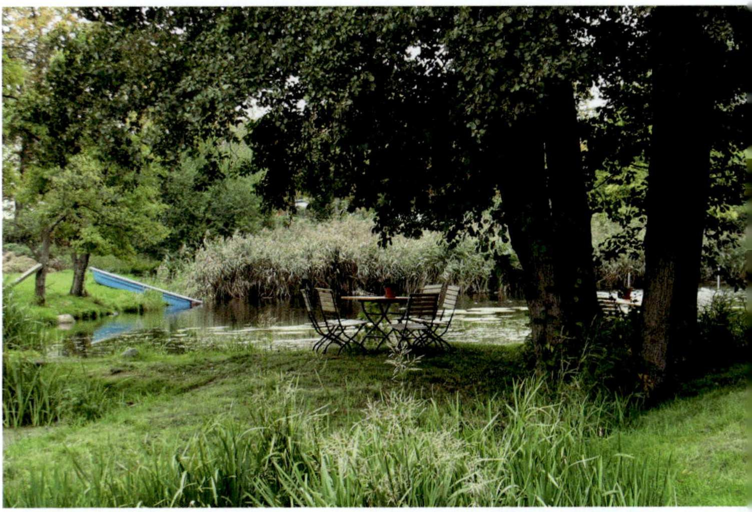

Jetzt lassen wir uns keinesfalls einen abschließenden Abstecher zum **Fischereihof** entgehen. Durch das mit wildem Wein bewachsene Tor gelangen wir in das idyllische Refugium der Detlefsens, die hier traditionelle Forellenzucht und ein hochgelobtes Fischrestaurant betreiben. Nachmittags gibt es auch Kaffee und Kuchen. Die zotigen Tonkunstwerke von Dirk Detlefsen bringen Eltern aufgrund ihres Detailreichtums mitunter in Erklärungsnot, erheitern Kinder aber ungemein. Extra für sie gibt es einen kleinen Sandspielplatz, außerdem können Schafe, Hühner und natürlich die Forellen zu besucht werden.

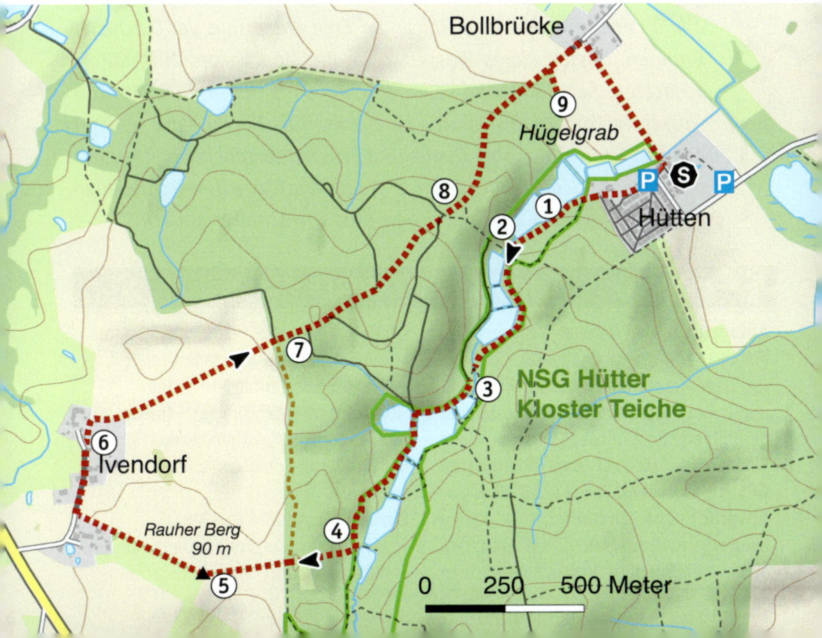

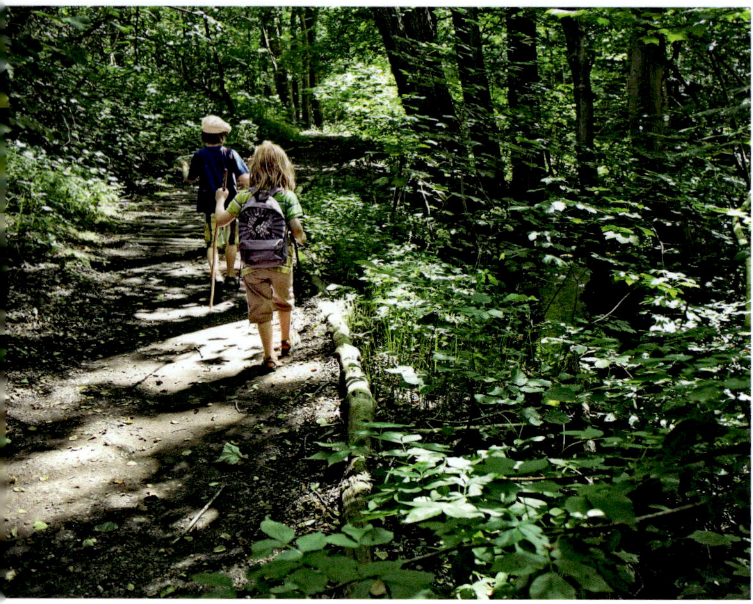

40 m

STRECKE 2,2 km

1 h

ab 4

Tour 10: Der Elfenwald im Quellental

Miniwanderung zum Glashäger Brunnen

Im idyllischen Quellental tanzen die Elfen – in den Nebelschleiern des ersten Tageslichts, und nur, wenn keiner hinguckt. Tagsüber gehört das Tal kleinen Wanderern, die auf dem kurzen Spaziergang allerlei entdecken können. Unter der Erde entspringt der Glashäger Brunnen, dessen klares Wasser schon die Mönche des Mittelalters schätzten. Seit 1906 wird es in Flaschen abgefüllt und als Mineralwasser verkauft – bis heute. Eine unterirdische Pipeline erledigt das hier unsichtbar, aber Quelle und Brunnentempel können wir uns ansehen. Und am Ende unseres Weges dürfen wir verschiedenen Kunsthandwerkern bei ihrer Arbeit über die Schulter gucken.

TOUREN-STECKBRIEF

Anfahrt: Von Bad Doberan kommend auf der L13 (Schwaaner Chaussee) kurz hinter dem Krankenhaus rechts abbiegen. »Steinkreis Töpferei Glashagen« ist ausgeschildert. Kostenloses Parken auf dem Wanderparkplatz bei den Koordinaten **GPS N 54°04'37.1", E 11°53'23.4".**

Anspruch und Charakter: Ein kurzer Spaziergang durch Wald und Wiesen, den auch kleine Kinder schon gut bewältigen können, zumal die Pfade teils abenteuerlich schmal und gewunden (allerdings nicht kinderwagentauglich) sind.

Highlights: Picknickplatz, Quelle mit Quellentempel, Kunsthandwerkersiedlung mit Glasbläser-Schauwerkstatt und Skulpturenpark.

Einkehr: Gaststätte Quellental.

In der Nähe: Bad Doberan mit Münster, Sommerrodelbahn, Molli-Endstation.

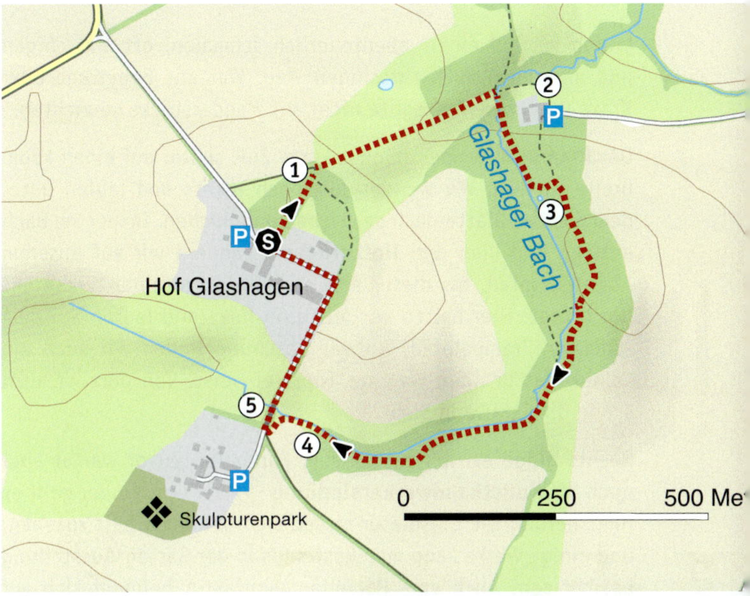

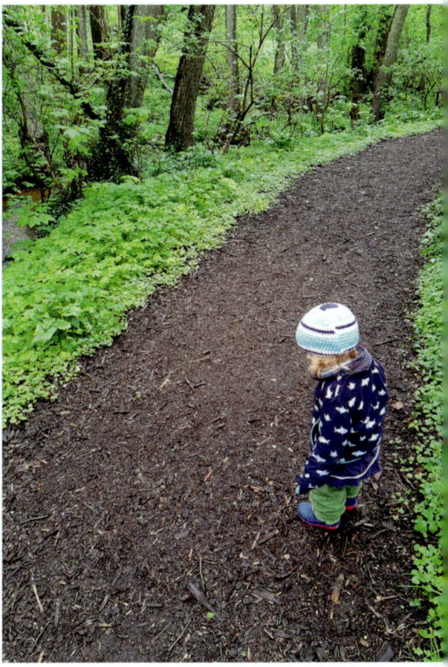

Wanderung: Vom Parkplatz aus laufen wir durch den angrenzenden Park des ehemaligen Gutshofs. Unter einer stattlichen Linde kommt linker Hand gleich ein schöner überdachter **Picknickplatz** ① in Sicht. Dahinter geht es ins offene Gelände. Wir folgen der Stromleitung, die schließlich wieder im Wald verschwindet. Dort befindet sich eine Infotafel über die Geschichte des Quellentals. Geradeaus können wir nun einen Abstecher zur **Gaststätte Quellental** ② machen. Wenn wir ohne Stärkung auskommen, gehen wir über die Brücke und biegen nach rechts auf den Waldweg ab, der am plätschernden Bach entlang führt. Schon bald erreichen wir eine eingefasste Quelle und entdecken gleich daneben den **Quellentempel mit Schlangenbrunnen** ③. Seit 1906 wird hier das Glashäger Mineralwasser abgezapft.

Hinter dem Tempel führt ein Pfad weiter am Bach entlang. Er soll bald saniert werden und hat das auch nötig. Bis es soweit ist, laufen wir auf einem abenteuerlich schmalen, oft matschigen und manchmal auch rutschigen Weg. Wer mit Babytrage oder Kraxe unterwegs ist, sollte nicht auf Wanderstöcke verzichten.

Der Pfad vom Tempel mündet kurze Zeit später auf einen kaum breiteren Weg. Wir wenden uns nach rechts und laufen unter dem dichten Blätterdach der Eichen und Buchen. Immer am Bach entlang und über drei **Holzbrücken** wandern wir auf unserem Abenteuerpfad, bis dieser sich schließlich zu einer **Wiese** ④ hin öffnet. Hier halten wir uns grob links und laufen auf dem schmalen Trampelpfad. An der Böschung finden wir auch ein Schild, das uns den Weg zur Töpferei weist. Von dort ist auch schon die **Straße** in Sicht.

Rechts ginge es nun zurück zum Parkplatz. Zuvor wartet aber noch die **Kunsthandwerkersiedlung** ⑤ auf uns. Zu der geht es links herum. Die Glasbläser lassen sich bei der Arbeit zusehen, und einige Werke kann man kostenlos in der Garten-Ausstellung besichtigen. Auch eine Porzellanmanufaktur befindet sich auf dem Grundstück. Nebenan hat sich der Töpfer Joachim Jung einen Ruf als Exzentriker erworben, indem er seinen eigenen Steinkreis gebaut hat. Er steht im kostenpflichtigen Skulpturenpark zusammen mit Ausstellungsstücken von etwa 70 weiteren Künstlern. Während der Hauptsaison gibt es hier auch ein Café.

Für den Rückweg müssen wir umdrehen und wieder die verkehrsberuhigte Teerstraße benutzen. Dabei kommen wir auch noch an der Hofgalerie Glashagen vorbei, wo Familie Bergmann aus Treibholz fantasievolle Terrassenmöbel herstellt.

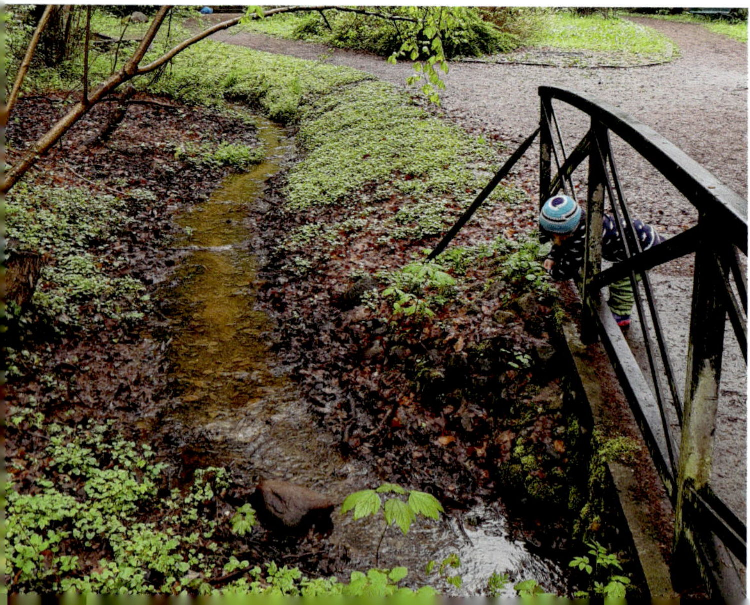

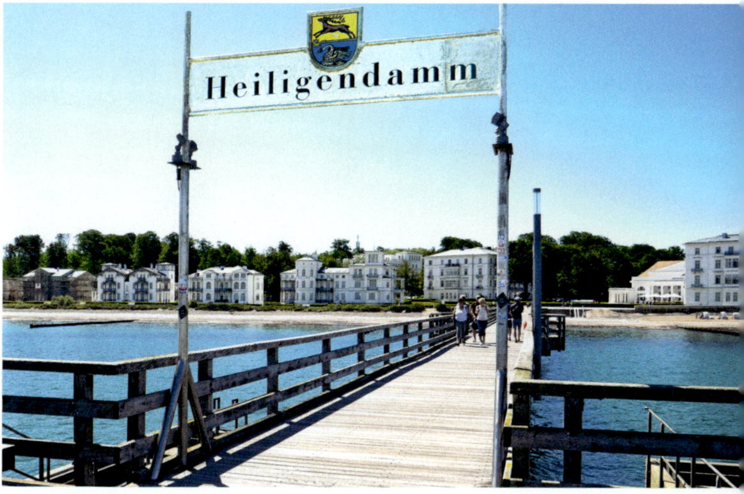

Tour 11: Heiligendamm

30 m

STRECKE 5,6 km

2 h

ab 6

Die weiße Stadt am Meer und im Grünen

Heiligendamm ist nicht nur das älteste Seebad an Mecklenburgs Ostseeküste, sondern gleich in ganz Zentraleuropa. 1794 stieg hier der erste offizielle Badegast ins Wasser, und das war kein Geringerer als der Mecklenburger Herzog Friedrich Franz. Heute schwankt die Atmosphäre zwischen dem wiederbelebten Glanz vergangener Zeiten, Long-Covid-Kurbetrieb und unkompliziertem Strandvergnügen. Und es gibt hier auch immer noch ein paar abgeschiedene Ecken zu entdecken …

TOUREN-STECKBRIEF

Anfahrt: Am schönsten ist die Anfahrt mit dem Molli von Bad Doberan oder Kühlungsborn aus.
Mit dem PKW führt die B105 nach Bad Doberan. Von hier aus ist das Seebad Heiligendamm zuverlässig ausgeschildert. Parkplätze befinden sich am Bahnhof und Richtung Strand (kostenpflichtig). Der **Parkplatz am Kinderstrand** bei **GPS N 54°08'39.2", E 11°49'32.9"** (hinter der Merian-Klinik) ist von Oktober bis März kostenlos.

Anspruch und Charakter: Der abwechslungsreiche Spaziergang führt nicht nur durch das geschichtsträchtige Seebad und am Strand entlang, sondern auch durch den Küstenwald und zu verschilften Wasserflächen. Auch für geländegängige Kinderwagen ist der Großteil der Tour machbar; dann muss nur der Strandabschnitt durch eine Abkürzung über den Bürgersteig an der Straße ersetzt werden. Achtung: Steilküste und ein unbeschrankter Bahnübergang.

Highlights: Dampflok Molli, zwei Waldkapellen, Bademöglichkeiten am Strand, ein Bach zum Umleiten, Gespensterwald, Seebrücke, Geisterhäuser, Eisdiele und Spielplatz in Heiligendamm, Kletterweiden.

Einkehr: Decks Strandbar, Eisdiele Möckel, Imbiss-Straßenverkauf, Schwanencafé.

In der Nähe: Bad Doberan mit Münster, Museum und Sommerrodelbahn.

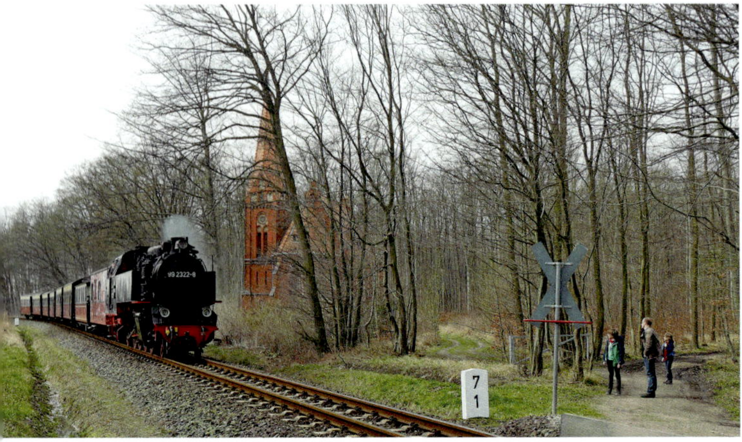

Wanderung: Unser Spaziergang beginnt am **Molli-Bahnhof.** Von den Gleisen kommend wenden wir uns nach links und gehen parallel zu den Schienen auf die Straße zu. Rechts eröffnet sich uns ein erster Blick auf die weiße Stadt in Form der Merian-Klinik, der Orangerie und den teils zinnenbewehrten Häusern des Grand-Hotels. Fürs Erste kehren wir der erbauten Pracht jedoch den Rücken: Wir überqueren die Schienen an der Schranke, laufen nur ein paar Meter an der Straße entlang und schlüpfen noch vor dem **See-Hospiz** ① rechts in den Wald. Bei jenem Gebäude handelt es sich übrigens keineswegs um eine Institution für Todkranke, sondern um das erste noch von Großherzog Friedrich Franz erbaute Logierhaus im neuen Doberaner Ortsteil Heiligendamm. Später kamen hier auch weniger Vermögende unter, die auf Kosten des Großherzogs eine Badekur antreten durften.

Im Wald halten wir uns rechts und laufen in Sichtweite der optisch streitbaren Fernwärmeleitung ein kurzes Stück über einen schmalen Pfad. Dieser trifft bald gleichzeitig auf einen breiteren Weg, die Bahnschienen und eine Möglichkeit, die Leitung zu unterqueren. Wir kreuzen die Schienen erneut über einen unbeschrankten Bahnübergang und sehen linker Hand schon den Backsteinbau der kleinen **evangelischen Kapelle** ② durch die Bäume schimmern. Mit etwas Glück ist sie für Besucher geöffnet. Wenn nicht, ist zumindest ein Blick durchs schmiedeeiserne Gitter möglich.

Die evangelische Kapelle
Die Kapelle ist von Gotthilf Ludwig Möckel erbaut worden, dem damaligen Star-Architekten, der in Doberan und Umgebung ausgiebig wirken durfte. Großherzog Friedrich Franz III. stiftete das Bauland und den finanziellen Grundstock, damit auch evangelische Badegäste ihren sonntäglichen Gottesdienst in einem würdigen Rahmen feiern konnten. Das war 1904, somit ist das Kirchlein ein ganzes Stück jünger als sein katholisches Pendant, dem wir am Ende der Tour begegnen. Heute sind beide Kapellen arg renovierungsbedürftig. Das Geld soll durch Spenden der Besucher vor Ort gesammelt werden.

Vom Eingang der Kirche sehen wir rechts die **metallene Schranke**, hinter der es zurück auf den Hauptweg geht, wo wir uns links halten. Am Ende dieses Weges gehen wir wieder links. Nun wird es selbst in der Hauptsaison menschenleer. Wir folgen dem breiten Waldweg und halten uns an der einzigen Gabelung rechts. Kurz darauf erreichen wir den Parkplatz am Kinderstrand.

Hinunter ans Wasser geht es über die Terrasse von **Decks Strandbar** ③, die von Ostern bis in den Herbst geöffnet hat. Hier sitzen wir gerne bei einem Sanddorn-Spritz auf der Terrasse, während die Kinder unten den kleinen Bach umleiten, der sich in immer wechselnden Bahnen über den Strand ins Meer ergießt.

Sobald wir uns losreißen können, wandern wir auf Heiligendamm zu, dessen Seebrücke wir schon von hier aus sehen können. Der schönere Weg führt oben am Hochufer durch den Gespensterwald, wo sich beständig kleine Pfade trennen und wieder vereinigen. Achtung, die Steilklippen sind nicht überall mit Geländern gesichert, und durch den konstanten Erosionsprozess führen manche Pfade ins Nichts.

Am nächsten **Strandabgang** ④ endet der Weg und wir steigen die Treppe hinunter, um am Meer weiterzulaufen. Rechts oben kommt das eingezäunte **Haus Weimar** in Sicht, das sich immer noch in einem beklagenswerten Zustand befindet. Eine Küstenbefestigung aus Beton schützt die alte Villa. Wir überqueren die Steinpackung auf einem **Holzbohlenweg**. Nun haben wir es fast bis zur Seebrücke geschafft.

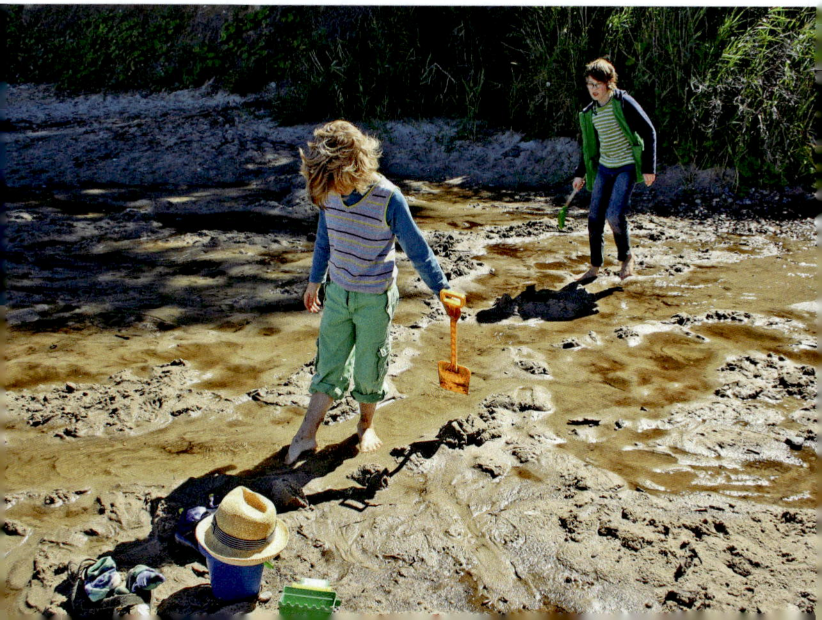

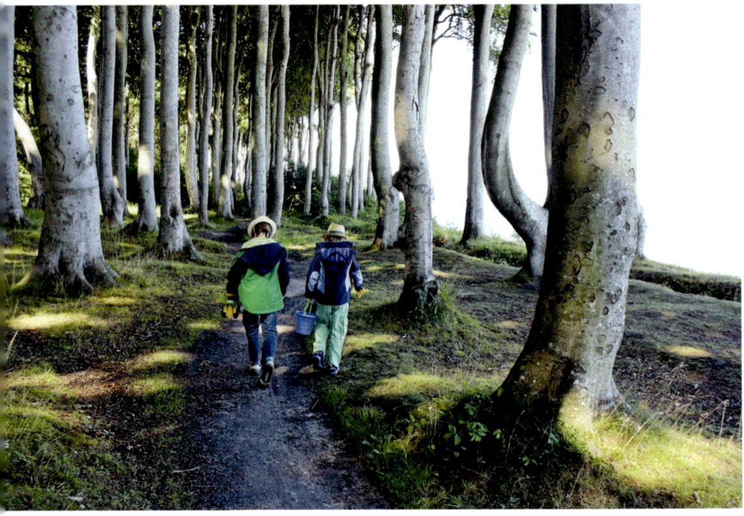

Eine Treppe bringt uns direkt vor dem **Grand-Hotel** ⑤ auf die Promenade. Hier sehen wir auf die weißen Säulen des Kurhauses, in dem sich heute das Restaurant des Luxushotels befindet. Wie Perlen an einer Schnur schließen sich die weiteren Logierhäuser an, die das berühmte Ensemble der »Weißen Stadt am Meer« bilden. Lange hat es gedauert, bis sie in neuem Glanz erstrahlen durften. Immer wieder gab es Ärger mit den Investoren der geschichtsträchtigen Immobilien. Nun sind die meisten von ihnen endlich von Grund auf saniert und an finanzkräftige Mieter und Eigentümer vergeben. Auch die beiden letzten ungeschliffenen Diamanten an der Strandpromenade sehen nun ihrer Kernsanierung entgegen, die bis 2023 geplant ist. Die Namen der Villen lauten aus Richtung der Seebrücke: Perle, Greif, Möwe, Seestern, Schwan, Hirsch, Anker. Das letzte Gebäude in der Reihe – »Haus Bischofsstab« – beherbergt eine **Eisdiele** ⑥.

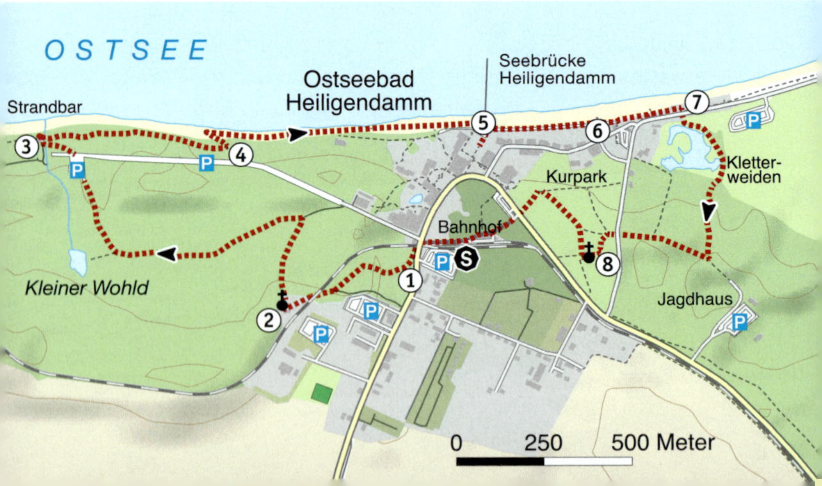

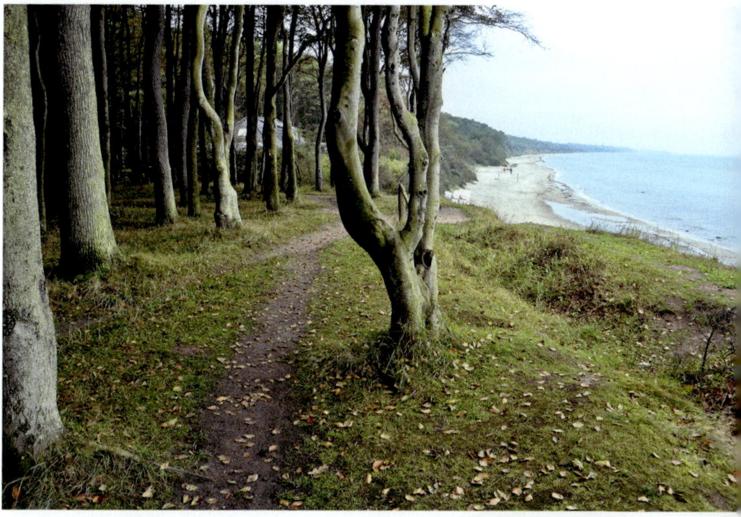

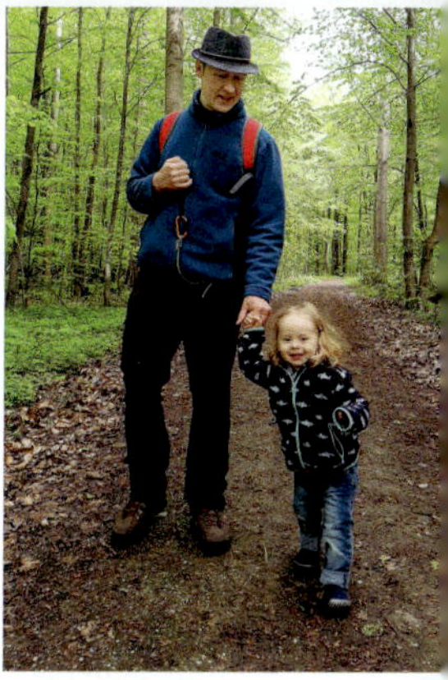

Am Ende der gepflasterten Promenade wenden wir uns nach rechts Richtung Parkplatz und dann nach links, wo wir einen kleinen **Spielplatz** und einige Imbissstände sehen. Dahinter stehen die Villen Sporn und Adler, zwei Neubauten, der sich aber harmonisch in das Ensemble einfügen. Die Villa Sporn beherbergt das **Schwanencafé**. Hier sind die Kuchenstücke lecker und besonders groß. Ein paar Schritte gehen wir parallel zum Meer, bis uns an einer Abzweigung nach rechts das **Schild »Waldparkplatz«** ⑦ den richtigen Weg weist. Hier laufen wir noch einmal einen ausgesprochen hübschen Weg entlang. Links blicken wir ins Moor in Richtung Conventer See, rechts liegt ein Schilfsee.

Wir folgen dem sanft geschwungenen Pfad bis zu einer Gabelung. Links geht es zum **Jagdhaus**. Wir wenden uns nach rechts. Ein etwas breiterer Weg bringt uns nun bis zu einer Straße. Diese überqueren wir und betreten den Kurpark. Nach wenigen Metern sehen wir linker Hand die zweite **Waldkapelle** ⑧ durch die Bäume leuchten: die katholische Herz-Jesu-Kirche. Sie entstand bereits 1888 auf Wunsch einiger wohlhabender katholischer Badegäste, die während ihres Kuraufenthalts nicht auf eine Messe auf geweihtem Boden verzichten wollten. Auch dieses Gotteshaus hat Gotthilf Ludwig Möckel entworfen.

Aus der Kapelle kommend wenden wir uns nach rechts. Am Hauptweg biegen wir nach links ab und folgen dann den Schildern auf dem kurzen verbleibenden Weg zum **Bahnhof**.

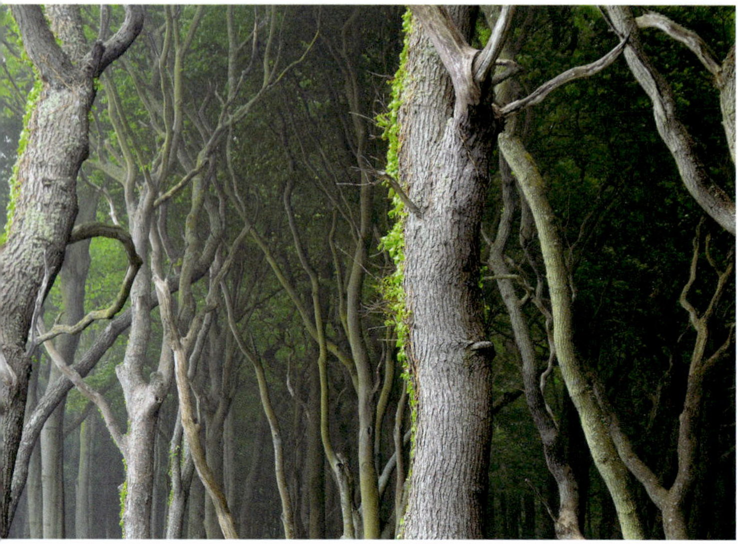

eben

STRECKE 5,2 km

1 h 45

ab 6

Tour 12: Besuch bei den Baumgeistern

Rundweg durch den Gespensterwald

Windgebeugte Baumgestalten am Abgrund der Steilküste, die ihre Äste klagend erhoben haben oder sachte zu tanzen scheinen – der Nienhäger Gespensterwald ist ein Spektakel für sich. Biologisch gesehen handelt es sich um einen Hallenwald, der aus Buchen und anderen Laubbäumen besteht, die bis zu 170 Jahre alt sind. Der stete Ostseewind und die salzhaltige Luft haben den Bäumen ihre Gestalt gegeben. Ihre vollständige mystische Schönheit entfalten die Baumwesen bei Nebel und in der Dämmerung. Dann drängen sich hier auch etwas weniger Menschen, denn der Gespensterwald hat sich zu einer Hauptattraktion der Gegend entwickelt.

TOUREN-STECKBRIEF

Anfahrt: Nienhagen liegt von Bad Doberan aus nordöstlich an der L12. Am Ortseingang befindet sich ein großer kostenpflichtiger Parkplatz. Direkt dahinter zweigt eine Sackgasse ab (Waldstraße), die zu einem kleinen, kostenlosen Waldparkplatz bei **GPS N 54°09‘27.6“, E 11°56‘35.8“** führt.

Anspruch und Charakter: Der Spaziergang verläuft ohne Steigungen über mal schmale, mal breitere Waldwege. An der Steilküste im eigentlichen Gespensterwald ist der Weg stark frequentiert und auch von Fahrrädern befahren. Vor allem zur Hauptsaison ist hier Vorsicht geboten. Abgesehen davon ist die Tour auch für Kinderwagen und Laufräder gut geeignet. Am Strand von Nienhagen herrscht Kurtaxenpflicht.

Highlights: Gespensterwald, Strand.

Einkehr: Strand-Hotel Nienhagen, Strand-Restaurant, Eis-Café M.

In der Nähe: Bad Doberan mit Münster, Molli-Bahnhof, Sommerrodelbahn, Indoor-Spielplatz Bargeshagen.

Wanderung: Vom Parkplatz vorne an der Straße folgen wir der Waldstraße zum Waldparkplatz. Dort geht es an der Schranke vorbei in den Wald hinein und am ersten Abzweig gleich wieder links. Linker Hand steht die Ruine des Gästehauses der DDR-Marine. Schönere Anblicke bietet der Buchenwald rechts, auch wenn er hier hinten noch recht ungespenstisch aussieht. Am **Ende des Ruinenareals** ① macht der Weg eine Rechtskurve und der Waldrand kommt in Sicht. Ein Trampelpfad führt links zu einer kleinen Bank mit Ausblick über die Felder.

Unser Weg führt weiter am Waldrand entlang. Hin und wieder kommen wir an umgefallenen Bäumen vorbei, die sich zum Balancieren eignen. Verglichen mit dem vorderen Teil des Gespensterwaldes ist es hier herrlich ruhig! An einer kleinen Lichtung mit einem großen Findling steht eine weitere Bank. Dahinter nehmen die Bäume langsam immer »gespenstischere« Formen an. Bald hören wir auch das Meeresrauschen und die vielen anderen Urlauber.

Schließlich treffen wir auf den **Hauptweg** ②. Hier müssen wir gut aufpassen! Denn obwohl der Weg offiziell seit Jahren für Fahrräder gesperrt ist, herrscht hier zur Hauptsaison reger Verkehr. Unsere Route geht nun rechts herum. Einen kurzen Abstecher machen wir aber vorher nach links. Am Waldrand steht eine kleine Schutzhütte und wir können etwas abseits des inoffiziellen Fahrrad-Highways den Ausblick aufs Meer genießen. Ans Wasser kommen wir hier allerdings noch nicht.

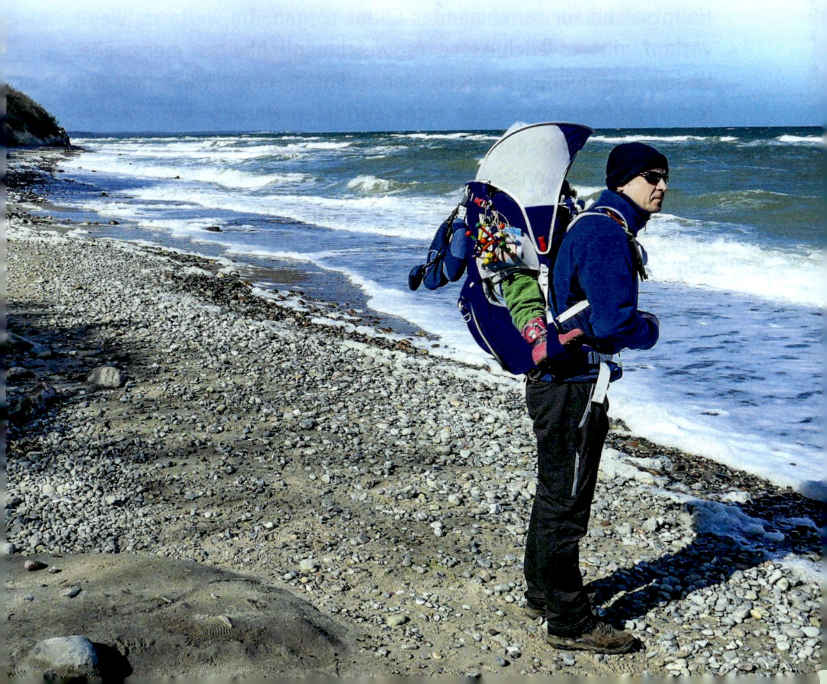

Handelsschiffe auf der Ostsee
Die Geschichte der Deutschen Hanse

Schon Anfang des 12. Jahrhunderts schlossen Kaufleute in den norddeutschen Ansiedlungen Lübeck und Hamburg erste Bündnisse, um den Handelsweg zwischen den Städten und damit ihre kostbaren Waren vor Überfällen zu schützen. Salz aus Lüneburg war eines der wichtigsten Handelsgüter in der jungen Stadt Lübeck, die durch ihren Ostseehafen schnell an Bedeutung gewann. 1257 schlossen sich Lübeck, Rostock und Wismar zu einem »Bündnis für ein sicheres Handeln zu Lande und zu Wasser« zusammen, dem sich schnell weitere Städte anschlossen. Man reiste gemeinsam und handelte als Gemeinschaft gute Bedingungen aus. Aus diesem ersten Zusammenschluss sollte sich in den nächsten Jahrzehnten ein ungewöhnlich mächtiges Bündnis von Kaufleuten entwickeln: die deutsche Hanse.

Gemeinsam konnte man im Handel mit England und Holland niedrige Zölle vereinbaren und erste Handelskontore in London und Brügge boten Kaufleuten auf der Reise eine sichere Unterkunft in der Fremde, wo sie auch auf Kollegen aus anderen deutschen Hansestädten trafen. Hier tauschte man sich aus und unterstützte sich gegenseitig. So kam der Verkauf von Waren quer über die Ostsee erst so richtig in Schwung. Die Waren wurden in Koggen, bauchigen Holzschiffen mit viel Stauraum, über das Meer gesegelt.

Über Visby, die wichtigste Hafenstadt auf der Insel Gotland, entwickelte sich auch der Handel mit den Ostseeanrainern im Osten. Wichtigstes Ziel war die Stadt Nowgorod in Russland, wo Salz und andere Waren aus Lübeck und feines Tuch aus Flandern gegen wertvolle Pelze getauscht wurden. So entwickelte sich Visby bald zur Drehscheibe im Ostseehandel.

Weitere Handelspartner im Osten fanden die deutschen Kaufleute in den Meistern des Livländischen Ritterordens, die ebenfalls deutscher Herkunft waren und unter dem Vorwand, das Christentum zu verbreiten, das Land der Prussen erobert hatten. Der Deutschordensstaat umfasste zwischen 1230 und 1561 das spätere Ostpreußen und den Westen der baltischen Staaten. Das wichtigste Handelsgut des Ordensstaates war Bernstein, den man in großen Mengen an der livländischen Küste fand. Die Steine wurden geschliffen und zu Schmuck verarbeitet. Rosenkränze aus Bernstein waren in ganz Europa begehrt.

Die wohlhabenden Kaufleute gewannen in ihren Städten schnell an Einfluss und stellten bald die meisten Ratsherrn, die über die Geschicke der Stadt entschieden. So entstand aus dem losen Bündnis von Händlern eine politische Macht und aus dem Bündnis zwischen Kaufleuten wurde ein Bund zwischen Städten.

Ein wichtiger Meilenstein in der Entwicklung der Hanse zur politischen Großmacht waren die Kriege mit dem dänischen König Waldemar, der 1361 erstmals das strategisch wichtige Visby auf Gotland besetzte und so der freien Passage der Kaufleute nach Osten ein Ende setzte. In den beiden Waldemarkriegen trat die Hanse erstmals als bewaffnete Macht auf und konnte im zweiten Anlauf mit dem Frieden von Stralsund ihre Vormachtstellung im Ostseehandel ausbauen.

Dass es im Rahmen dieser Kriege nicht um territoriale Ansprüche, sondern ausschließlich um den ungehinderten Handel ging, macht sie für ihre Zeit recht ungewöhnlich. Im Wertesystem der hanseatischen Kaufleute stand der Profit unangefochten an erster Stelle. Gemeinsame Projekte und Interessen wurden von Abgesandten der Städte auf den Hansetagen besprochen.

Die ansatzweise demokratischen Strukturen hatten im Mittelalter keinerlei Vorbild, so war die Hanse in dieser Hinsicht ihrer Zeit weit voraus.

Erst im 16. Jahrhundert verlor die Handelsgemeinschaft an Bedeutung. Der Handelskontor in Nowgorod wurde vom russischen Zaren geschlossen, Handelswege auf den Landweg verlegt. Niederländische und britische Kaufleute entwickelten sich zur starken Konkurrenz. Nach der Entdeckung Amerikas gelang es den deutschen Kaufleuten nicht, im Überseehandel Fuß zu fassen. Der letzte Hansetag der historischen Hanse fand 1669 in Lübeck unter der Beteiligung weniger norddeutscher Städte statt.

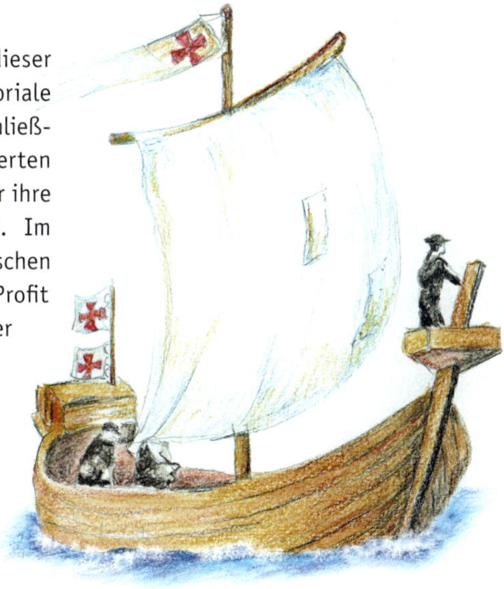

Eine Kogge, das typische Schiff der Hanse, war ein etwa 20 bis 30 Meter langer und fünf bis acht Meter breiter Einmaster. Koggen besaßen einen flachen Kiel und konnten nur mit dem Wind segeln. Sie waren ausschließlich als Transportschiffe konstruiert und nur in beladenem Zustand seetüchtig.

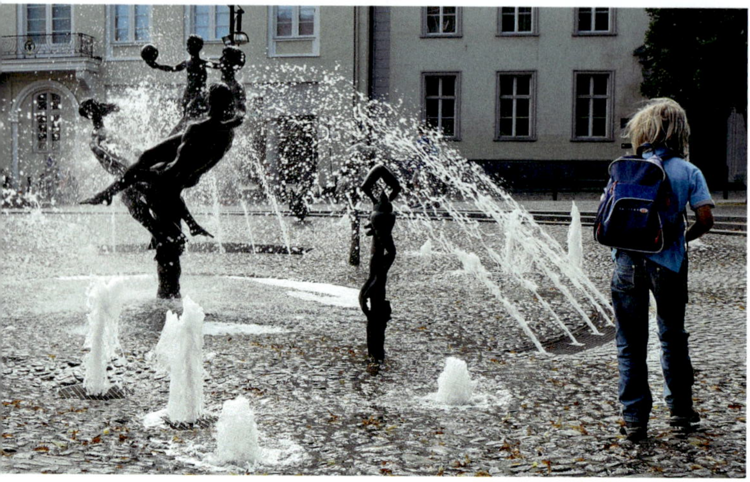

20 m

STRECKE 3,2 km

1 – 2 h

ab 6

Tour 13: Mit Kindern durch Rostock

Familien-Highlights in der Stadt

Rostock ist die größte Stadt der Region, aber allzu wuselig geht es hier nicht zu. Selbst im Zentrum rund um die Kröperliner Straße hat die alte Hansestadt ein paar Ecken zu bieten, die sich auch und gerade mit Kindern zu entdecken lohnen. Unser kleiner Spaziergang verbindet all diese Orte, die teils historisch bedeutend und teils ein bisschen abenteuerlich sind.

Spaziergang: Wir starten am **Brunnen der Lebensfreude** ① auf dem Universitätsplatz, der direkt an der Kröpeliner Straße

TOUREN-STECKBRIEF

Anfahrt: Kommt man über die B105 nach Rostock, empfiehlt sich das Parken am Stadthafen, wo sich immer freie Plätze und vergleichsweise günstige Preise finden. Zentrumsnäher sind die Parkhäuser am Kröpeliner-Tor-Centrum, Galeria Kaufhof und bei der Jakobikirche, wobei letzteres die breitesten Parklücken hat.

Anspruch und Charakter: Dieser Stadtspaziergang führt zumeist über eben gepflasterte Straßen und Gassen, kurzzeitig aber auch über holperiges Kopfsteinpflaster. Der Schlenker durch den Stadtpark enthält mehrere Treppen, die mit Kinderwagen aber auch umgangen werden können.

Highlights: Astronomische Uhr, zwei Spiel-Brunnen, zwei Spielplätze, Zoologische Sammlung, Historisches Museum.

Museen: Das Kulturhistorische Museum ist Di bis So von 10 – 18 Uhr geöffnet, der Eintritt ist frei. Die Zoologische Sammlung öffnet Mo bis Do von 10 – 16 Uhr, Fr bis 14 Uhr, und nimmt ebenfalls keinen Eintritt, ist allerdings auf Spenden angewiesen.

Einkehr: Rostock ist voller Restaurants und Cafés, besonders schön ist das Café Kloster am Spielplatz.

In der Nähe: Zoo mit Darwineum und Polarium, Karls Erdbeerhof, Warnemünde, Köhlerhof, Freilichtmuseum Klockenhagen, Jagdschloss Gelbensande, Rostocker Heide.

liegt. Die ist die Fußgängerzone und quasi die Hauptschlagader der Rostocker Innenstadt. Der Brunnen mit seinen leicht frivolen Darstellungen sorgt bei amerikanischen Kreuzfahrttouristen mitunter für Naserümpfen, eignet sich für Kinder aber hervorragend zum Planschen und für spritzige Mutproben.

Wenn die Socken nass genug geworden sind, schlendern wir die Kröpeliner Straße rechts hinunter in Richtung Neuer Markt. Links und rechts sehen wir teils hübsche alte Hansehäuser, unterbrochen von Bausünden modernerer Zeiten, die zumeist Filialen der üblichen Ladenketten beherbergen. Besonders hübsch ist die **Stadtbücherei** ② auf der linken Seite, die uns im Übrigen auch schon so manchen Regentag gerettet hat. Lustig klingen die Straßennamen: Linker Hand gehen wir an der Eselföterstraße und der Faulen Grube vorbei, bevor wir auf derselben Seite auf den Ziegenmarkt abbiegen.

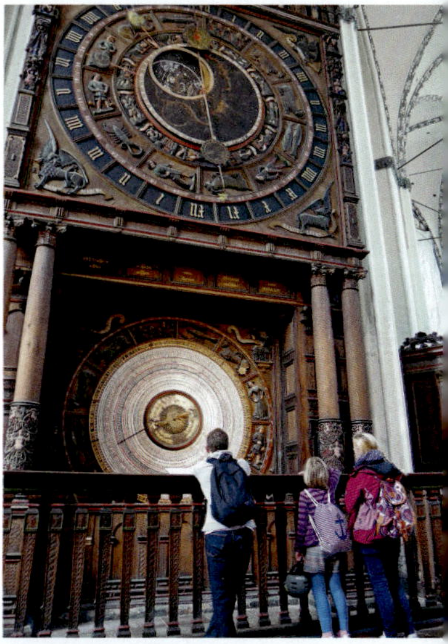

Nun stehen wir vor der **St.-Marien-Kirche** ③. In ihrem Inneren verbirgt sich eine astronomische Uhr hinter dem Hauptaltar. Das Uhrwerk ist rund 360 Jahre alt. Seit 1641 tickt es munter vor sich hin. Die Zeiger weisen nicht nur die Uhrzeit, sondern auch Datum, Wochentag, Mondphase, Tagesheilige und Tierkreiszeichen sowie Sonnenauf- und -untergangszeit. Die damals angefertigte Kalenderscheibe reichte bis 2017 – inzwischen ist eine neue zu sehen. Zu jeder vollen Stunde ertönt ein

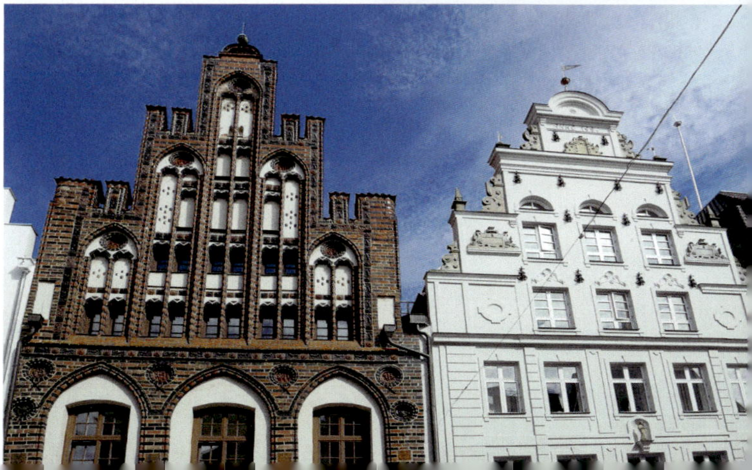

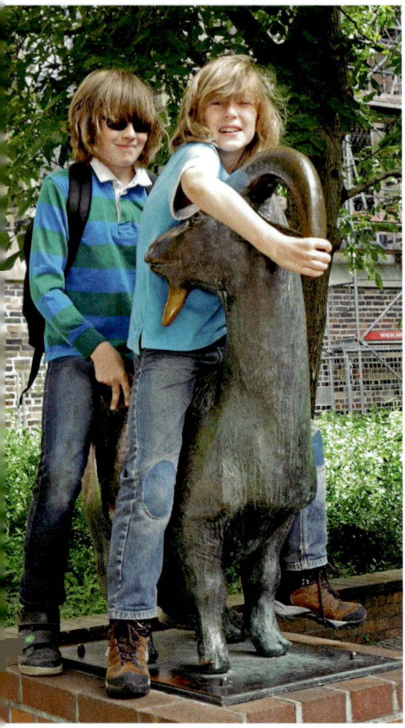

Musikspiel, und mittags um zwölf setzt sich ein Figurenzug in Bewegung.

Wieder im Tageslicht gehen wir längs an der Kirche vorbei und erreichen so den **Neuen Markt** ④. Das alte Rathaus ist aus Backsteinen erbaut und besitzt einen prächtigen Ziergiebel, wie es hierzulande üblich ist. Wir überqueren den Marktplatz und biegen dann rechts ab. Auch hier tragen die Straßen merkwürdige Namen, die jeweils nach wenigen Metern wechseln: Glatter Aal, Garbräterstraße, Rostocker Heide. Etwas versteckt an der Fassade der Volksbank verdeutlicht ein Bronze-Relief Szenen aus der Stadtgeschichte.

Hinter der Einmündung der Buchbinderstraße gehen wir rechts durch den Durchgang zum **Hopfenmarkt** ⑤. Dieser etwas versteckte Innenhof beherbergt einen der schönsten Plätze Rostocks. Hier gibt es »DDR-Nostalgie-Eis«, das wir auf bunten Eiscreme-Stühlen aus Plastik schlecken können, und ein Brunnen mit verschiedenen Wasserspielen lädt zum Klettern ein. Durch die Passage am Spielzeugladen mit den

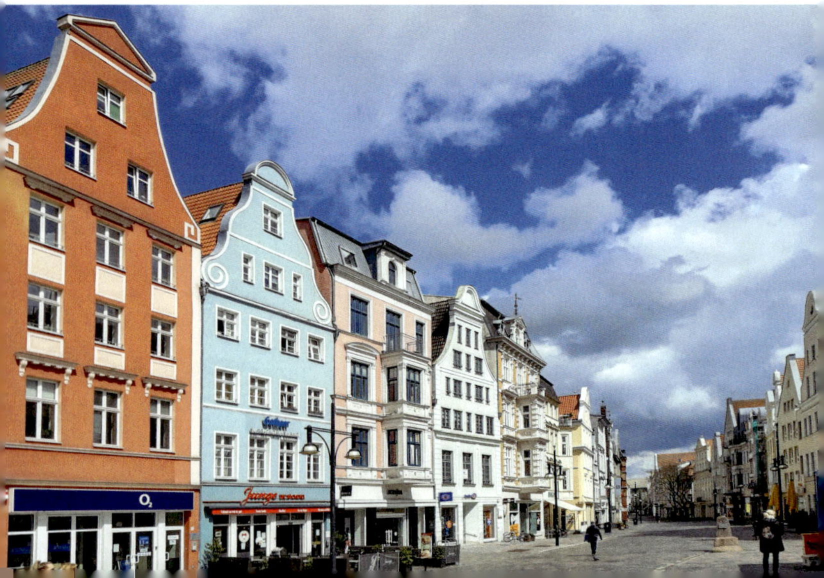

liebevoll gestalteten Schaufenstern treten wir auf die Rungestraße und wenden uns dort nach rechts, sodass wir nach wenigen Metern wieder auf der Kröpeliner Straße stehen. Dort gehen wir links herum auf die Universität zu.

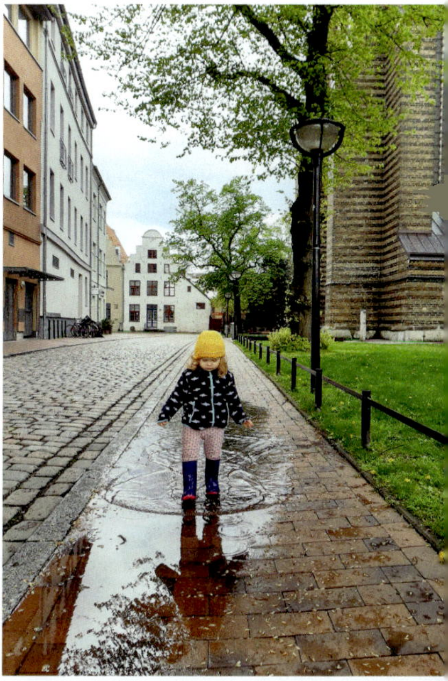

Unser nächstes Ziel ist die **Sammlung des Zoologischen Instituts** ⑥. Sie befindet sich in dem weißen Haus mit den schlanken Säulen vorm Eingang. Auf zwei Etagen gibt es hier Unmengen teils uralter Tierpräparate zu sehen.

Wir setzen unseren Weg fort und durchschreiten die Klosterpforte. Links sehen wir das integrative Café Kloster, in dem auch Menschen mit Behinderungen arbeiten. Geradeaus kommen wir auf das **Historische Museum** ⑦ zu.

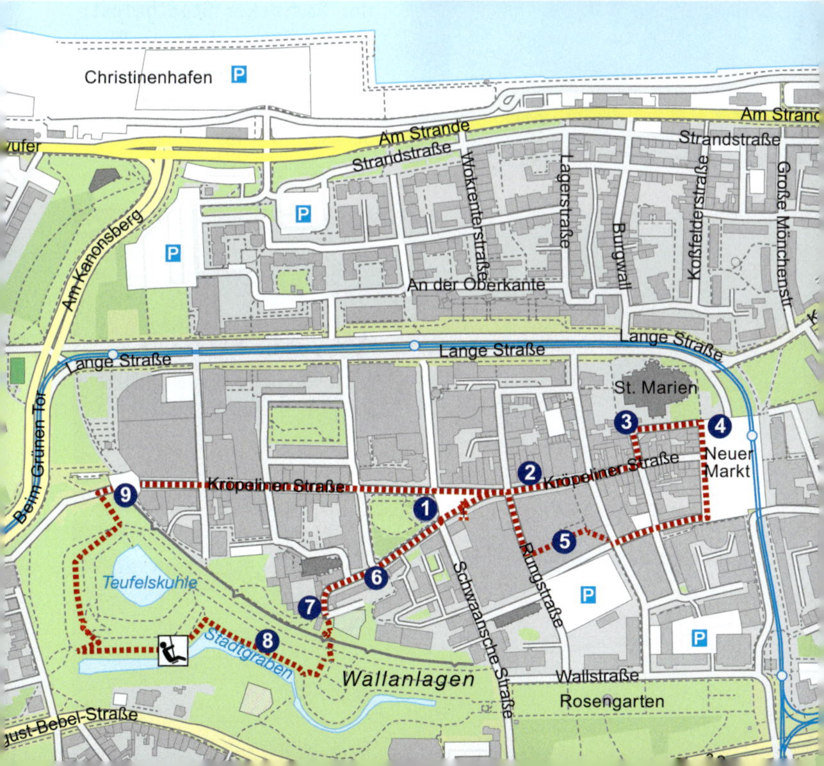

Hinter dem Café, in Sichtweite der Außensitzplätze, befindet sich ein kleiner **Spielplatz**. Eine Holztreppe führt zu einem Durchgang in der alten Stadtmauer. Wer abkürzen möchte, kann diesseits der Mauer zum Kröpeliner Tor zurücklaufen. Wer noch Lust auf einen Abstecher zum Spielplatz hat (und keine Angst davor, auf dem Weg dorthin womöglich ein paar lichtscheuen Gestalten zu begegnen), tritt durch das kleine Tor in den **Stadtpark** ⑧. Das gesamte Areal der Dreiwallbastion war zur Zeit unserer Nachrecherche bis zur Drucklegung eine Großbaustelle. Nach Auskunft aus der Stadtverwaltung soll bis zum Sommer 2022 alles wieder schick und auch der Spielplatz wieder zugänglich sein. Die Wegführung ändert sich, der neue Weg zum liebevoll angelegten Abenteuerspielplatz wird ausgeschildert.

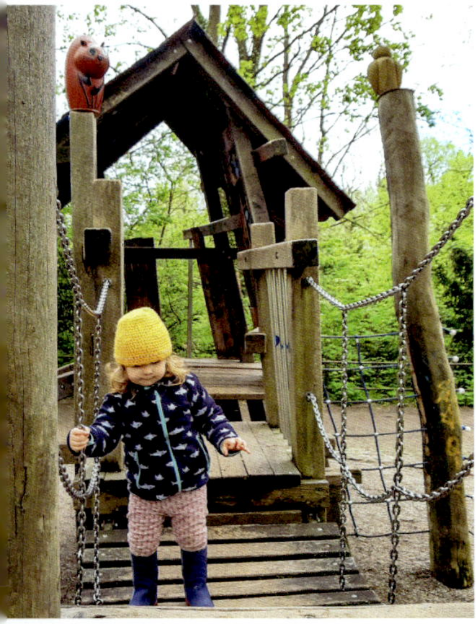

Auch zurück zum **Kröpeliner Tor** ⑨ sollten Spaziergänger dann problemlos finden. Das alte Stadttor liegt rechts von dem großen Einkaufszentrum und beherbergt ein kleines **Museum über die Geschichte der Rostocker Stadtbefestigungen**. Bis zurück zum Brunnen auf dem Universitätsplatz sind es, immer die Kröpeliner Straße entlang, nun nur noch ein paar Schritte.

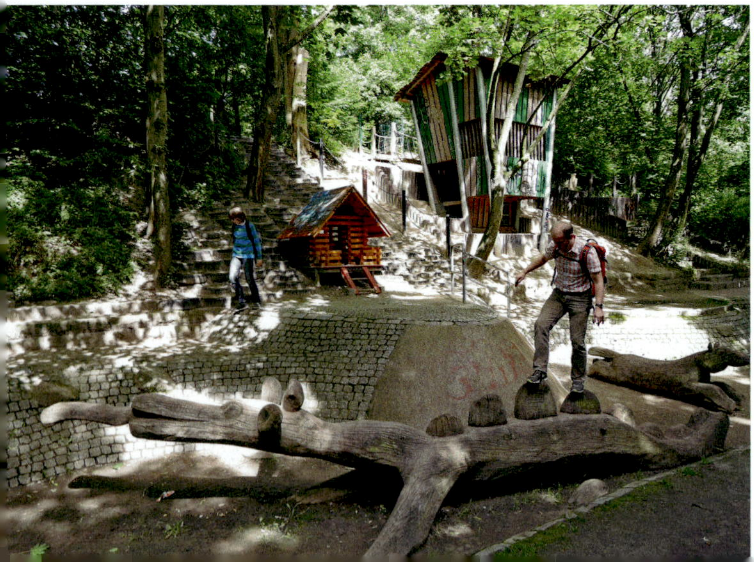

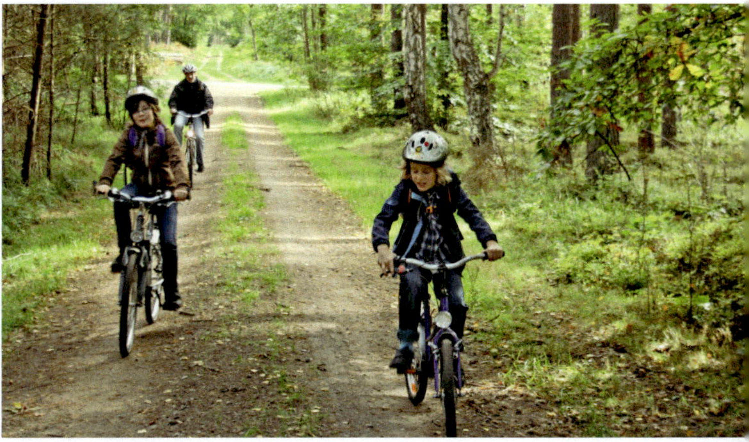

Tour 14:
Heide, Strand und Moor

Fahrradtour zum Traumstrand Rosenort

20 m

STRECKE 18 km

2–3 h

ab 6

Die Rostocker Heide ist der größte noch erhaltene Küstenwald an der deutschen Ostsee und zum Fahrradfahren ideal. Auspowern im Schatten, Pause machen direkt am Badestrand – eine hervorragende Kombination. Das Gute: Da die weißen Sandstrände Rosenort und Stolper Ort nur zu Fuß oder mit dem Rad zu erreichen sind, findet sich hier auch im Sommer immer ein freies Plätzchen. Im Westen grenzt die Rostocker Heide an das Hütelmoor. Zwischen Anfang April und Ende Juni gehört das Naturschutzgebiet ganz den Vögeln, aber Beobachtungstürme erlauben jederzeit den Blick über die schilfbewachsenen Wasserflächen und ihre Bewohner.

TOUREN-STECKBRIEF

Anfahrt: Von Bad Doberan aus über die B105 in Rövershagen Richtung Markgrafenheide abbiegen. Hinter dem Restaurant Utspann rechts in den Budentannenweg Richtung Ferienanlage »Blaue Boje« fahren. Der Parkplatz befindet sich rechts gegenüber dem Campingplatz bei **GPS N 54°11'35.6", E 12°09'22.9"** und ist kostenpflichtig (€ 5 pro Tag). Von Warnemünde aus ist Markgrafenheide auch mit der Warnow-Fähre zu erreichen. Überfahrt € 3,90 pro PKW inklusive eine Person, weitere Person € 1,60 und € 1,10 pro Passagier von sechs bis 15 Jahren. Fahrräder schlagen mit € 1,10 pro Stück zu Buche.

Fahrradverleih: In der Ferienanlage »Blaue Boje« im Plattenbau gleich rechts neben dem Spielplatz. Durch ein Tor im Metallzaun (Graal-Müritz ist ausgeschildert) stößt man hier gleich auf den Radweg.

Anspruch und Charakter: Die Tour führt größtenteils über ebenes Gelände. Ein kurzes Stück geht auf recht sandigem Waldweg leicht bergauf und ist ein wenig anstrengender.

Highlights: Beobachtungstürme mit Spielstationen am Moor, abgelegene Badestellen mit Traumstrand.

Einkehr: Gastronomie in der Ferienanlage »Blaue Boje«, mehrere Möglichkeiten in Markgrafenheide.

In der Nähe: Kletterwald Hohe Düne, Fähre ins Zentrum von Warnemünde.

Fahrradtour: Wir folgen der Straße am Campingplatz entlang (es gibt einen Bürgersteig) und biegen rechts am **Wegweiser nach Graal-Müritz** ① in den Wald ab. Auf diesem Weg bleiben wir und biegen kurz vor der Küste zusammen mit ihm nach rechts ab. Der schmalere Weg geradeaus führt direkt zum Fahrradparkplatz hinter dem Strand.

Gleich nach der Kurve erwartet uns eine **Beobachtungsstation** ②, die zum Entdeckerpfad gehört **[› Tour 15]**. Hier geht es um Vögel im Moor. Kurz darauf macht unser Weg eine Rechtskurve und taucht in den Wald ein. An der nächsten **Kreuzung** biegen wir links ab. Nun ist es nicht mehr weit bis zum ersten **Aussichtsturm** ③. Ein unscheinbares Holzschild weist den Abstecher nach links aus. Auch hierbei handelt es sich wieder um eine Entdeckerpfad-Station mit Spielgerät.

Weiter geht es den Hauptweg geradeaus. An der nächsten **Kreuzung** ④ finden wir die letzte Entdecker-Station der Tour. Auch eine kleine **Schutzhütte** steht hier. Wir biegen nach links Richtung Graal-Müritz ab und folgen diesem Weg bis zum Ende, wobei wir an einem weiteren Aussichtsturm vorbei kommen. Wenn wir noch nicht genug ins Moor geschaut haben, können wir am Ende des Weges links zum nächsten **Aussichtspunkt** abbiegen (oder uns den für den Rückweg aufheben).

Ansonsten fahren wir rechts und folgen dem geteerten Radweg weiter Richtung Graal-Müritz. Etwa 500 Meter weiter weist uns an der nächsten größeren **Kreuzung** ⑥ ein Schild den Weg nach links zum Rosenort.

Durch schönsten Küstenwald geht es immer geradeaus, vorbei am Gedenkstein für Oberförster Charles Benquart, der sich um den Erhalt der Rostocker Heide verdient gemacht hat. Dann sind wir schon am **Rosenort** ⑦. Hier gibt es weder Rosen noch einen Ort, dafür feinsten Sandstrand und auch in der Hochsaison im-

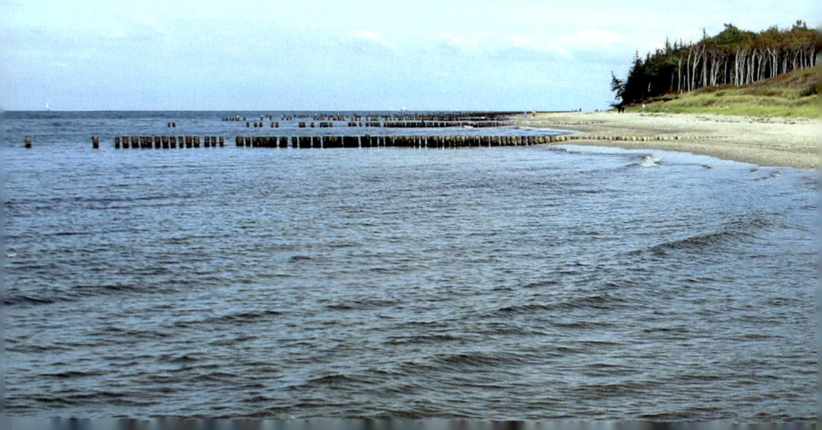

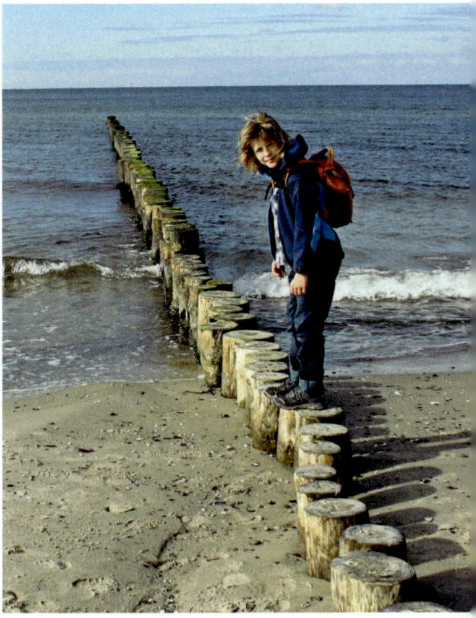

mer viel Platz, denn an diesen Traumstrand gelangt man nur zu Fuß oder mit dem Rad. Mit Blick auf die Steilküste oder den Hafen von Warnemünde lässt es sich nach Herzenslust baden oder buddeln.

Den Rückweg treten wir an, indem wir bei erster Gelegenheit nach links fahren. Durch ein lichtes Birkenwäldchen erreichen wir flugs den **Stolper Ort** ⑧: eine weitere traumhafte Badestelle, die allerdings wegen ihrer größeren Nähe zu Graal-Müritz im Sommer oft schon ein bisschen voller ist. Deshalb wenden wir uns vom Strandaufgang nach rechts und fahren dann geradeaus auf einem sandigen Waldweg leicht bergauf die **Vierbirkenschneise**.

Der Weg endet an einer **T-Kreuzung mit Schutzhütte**, wo wir erleichtert den deutlich besseren Weg nach rechts und dann gleich wieder nach links einschlagen. Wo der Pfad eine starke Rechtskurve macht, geht es links zu einem etwas versteckten **Picknickplatz an einer Wiese** ⑨ mit einem weiteren Gedenkstein, der diesmal Forstmeister Max Garthe gewidmet ist.

Wer keine Picknickpause braucht, folgt gleich dem Reitweg-Schild durch die Rechtskurve und fährt auf der nächsten Kreuzung

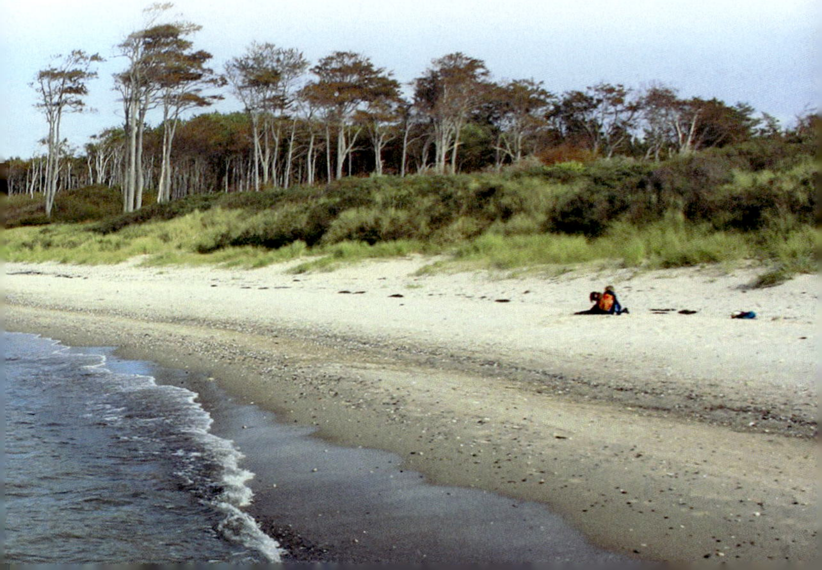

halb-rechts/geradeaus. Der Untergrund ist nun geteert und wir kommen gut voran. Wir überqueren eine weitere Kreuzung, dann erkennen wir den Weg wieder. An der **Kreuzung** ⑥, an der wir vorhin Richtung Strand abgebogen sind, fahren wir nun geradeaus und treffen wenig später auf **Kreuzung** ⑤ den Abzweig zum Aussichtsturm. Hier fahren wir links und den vertrauten Weg zurück nach Markgrafenheide.

Kurz vorm Ziel folgen wir dem Holzwegweiser Richtung Warnemünde und durchqueren das Tor zum **Gelände des Ferienparks**. Links gelangen wir zurück zum Fahrradverleih. Diesen kleinen Umweg nehmen wir auch dann in Kauf, wenn wir mit dem eigenen Rad unterwegs sind, denn Abenteuerspielplatz und Streichelzoo des Ferienparks stehen auch Besuchern von außerhalb offen. Zum Parkplatz ist es jetzt nur noch ein Katzensprung entlang der Straße, deren Bürgersteig auch Radler benutzen dürfen.

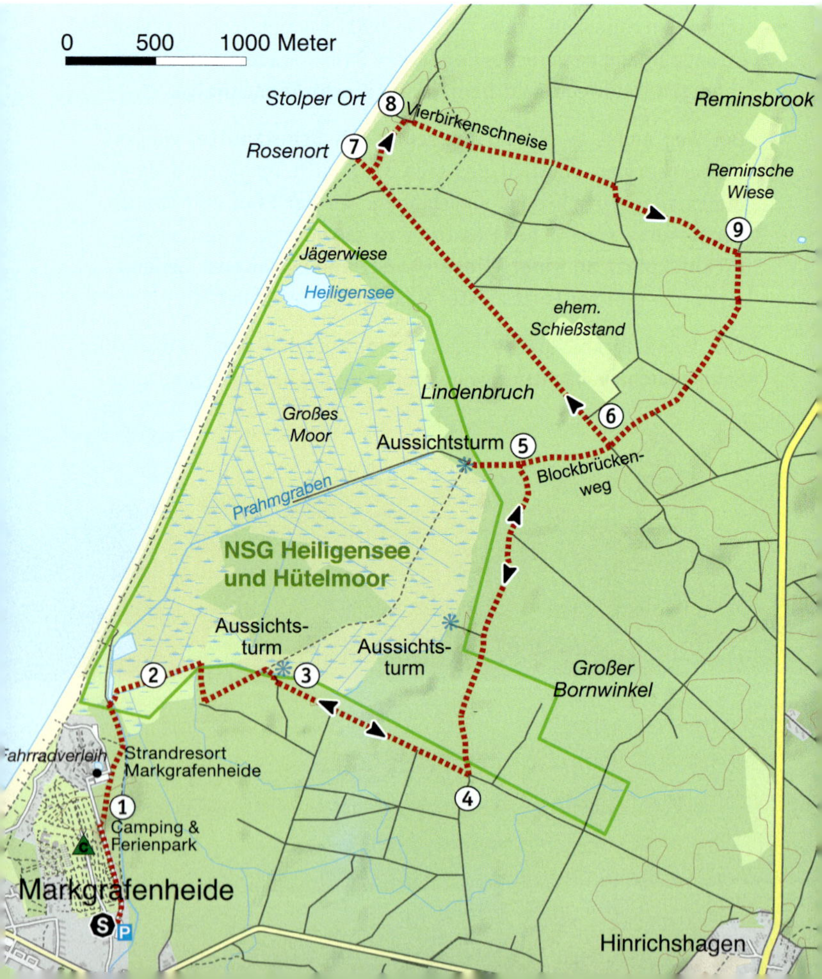

Tour 15: Rostocker Heide

Spielend wandern auf dem Entdeckerpfad

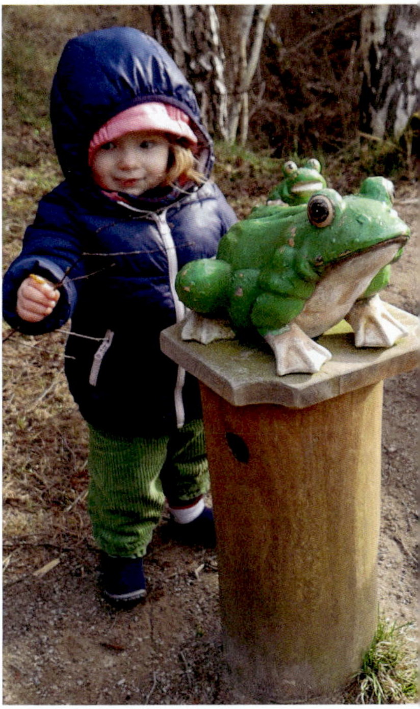

Auf dem Entdeckerpfad gibt es wahrlich einiges zu entdecken. Er verläuft über ehemaliges Militärgelände. Im Fokus steht aber klar die Natur, die sich trotz und nach der militärischen Nutzung ausgebreitet hat. Liebevoll gestaltete Spielstationen und drei schöne Picknickplätze machen den Pfad zum idealen Ausflugsziel für Familien. Sehr gut eignet sich die Wanderung auch schon für die Kleinsten, denn bis zur nächsten Entdecker-Station ist es nie weit.

eben

STRECKE 3,4 km

1 h 15

ab 4

Wanderung: Vom Parkplatz aus gehen wir am Köhlerhof vorbei immer geradeaus, bis wir auf den **Start des Entdeckerpfades** ① treffen. Hier steht nicht nur eine Tafel mit dem skizzierten Wegverlauf, sondern auch eine bunte Schutzhütte. Außerdem befindet sich hier natürlich auch die erste Spielstation: ein Kletternetz. Dazu gibt es Informationen zu Spinnen.

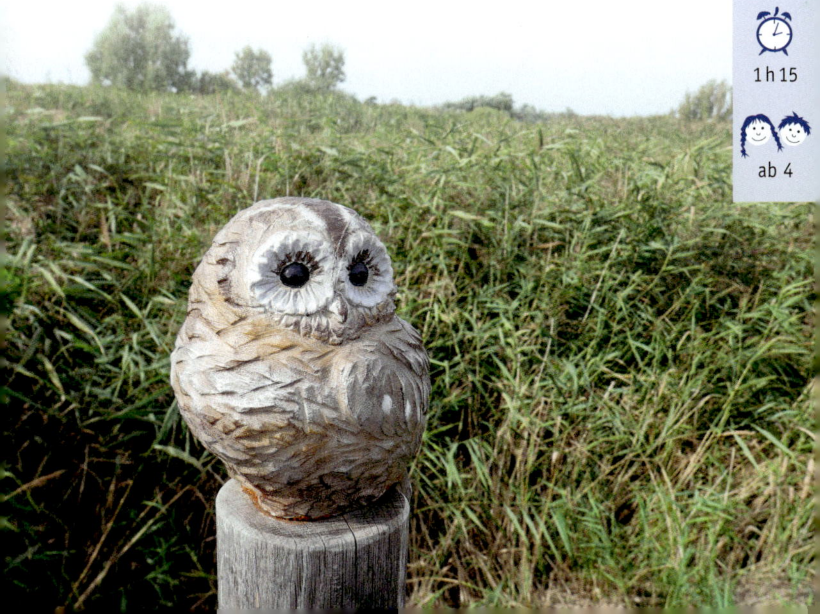

TOUREN-STECKBRIEF

Anfahrt: Von der B 105 aus Richtung Rostock kommend kurz vorm Ortsausgang Rövershagen links in die Straße »Waldweg« abbiegen. Ab hier können wir einfach den Schildern zum Köhlerhof Wiethagen folgen. Ein großer kostenloser Parkplatz befindet sich kurz vor dem Köhlerhof bei **GPS N 54°11'03.6", E 12°14'44.6".**

Anspruch und Charakter: Über gut befestigte Waldwege geht es ohne Steigungen über den ehemaligen Truppenübungsplatz in der Rostocker Heide. Die Entdecker-Stationen in kurzen Abständen kaschieren, dass es streckenweise stur geradeaus geht. Der Weg ist gut für Kinderwagen und Laufrad geeignet. Wer auch die Stationen 11 bis 15 mitnehmen möchte, macht eine acht Kilometer lange Fahrradtour zur Ostsee davon (einfache Strecke).

Highlights: Zehn Entdecker-Stationen zum Spielen und Lernen, drei davon mit schönem Picknickplatz.

Einkehr: Keine.

In der Nähe: Köhlerhof Wiethagen, Karls Erdbeerhof, Jagdschloss Gelbensande, Freilichtmuseum Klockenhagen, Graal-Müritz.

Ein Schild weist uns den Weg nach rechts und verrät auch gleich, dass es bis zur nächsten Station nur 200 Meter sind. Ein ehemaliger Militärbunker wurde hier begrünt und zu einem **Fledermaushaus** ② umgestaltet – mit Rutsche für Kinder. Wieder gibt es eine Hinweistafel mit Infos und Mitmach-Aktionen zum Thema, außerdem einen schönen Picknickplatz.

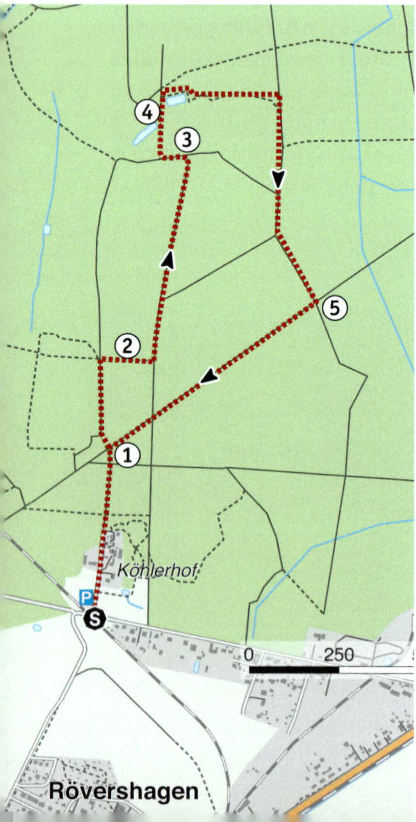

Die bunten Wegweiser lotsen uns zuverlässig über den renaturierten Truppenübungsplatz. Es geht nach links und dann eine ganze Weile geradeaus. Dann sehen wir auch schon rechts verrostete alte Zielscheiben und die nächste Station, die über die militärische Vergangenheit des Areals informiert. Weiter geht es geradeaus zur **Riesenwiese** ③. Hier bleiben wir auf dem Hauptweg, der nach links abbiegt. Erst hinter der Kurve befindet sich der nächste Wegweiser, der uns nach rechts führt.

Bis zur **Schiefen Pfütze** ④ ist es nun nicht mehr weit. Die Station an einem kleinen Teich ist mit Picknickplatz und Spielstationen zum Thema Frosch wieder besonders nett.

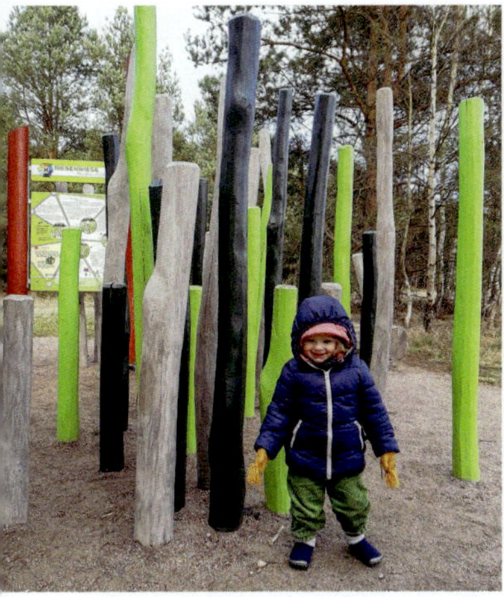

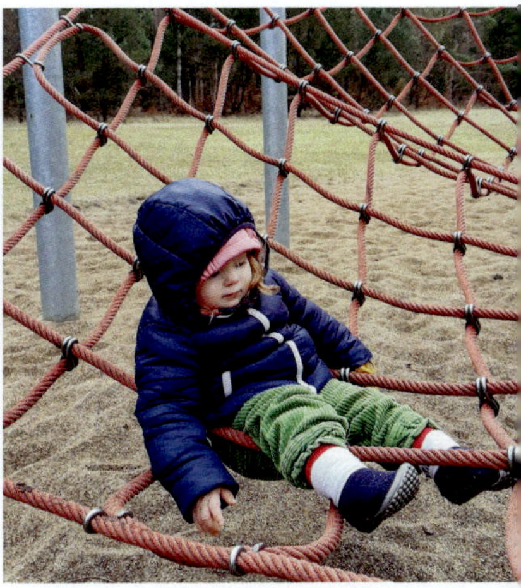

Auch am nächsten Halt nach einer Abzweigung nach rechts gibt es Wasser und viel zu entdecken. Dem Weg weiter folgend gelangen wir an die Station zum Thema **Nachtleben**.

Am **Ende des Weges** gehen wir rechts und gelangen schließlich zur **Pension Eiche** . Hier können wir Eicheln und Kiefernzapfen katapultieren und etwas über die Bewohner der großen Laubbäume lernen. Nun laufen wir ein ganzes Stück geradeaus, biegen gemäß dem Schild rechts ab und machen eine Linkskurve. So kommen wir zum **Baum-Memory** und schließlich zur letzten Station, der **Wald-Apotheke**. Hier endet der fußläufige Entdeckerpfad sang- und klanglos. Die Stationen 11, 12 und 13 sind nur noch mit dem Fahrrad zu erreichen, denn sie ziehen sich bis Graal-Müritz an den Strand.

An der **Kreuzung** ⑤ gehen wir rechts und folgen dem breiten Forstweg, bis wir wieder an der **Schutzhütte der ersten Station** ① stehen. Hier müssen wir nur noch einmal nach links abbiegen, um zum Parkplatz zu kommen.

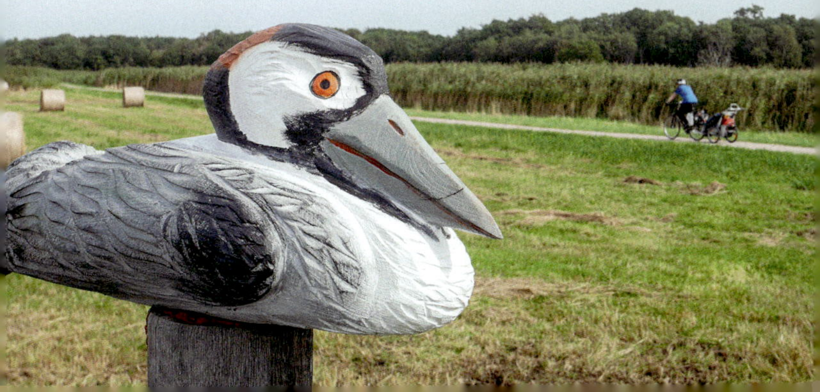

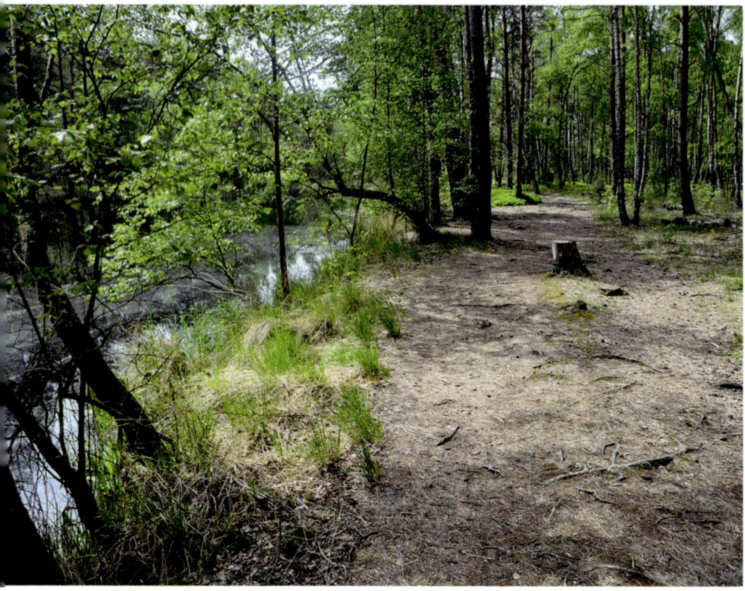

eben

STRECKE 8 km

2 h 45

ab 8

Tour 16: Expedition ins Ribnitzer Moor

Auf dem Naturpfad von Graal-Müritz ans Meer

Hinter dem langen Sandstreifen, der sich völlig unverbaut zwischen Graal-Müritz und Neuhaus erstreckt, liegt in einem Waldgebiet das Ribnitzer Moor. Neben den breiten Wegen, die den Wald durchziehen, gibt es hier auch einen schmalen Lehrpfad zu entdecken, der auf Naturboden über viele Wurzeln zu einem geheimisvoll schwarzen Moorsee führt. Schautafeln informieren am Wegrand über Tiere und Pflanzen, die im Moor zu Hause sind.

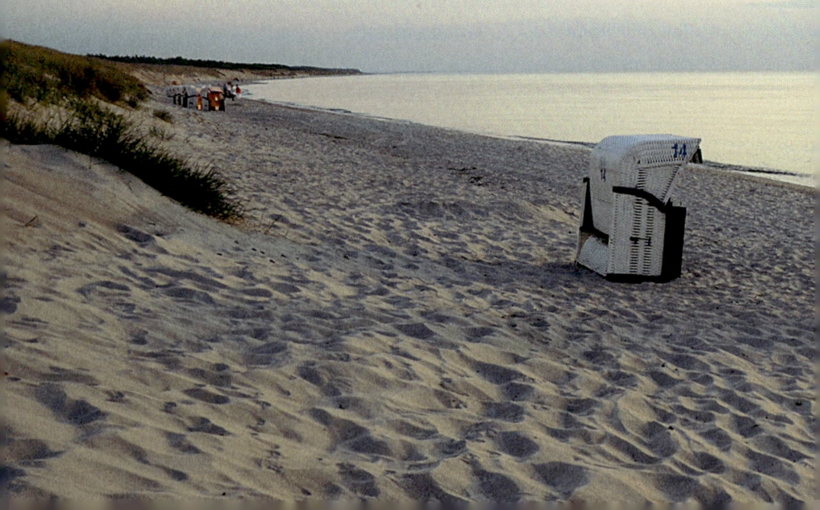

TOUREN-STECKBRIEF

Anfahrt: Unser Wanderparkplatz liegt am östlichen Ortsrand von Graal-Müritz bei **GPS N 54°15'48.4", E 12°16'34.5"** und ist über eine Stichstraße, die 400 Meter hinter der Ortsausfahrt von der L 22 (Hauptstraße) abzweigt, zu erreichen.
Anspruch und Charakter: Schöne kleine Wanderrunde auf schattigen Waldwegen und am Strand entlang. Der Weg ist – mit etwas sportlichem Ehrgeiz – auch für geländegängige Kinderwagen und Laufräder machbar. Statt Strandspaziergang weichen wir dann auf die verlängerte Strandpromenade aus, die parallel zur Küste verläuft und in regelmäßigen Abständen Strandaufgänge sowie noch einmal schöne Ausblicke ins Moor bietet.
Highlights: Waldpfad am Moorsee, Rastplatz am See, Rückweg am Strand.
Einkehr: Keine.
In der Nähe: Ostseelehrpfad mit Spielstationen an der Strandpromenade, Therme Graal-Müritz.

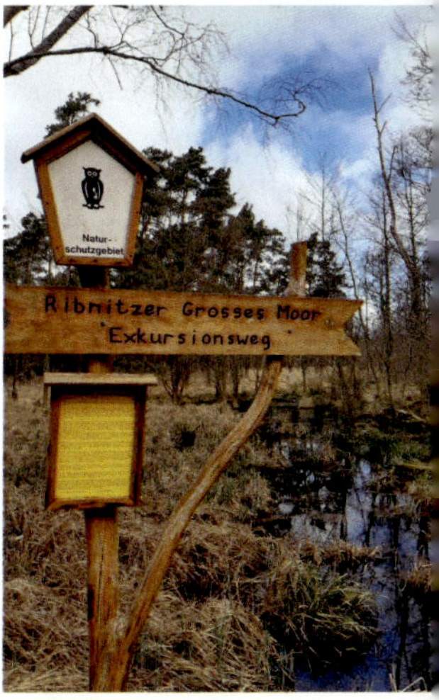

Wanderung: In der Kurve vor dem Parkplatz steht eine Informationstafel und dort zweigt auch der Weg ins Moor ab. Er windet sich als schmaler Pfad zwischen den Bäumen hindurch und endet dann auf dem **Grenzweg ①,** in den wir nach links einbiegen.

Ein kurzes Stück weiter weist uns dann ein Holzschild rechts den Weg zum Expeditionspfad. Der Waldweg führt um ein **Moorgebiet** mit weißen Wollgraswedeln und jungen Birken. Hinter einer Linkskurve treffen wir dann an der nächsten **Kreuzung ②** auf den Naturpfad. Hier laufen wir links ins Moorgebiet hinein.

Am Wegrand stehen bald die ersten **Informationstafeln**, die die Vegetation und die besonderen Lebensbedingungen im Moor erklären. Im Ribnitzer Moor quaken unzählige Frösche, außerdem gibt es Libellen und auch einige Ringelnattern. In den Schilfzonen am flachen Wasser brüten Kraniche, von denen man aber

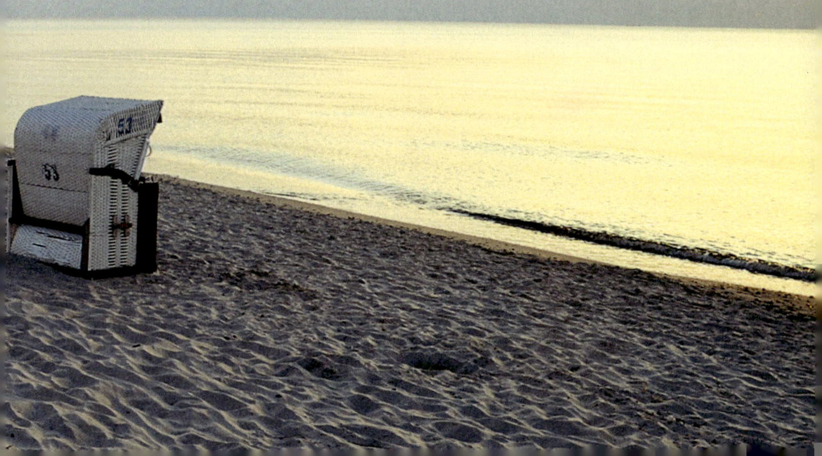

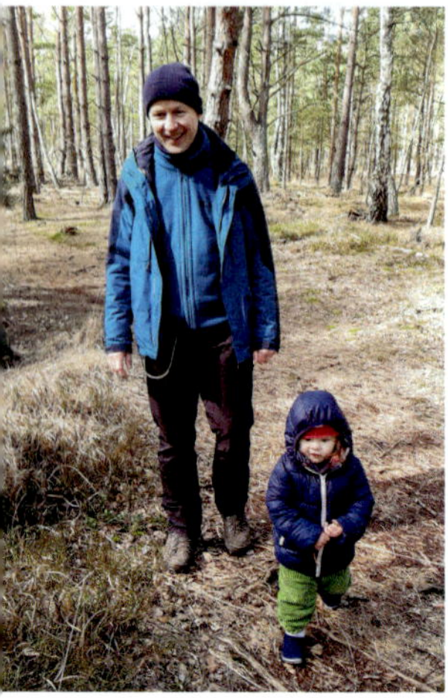

wohl kaum mehr mitkriegen wird als ihren trompetenartigen Ruf. Auf jeden Fall zu sehen ist der wunderbare Platz an einem kleinen **Moorsee**. An seinem linken Ufer laden zwei Bänke zur Rast ein. Einen weiteren **Rastplatz** ③ mit Info-Station gibt es am anderen Ende des Sees. Hier geht es um die typischen Pflanzen im Moor und die Unterschiede zwischen einem Regenmoor und einem Hochmoor.

Nach einer weiteren Rechtskurve wird das Moor trockener und der Expeditionspfad endet an einer **Wegkreuzung** ④. Links zweigt die Asmus-Schneise ab. Wir laufen hier rechts und treffen kurz darauf auf die nächste Kreuzung. Hier biegen wir rechts ab und stehen bald wieder am **Beginn des Naturpfades** ②.

Wir folgen unserem Hinweg bis zum **Grenzweg** ⑤. Hier haben wir die Wahl: Links geht es zurück zu unserem Parkplatz, wer noch weiter laufen möchte, folgt dem Grenzweg rechts und steht nach gut 1000 Metern am **Strandzugang 28** ⑥. Über die Düne laufen wir zum Meer und immer am Wasser entlang nach links zurück nach **Graal-Müritz** ⑦. An den ersten Häusern vorne am Strand gibt es einen Fischimbiss. Dann folgen wir der Strandstraße bis kurz hinter die erste Kurve und wählen den **Abzweig »zum Moor«** ⑧, um links zum Parkplatz zurückzukommen.

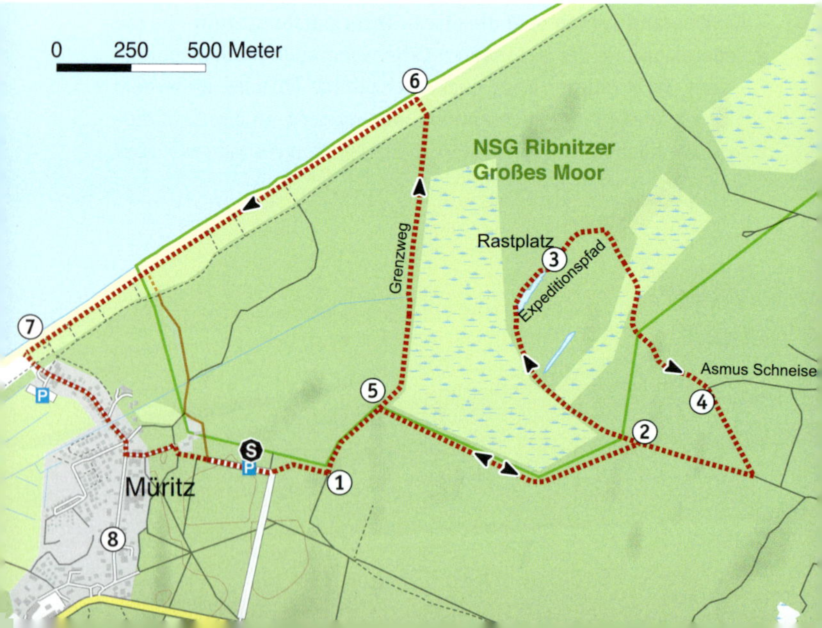

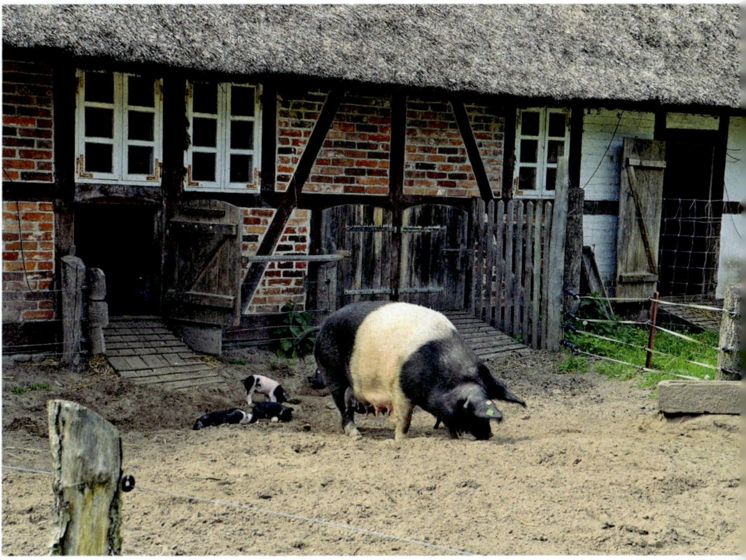

Tour 17: Ein Tag auf dem Bauernhof

2 h

ab 4

Landleben im Freilichtmuseum Klockenhagen

Kaninchen füttern und Pferde streicheln, den herben Duft der Schweine riechen und den Hühnern beim Picken zusehen – ein Tag auf dem Bauernhof gefällt fast allen Kindern. Nur ist Klockenhagen kein normaler Bauernhof. Alle Gebäude auf dem Gelände sind mehrere hundert Jahre alt und die Geräte in den Schuppen werden in der modernen Landwirtschaft schon lange nicht mehr eingesetzt. Ein Besuch ist Klockenhagen ist eine kleine Zeitreise ins 19. Jahrhundert, als die Tiere noch am Haus lebten, das Gemüse im Garten wuchs, Mehl mit Windkraft gemahlen wurde, Pferde den Pflug zogen und Fahrräder zwei unterschiedlich große Reifen hatten.

TOUREN-STECKBRIEF

Anfahrt: Das Dorf Klockenhagen liegt an der L22 zwischen Graal-Müritz und Ribnitz-Damgarten. Die Zufahrt zum Freilichtmuseum ist im Ort gut beschildert, der Parkplatz befindet sich bei **GPS N 54°14‘21.9“, E 12°21‘15.0“.**

Öffnungszeiten: April bis Oktober 10–17 Uhr, Juli und August bis 18 Uhr. €9, Kinder 7–16 Jahre €3. Kombikarten mit Kunstmuseum Ahrenshoop €16, Hunde dürfen an der Leine mit in den Park (€2). freilichtmuseum-klockenhagen.de

Charakter: Überschaubare, besonders liebevoll gestaltete Anlage. Alle Häuser kann man auch von innen angucken und in jedem Stall leben andere Tiere.

Highlights: Historische Fahrräder zum Probefahren, Tiere streicheln, alte Handwerke wie Spinnen und Filzen selbst ausprobieren, frisches Holzofenbrot.

Einkehr: Di, Mi, Fr und Sa Brot und Kuchen frisch aus dem Holzofen.

In der Nähe: Therme Graal-Müritz, Bernsteinmuseum, Kunstmuseum Ahrenshoop.

Das Herz des Museums ist ein über 300 Jahre alter Bauernhof, der bis in die 60er Jahre des letzten Jahrhunderts bewohnt und bewirtschaftet war. Dann wurde er von seinem Besitzer, dem Klockenhagener Bauern Heinrich Peters, einer neuen Bestimmung übergeben. Ab 1970 wurden in der Region weitere Häuser von historischem Wert aufgespürt, demontiert und im Park wieder aufgebaut. So stehen heute auf dem alten Hof zwanzig Gebäude aus ganz Mecklenburg-Vorpommern. Sie sind authentisch eingerichtet, dazwischen liegen Felder und ein Kräutergarten. Auf den Wiesen grasen Ziegen und Pferde. An einem reetgedeckten Fachwerkhaus schnattern Gänse und Hühner, im Stall eines anderen grunzen die Schweine. Wir durchwandern also ein lebendiges Dorf aus dem 19. Jahrhundert.

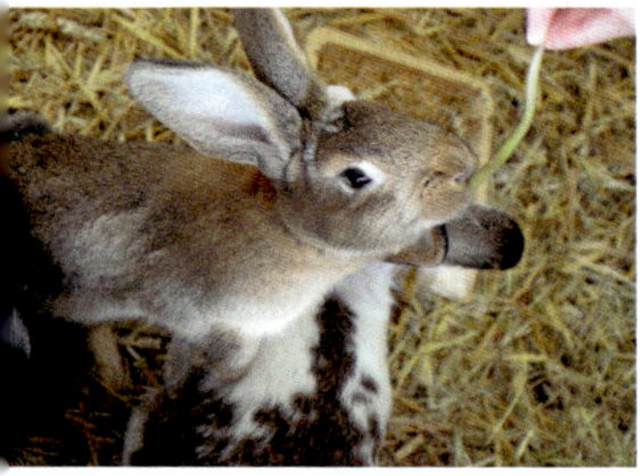

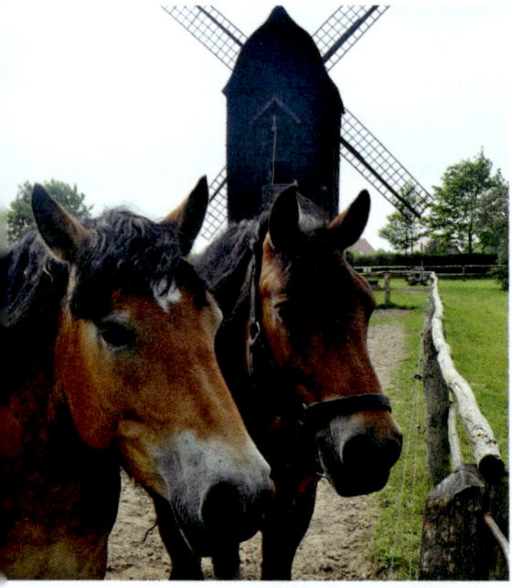

Rechts des Eingangs befindet sich die Stellmacherei. Daneben steht der Gemischtwarenladen, der ursprünglich im Jahr 1892 in Rövershagen erbaut wurde. Hier können wir auch heute noch viele nützliche und schöne Dinge aus der »guten alten Zeit« erstehen. An vier Tagen in der Woche wird Brot gebacken. Im Handwerkerhaus wird gefilzt, Wolle gesponnen und es werden Körbe geflochten. Viele dieser alten Handwerke können Besucher gegen eine geringe Gebühr ausprobieren. Ein ganz besonderer Hit ist die Sammlung antiker Fahrräder, von denen einige auch gefahren werden dürfen. Wer hat schon mal auf einem Hochrad gesessen?

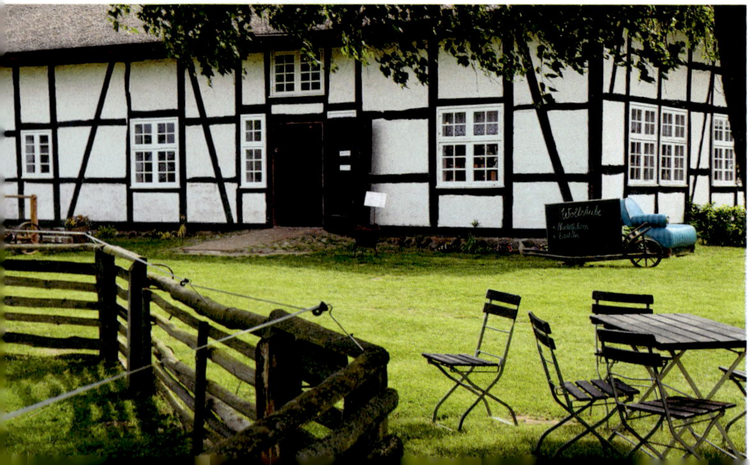

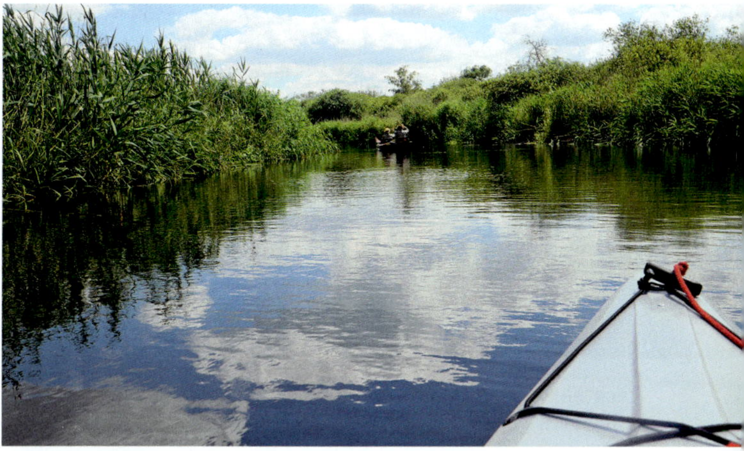

Tour 18: Mit dem Kanu auf der Recknitz

STRECKE 16 km

4–5 h

ab 8

Paddeln durch Wasserwolken und Schilf

Das schmale Flüsschen Recknitz ist ein wenig bekanntes Paddelrevier. An Wochentagen sind wir hier noch beinahe alleine unterwegs. Der Wasserlauf schlängelt sich durch ein komplett unbebautes Naturschutzgebiet und hat nur minimales Gefälle. Die Strömung ist kaum wahrnehmbar. Durch ihre vielen Kurven bleibt die Recknitz trotzdem immer interessant. Sie ist ein optimaler Fluss für Naturliebhaber und dazu gut geeignet für Anfänger im Kanu.

Kanutour: Wie können die Recknitz flussaufwärts und flussabwärts paddeln. Landschaftlich abwechlungsreicher ist die Stre-

TOUREN-STECKBRIEF

Anfahrt: Der Kanuverleih liegt direkt an der Recknitzbrücke östlich von Marlow bei **GPS N 54°09'57.7", E 12°35'26.8".** In Marlow in Richtung Semlow halten und der Stralsunder Straße bis zum Fluss folgen.

Kanuverleih: Tagesmiete Kanadier für drei oder vier Personen €38–50, 1 Stunde €16–18, Abholung Daskow €45. Der Transport muss am Vortag abgesprochen werden. Tel. 0174 6789343. Tagesmiete für ein Boot mit Elektromotor €60. Ganzjährig geöffnet.
www.kanuverleih-marlow.info

Anspruch und Charakter: Einfache Kanutour auf schmalem Fluss mit vielen Kurven, kaum Strömung, auch für Anfänger im Kanu gut zu meistern. Wer keine Lust zum Paddeln hat, leiht ein Ruderboot mit Elektromotor. Unterwegs nur wenige Möglichkeiten zum Anlegen, die lange Tour eignet sich daher nur für Familien mit größeren Kindern. Mit jüngeren Kids lohnt aber auch eine kurze Exkursion von ein bis zwei Stunden.

Ausrüstung: Picknick und ausreichend Wasser mitnehmen, im Sommer Sonnenhut und Sonnencreme nicht vergessen! Kinder müssen außerdem im Kanu immer eine Schwimmweste tragen, die zusammen mit dem Boot verliehen wird.

Highlights: Stille Flusseinsamkeit, Kühe am Ufer, Libellen und Rohrsänger im Schilf.

In der Nähe: Vogelpark Marlow.

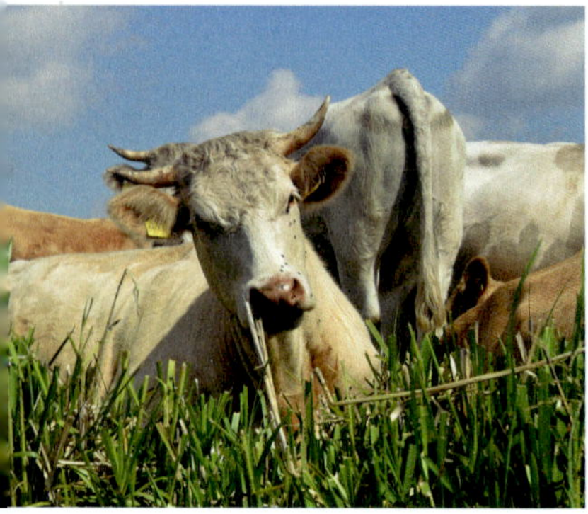

cke in Richtung Meer. An den vielen Mäandern des Flusses wechseln am schilfigen Ufer Auwälder und sumpfige Wiesen. Das komplette Recknitztal ist hier Naturschutzgebiet. Eine erste Pause an Land ist daher erst nach zehn Kilometern an der **Krautentnahmestelle Tressentin** ① möglich. Wenig später kommt am rechten Ufer die Kirche von **Pantlitz** in Sicht. Bis dahin ist es aber noch ein ganzes Stück zu paddeln.

Nach 13 Kilometern erreichen wir dann den **Pantlitzer Wasserwanderrastplatz** ②. Vorsicht: Der Platz liegt nicht direkt am Fluss, sondern ist nur durch einen etwa zwei Meter breiten Kanal erreichbar. Die Einfahrt liegt am rechten Ufer und ist im Sommer gut im Schilf versteckt. Man übersieht sie leicht. Der Rastplatz mit Bänken liegt still und einsam an einer Wiese. Bis hierher sollten wir drei bis vier Stunden Paddelzeit rechnen.

Wer noch genug Energie hat, fährt nach einer Pause noch drei Kilometer weiter zum **Wasserwanderrastplatz in Daskow** ③ und lässt sich hier abholen. Die Strömung erlaubt es auch locker, nach Marlow zurückzupaddeln. Dann sollten wir aber spätestens an der Krautschnittstelle den Rückweg antreten.

Wer an einem Dienstag oder Freitag nach Marlow kommt, hat die Chance, abends an einer geführten Bibersafari im Kanu teilzunehmen. Wenn wir das Paddeln einfach nur mal ausprobieren wollen, können wir auch für eine Stunde ein Kanu leihen. Es gibt aber auch Ruderboote mit oder ohne Elektromotor für eine Flussexkursion.

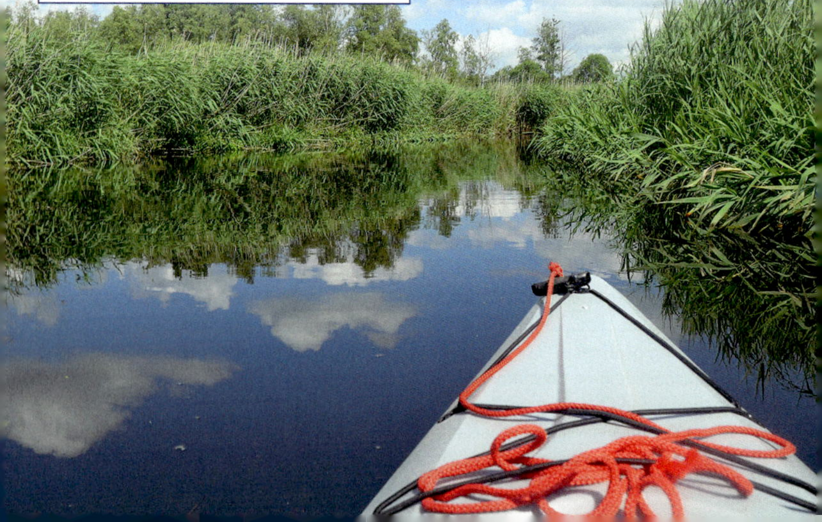

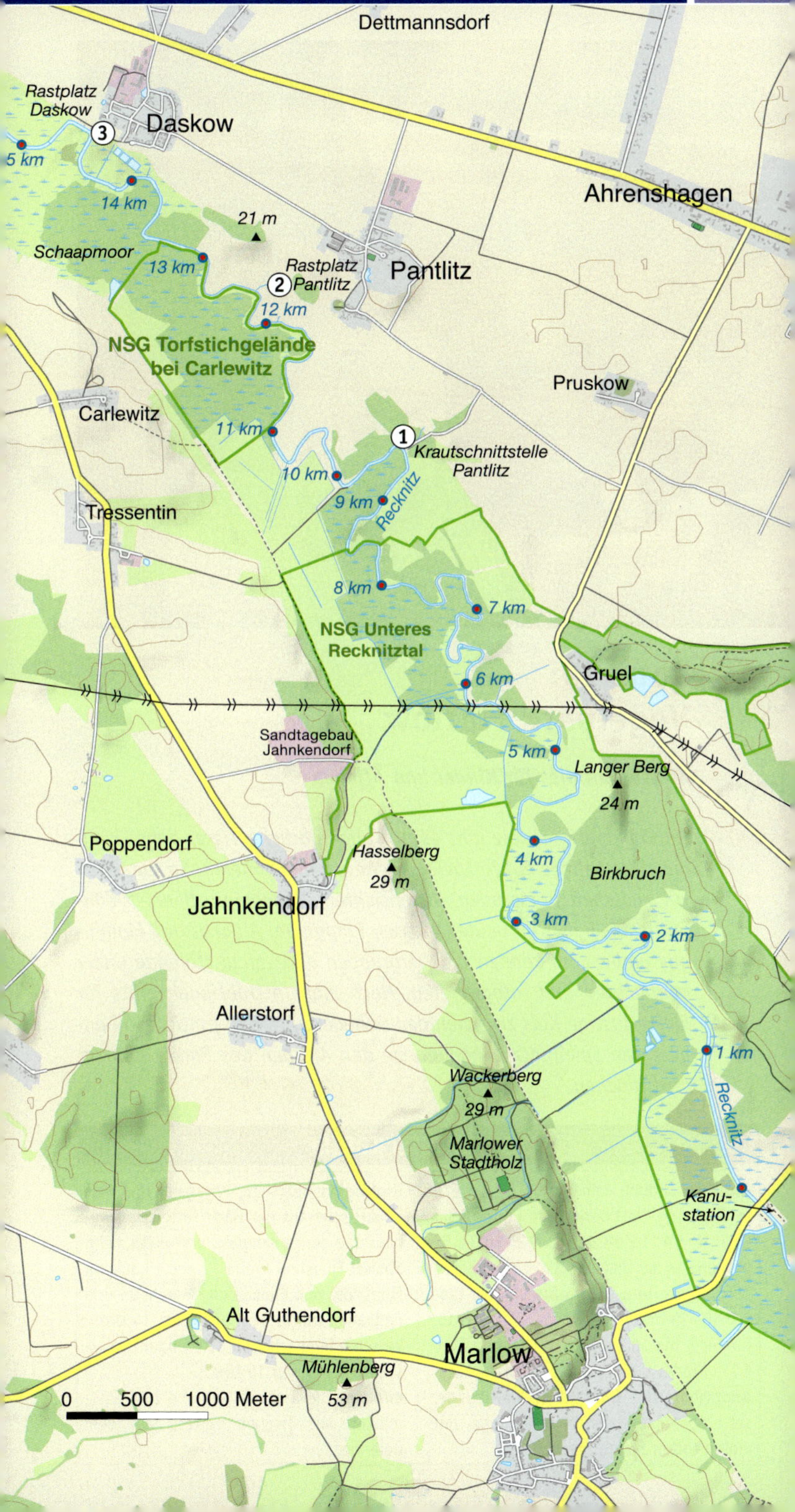
Dettmannsdorf
Rastplatz Daskow
3
Daskow
5 km
14 km
Ahrenshagen
21 m
Schaapmoor
13 km
Rastplatz Pantlitz
2
Pantlitz
12 km
NSG Torfstichgelände bei Carlewitz
Pruskow
Carlewitz
11 km
1
Krautschnittstelle Pantlitz
10 km
9 km
Recknitz
Tressentin
8 km
7 km
NSG Unteres Recknitztal
Gruel
6 km
Sandtagebau Jahnkendorf
5 km
Langer Berg
24 m
Hasselberg
29 m
Poppendorf
4 km
Birkbruch
Jahnkendorf
3 km
2 km
Allerstorf
1 km
Wackerberg
29 m
Recknitz
Marlower Stadtholz
Kanu-station
Alt Guthendorf
Marlow
Mühlenberg
53 m
0 500 1000 Meter

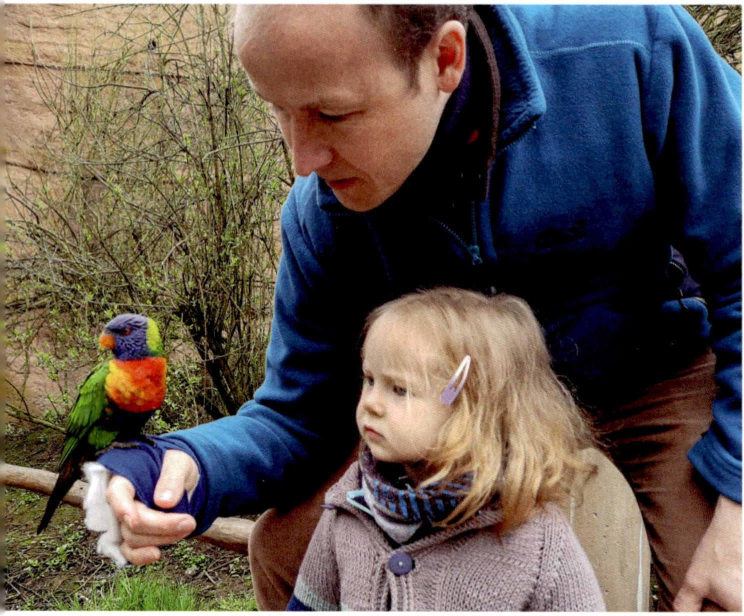

1 Tag

ab 4

Tour 19: Vogelpark Marlow

Kletterparadies für Kinder und Äffchen

Im Vogelpark Marlow gibt es nur ungefährliche Tiere, daher kann man alle Gehege auf festgelegten Wegen durchqueren. So spazieren wir zwischen flatternden Wellensichten, Papageien, Bennett-Kängurus mit Babys im Beutel, Kattas, Pinguinen, Alpakas und Flamingos umher und können die Tiergruppen ganz ohne störende Gitter beobachten und fotografieren. Noch mehr Attraktionen gibts für kletterlustige Kids zwischen den Gehegen: Auf den fantasievoll angelegten Spielplätzen können sie den Äffchen des Parkes Konkurrenz machen.

TOUREN-STECKBRIEF

Anfahrt: Südlich vom Marlow an der L18 in Richtung Dettmannsdorf fahren. Bei **GPS N 54°15'48.4", E 12°16'34.5" parken.** In der Umgebung gut beschildert.
Öffnungszeiten: Ostern bis Oktober täglich 10–19 Uhr, Kassenschluss 17 Uhr, €15, Kinder 3 bis 16 Jahre €12 (Nebensaison €12, Kinder €10). vogelpark-marlow.de
Anspruch und Charakter: Weitläufige, sehr schön angelegte Parkanlage mit vielen tollen Spielplätzen.

Highlights: Flugshow, Pagageien und Wellensittische aus der Hand füttern, Baumhauspfad, junge Kängurus und vieles mehr.
Shows: Flugshow Greife 12 und 15.30 Uhr, Flugshow mit Papageien, Marabous und Pelikanen nur in der Saison um 14 Uhr. Verschiedene Schaufütterungen zwischen 10.45 und 16 Uhr.
Einkehr: Drei Imbissbuden und zwei Gaststätten mit Tischen verteilt auf dem Gelände.

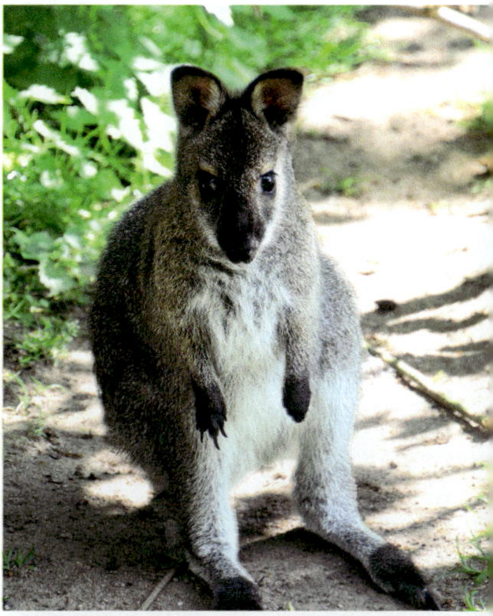

Schon an der Kasse kann man Tierfutter kaufen und gleich in den ersten Gehegen viele bunte Wellensittiche, Nymphensittiche und Papageien aus der Hand füttern. Zwischen den Gehegen schlängelt sich der Weg labyrinthartig durch eine gepflegte Gartenanlage von Tor zu Tor. Durch eine Schleuse geht es dann ins nächste Gehege. Dazwischen sind mehrere sehr schöne, fantasievolle Spielplatzbereiche angelegt. Der absolute Clou ist ein Baumwipfelpfad, der von Baumhaus zu Baumhaus führt.

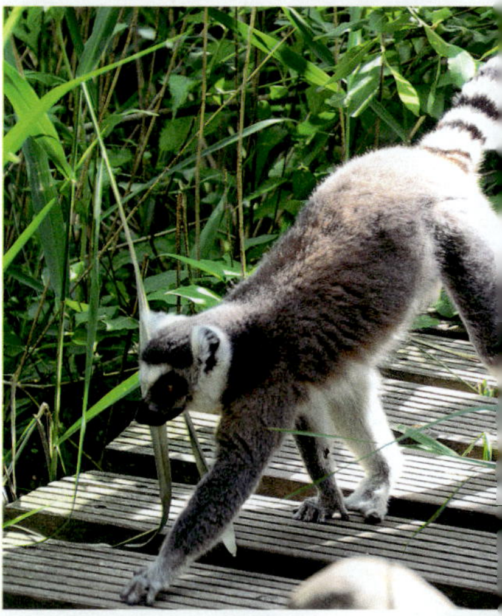

Das Gelände des Vogelparks ist weitläufig. Schon der Besuch der vielen Gehege und Spielplätze in der Parkanlage kann locker einen ganzen Tag füllen. Es gibt aber vor allem im Hochsommer noch einiges an zusätzlichem Programm. Wer im Vogelpark auch die Flugshow mit Adler, Uhu, Geier, Bussard und Falke sehen möchte, sollte rechtzeitig in Marlow sein. Bei trockenem Wetter fliegen die

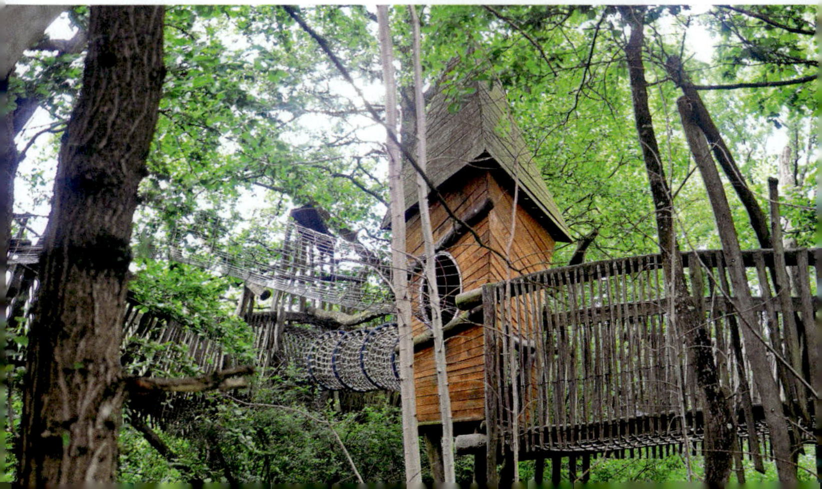

Eine Übernachtung im Zoo:
In mehreren der märchenhaften Holzhäuser, die direkt an den Tiergehegen stehen, kann man auch übernachten und dann aus dem Bett »seine Tiere« beobachten. Dazu ist aber rechtzeitige Planung unerlässlich: Die ungewöhnlichen Unterkünfte sind sehr begehrt. Zwei Übernachtungen in den Baumhäusern kosten für vier Personen inklusive Frühstück und Parkeintritt ab etwa € 370.

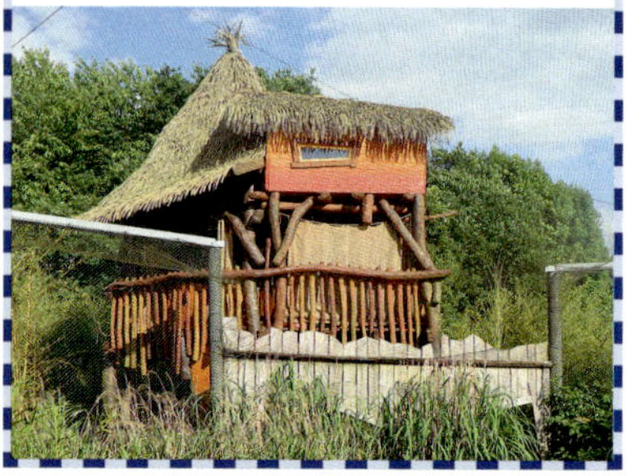

Greife zweimal am Tag. Da auf dem Weg zur Bühne der ganze Park durchquert werden muss, ist es sinnvoll, mindestens eine gute Stunde vor dem Beginn der Show einzutreffen.

In der Sommersaison ist die Tiershow um 14 Uhr eine Alternative, bei der Pelikane und Marabous zwischen den Zuschauern hindurchmarschieren und die bunte Papageientruppe des Parks ihren Formationsflug zeigt.

Über den Tag verteilt werden außerdem Pelikane, Graupapageien, Störche, Keas, Lemuren, Kasuare, Präriehunde und Pinguine gefüttert, sodass eigentlich immer irgendwo im Park etwas los ist. Die aktuellen Zeiten der Schaufütterungen werden auf der Website des Vogelparks veröffentlicht.

Ein ausführlicher und ganz persönlicher Bericht über einen Besuch im Vogelpark Marlow ist außerdem auf Lenas Blog unter www.family4travel.de zu finden.

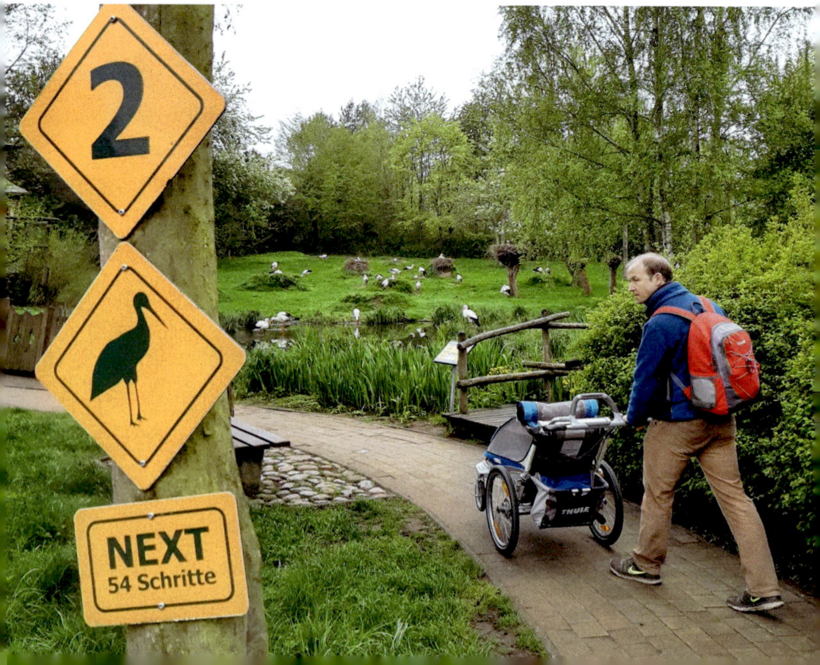

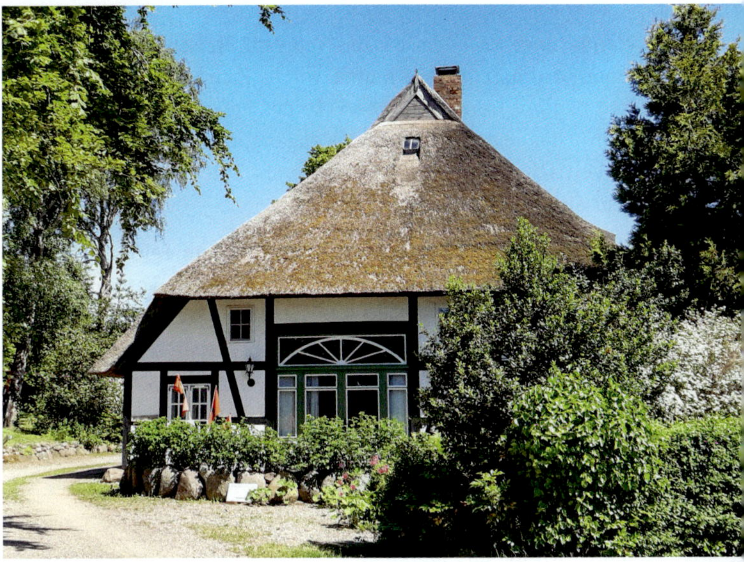

Tour 20: Fischland

20 m

STRECKE 7 km

2 h 15

ab 6

Zwischen Steilküste, Sandstrand und Bodden

Fischland ist der kleinste Teil der wunderbaren Halbinsel Fischland-Darß-Zingst. Für viele Urlauber ist der schmale Landstrich nur Transitstrecke in die nördlicheren Urlaubsgebiete. Dass Fischland mehr ist als das Künstlerdorf Ahrenshoop, gerät leicht in Vergessenheit. Auf dieser Wanderung erkunden wir den unteren Teil der Halbinsel – und zwar komplett von der Steilküste bis an den Bodden und zurück. Dabei besteigen wir auch den Bakelberg, mit mächtigen 18 Metern die höchste Erhebung von Fischland. Weitere Highlights sind der Sandstrand und der Spielplatz von Wustrow. Am Ende steht die Einkehr im vielleicht schönsten Gartencafé von Fischland-Darß-Zingst.

TOUREN-STECKBRIEF

Anfahrt: Der öffentliche Parkplatz Niehagen befindet sich direkt an der Hauptstraße der Halbinsel, die hier Niehänger Straße heißt, vom Festland kommend auf der linken Seite bei **GPS N 54°21'43.1", E 12°24'32.0".** Der Preis für ein Tagesticket ist mit € 10 hoch, aber ortsüblich.

Anspruch und Charakter: Eine rundum schöne Wanderung hinauf auf den 18 Meter hohen Bakelberg, an Steilküste und Strand entlang und durch die Orte Wustrow und Niehagen. Achtung: Zweimal müssen wir dabei die stark befahrene Hauptstraße überqueren.

Highlights: »Bergsteigen« zur Aussicht auf Bodden und Meer, Sandstrand Wustrow, Spielplatz, Café Stübchen.

Einkehr: Gastronomie in Wustrow, Café Stübchen in Niehagen.

In der Nähe: Künstlerdorf Ahrenshoop, Weststrand, Fahrten mit dem Zeesboot.

Wanderung: Nachdem wir uns von dem Preisschock am Parkautomaten erholt haben, laufen wir in Richtung Steilküste. Der Weg beginnt in der hinteren Ecke des Parkplatzes am WC-Häuschen – das immerhin kostenlos zugänglich und sogar mit einem Wickeltisch ausgestattet ist. Das erste Stück geht es geradeaus über einen **Plattenweg**.

Vor der Küste biegen wir rechts ab in einen Feldweg. Diesem folgen wir, an einer vermeintlichen Abkürzung vorbei, bis zum Ende. Erst dann biegen wir rechts ab. Auf einer sehr kurzen Strecke auf breitem Feldweg können wir uns nun als stolze Bergsteiger fühlen. Auf 18 Metern Höhe ist das **Gipfelkreuz** ① erreicht. Von hier aus können wir sowohl zum nahegelegenen Meer als auch zur Boddenküste blicken. Es gibt auch einen Picknicktisch, der aber schutzlos in der Sonne steht.

Nachdem wir unser Gipfelglück angemessen genossen haben, kehren wir um und laufen geradeaus zum Meer. Ans Wasser kommen wir zunächst aber nicht. Links herum folgen wir der Steilküste. Bald sehen wir unten in den Wellen einen Klotz liegen. Es handelt sich um einen **Bunker** ②, der vor vielen Jahren von der Klippe herabgestürzt ist. Dass die Steilküste im letzten Weltkrieg noch bis dort vorne reichte, verdeutlicht die Kräfte der Erosion. Die ist hier auf Fischland am stärksten. Das Material, das die Gezeiten hier abtragen, lagern sie oben am Darßer Ort wieder an.

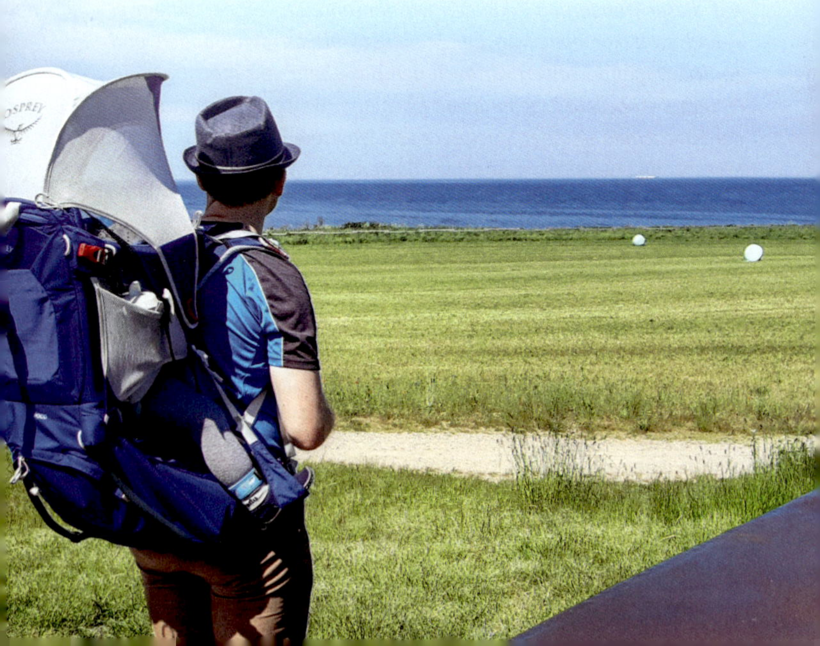

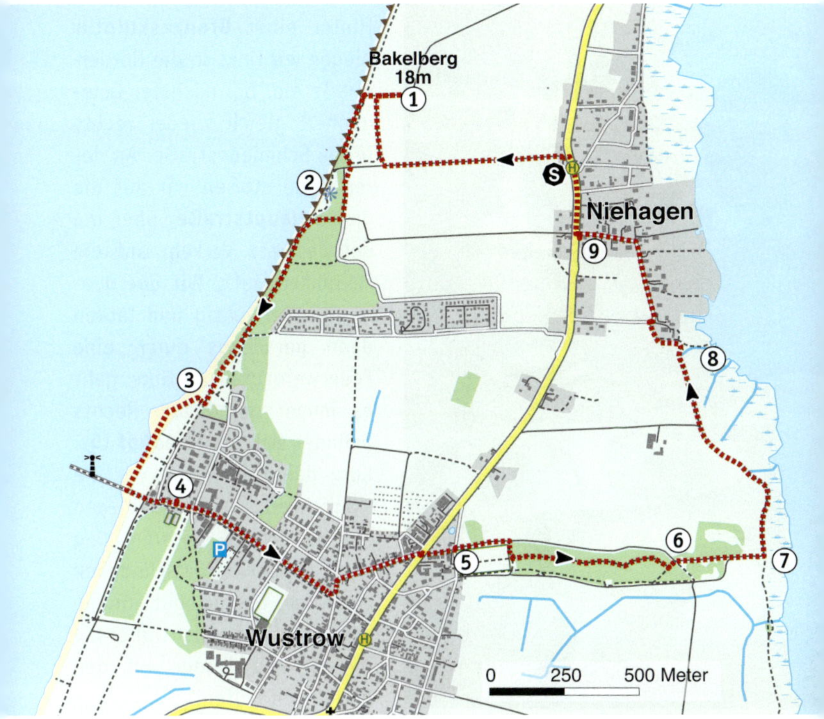

Schließlich senkt sich die Steilküste zum Sandstrand hin ab. Im Sinne des Erosionsschutzes sollten wir erst den **offiziellen Strandabgang** ③ nutzen. Dann können wir – wenn die Jahreszeit passt – unsere Wanderung mit bloßen Füßen im Sand fortsetzen.

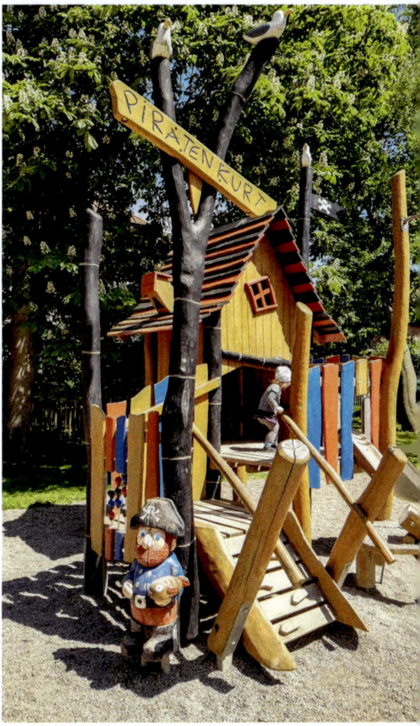

An der Seebrücke laufen wir dann links herum hinein nach Wustrow. An der Strandstraße reihen sich Restaurants und Verkaufsbuden aneinander. Im Angebot sind unter anderem Fischbrötchen, Waffeln und Eis. Links befindet sich ein sehr schöner **Spielplatz** ④ für kleine und für größere Kinder.

Weiter geht es die Strandstraße von Wustrow landeinwärts.

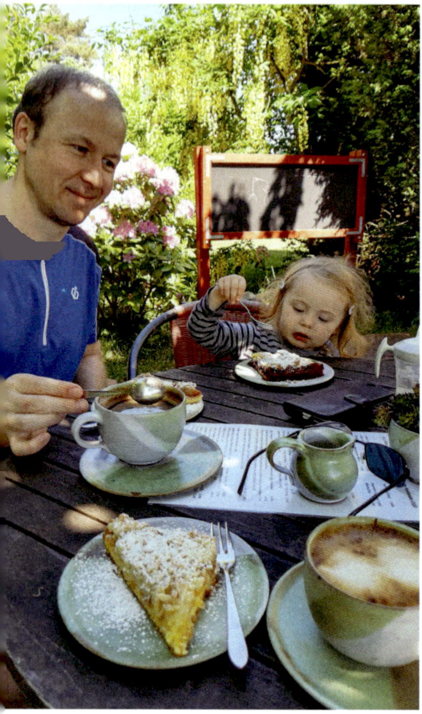

Hinter einer **Bronzeskulptur** biegen wir links in die Norderstraße ein, bei nächster Gelegenheit gleich wieder rechts in die Schmiedestraße. An deren Ende stoßen wir auf die große **Hauptstraße**, über die der gesamte Verkehr auf die Halbinsel läuft. Wir überqueren sie vorsichtig und laufen dann geradeaus durch eine Feuerwehrzufahrt. Nun geht es immer geradeaus. Rechts befindet sich der **Friedhof** ⑤. Kurz dahinter haben wir die Möglichkeit, rechts abzubiegen und parallel zu unserem Weg durch ein schattiges Wäldchen zu laufen. Genausogut können wir aber mit Aussicht über die Wiesen und Felder auf den Bodden zu laufen.

Ob wir aus dem Wäldchen oder vom sandigen Feldweg kommen, an der **nächsten Kreuzung** ⑥ wenden wir uns auf jeden Fall nach links. Nun gehen wir auf einem **breiten Fahrweg** unter großen alten Eichen auf den Bodden zu. Am Ende des Weges können wir schon das Wasser sehen. Nach rechts können wir nun einen **Abstecher zum Wasser** ⑦ machen, ansonsten wenden wir uns nach links.

Bäume und Büsche verdecken uns häufig den Blick, dazwischen blitzt das Wasser aber immer wieder hindurch. An einer **schrägen Kreuzung** halten wir uns praktisch geradeaus. Vorbei am Töpferhus und den ersten Ferienhäuschen kommen wir zu den ersten Häuser von Niehagen und haben noch einmal die Chance, rechts ans Wasser zu kommen ⑧.

Dann laufen wir in den Ort hinein. Wir folgen den Pfeil des Fahrradweges nach links. An der Ecke zur Hauptstraße erreichen wir schließlich das **Café Stübchen** ⑨, dessen üppig eingewachsener Kaffeegarten unbedingt eine Einkehr lohnt. Danach folgen wir der großen Straße rechts herum ein kurzes Stück, bis auch schon unser Parkplatz in Sicht kommt.

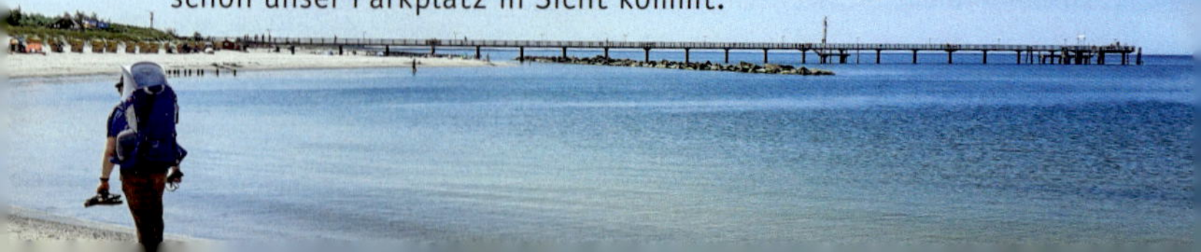

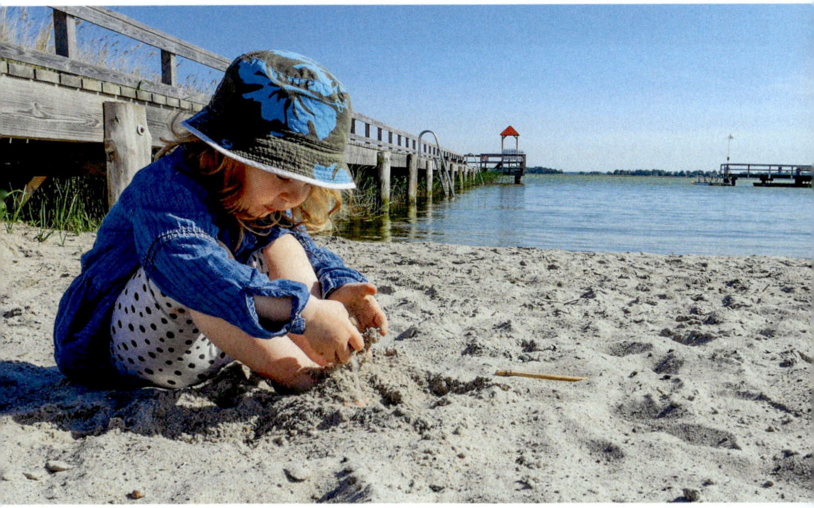

Tour 21:
Vom Bodden zum Weststrand

10 m

STRECKE 21 km

3–4 h

ab 6

Eine Fahrradtour zwischen Wieck, Born und dem Darßer Wald

Diese Radtour verbindet die schönsten Naturlandschaften des Darß zu einer abwechslungsreichen Runde. Wir radeln durch den Darßer Urwald zum wilden Weststrand und zurück zum stillen Ufer des Boddens, auf dessen glatter Wasserfläche oft eines der traditionellen Zeesboote kreuzt. Dabei umgehen wir den Touristentrubel der Ostseebäder und radeln lieber durch die kleinen Dörfer Born und Wieck, die am Bodden liegen. Wenn kein Picknick am Weststrand auf dem Programm steht, bietet sich hier ein Ausklang der Tour im gemütlichen Café oder ein Imbiss in der Fischerei an.

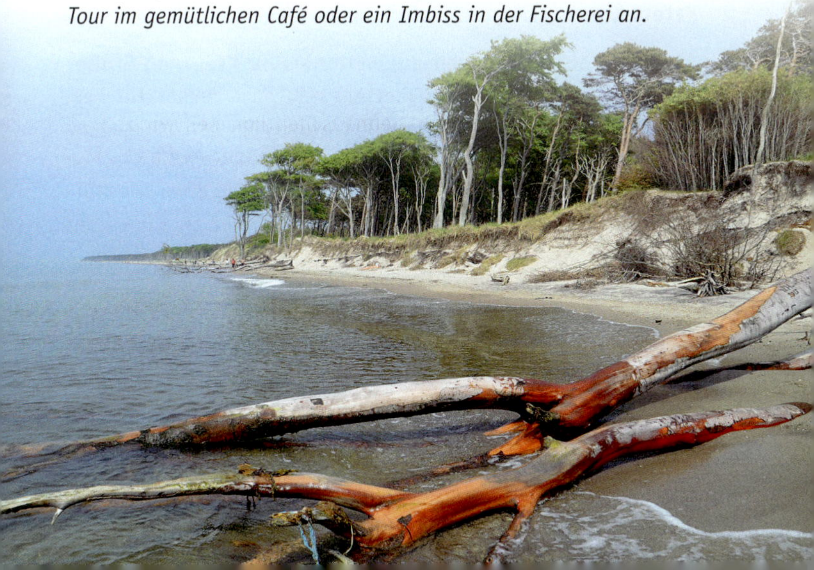

TOUREN-STECKBRIEF

Anfahrt: Wer auf Leihfahrräder angewiesen ist, startet am besten auf dem kleinen Parkplatz im Ortszentrum von Wieck bei **GPS N 54°24'34.8', E 12°34'54.8"**: einfach der Hauptstraße folgen bis zur zentralen sternförmigen Kreuzung in der Ortsmitte. Mit eigenen Fahrrädern parkt es sich besser am Ortsrand von Born auf dem großzügigeren Parkplatz bei **GPS N 54°23'15.9", E 12°31'52.7"**. Er ist direkt von der Bäderstraße L21 nach Born erreichbar. **Fahrradverleih:** Fahrradshop Neumann, Müggenberg 31, Kinderfahrrad €3,50, Tourenrad mit 7 Gängen €6,50 pro Tag, auch Fahrradanhänger und Nachläufer im Verleih. Weitere Verleihstation in Born, Im Moor 2. www.neumann-darss.de

Anspruch und Charakter: Leichte Radtour auf Wald- und Feldwegen. Die vielbefahrene Bäderstraße muss unterwegs zwei Mal überquert werden. **Achtung:** Sowohl der Müllerweg zum Weststrand als auch der wunderschöne Biebersteig sind so schmal, dass es bei Gegenverkehr eng wird. In der Hauptsaison, wenn sich oft lange Kolonnen bilden, artet das leicht in Stress aus. Für zweisitzige Fahrradanhänger ist dieser Teil der Tour daher leider nicht geeignet (Umfahren über „Peters Kreuz" möglich).

Highlights: Steg und Badeplatz am Bodden, Kurvenweg im Darßwald, Weststrand.

Einkehr: Café Feinblau an der Darßer Arche, Fischerei und Gasthof im Hafen von Born, weitere Gastronomie in Born, von Mai bis Oktober Mi und Sa von 9-13 Uhr Biomarkt in Wieck.

In der Nähe: Kletterpark Darß, Surfschule Born, Darßmuseum Prerow.

Radtour: Wir beginnen die Runde im **Zentrum von Wieck**. Direkt am Parkplatz befindet sich ein gut ausgestatteter Fahrradverleih. Von dort halten wir uns in Richtung Westen und fahren auf der schmalen Straße mit dem Namen Nordseite immer geradeaus aus dem Ort heraus. Nach kurzer Fahrtstrecke überqueren wir die L21 (Bäderstraße).

Kurz darauf endet der Asphalt und wir radeln auf einem Waldweg neben einem sandigen Reitweg durch den Darßer Wald. Ein großes **Holzschild** markiert den Beginn des Naturparks. Wir halten uns hier geradeaus und kommen nach gut drei Kilometern zu **Peters Kreuz** ①, der nächsten großen Wegkreuzung.

Auch hier fahren wir geradeaus weiter bis zur **Kreuzung Großer Stern** ②. Hier wählen wir den Abzweig nach rechts auf dem breiten Schotterweg in Richtung Prerow. Rechts des Weges steht eine große Schutzhütte, an der man eine kurze Pause machen könnte. Noch ein Stück weiter zweigt der **Zugang über den Müllerweg zum Weststrand** ③ links ab. Hier nehmen wir wieder

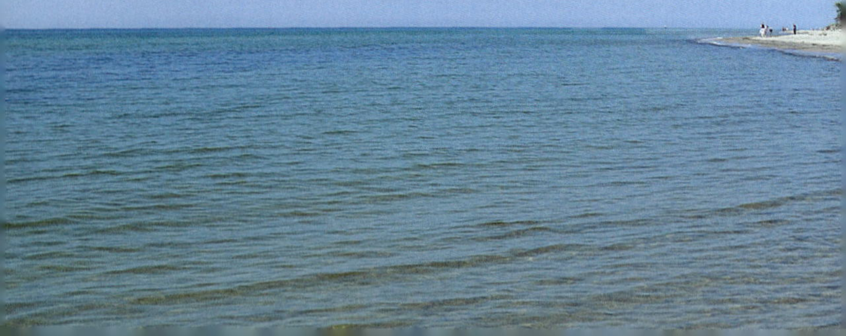

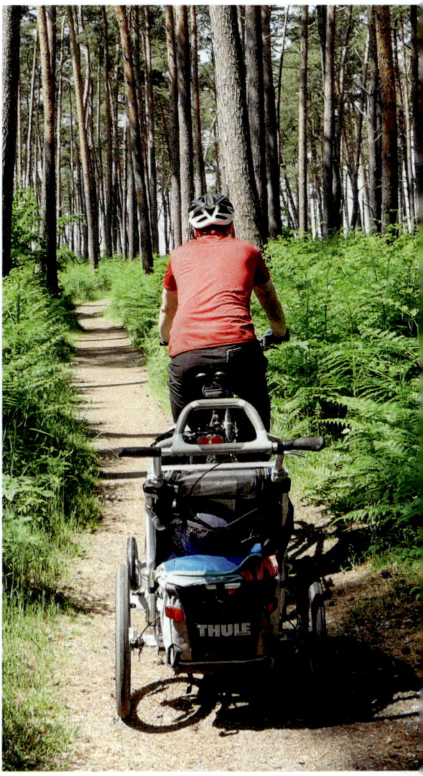

den schmalen Fahrweg links des sandigen Reitwegs und radeln in vielen Kurven zwischen den Bäumen hindurch, bis der Müllerweg auf einem **Fahrradparkplatz** ④ unter hohen, windzerzausten Kiefern endet. Hier sichern wir die Fahrräder und machen uns auf den Weg zum langen Sandstreifen des Weststrandes.

Später geht es dann auf dem vertrauten Weg zurück zum **Großen Stern** ②. Hier wählen wir dieses Mal den **Biberweg**, der schräg links in 4,3 Kilometern nach Born führt. Wieder kurven wir auf einem schön geschwungenen Waldweg mit Naturboden um die Bäume und das Radfahren macht richtig Spaß – zumindest solange wir keinen Gegenverkehr haben.

Wir queren mehrere Wegkreuzungen, radeln aber immer geradeaus, bis wir auf die Bäderstraße treffen, die wir überqueren müs-

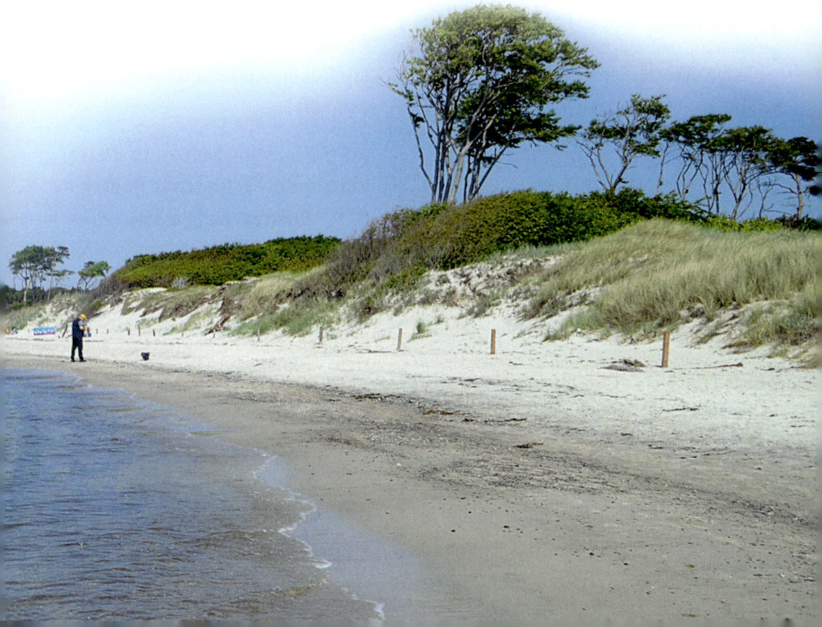

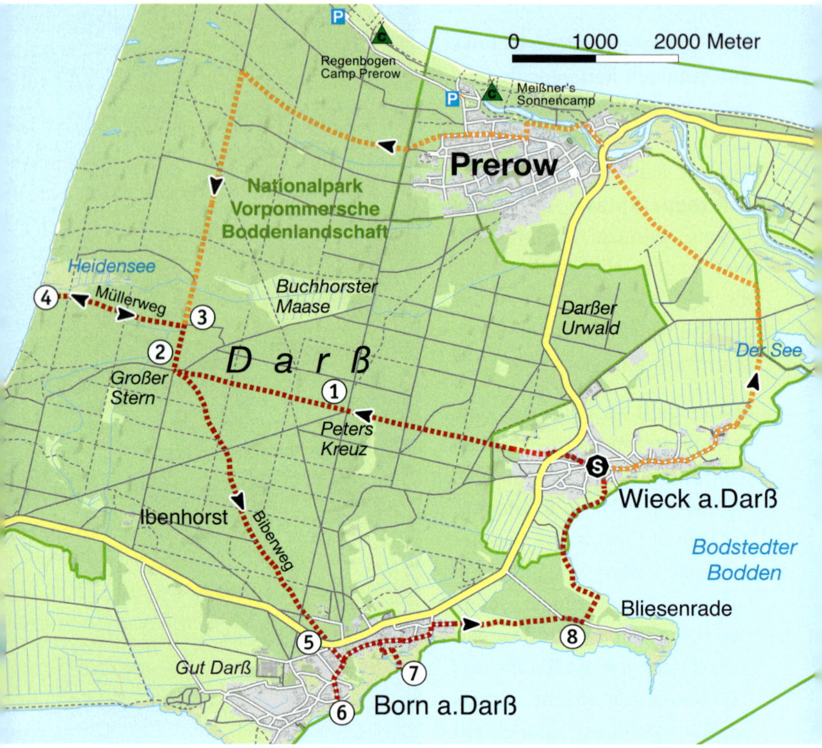

Große Runde über Prerow (31 km)

Auch in Prerow gibt es mehrere Fahrradverleihstationen. Wir beginnen die Tour im Ortszentrum und radeln die Waldstraße nach Westen. Vorbei am Darß-Museum und am Café Teeschale geht es immer geradeaus in den Wald und auf dem **Mittelweg** bis zum breiten Schotterweg (k-Gestell).

Fährt man hier geradeaus, kommt man zum zweiten von vier Zugängen zum Weststrand. Hier ist es meist voller als an den beiden anderen Plätzen. Es empfiehlt sich also, entweder den namenlosen mittleren Weg zu wählen oder bis zum **Müllerweg** weiterzuradeln, um an den Strand zu kommen.

Dann folgen wir der kurzen Runde bis Wieck. Am Parkplatz im Ortszentrum halten wir uns rechts und fahren über Müggenberg, Bauernreihe und Nordkaten aus dem Ort hinaus, um die östlichere Strecke nach Prerow zu erwischen. Sie führt durch eine Wiesenlandschaft zum **Hafen von Prerow**. Hier überqueren wir die Bäderstraße und radeln auf dem Damm am Prerowstrom entlang bis zur **Prerower Seebrücke**. Dort biegen wir links ab und stehen wieder im Ortszentrum.

sen, um nach Born zu kommen. **Stoppen Sie hier Ihre Kinder rechtzeitig ⑤.** Leider muss man hier die Straße in einer etwas unübersichtlichen Kurve überqueren und es braucht an dieser Stelle volle Aufmerksamkeit!

An der ersten Kreuzung weist ein Schild nach rechts in Richtung **Borner Hafen** ⑥. Hier hätten wir die Wahl zwischen dem Hafenbistro, einem Imbiss mit Tischen direkt am Bodden, und dem Gasthof Walfisch mit etwas edlerer Speisekarte und Tischen im gemütlichen Innenhof.

Mit oder ohne Abstecher zum Hafen radeln wir dann auf der Chausseestraße weiter. Kurz darauf biegt rechts ein Stichweg zu einem **Badeplatz am Bodden** ⑦ mit langem Holzsteg ab. Hier hat man einen tollen Blick über die Wasserfläche, die so völlig anders ist als die Ostsee.

Erlebnis-Bauernhof Gut Darß
Nach der Überquerung der Bäderstraße führt ein Abstecher nach rechts in die Straße »Am Wald« zum Gut Darß. Hier gibt es reichlich Trubel, aber auch einen schönen Spielplatz mit Luftkissentrampolin, Streichelzoo und einem besonders tollen Spielbereich für Kleinkinder. Essen kann man im Restaurant Gutsküche, außerdem stehen auch hofeigenes Softeis und ein Hofladen zur Wahl. Außerdem befinden sich hier der Darßer Kletterwald und ein Adventure-Golf-Parcours. In der Saison gibt es auch Hofführungen. So wird aus dem Abstecher leicht ein Halbtagesausflug.
Um wieder auf die Strecke der Fahrradtour zu stoßen, nehmen wir die Durchfahrt am Ende des Ziegengeheges und wenden uns danach nach links. Am Ende der Straße biegen wir rechts in die Chauseestraße ein.

Ein kurzes Stück weiter folgt noch ein zweiter Zugang zum Bodden. Auf der Chausseestraße fahren wir weiter bis zum **Ortsende**, wo der Radweg deutlich markiert rechts in den Bliesenrader Weg abbiegt. Jetzt geht es erst einmal durch den Wald. Dann endet unser Waldweg auf einem **Plattenweg** ⑧, dem wir ein kurzes Stück nach rechts folgen, bis der markierte Radweg nach links abbiegt.

Auf einem gepflegten Schotterweg geht es nun in einem langgezogenen Bogen hinter dem Schilfgras am Bodden entlang. Bei den **ersten Häusern von Wieck** verlassen wir den Uferweg und fahren dem Radwegsymbol folgend links in den Ort. So landen wir genau an unserem Parkplatz in der Ortsmitte. Wer bisher ohne Einkehr durchgehalten hat, wird vielleicht bei den teuren, aber sehr leckeren Torten im **Café Feinblau** direkt in der Darßer Arche schwach. Dort gibt es auch noch eine kleine Ausstellung zum Nationalpark. Besonders schön ist zum Abschluss auch ein Stopp am Wiecker Hafen. Hier liegt eine Badestelle mit kleinem Sandstrand, Spielplatz und SUP-Verleih.

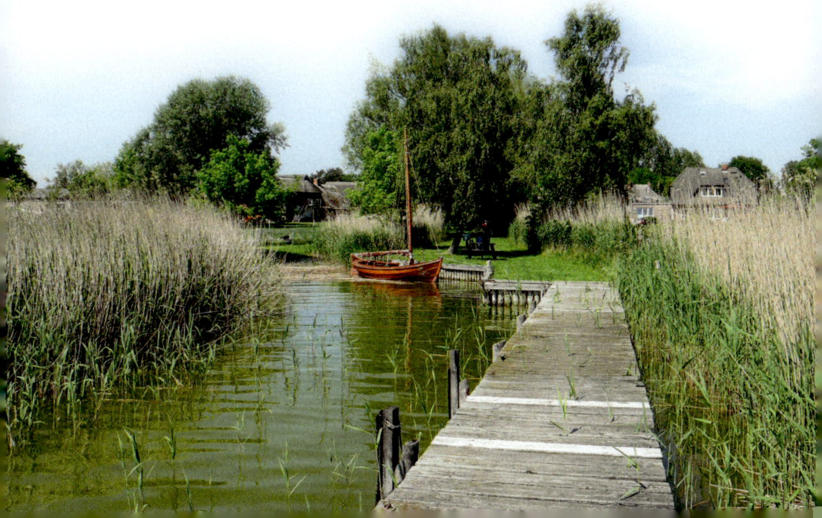

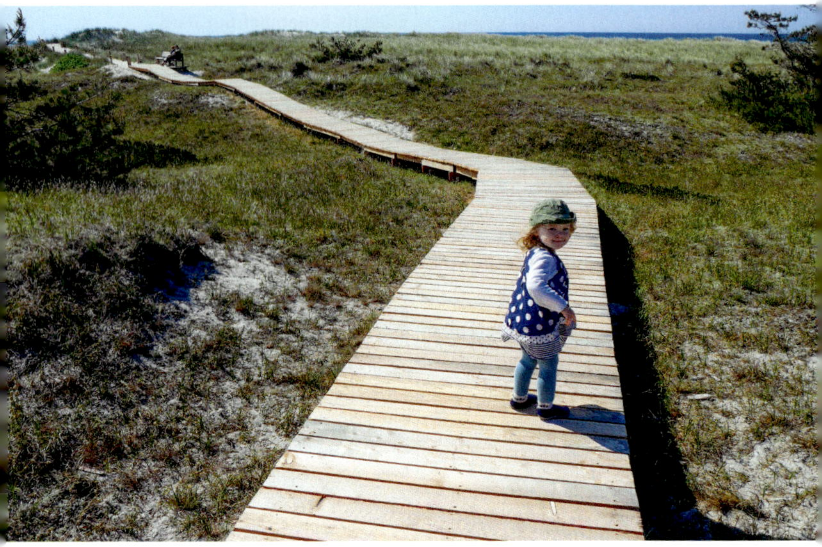

eben

STRECKE 4 km

1 h 15

ab 4

Tour 22: Leuchtturm, Strand und Dünen

Auf dem Naturerlebnisweg am Darßer Ort

Der Darßer Ort ist ein irgendwie magisches Gebiet. Wir wandern da, wo vor gar nicht allzu langer Zeit noch Meeresboden war. Unter unseren Füßen wechseln sich Sand und Holzbohlenwege ab. Um uns herum zwitschert und quakt es. Dann taucht ein wunderschöner alter Leuchtturm auf. Dessen Tage sind allerdings bereits gezählt. Bald wird er wohl ins Meer stürzen. Denn am Darßer Ort ist das Land immer im Wandel.

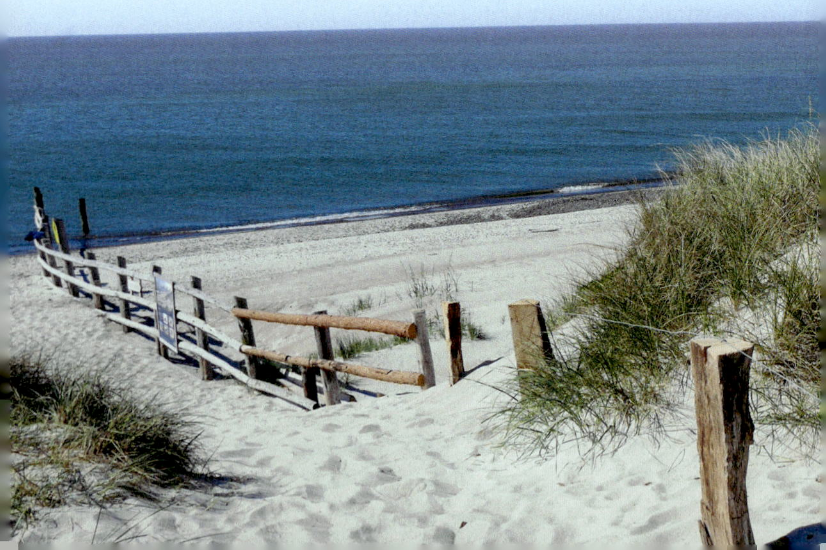

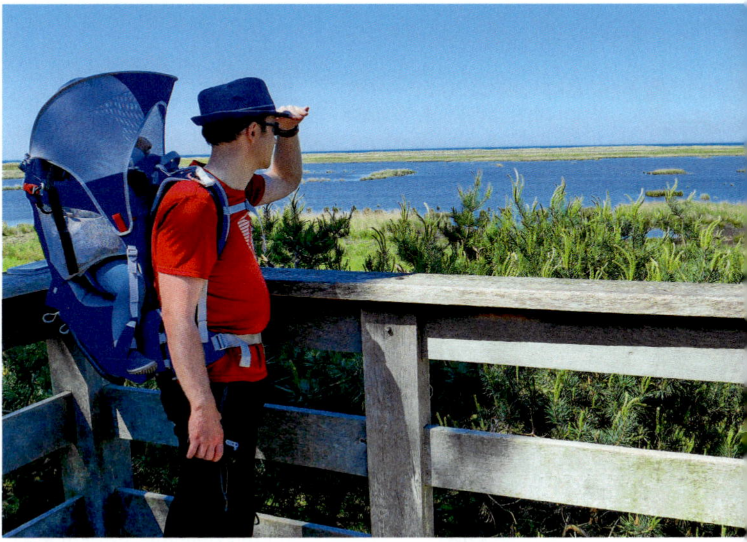

Wanderung: Der eigentliche Rundweg am Darßer Ort ist vier Kilometer lang und hat zwei Zugänge: einen am Leuchtturm, vor dem auch die Pferdekutschen halten, die zwischen Prerow und dem Natureum pendeln, und einen zweiten an der Endstation der Mini-Bahn im Darßwald. Alternativ kann man den knapp drei Kilometer langen Weg zum Beginn des Pfades von Prerow aus auch zu Fuß oder mit dem Fahrrad zurücklegen (siehe auch nächste Seite).

Kommen wir zu Fuß von Prerow oder von der Endstation der Minibahn, beginnt der Rundweg im hinteren Eck des **Fahrradparkplatzes am Nothafen**. Ein Sandweg führt zunächst durch eine leicht hügelige Dünenlandschaft. Später geht es auf einem **Bretterpfad** durch Schilfgras und eine feuchte Wiesenlandschaft.

TOUREN-STECKBRIEF

Anfahrt: Ein guter Ausgangspunkt für Autofahrer ist der Parkplatz bei **GPS N 54°27'06.5", E 12°33'14.8"** im Bernsteinweg in der Nähe des Campingplatzes. Von hier aus geht es nur noch zu Fuß, mit dem Fahrrad, mit der Minibahn oder per Kutsche weiter.

Kutsche: Die Kutschen starten von Mai bis Oktober im Stundentakt von 11 bis 15 Uhr am Bernsteinweg. Letzte Rückfahrt 17 Uhr, Ticket €7, Kinder €3. www.kutschfahrten-bergmann.de

Darßbahn: Erste Fahrt von Prerow 9.45 Uhr, letzte Rückfahrt etwa um 17.30. Das Tagesticket (HopOnHopOff) für die Bahn kostet €9, für Kinder €5, eine Einzelfahrt €5 bzw. €2,50. Einen aktuellen Fahrplan gibt es unter: darssbahn.de.

Anspruch und Charakter: Ausgesprochen reizvoller Rundweg durch den Küstenwald, weglos am Strand und auf Bohlenwegen durch Feuchtgebiete und Dünen.

Highlights: Beobachtungstürme, Bohlenpfad, im Museum auf die Aussichtsplattform des Leuchtturmes steigen.

Einkehr: Café im Museum (nur für Museumsbesucher zugänglich).

In der Nähe: Darßmuseum Prerow, Kletterwald Darß, Kanutouren auf dem Prerowstrom.

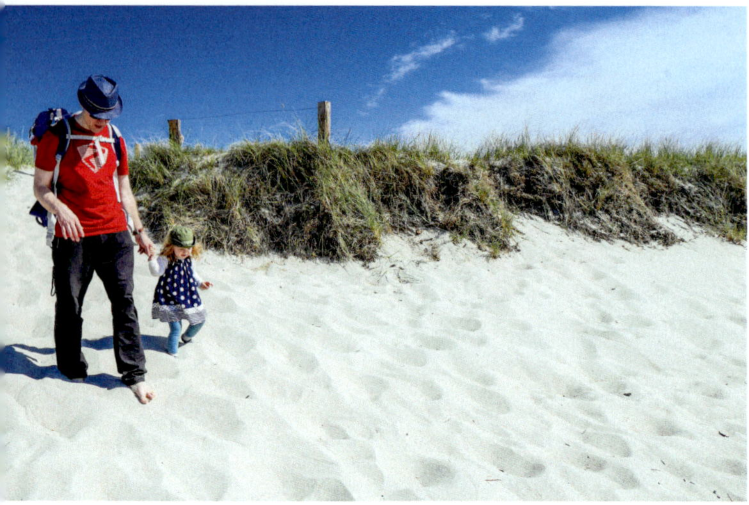

Das Natureum am Darßer Ort
Im Leuchtturmgehöft wartet das Natureum am Darßer Ort, das über Tiere der Darßlandschaft, den Darßwald bei Nacht und die Ostseeküste informiert. Es gibt dort ein Ostseeaquarium und im Keller lauern die nachtaktiven Bewohner des Darßwaldes – diese stehen allerdings in der Vitrine. Im Turm selbst, dessen Aussichtsplattform man über viele Stufen erreicht, befindet sich eine Ausstellung zur Geschichte des Leuchtturmes.
Geöffnet Mai bis Oktober 10–17 Uhr, Juni bis August bis 18 Uhr. Im Winterhalbjahr Mi bis So 11–16 Uhr. €5, Kinder 4 bis 16 Jahre €3. www.natureum-darss.de

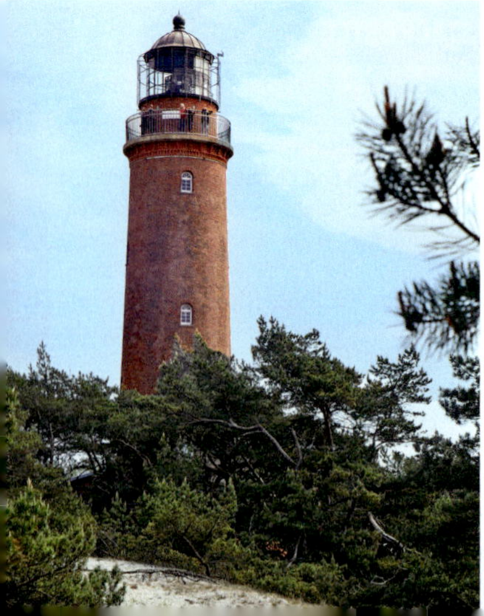

Von links mündet das **Ende des Rundwegs** ① ein, wir wandern weiter geradeaus.

Eine **erste Aussichtsplattform** ② ermöglicht den Blick über das Feuchtgebiet. In den flachen Seen staksen Reiher auf Futtersuche durch das Wasser. In dem Gebiet brüten auch Kraniche, und wer Glück hat, kann Seeadler erspähen – ein Fernglas tut auf jeden Fall gute Dienste.

Im Verlauf des Weges folgen noch zwei Aussichtstürme mit Sicht auf die Landspitze, einer davon mit Picknickplatz. Dann beginnt erneut ein Bretterpfad, der in sanften Kurven und stetem Auf und Ab durch eine malerische Dünenlandschaft auf das Meer zuhält. Über die letzte Düne kommen wir zum **Strand** ③.

Rechts blockiert ein Zaun den Zugang zum Schutzgebiet. Wir laufen links den Strand hinab bis zum weithin sichtbaren

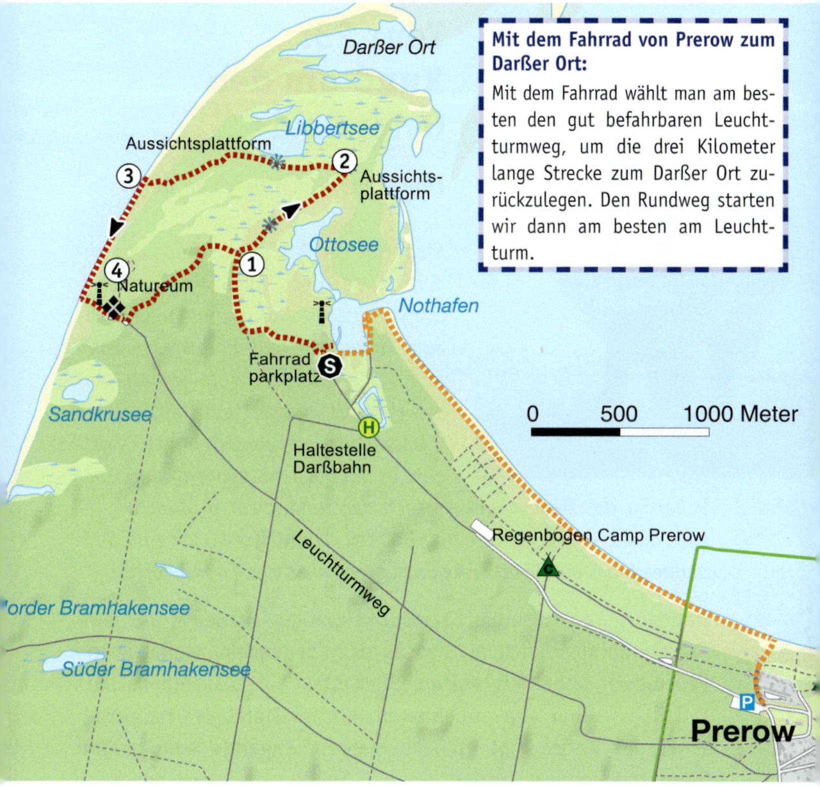

Mit dem Fahrrad von Prerow zum Darßer Ort:

Mit dem Fahrrad wählt man am besten den gut befahrbaren Leuchtturmweg, um die drei Kilometer lange Strecke zum Darßer Ort zurückzulegen. Den Rundweg starten wir dann am besten am Leuchtturm.

Leuchtturm ④. Dort stapfen wir durch tiefen Sand links hinauf zum Turm und zum Natureum, in dem es auch ein Café gibt, das aber nur für Museumsgäste zugänglich ist.

Am **Wendeplatz der Kutschen vor dem Museum** zeigt ein Wegweiser zur Fortsetzung des Rundwegs nach links. Kurz darauf geht es rechts herum in einen dichten Urwald. Ein Holzbohlenweg ermöglicht noch einmal einen kurzen Abstecher mitten hinein. Auf Sand geht es dann durch lichten Uferwald und weite Schilfwiesen. Hier hilft wieder ein Bretterpfad über den feuchten Boden und an der nächsten Kreuzung schließt sich der Rundweg. Rechts laufen wir zurück in Richtung Prerow und zur Bahnstation.

Der schönste Fußweg von Prerow zum Naturlehrpfad (3 km):

Der schönste Weg zum Beginn des Naturpfades führt immer am Nordstrand entlang – am besten mit den Füßen im Wasser. Startet man vom Parkplatz am Campingplatz Regenbogen, erreicht man nach zwei Kilometern Strandspaziergang den Sperrzaun des Naturschutzgebietes. Hier führt ein Bretterpfad über die Düne zum **Nothafen am Darßer Ort**.

Wir laufen links am Hafenbecken entlang und dann rechts über die Holzbrücke mit einigen Liegeplätzen für Ostseesegler. Am Ende des Steges geht es links, der Rundweg ist hier schon ausgeschildert. An der nächsten Kreuzung mündet unser Weg in den breiten Fahrweg, der links zur Haltestelle der Bahn führt und rechts nach wenigen Metern am Fahrradparkplatz endet.

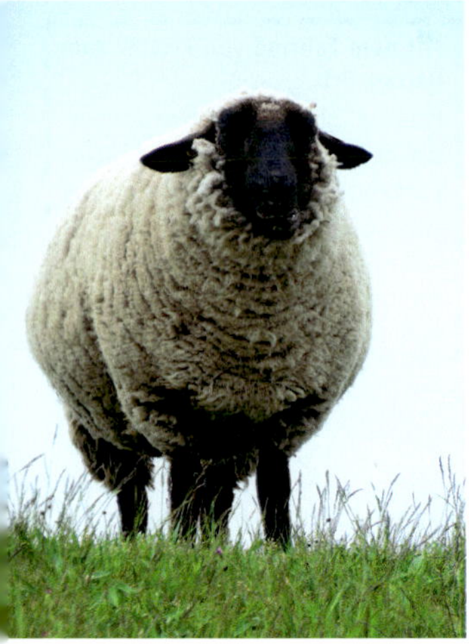

Tour 23: Rund um den Osterwald

Eine Radtour von Deich zu Deich

Nicht nur der Darßer Ort, auch das andere Ende der Halbinsel Fischland-Darß-Zingst ist Naturschutzgebiet. Bis zum Parkplatz Sundische Wiesen kann man noch mit dem Auto fahren. Auf den Pramort, die platte, windzerzauste Wiesenlandschaft im Osten von Zingst, geht es nur noch mit dem Fahrrad. Lieblicher ist das Bauernland westlich der Sundischen Wiesen. Wir radeln hier zwischen Ostsee und Bodden. Vom Ostseedeich zum Boddendeich erleben wir dabei ganz unterschiedliche Landschaften.

eben

STRECKE 16 km

2–3 h

ab 6

Radtour: Von unserem Startpunkt wählen wir eine der Auffahrten auf den Deich, auf dem es einen bequemen, asphaltierten Fahrradweg gibt. Mit weitem Blick über die Küstenlandschaft radeln wir über den unbebauten letzten Zipfel der Halbinsel. Links des Weges gibt es noch mehrere **Zugänge zum langen Sandstreifen von Zingst**, der mit Buhnen gesichert ist. Nach den ersten zwei Kilometern schwenkt unser Weg nach rechts und entfernt sich vom Ufer. Rechts unterhalb des Weges sehen wir eine Schutzhütte. Dieser Punkt nennt sich **Dreiländereck** ①. Hier führt auf dem Rückweg unsere Alternativroute aus dem Wald.

Wir folgen dem Hauptweg links herum und erreichen nach einer Rechtskurve den **Imbiss am Sundischen Schlösschen** ②, dessen Tische einladend im Grünen stehen. Es gibt auch einen Spielplatz, der vor allem für kleinere Kinder interessant ist. Ne-

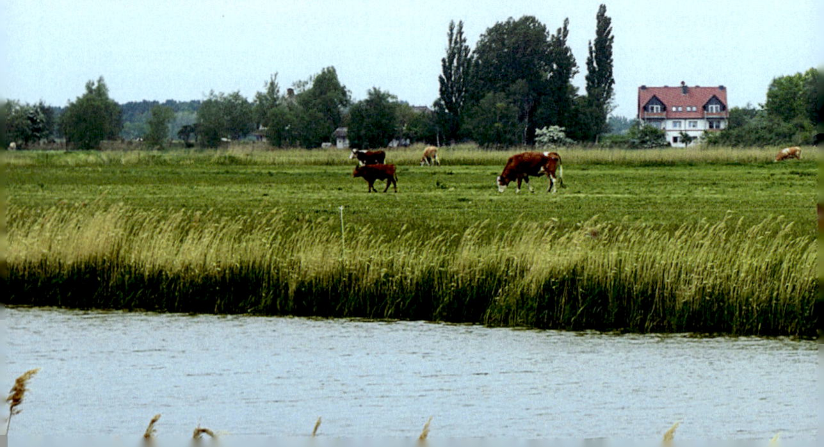

TOUREN-STECKBRIEF

Anfahrt: In Zingst den Wegweisern nach Müggenburg folgen und dort, wo die Straße vom Meer wegführt, in die Sackgasse Straminke einbiegen. Hier ist außerdem ein Campingplatz ausgeschildert. Die Straße endet an einem kostenpflichtigen Parkplatz. Mit Glück lässt sich auch eine der kostenlosen Parkbuchten weiter vorne ergattern bei **GPS N 54°26'27.5", E 12°43'57.3".**

Fahrradverleih: Vor den großen Reetdachhäusern der Ferienanlage Achtern Dieck führt eine schmale Straße zum Kiosk des Fahrradverleihs Juchatz. Fahrrad mit drei Gängen €6, Kinderrad ab €4, auch Trailer, Kindersitze und Fahrradanhänger, www.fahrradverleih-juchatz.de. Weitere Anbieter in Zingst.

Anspruch und Charakter: Radtour auf guten, ebenen Wegen. Nur auf dem löchrigen Plattenweg im Wald am Ende der Tour ist Vorsicht angesagt, vor allem mit Fahrradanhänger.

Highlights: Viele Strandzugänge am einsameren Teil des Sandstrandes von Zingst, Schafe auf dem Deich, Biergarten am Sundischen Schlösschen.

Einkehr: Sundisches Schlösschen.

In der Nähe: Experimentarium Zingst.

benan liegt der große, kostenpflichtige Wanderparkplatz Sundische Wiesen. Wer eigene Fahrräder dabei hat, kann die Rundtour auch hier starten.

Nach einer Pause im schönen Garten geht es auf der Asphaltstraße bis zur nächsten **Kreuzung** ③. Hier fahren wir links bis zum **Naturparkzentrum** mit Ausstellung. Links herum zweigt nun die Zufahrt auf den Pramort ab, die sich mit größeren Kindern ebenfalls lohnt (siehe Kasten auf der nächsten Seite). Für die kleinere Runde biegen wir am Naturparkzentrum rechts auf den **Plattenweg** ab, der immer am niedrigen Deich entlang durch die Uferwiesen führt. Diesem folgen wir jetzt acht Kilometer bis **Müggenburg**. Unterwegs passieren wir zwei Aussichtsplattformen und dazwischen einen schönen **Rastplatz mit Boddenblick** ④. Kurz hinter diesem liegt rechts des Weges ein weiterer Parkplatz. Überquert man hier die Straße und fährt geradeaus durch den Wald, trifft man am Dreiländereck wieder auf die Ostsee.

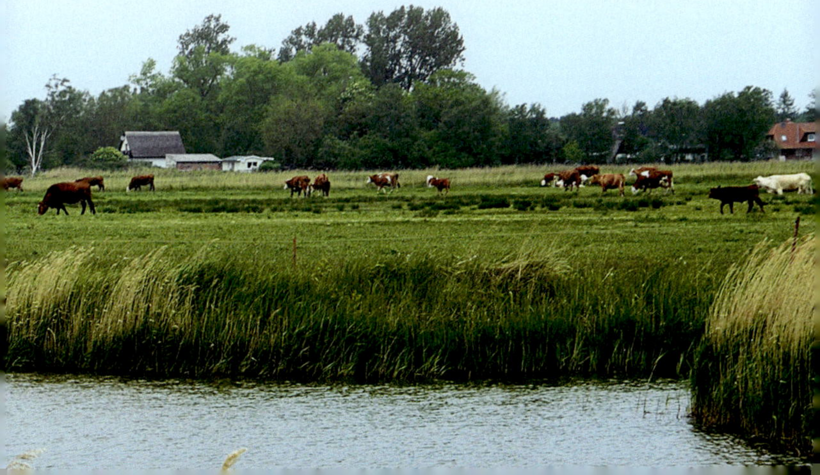

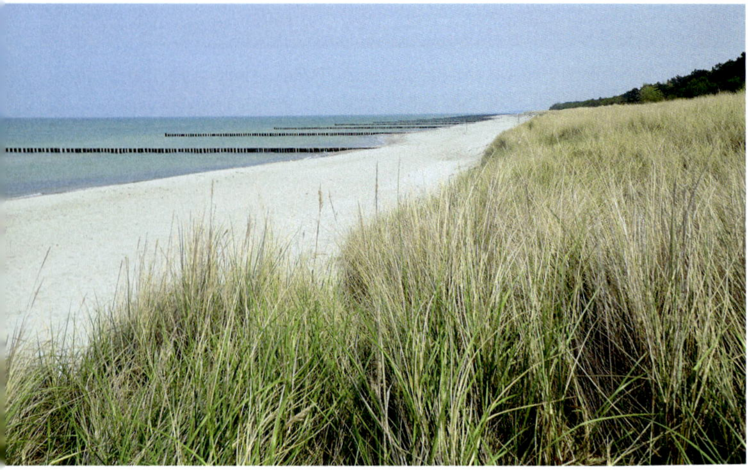

Abstecher zum Pramort ⑧

ab 8 Jahre, zusätzlich 17 km

Fährt man an der Naturparkinformation geradeaus weiter, kommt man nach 8,5 Kilometern an die Spitze der Halbinsel und zum Aussichtspunkt Pramort mit Blick über die zerklüftete Küstenlandschaft. Der Weg dorthin ist schnurgerade und durchgängig asphaltiert. Links der Trasse liegen mehrere Feuchtgebiete, in denen Frösche quaken, Schwäne nisten und Möwen kreischen. Mit Fernglas kann man hier gut Vögel beobachten. Auch die nistenden Schwalben in den Beobachtungshäuschen am Pramort sind ein Erlebnis. Trotzdem ist die Strecke für jüngere Kinder recht eintönig und bei Gegenwind ziehen sich die acht Kilometer wie Kaugummi. Mit einem Fahrradanhänger im Schlepptau ist die durchgehend asphaltierte Strecke dagegen die empfehlenswertere Route.

Schöner ist es, dem Weg am Deich weiter zu folgen. So passieren wir bald darauf den **zweiten Aussichtspunkt ⑤**. Dann tauchen am Horizont auch schon die ersten Häuser von Müggenburg auf. An der nächsten **Kreuzung ⑥** fahren wir rechts durch den winzigen Ort, biegen an der wenig befahrenen Durchgangsstraße links und gleich darauf wieder rechts ab und radeln an einem **Reitstall** vorbei. Der Weg ist mit Betonplatten ausgelegt und nicht ganz so angenehm zu fahren.

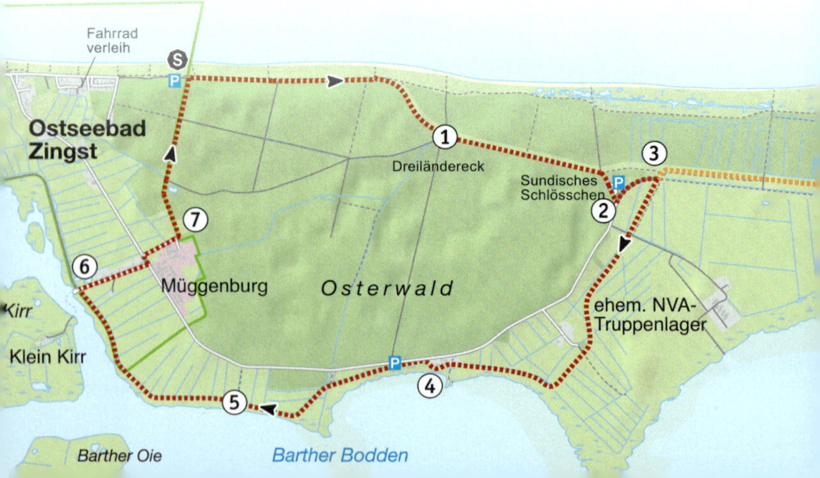

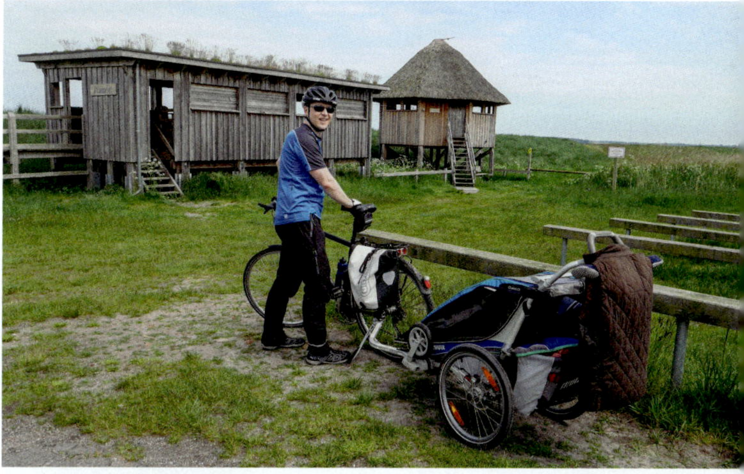

Vom Beobachtungsstand am Pramort blickt man über Wiesen zum Wasser hinüber.

Hinter den letzten Häusern geht es links in den Wald. Kurz nach der Kurve ist auch schon ein **Wegweiser zum Strand ⑦** zu sehen. Dieser Zielangabe folgen wir jetzt konsequent. Ein kurzes Stück des Weges im Wald ist es mit jüngeren Kindern sicherer zu schieben, weil der Zwischenraum zwischen den Wegplatten tief ist und unkonzentriertes Fahren leicht zu einem Sturz führen könnte. Auch mit einem Fahrradanhänger wird es hier etwas unangenehm. Dafür ist der Wald umso schöner! Nach knapp zwei Kilometern erreichen wir wieder den **Deich**, der am Nordstrand entlangführt. Wir biegen links ab und sind kurz darauf zurück an unserem Parkplatz.

Fußweg zur Hohen Düne ⑨
Kurz vor dem Wendekreis am Pramort zweigt ein Fußweg zur Hohen Düne ab. Der 1,3 Kilometer lange, etwas langweilige Weg führt zu einem schönen Picknickplatz, einem kurzen Holzbohlenweg und einem Aussichtsturm mit Blick aufs Meer. Der Abstieg zum Strand ist hier nicht erlaubt.

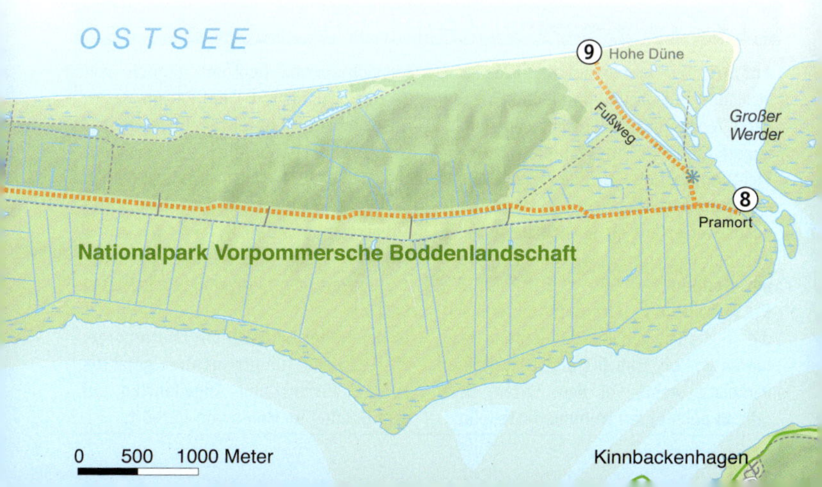

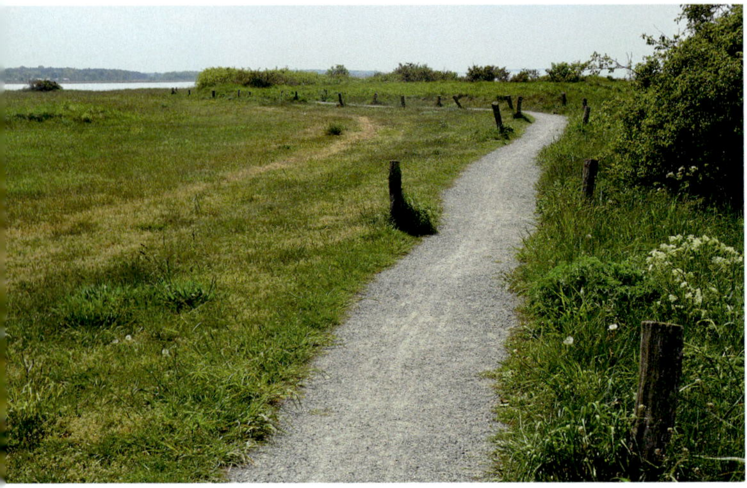

12 m

STRECKE 4,5 km

1 h 30

ab 4

Tour 24: Am Bodden von Barhöft

Im Reich der Kraniche und Wasservögel

Barhöft ist ein winziger Hafen am Bodden, aus dem auch das Lotsenboot ausläuft, das die großen Frachter zum Hafen von Stralsund begleitet. Von Barhöft können wir einen weiteren Blick in das Schutzgebiet am Pramort werfen – diesmal von der anderen Seite. Im Herbst sammeln sich hier allabendlich die Kraniche, im Sommer kann man einen schönen Spaziergang machen und mit dem Fernglas Vögel beobachten. Ein Fußweg führt am Bodden entlang zu zwei Aussichtsplattformen am Wasser und zu einem Aussichtsturm.

Wanderung: Wir beginnen unsere Wanderung am Boddenparkplatz und wählen Barhöft und den Aussichtsturm zum Ziel un-

TOUREN-STECKBRIEF

Anfahrt: Wir fahren auf der L213 von Stralsund in Richtung Norden und biegen dann rechts nach Klausdorf ab, durchqueren den Ort und fahren weiter in Richtung Barhöft. In einer Rechtskurve zwischen den Orten geht es dann geradeaus weiter auf einer schmalen Straße mit Schlaglöchern bis zum **Parkplatz am Bodden** bei **GPS N 54°26'09.6", E 13°00'05.8"**. Alternativ können wir die Tour auch von Barhöft laufen. Dazu fahren wir bis zum Ort und zum großen Parkplatz rechts vor dem Hafen. Dort gibt es auch einen Wohnmobilstellplatz.

Aussichtsturm: Geöffnet täglich von 8 – 20 Uhr, Eintritt €1 pro Person.

Anspruch und Charakter: Guter ebener Weg, laufrädchentauglich und auch mit geländegängigem Kinderwagen passierbar.

Highlights: Aussichtsplattformen im Schilf, Aussichtsturm in Barhöft.

Einkehr: Fischbrötchen und Einkaufsmöglichkeit in der Proviantkiste im Hafen Barhöft.

In der Nähe: Bootsverleih (Motorboote, die teilweise führerscheinfrei gefahren werden dürfen) und Angelfahrten auf dem Bodden im Hafen von Barhöft.

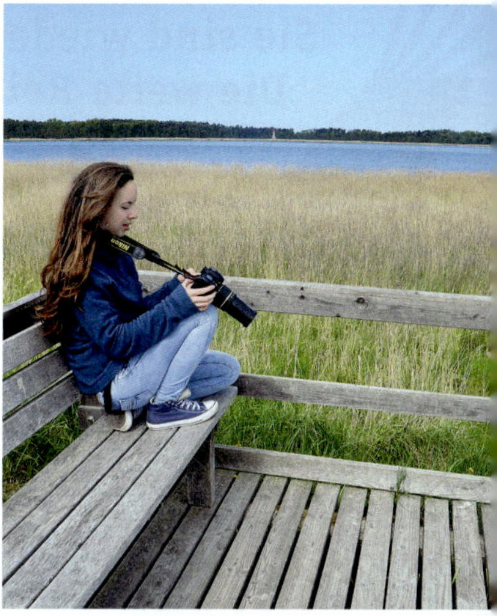

serer Wanderung. Vom Parkplatz führt ein kurzer Abstecher nach Westen über einen Stichweg zu einer Holzplattform mit Blick über die Wasserfläche. Diesen bewahren wir uns bis zum Ende der Wanderung auf und folgen jetzt erst einmal dem Weg nach Westen in Richtung Barhöft.

Er führt zuerst durch Wiesen und dann durch den Wald. Der Bodden ist links von uns meist nur zu erahnen, einen weiten Blick über das Wasser bekommen wir erst kurz vor Barhöft. Hier führt links ein Pfad zu einer **Plattform im Schilf** ① mit Blick bis zum Wasser.

Kranichfahrten von Barhöft
Eine besondere Attraktion sind die Fahrten zu den Schlafplätzen der Kraniche, die vom Bootsverleih Sprenger im September und Oktober angeboten werden. Tickets und Informationen sind in der Proviantkiste im Hafen erhältlich. Wer übernachten möchte, kann bei Familie Sprenger auch Zimmer oder eine Ferienwohnung buchen.
www.sprenger-barhoeft-maritim.de

Noch deutlich besser ist der Überblick vom Aussichtsturm, den wir hinter uns aus dem Wald ragen sehen. Um dorthin zu kommen, laufen wir noch ein Stück weiter in Richtung Ort. Rechts zweigt dann im spitzen Winkel ein breiter Weg ab, der zum **Turm** ② hinaufführt.

Anschließend lohnt es noch, bis zum **Hafen** ③ weiterzugehen. Hier laden einige Bänke zur Pause ein und für die Kids gibt es auf den letzten Metern vorm Ziel einen kleinen Spielplatz. In der Proviantkiste warten Eis und frische Fischbrötchen. Auf dem gleichen Weg geht es dann zurück zum Auto, wo ja noch der schöne Platz an der **zweiten Plattform** ④ auf uns wartet, an dem wir den Ausflug ausklingen lassen können.

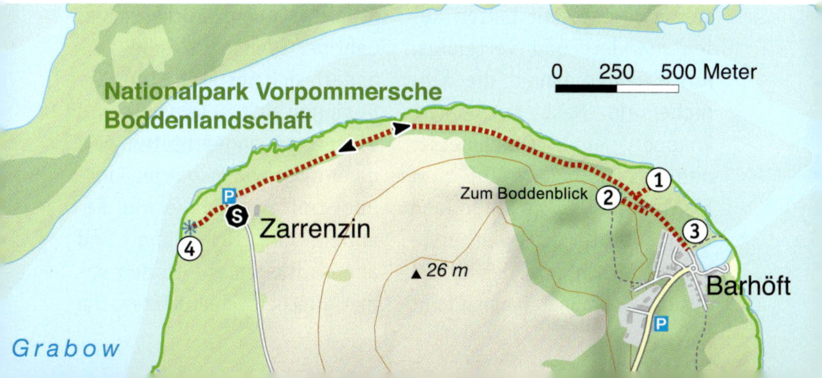

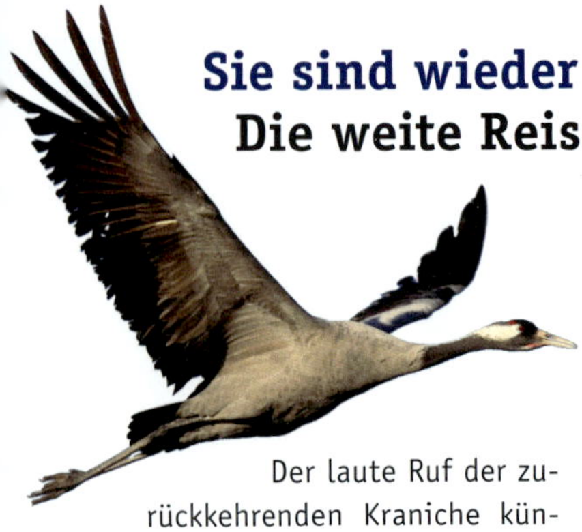

Sie sind wieder da!
Die weite Reise der Kraniche

Der laute Ruf der zurückkehrenden Kraniche kündigt in Mecklenburg-Vorpommern jedes Jahr etwa Anfang März den Frühling an. Auf den Feldern kann man dann ihre Balztänze beobachten, für welche die großen grauen Vögel genauso berühmt sind wie für ihre durchdringenden Schreie. Flügelschlagend springen die Tanzpartner in die Höhe, drehen Kreise und schmeißen Steinchen und Pflanzenteile durch die Luft. Hat ein Kranichpaar einmal zusammengefunden, bleibt es das meist ein Leben lang. Auch der Brutplatz vom Vorjahr wird gerne wieder aufgesucht. Kraniche bauen ihre Nester am Boden in knietiefem Wasser in sumpfigen Waldgebieten oder an den flachen, halb verlandeten Rändern von Seen. Ist ein Brutrevier von einem Paar besetzt, wird es mit lauten Rufen markiert und verteidigt. Aus Zweigen bauen die Kraniche ein Nest mit einem knappen Meter Durchmesser und das Weibchen legt zwei Eier hinein. Dreißig lange Tage wird gebrütet, bis der erste Jungvogel schlüpft. Das Knäuel aus orangebraunen Daunen folgt nach wenigen Stunden auf wackeligen Füßen der Mutter, die es mit Insekten und Würmern füttert. Schwimmen können Kranichkinder sofort, denn wo die Mutter elegant durch das Wasser stakst, kommen die kurzen Babybeine längst nicht auf den Grund.

Schnell reicht die Nahrung in Nestnähe nicht mehr aus und die Familie begibt sich tagsüber auf Wanderung. Dabei bleiben die Kleinen immer unmittelbar in der Nähe ihrer Eltern, denn noch sind sie völlig wehrlos. Räuber wie Habicht und Fuchs, die ordentlich Respekt vor den spitzen Schnäbeln und Krallen der erwachsenen Vögel haben, könnten einen unbewachten Augenblick leicht nutzen. Die jungen Vögel wachsen schnell heran: Die Beine werden länger, aus dem roten Babyflaum werden richtige Federn und mit zehn Wochen können die jungen Kraniche fliegen.

Während der Brutzeit leben Kranichfamilien zurückgezogen. Geht der Sommer zu Ende, verändert sich ihr Verhalten. Sie beginnen sich zu sammeln und die ersten abgeernteten Felder wirken wie Magnete: Tagsüber treffen sich hier die Familien der Umgebung und abends fliegen alle zu den immer gleichen Schlafplätzen. Um

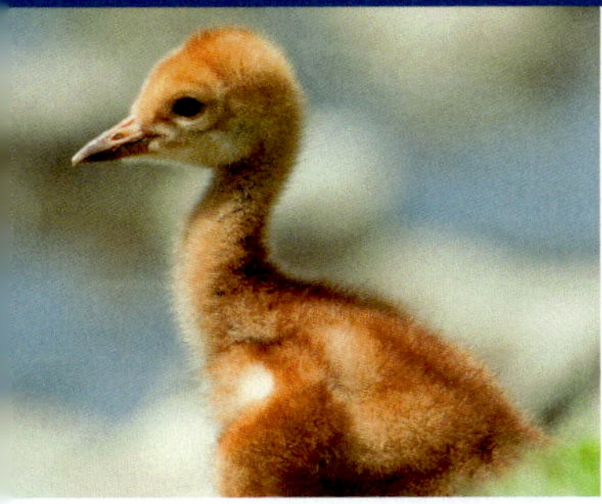

vor Räubern sicher zu sein, schlafen Kraniche stehend im Wasser. Einer der größten Kranich-Rast- und Sammelplätze liegt im Nationalpark Vorpommersche Boddenlandschaft zwischen Barth, Zingst und der Insel Rügen. Im Herbst sammeln sich in der sogenannten Rügen-Bock-Region ungefähr 70.000 Kraniche zum Weiterflug nach Spanien, Südfrankreich oder Nordafrika. Sie verbringen dabei mehrere Wochen an der Ostsee oder auch im Gebiet rund um die Müritz.

Mit lautem Trompeten landen die Vögel hier Abend für Abend im seichten Wasser. Die ersten Gruppen kommen zur Dämmerung, die letzten, wenn es längst dunkel ist. Wird es morgens hell, beginnt das Geschrei von neuem und Gruppe nach Gruppe hebt ab zum Flug zu den Feldern. Bis Mitte Oktober, wenn die ersten Rückkehrer aus Skandinavien kommen, werden es täglich mehr. Spätestens beim ersten Frost machen sich die Vögel auf den Weg. Ihr Ziel ist Südfrankreich, Spanien oder Nordafrika. Das wichtigste Winterquartier mit über 50.000 überwinternden Kranichen ist die spanische Extremadura.

Das Kranich-Informationszentrum in Groß-Mohrdorf

Im Informationszentrum gibt es eine kleine Ausstellung über den Kranich. Von August bis Oktober werden hier begleitete Touren zu den Beobachtungsplätzen organisiert.
Das Infozentrum ist von März bis Oktober täglich von 10–16 Uhr, in der Kranichsaison im September und Oktober von 9.30–17.30 Uhr geöffnet. www.kraniche.de

Die Beobachtungsplattform Kranorama

Ende 2015 wurde die Beobachtungsplattform Kranorama am Günzer See eröffnet. Hier gibt es ausreichend Platz für viele Besucher und es sind Ranger anwesend, die mit Informationen weiterhelfen. Zur leichteren Beobachtung werden auch Bilder live von den Feldern, auf denen die Kraniche zusätzlich gefüttert werden, um die Landwirte der Region zu entlasten, auf eine Leinwand übertragen. Vom Parkplatz bei **GPS N 54°21'54.9", E 12°54'31.7"** an der Landstraße 213 zwischen Günz und Buschenhagen läuft man 350 Meter bis zum Beobachtungshaus.
Im Frühjahr und Herbst geöffnet von 9.30 bis 17.30 Uhr, Eintritt frei. Aktuelle Öffnungszeiten unter www.kraniche.de oder www.facebook.com/kranichschutz.

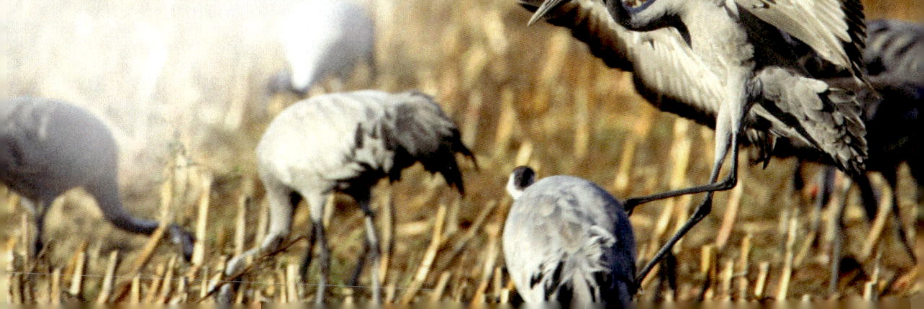

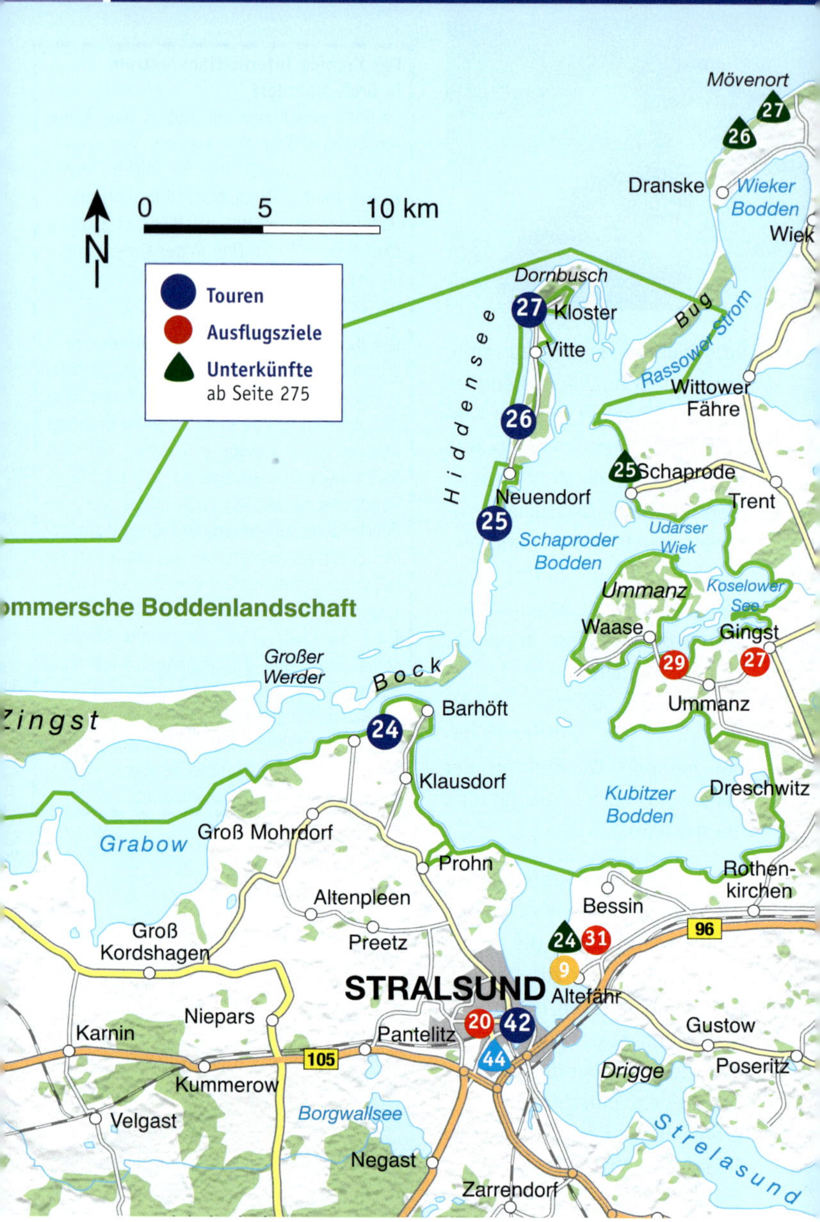

Rügen ist die größte deutsche Ostseeinsel und ihr touristisches Zentrum liegt im Südosten, wo sich die Seebäder Binz, Sellin, Baabe und Göhren an der sandigen Ostseeküste reihen. Sie werden im Sommer zu einem einzigen Badeparadies. Die Bahntrasse des Rasenden Rolands verbindet alle vier Bäder mit der weißen Stadt Putbus und ihrem Hafen Lauterbach, der am Bodden liegt. Nördlich des langen Sandstreifens, der sich von Binz nach Prora zieht, ragt das Wahrzeichen der Insel aus dem Ostseewasser: die Kreideklip-

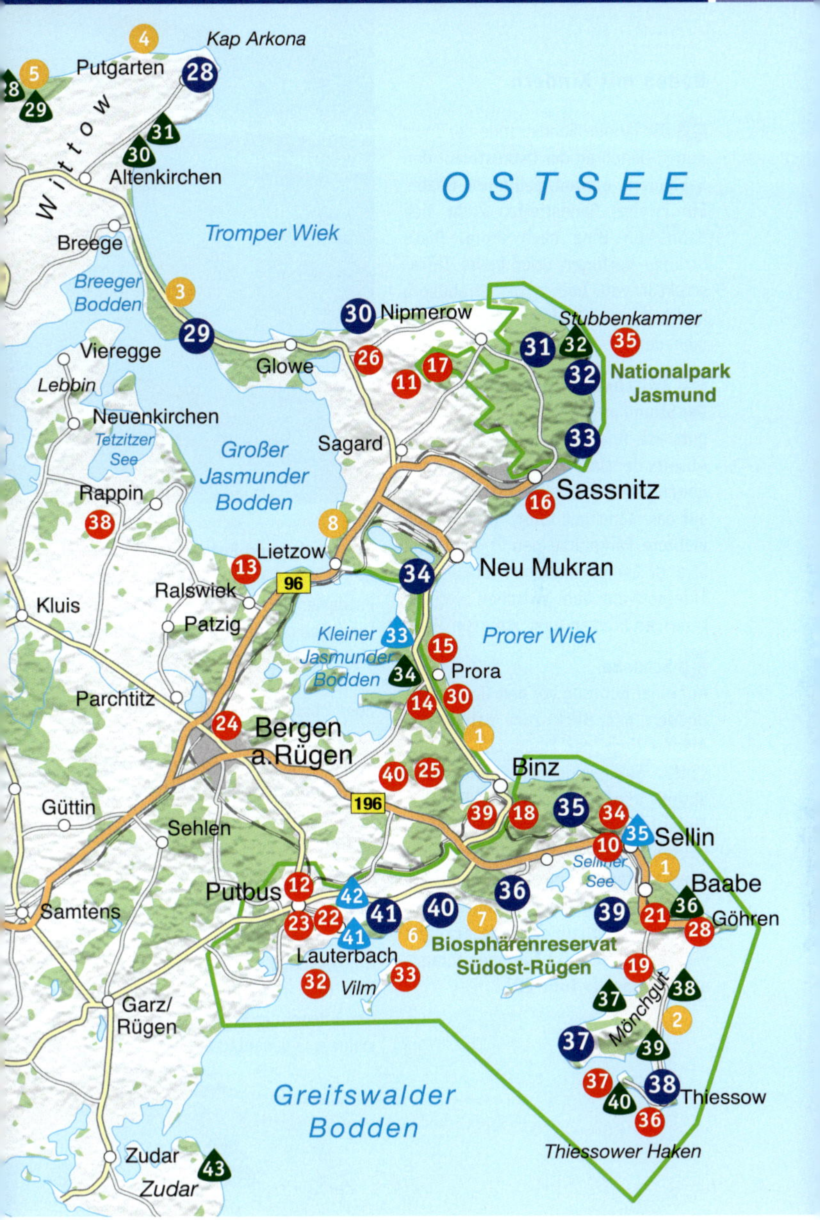

pen. Auf der Landseite der Klippen kann man in den Buchenwäldern des Nationalparkes Jasmund besonders schön wandern. Oberhalb der Steilküste gibt es auf einer schmalen Nehrung einen weiteren langen Sandstrand, an dessen südlichem Ende sind in Glowe besonders viele neue Ferienhäuser entstanden. An der Westküste ist Schaprode als Basis zum Besuch der autofreien Insel Hiddensee ein beliebtes Ziel. Der Rest der Insel ist ruhiger und man kann dort noch manches stille, idyllische Plätzchen finden.

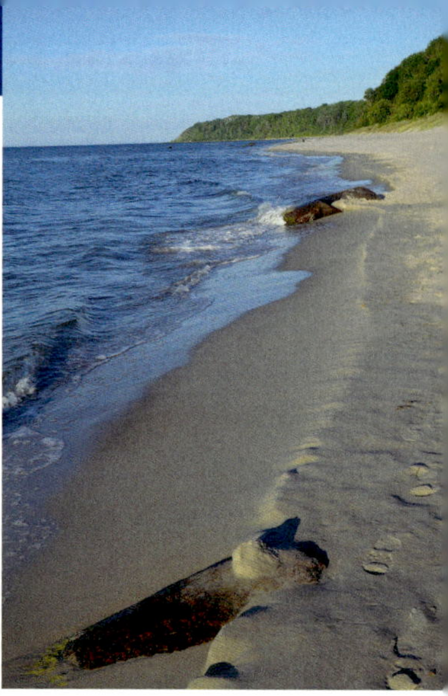

Baden mit Kindern

1 Die langen Sandstrände der Insel Rügen liegen an der Ostküste vor den Seebädern Göhren, Sellin und Baabe. Ein zweiter Sandstreifen zieht sich dann von Binz nach Prora. Diese Strände verfügen über beste Infrastruktur von Imbiss bis Strandkorb und iegen meist hinter einer Seepromenade.

2 Zwischen Lobbe und Thiessow
Der Strand an der Ostseite des Mönchguts ist feinsandig und unverbaut. Abseits der Orte ist textilfreies Baden üblich. An der Straße, die von Lobbe auf das Mönchgut führt, ermöglichen mehrere Parkplätze den Zugang zum Strand. Camper haben in Lobbe und Thiessow die Wahl zwischen zwei attraktiven Plätzen ganz nahe am Meer.

3 Schaabe
Auf einer Nehrung vor dem Jasmunder Bodden mit Blick zum nahen Kap Arkona liegt der traumhaft schöne, sanft geschwungener Sandstrand. Strandkörbe gibt es nur am südlichsten Zipfel bei Glowe. Im komplett unverbauten Küstenwald hinter dem Sandstreifen liegen fünf markierte, kostenpflichtige Parkplätze mit Strandzugang. Außerhalb der Badesaison ist hier der perfekte Ort für einen Strandspaziergang. **[› Tour 29]**

4 Nordstrand Putgarten
GPS N 54°40′52.9″, E 13°23′42.2″
Putgarten gehört zu den meistbesuchten Orten auf Rügen. Dort ist der einzige Zugang zum Kap Arkona, der Landspitze mit den Leuchttürmen am nördlichsten Inselzipfel. Weniger bekannt ist der herrliche Strand, der sich an der Nordseite vor der Steilküste entlangzieht. Eine lange Holztreppe führt vom Parkplatz hinunter. **[› Tour 28]**

5 Nonnevitz
Abseits der beliebtesten Badeorte liegt der Sandstrand von Nonnevitz an der Nordwestküste. Dahinter befinden sich fast in Alleinlage im Uferwald ein Ableger der Regenbogencamps und mehrere Ferienanlagen.

2

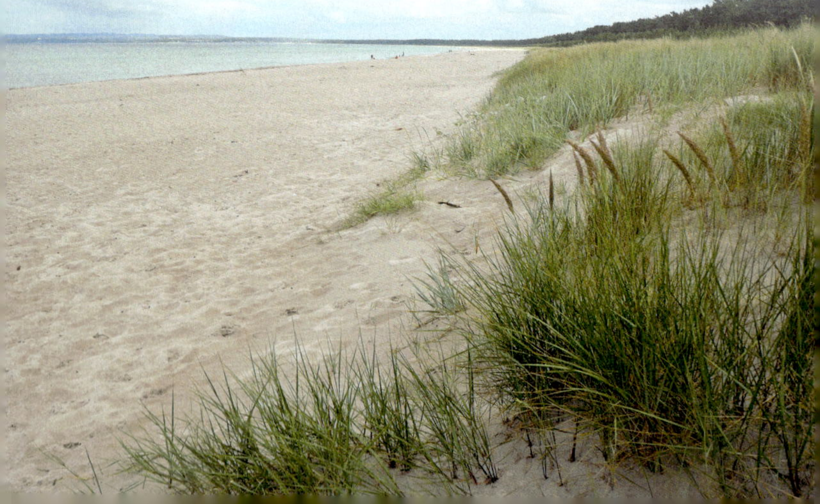

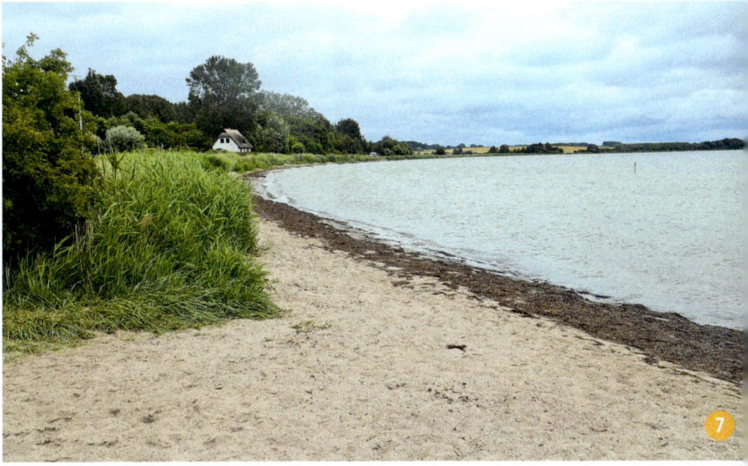

Weitere Badeplätze, die wegen ihrem sanft ins Wasser abfallenden Ufer gerade für kleinere Kinder gut geeignet sind, gibt es am Bodden. Die meisten Campingplätze in Boddenlage haben eine eigene kleine Badebucht. Boddenstrände wirken meist eher wie ein Seeufer als wie ein Platz am Meer. Öffentlich zugängliche Badestellen gibt es zum Beispiel am Rügischen Bodden oder am Jasmunder Bodden bei:

6 Wreechen
GPS N 54°19'52.6", E 13°28'0.0"
Eine Stichstraße führt zum Ort Wreechen und direkt vor der Brücke zum Ort geht es links zu einer schönen Badestelle am Bodden.

7 Groß Stresow
Vor dem schönen Dorf Groß Stresow zieht sich ein langer schmaler Sandstreifen am Bodden entlang. Es gibt hier außerdem einen Imbiss mit Sitzplätzen direkt am Wasser. Der Parkplatz im Ort liegt am Badeplatz bei GPS N 54°21'10.9", E 13°34'25.8".

8 Lietzow
GPS N 54°28'50.1", E 13°30'21.0"
Ein größeres Strandbad ist bei Lietzow am Jasmunder Bodden unterhalb der viel befahrenen Boddenstraße zu finden.

9 Altefähr
Der breite Sandstrand von Altefähr liegt direkt neben der Marina und ist nicht ganz natürlichen Ursprunges. Auf der großen Liegewiese stehen etliche Spielgeräte. Der Blick fällt über den Strelasund auf die »Skyline« der Stralsunder Altstadt und am Ortsrand gibt es einen Campingplatz. Nicht unbedingt »Natur pur«, aber doch ein netter Platz am Wasser.

Badenvergnügen indoor

10 Ahoi Bade- und Erlebniswelt Rügen
GPS N 54°22'19.5", E 13°41'44.2"
Strömungskanal, Massagedüsen und ein warmes Außenbecken machen die Therme in Sellin zu einem guten Regenwetterziel. Der Eintritt in die Saunalandschaft mit Kamin- und Leuchtturmsauna, Dampf- und Kreidebad kann zugebucht werden.
Geöffnet täglich 10–22 Uhr. Eintritt 3h €15, Kinder 3 bis 14 Jahre €11, Familie €45, Sauna zuzüglich €5 pro Person. www.ahoi-ruegen.com

11 Erlebniswelt Splash Sagard
GPS N 54°33'03.4", E 13°34'01.2"
Badelandschaft mit separatem 34°C warmem Kinderbecken, Wasserrutsche und Indoorspielplatz mit Trampolinen, Kletterturm und Rutsche.
Geöffnet täglich von 8–22 Uhr, 4 Stunden Badezeit für Erwachsene €13, Kinder 1 bis 15 Jahre €9, Tageskarte für Familien 2+1 €42. splash-ruegen.de

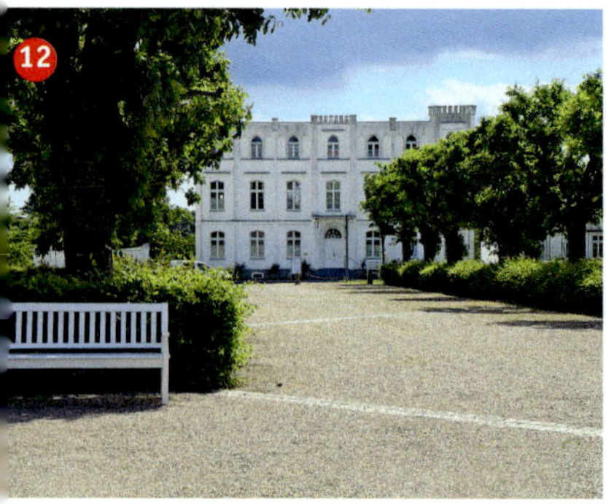

Kultur, Natur und Museen

12 Putbus

Schon die ersten Häuser des Ortes fallen auf: Alles ist weiß, verziert mit Erkern und Säulen und unerwartet prunkvoll. Im Zentrum liegt ein eindrucksvoller Platz, ebenfalls umringt von weißen Villen, und kurz darauf folgt ein Rondell mit einer hohen Steinsäule im Zentrum. Die merkwürdige Ansiedlung ist schnell durchschritten, denn Putbus ist keine große Stadt. Etwas länger beschäftigt uns dafür der Schlosspark mit Wildgehege.

Gegründet und erbaut wurde die Residenzstadt im Jahr 1810 von Fürst Wilhelm Malte I. zu Putbus. Als Gouverneur des schwedischen Königs und später als preußischer Generalgouverneur förderte er in seinem Heimatort und auf der ganzen Insel Rügen den wirtschaftlichen und kulturellen Aufschwung. Durch rege Bautätigkeit hinterließ er viele Spuren.

13 Störtebeker-Festspiele

Auf einer Freilichtbühne am Bodden in Ralswieck zeigt man gut zwei Monate lang jeden Abend die Geschichte des Piraten Klaus Störtebeker, der erst Helfer und dann übelster Feind der Kaufleute der mittelalterlichen Hanse war. Die Legende behauptet, dass der meistgesuchte Pirat des Mittelalters bei seiner Hinrichtung noch einen guten Teil seiner Männer rettete, indem er einen Handel schloss: Alle Männer, an denen er nach seiner Hinrichtung noch ohne Kopf vorbeilaufen konnte, sollten frei sein. Ausreichend schauriger Stoff also für ein großes Theaterspektakel mit 150 Schauspielern, 30 Pferden und vier historischen Schiffen vor der eindrucksvollen Kulisse des Ralswieker Schlosses. Im Vorprogramm des Theaterstückes präsentiert der Falkner Volker Walter seine Greifvögel im freien Flug und zum Abschluss gibt es allabendlich ein Feuerwerk.
Spielzeit Ende Juni bis Anfang September. Die Karten kosten zwischen €12 und 38 und können ganzjährig über die Seite www.stoertebeker.de oder vor Ort im Büro in Ralswiek gekauft werden.

14 Naturerbezentrum und Baumwipfelpfad

GPS N 54°26'03.6", E 13°33'30.3"
In vier bis 17 Metern Höhe gewährt der Baumwipfelpfad im Naturerbezentrum einen wahrlich ungewöhnlichen Blick auf den alten Buchenwald des ehemaligen Truppenübungsplatzes bei Prora. Beeindruckendes Zentrum der Anlage ist der Adlerhorst – ein 36 Meter hoher Aussichtsturm, den wir über viele Wegspiralen ersteigen können. Von hier oben reicht der Blick wie aus dem gleichnamigen Vogelnest über den Wald, über Bodden und Meer bis zum Kirchturm von Stralsund. Mit einem bisschen Glück können wir auch einen der echten Seeadler erspähen, die in den umliegenden Wäldern leben.
Am Bretterpfad warten außerdem phantasievolle Infostationen, die vor allem Kindern sehr plastisch Wissen über die umliegende Natur vermitteln. Ein Fernglas simuliert den Fern-

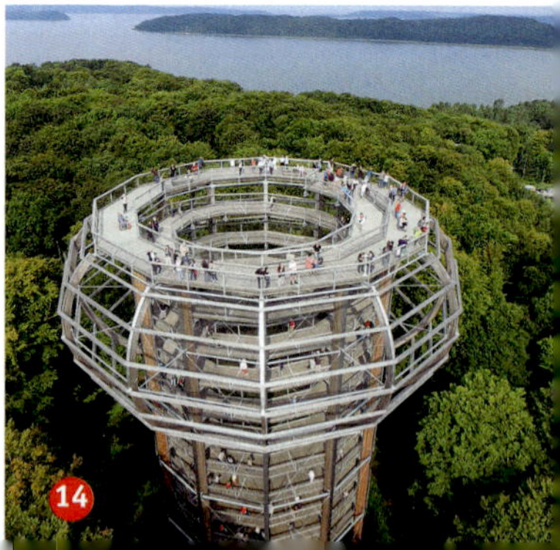

blick eines Adlers. Mit einer Kurbel können die jungen Besucher Wasser in die Baumwipfel pumpen und am eigenen Leib spüren, wieviel Energie ein Baum aufbringen muss, um seine Blätter mit Nahrung zu versorgen.

Eine zusätzliche Dauerausstellung mit 17 Forscherstationen zu den Lebensräumen Wald, Offenland und Feuchtgebiete vermittelt spielerisch Wissen über die Region. Im Feuersteinraum kann man selbst versuchen, Funken zu schlagen, an anderen Stationen Tiere in ihrem Bau beobachten.

Geöffnet Mai bis September 9.30 – 19 Uhr, April und Oktober bis 18 Uhr, November bis März bis 16 Uhr. € 12, Kinder 6 bis 14 Jahre € 9. www.baumwipfelpfade.de/nezr

15 Prora – Der Koloss von Rügen

Die 4,5 Kilometer lange Häuserfront des Seebades Prora, in der 20.000 Menschen ihren Urlaub verbringen sollten, wurde zwischen 1936 und 1939 erbaut. Sie war die erste von fünf geplanten Ferienanlagen, die der Bevölkerung im nationalsozialistischen Deutschland »Kraft durch Freude« bringen sollten. Alle Zimmer der Anlage hatten Meerblick. Mit Kriegsbeginn 1939 wurden die Bauarbeiten kurz vor der Vollendung abgebrochen und die Arbeitskräfte zu kriegswichtigen Bauten abgezogen. In Prora, dem einzigen der geplanten fünf KDF-Bäder, das tatsächlich gebaut wurde, haben damals nie Sommergäste gewohnt. 1940 wurden hier zwei Polizeibataillone einquartiert, 1944 ein Lazarett eingerichtet und bei Kriegsende war die Anlage ein Flüchtlingslager. Nach der sowjetischen Armee zog dann die NVA in das Gebäude am Meer und 1990 wurde es an die Bundeswehr übergeben.

Heute sind die nahe bei Binz liegenden Blöcke 1 – 4 an private Investoren verkauft. Teilweise können Gäste die sanierten und hipp eingerichteten Quartiere schon als Ferienwohnungen mieten. Block 5 gehört dem Landkreis Rügen, der hier 2011 eine Jugendherberge eröffnete. So bevölkern mehr als 70 Jahre nach der Fertigstellung der Gebäude tatsächlich zum ersten Mal Urlauber die kolossale Anlage und den langen Sandstrand.

Im Block 3 können wir uns im Dokumentationszentrum Prora detaillierter über die Geschichte des KdF-Bades und seine wichtige Rolle in der nationalsozialistischen Propaganda informieren.

Geöffnet März, April, September, Oktober täglich von 10 – 18 Uhr, Mai bis August täglich von 9.30 – 19 Uhr, im Winter von 10 – 16 Uhr. www.proradok.de

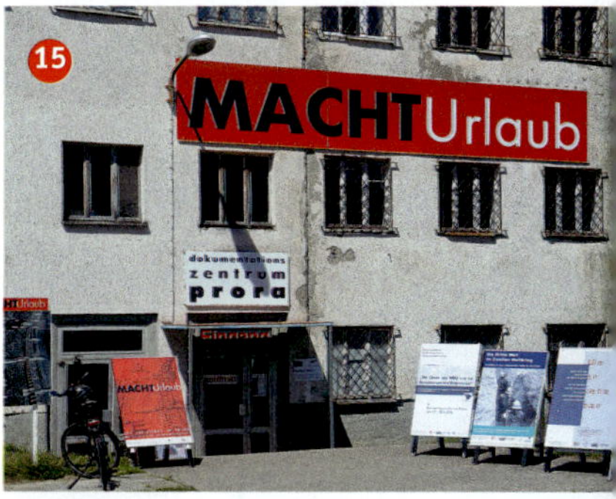

16 U-Boot-Museum Sassnitz

Die H.M.S. Otus, die im Hafen von Sassnitz vor Anker liegt, wurde 1963 in Großbritannien gebaut und ist ein Boot der sogenannten Oberon-Klasse. Die hatte den Ruf, besonders leise zu sein und gilt als beste U-Boot-Klasse ihrer Zeit. Die Otus war 28 Jahre bei der Royal Navy im Einsatz und wurde 1991 außer Betrieb genommen. Das Boot ist etwas kleiner als die sowjetische Juliett, die in Peenemünde auf Usedom als Museumsboot dient, aber ansonsten von Antrieb, Zeitraum des Einsatzes und den technischen Grunddaten vergleichbar. Alle U-Boote mit Diesel-Elektromotoren wurden spätestens um die Jahrtausendwende außer Betrieb gestellt und durch Atom-U-Boote abgelöst.

Geöffnet Mai bis Oktober 10 – 18 Uhr, Juli und August bis 19 Uhr, November bis April 10 – 16 Uhr, € 8, Kinder 4 bis 13 Jahre € 4,50, Jugend 14 bis 17 Jahre € 6, Familie € 18. hms-otus.com

17 Kreidemuseum Rügen

GPS N 54°33‘15.8“, E 13°34‘35.7“

Ebenfalls ein interessantes Ziel ist das Kreidemuseum in der restaurierten ehemaligen Werkhalle des Kreidewerks Gummanz. Hier wurde bis 1962 Kreide abgebaut. Jetzt gibt es eine Ausstellung zum Kreideabbau und einen Kreide- und Naturlehrpfad zum stillgelegten Kreidebruch. Das Museum befindet sich in Gummanz neben einer noblen Hotelanlage mit vielen Sternen und dem Thermalbad Splash. Vom Parkplatz läuft man 400 Meter zum Eingang.

Gummanz 3a. Geöffnet 10–18 Uhr, im Winter Di bis So bis 16 Uhr, €5, Kinder 7 bis 16 Jahre €2,50. www.kreidemuseum.de

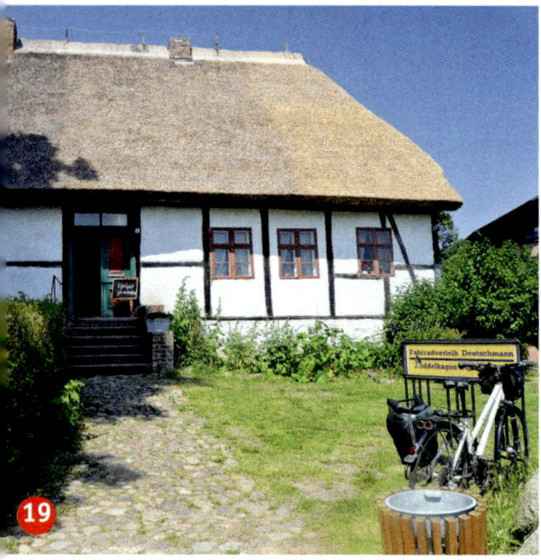

19

18 Jagdschloss Granitz

GPS N 54°22‘53.2“, E 13°37‘42.82

Das Jagdschloss Granitz wurde von 1837 bis 1846 im Auftrag des Fürsten Wilhelm Malte I., der auch schon die Residenzstadt Putbus erbauen ließ, auf dem gut 100 Meter hohen Tempelberg im Granitzer Wald erbaut. Das Jagdschloss war das letzte große Bauwerk des Fürsten. Die Granitz galt im 19. Jahrhundert als eines der besten Jagdgebiete Norddeutschlands, so traf sich im Herbst im Schloss der Adel zur Jagd und zum Bankett.

Die Ausstellung im Schloß widmet sich folgerichtig der Baugeschichte und der Jagd. Auch die ehemaligen Wohnräume der Fürstenfamilie im Obergeschoss sind zu besichtigen. Sie sind frisch renoviert und authentisch möbliert. Ganz besonders lohnenswert ist es, dann die 150 Stufen des zentralen Turmes hinaufzusteigen und weit über die Baumwipfel und über die Insel zu schauen.

Geöffnet Mai bis September täglich 10–18 Uhr, April und Oktober bis 17 Uhr, im Winter Di bis So 10–16 Uhr. €6, Kinder bis 18 Jahre frei. Im Juli und August gibt es spezielle Familienführungen. Sie kosten €4 pro Person. www.jagdschloss-granitz.de

19 Schulmuseum Middelhagen

GPS N 54°19‘48.1“, E 13°42‘15.2“

Im alten Schulhaus von Middelhagen ist noch alles wie vor 100 Jahren: die Holzbänke und die Schiefertafel und auch die Wohnung des Dorflehrers. Einmal in der Woche erwacht das Haus zu besonderem Leben. Dann tritt hier der Dorflehrer in Aktion und Kinder können den Unterricht erleben, der für ihre Ur-Ur-Großeltern normaler Alltag war.

Das Museum ist von April bis Oktober täglich von 11–16 Uhr geöffnet. Juni bis August bis 17 Uhr. Die Schulstunde findet mittwochs um 10 Uhr statt, von Juni bis August Di und Mi. Anmeldung ist nicht notwendig. Eintritt Museum (ohne Schulstunde) €3, Schüler €1,50. Mit Schulstunde €7 bzw. €3.

20 Meeresmuseum Stralsund

Wer vor den ehrwürdigen historischen Mauern des Katharinenklosters mitten in der Altstadt von Stralsund steht, kommt im Traum nicht darauf, dass sich in diesem Museum vier riesige Aquarien verbergen, in denen neben bunten Tropenfischen auch Kraken, große Meeresschildkröten und Haie gehalten werden. Zugegeben, die Haie schwimmen nicht durch die alte Kirche, die Wasserbecken befinden sich in einem neueren Anbau.

In den Säulenarkaden des alten Klosters ist die zugehörige Ausstellung zu sehen. Die dreischiffige gotische Hallenkirche ist dazu in meh-

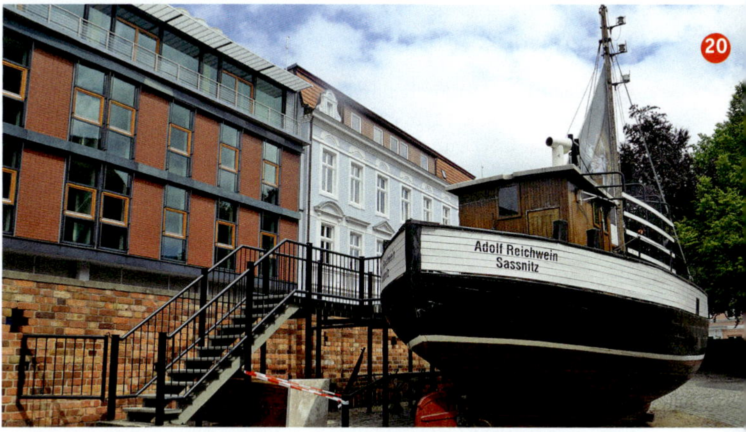

rere Ebenen unterteilt und präsentiert modern aufbereitete Informationen zu Meeresbiologie, Mensch und Meer, Geschichte der Fischerei, Korallen und Wale. Besonders spannend wird es im Tiefseesaal. Ebenfalls eine besonders nette Sache ist der spezielle Bereich über die Ostsee, wo von Bernstein bis zum Hühnergott alles ausgestellt ist, was man am deutschen Ostseestrand so finden kann. Eine besondere Attraktion in den Aquarien ist die Fütterung der Haie und Schildkröten. Es gibt auch noch zwei kleinere Wasserbecken: eines mit Tropenfischen und eines, in dem Bewohner des Mittelmeeres zu Hause sind.
Das Meeresmuseum wir derzeit renoviert und eröffnet 2024 wieder.
www.meeresmuseum.de

21 Der Rasende Roland

Eine Dampflok zieht den Rasenden Roland auf schmaler Spur durch die Felder und Wälder und über die Hügel zwischen Putbus und Göhren und verbindet dabei auch die Seebäder Göhren, Baabe, Sellin und Binz. Die Bahn existiert bereits seit 1895 und erreicht fauchend und pfeifend eine Höchstgeschwindigkeit von stolzen 30 Kilometern in der Stunde. Der Roland fährt ganzjährig zwischen 8 und 21 Uhr im Zwei-Stunden-Takt zwischen Göhren und Binz, im Sommer sogar einmal pro Stunde. Nur wer weiter nach Putbus oder gar Lauterbach möchte, muss den Fahrplan etwas genauer studieren.
Die Fahrt von Göhren nach Binz kostet für eine Familie (2+3) €16,20, für die komplette Strecke €27, Familien-Tageskarte €55.
ruegensche-baederbahn.de

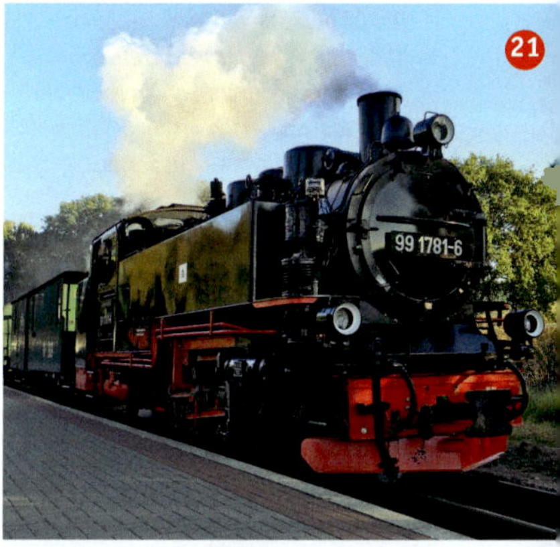

22 Haus »Kopf Über«

GPS N 54°20'53.3", E 13°29'25.1"
Das Sofa klebt an der Decke, ebenso die Toilette, aus der zum Glück kein Wasser läuft. Die Verwirrung der Sinne ist das Hauptziel des ungewöhnlichen Einfamilienhauses, in dem die Welt ein wenig aus den Fugen geraten ist. Es steht auf dem Dach und mit ihm die ganze übliche Einrichtung eines durchschnittlichen Wohnhauses.
Ganzjährig geöffnet. April bis Oktober. 10–19 Uhr, Winterhalbjahr 12–16 Uhr. €5,90, Kinder €2,90.
www.pirateninsel-ruegen.de

Freizeitparks

23 Indoorspielplatz Pirateninsel

GPS N 54°20'54.5", E 13°29'22.9"
Kletter- und Tobeberg mit Wellenrutsche, Trampoline und eine Fahrbahn für Elektroautos sind die Hauptattraktionen des Hallenspielplatzes zwischen Putbus und Lauterbach, der einen Regentag im Urlaub retten könnte.
Geöffnet Juni bis August, in den Ferien und an Wochenenden von 10–19 Uhr, ansonsten Mo bis Fr 13–19 Uhr. Erwachsene €4,50, Kinder €7,50. www.pirateninsel-ruegen.de

24 Erlebniswelt Rugard / Bergen

GPS N 54°25'17.9", E 13°26'27.9"
Am Rugard, dem höchsten Berg weit und breit, gibt es Sommerrodelbahn, Go-Kart-Bahn, Minigolf und Riesenrutschen.
Die Öffnungszeiten sind bei allen ähnlich und in der »Kernzeit« von 10–18 Uhr wird im Sommerhalbjahr niemand vor verschlossenen Toren stehen. erlebniswelt-rugard.de

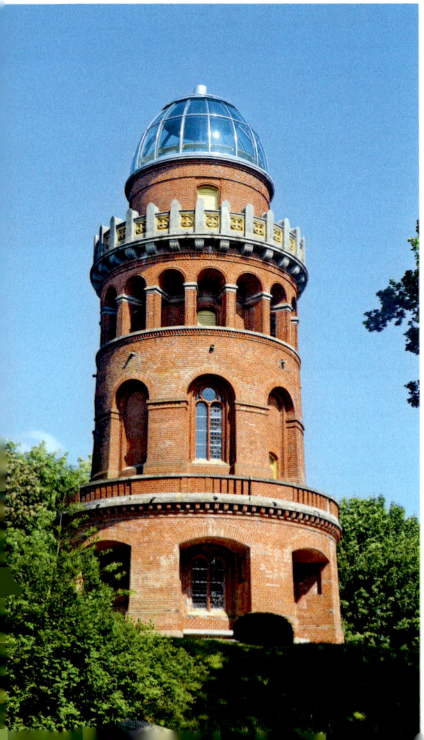

Ernst-Moritz-Arndt-Turm

GPS N 54°25'17.9", E 13°26'27.9"
Auf dem 91 Meter hohen Rugard sorgt ein Aussichtsturm für einen weiten 360-Grad-Blick über die Insel, den Bodden und das Meer. Der Turm ist 27 Meter hoch und befindet sich im slawischen Burgwall. Er steht seit 1877 auf dem Rugard. Direkt nebenan befindet sich ein netter Gasthof.
Der Turm ist von Ostern bis Oktober von 10–18 Uhr geöffnet, €2.

25 Karls Erlebnishof Zirkow

Mit Kletterturm, Traktorbahn, Reifen-Rutsche, Wasser-Balancepfad, Wasserbombenwurfanlage, Go-Karts und Seilbahn, einem großen Streichelgehege, Ponyreiten und vielen Bauernhoftieren ist Karls einer der fantasievolleren Freizeitparks und wird Kinder ganz sicher begeistern. Gastronomie mit Bauernmarkt, Pfannkuchenhaus und Fischerei.
Geöffnet täglich von 8–18 Uhr. Wie in allen Karls-Erlebnishöfen kosten viele Attraktionen keinen Eintritt. Für Traktorbahn, Ponyreiten und Go-Karts zahlt man extra. www.karls.de

26 Dinopark Sagard

GPS N 54°33'50.5", E 13°31'28.8"
Ein 1,5 Kilometer langer Erlebnispfad mit 120 lebensgroßen Dinosauriermodellen aus Kunststoff, die ab und zu merkwürdige Töne von sich geben, lässt uns für kurze Zeit in die Urzeit eintauchen.
Geöffnet April bis Oktober von 10–17 Uhr, Juni und August bis 18 Uhr. €9,50, Kinder 4 bis 12 Jahre €7. Am Spyker See 2a. www.dinosaurierland-ruegen.de

27 Rügen-Park Gingst

GPS N 54°27'26.0", E 13°14'41.3"
Ob die russische Basilius-Kathedrale, die Freiheitsstatue, die Chinesische Mauer oder die Tower Bridge – im Rügen-Park versammelt sich alles, was architektonisch Rang und Namen hat – allerdings nicht ganz in Originalgröße. Die Miniaturen berühmter Bauwerke aus der ganzen Welt verteilen sich in einer Parklandschaft, die man

auch mit einem Mini-Zug durchfahren kann. Noch deutlich spannender dürften Kids im Grundschulalter die Fahrattraktionen finden: Scooterbahn, Riesenrutschen, Pferdchenbahn, Wildwasser-Rondell, Seilbahn, Luna Loop, Schiffschaukel und Familienachterbahn sorgen für Spaß und Nervenkitzel. Ein Streichelzoo und ein Spielplatz runden das Angebot ab.
Geöffnet Mitte März bis Oktober Di bis So 10–18 Uhr, in den Sommerferien täglich. €9,90, Kinder bis 12 Jahre je nach Größe €3–7,90, günstiger Sonderpreis am Samstag (außer Juli, August). www.ruegenpark.de

28 Abenteuer-Minigolf Göhren

Direkt an der Strandpromenade von Göhren wird mit Blick über die Ostsee auf Kunstrasen über ungewöhnliche, kreative Hindernisse gespielt.
Geöffnet April bis Oktober 11–20 Uhr. €7, Kinder bis 15 Jahre €6. abenteuergolfnord.de

Ziele für Tierfreunde

29 Erlebnisbauernhof Kliewe

GPS N 54°26'56.7", E 13°11'24.0"
Zentrum des Hofes in Ummanz sind das Hofrestaurant und ein gut sortierter Laden mit regionalen Produkten. Aus der Gaststube kann man in das Kaninchengehege und die Aufzuchtstation für die Küken schauen. Im landwirtschaftlichen Betrieb von Familie Kliewe wird hauptsächlich Geflügel gezogen. Für die kleinen Gäste gibt es auf dem Hof aber außerdem Katzen, Ziegen und Esel und einen richtigen Ponyhof, auf dem man mit Voranmeldung auch Reitunterricht nehmen kann. Für den Zugang zum Hof zahlt man keinen Eintritt, einige Attraktionen wie Verleih von Tretmobilen und Traktor fahren sind aber kostenpflichtig.
Ganzjährig geöffnet 10–17 Uhr. Ponyreiten kostet für eine halbe Stunde €28, Reitunterricht oder Ausritte für Kinder und Jugendliche bis 64 Kilo ab €25–35 pro Stunde, auch Einzelunterricht möglich. www.bauernhof-kliewe.de

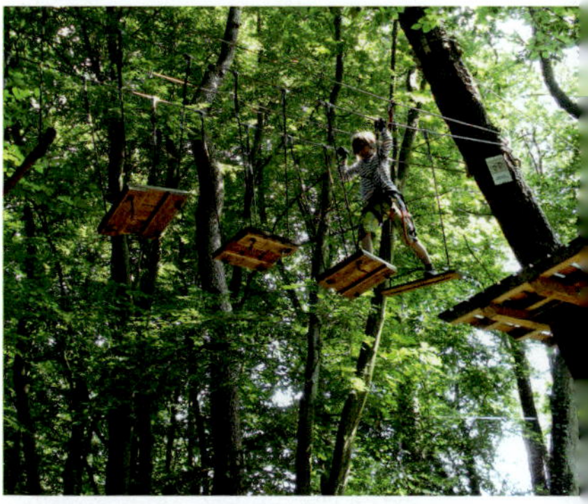

Hochseilgarten

30 Kletterwald Binz Prora

GPS N 54°26'16.6", E 13°34'24.9"
Mit zehn Parcours ist der Seilgarten Prora einer der größten Hochseilgärten an der Ostsee. Vier der Routen sind für Kinder ab fünf Jahren und einer Schulterhöhe von mindestens 1,10 Meter geeignet, die beiden schwierigsten Parcours erfordern ein Alter von mindestens zwölf Jahren.
Geöffnet Ostern bis Oktober, Mitte Juni bis August täglich 10–19 Uhr, März bis Juni bis 15 Uhr, September bis 18 Uhr.
1 Stunde Kletterzeit €15, Kinder 5 bis 13 Jahre €13, Familie €37–45. Jede weitere halbe Stunde €4. kletterwald-binzprora.de

Bogenschießen im Kletterwald Binz

Mit modernen Recurvebögen, die auch für Anfänger gut geeignet sind, wird nach einer Einweisung auf Zielscheiben geschossen.
Erwachsene und Kinder ab 7 Jahre, Anmeldung notwendig. Dauer 1 oder 2 Stunden. Tel. 0152 03647424. kletterwald-binzprora.de

31 Kletterwald Rügen Stralsund

Der kleine Kletterpark in Altefähr ist direkt am Wasser gelegen. Einsteigerparcours ab Körpergröße 1,10 Meter.
Geöffnet Juni und November, die Zeiten variieren stark, bitte selbst auf der Website nachschauen. 2 Stunden €21, Kinder 7 bis 17 Jahre €16, diverse Familientickets. Klingenberg 25, Altefähr. www.waldseilpark-ruegen.de

Ausflüge auf dem Wasser

32 Robbenfahrten

Die Kegelrobbe, die in der Ostsee bereits vollständig verschwunden war, hat sich in den letzten Jahren erneut vor der Insel Rügen angesiedelt. Ein Boot der Weißen Flotte fährt während der Sommersaison zu festen Terminen von Baabe / Bollwerk zum Monitoring (Beobachten und Sammeln von Informationen) zu den Robbenbänken und nimmt eine beschränkte Anzahl an Gästen mit. Die Tour wird von einem Biologen begleitet.
Anmeldung unter Tel. 03831 26810 oder www.weisse-flotte.de.
Ticket €23, Kinder 4 bis 14 Jahre €14, Familie €61.

Vom Hafen Gager fährt die Boddenreederei Rügen in einer 2,5-stündigen Tour zu den Robben.
Die Fahrt kostet hier €23, Kinder 6 bis 15 Jahre €14, reduziertes Familienticket. Tel. 038308 8389. www.boddenreederei-ruegen.de

33 Insel Vilm

Die Bootstour zur Insel Vilm ist eher für größere Kinder geeignet, da die geführte Rundwanderung über die Insel jüngere Kids wohl eher langweilen wird. Die Insel steht wegen ihrem alten Baumbestand und ihrem Artenreichtum bereits seit 1936 unter Naturschutz. Viele Jahre verbrachten hier die Minister der DDR ihre Sommerferien und die Insel war für Normalsterbliche gesperrt. Heute befindet sich auf der Insel eine Naturschutzakademie. Ansonsten darf Vilm nur im Rahmen einer Führung betreten werden. Ein Ranger des Naturparkes führt täglich ein bis zwei Gruppen durch die ehemalige DDR-Feriensiedlung und auf einem Fußpfad durch den alten Wald auf dem Großen Vilm. Der Weg ist nur drei Kilometer lang, mit Überfahrt, vielen Pausen und Geschichten wird aber ein dreistündiger Ausflug daraus.

Das Fährboot Julchen, eine ehemalige Hamburger Hafenbarkasse, startet ein- bis zweimal am Tag im Hafen von Lauterbach. Aus Naturschutzgründen dürfen täglich nicht mehr als 30 Gäste auf die Insel.
Die Fahrt kostet €20 für Erwachsene, Kinder 4 bis 12 Jahre €10.
Voranmeldung www.vilmexkursion.de oder Tel. 038301 61896.

34 Tauchgondel Sellin

Neben der Seebrücke von Sellin ist recht dekorativ eine Tauchgondel befestigt, die im Stundenrhythmus an einer Metallstange unter die Wasseroberfläche gleitet. Sie ist ein bisschen größer als ihr Pendant in Zinno-

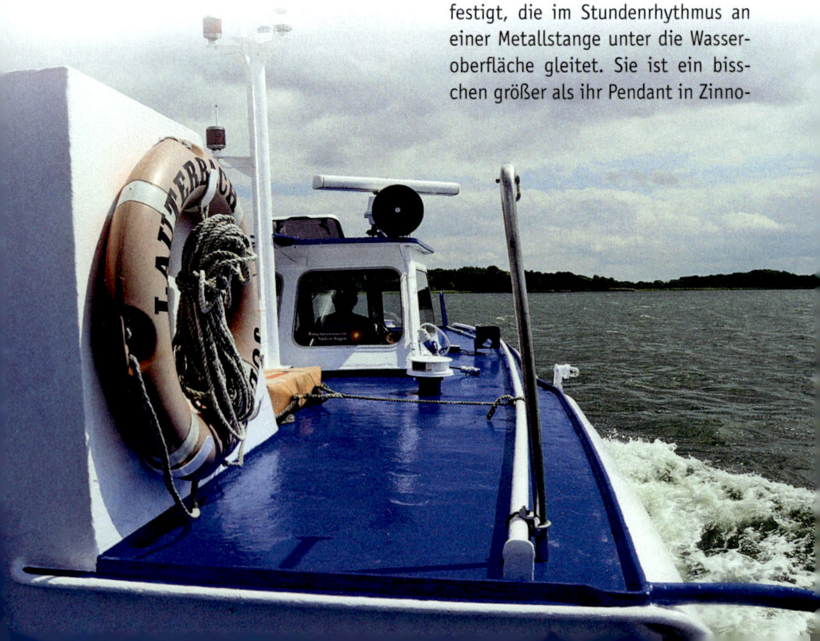

witz. Die Sicht soll im Winter deutlich besser sein als im Sommer.
Ganzjährig geöffnet, im Winter sehr eingeschränkt. €9, Kinder bis 15 Jahre €6, Familie €23–25. www.tauchgondel.de

35 Bootsfahrt zu den Kreidefelsen

Die Kreidefelsen sind das Wahrzeichen der Insel Rügen. Am besten sind sie natürlich vom Wasser zu sehen. Deshalb fahren nicht nur von Sassnitz, sondern auch von den Seebrücken von Göhren, Sellin und Binz Ausflugsboote die Küste hinauf. Von Sassnitz fahren die Nordwind und die Insel Rügen des Familienbetriebes Lojewski zum Königsstuhl.
Der Ausflug kostet von Sassnitz für Erwachsene €18, Kinder 5 bis 12 Jahre €10. www.reederei-lojewski.de

Noch intensiver ist die Kreideküste nur zu Fuß zu erleben – vom Hochuferweg zwischen Sassnitz und dem Königsstuhl. [› Tour 32]

Wassersport

36 Surfoase Klein Zicker

GPS N 54°16'38.8", E 13°42'8.0"
Thiessow ist ein Surfspot mit viel Tradition. Bis 1989 gab es hier die einzige Möglichkeit, in den Wellen zu surfen. Auf der Ostsee war das verboten. Heute verleiht die Surf- und Segelschule nicht nur Material (von der Jolle bis zum Kajak), sondern bietet im Sommer auch spezielle Kurse für Kinder bis 14 Jahren an. Der fünftägige Kurs mit 15 Unterrichtsstunden beginnt immer am Montag oder am Freitag und kostet €195. Auf dem Platz kann man auch zelten oder im Wohnmobil übernachten.
Dörpstraat 2. thiewaii.de

37 Surf & Kite Klein Zicker

GPS N 54°16'53.6", E 13°41'29.2"
Auch bei der Surf & Kite in Klein Zicker gibt es Windsurfkurse extra für Kinder ab einem Körpergewicht von 25 Kilo. Der Unterricht ist für Kids von acht bis 15 Jahren konzipiert. Boards und Neoprenanzüge in passenden Größen sind natürlich vorhanden. Pro Tag wird drei Stunden unterrichtet, ein Tag kostet €99. Ebenfalls für Kinder ab acht Jahren geeignet sind die Einführungskurse auf dem SUP. Es gibt sie einstündig für €30 oder zweistündig für €60. Es können auch Boards gemietet werden.
Dörpstrat 35, Klein Zicker. www.surfandkite.de

Reiten

38 Wanderreiten auf Rügen

Hier werden Ausritte, in der Gruppe oder individuell, und Kutschfahrten angeboten. Der Stall liegt in der Nähe von Ralswiek. Im Sommer gibt es ein Ferienlager für Kinder von sieben bis 14 Jahren.
Ausritt ab €20 nach Absprache. www.wanderreiten-auf-ruegen.de

39 Pferdehof Ostseebad Binz

Vom Minishetty bis zum Großpferd findet sich auf dem Bio-Hof von Jana Marszalkowski für jeden Pferde-Fan das passende Reittier. Die Pferde leben das ganze Jahr draußen und sind entsprechend ausgeglichen. Sie stehen für Spaziergänge, Reitunterricht und Ausritte zur Verfügung. Auch ein Ritt zum Jagdschloss Granitz ist möglich.
Granitz Hof 6. Ponyreiten 60 Minuten €20, Longenstunde €15, Ausritt ab €25, zweistündiger Ritt zum Schloss €50 (ab 2 Personen), Tel. 0175 5544113. www.pferdehof-in-binz.de

40 Ponytag in Viervitz

Unter dem Namen »Zeit mit dem Pony« wird auf dem Reiterhof Vierwitz eine einstündige Ponyzeit mit Reiten und Pferdepflege für die Jüngsten angeboten. Alternativ können zweimal in der Woche auch bis zu sechs Kinder den Tag als Reitgäste auf dem Hof verbringen. Mit Anmeldung ist auch Ponyreiten möglich.
Ponyzeit € 55, Reit-Tageskinder sind mit zwei Reitstunden und Hofführung mit €85 dabei. www.hof-viervitz-ruegen.de

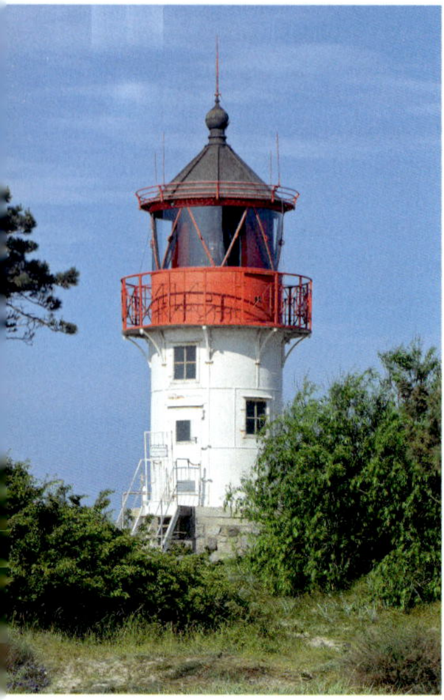

Tour 25: Hiddensee mit dem Rad

Mit Boot und Fahrrad

Die Insel Hiddensee ist beinahe autofrei. Nur der Inselbus und wenige Fahrzeuge der Einheimischen dürfen hier fahren. So liegt vor allem um das Inseldorf Kloster ab und zu der Duft frischer Pferdeäpfel in der Luft und statt heulender Motoren hört man das gleichmäßige Trappeln von eisenbeschlagenen Hufen auf den Inselstraßen. Abgesehen von dieser ungewöhnlichen Geräuschkulisse wirkt die Insel jedoch recht neuzeitlich: Es gibt viele Ferienhäuser, Cafés und Restaurants und im Hafen liegen jede Menge Boote. Außerdem sammeln sich dort auch die Handkarren der Inselbewohner und der Ferienunterkünfte, denn der Gepäcktransport will hier autofrei organisiert sein. Ansonsten gibt es auf wenigen Quadratkilometern einen langen Sandstrand, zwei Leuchttürme und viel Natur zu entdecken.

10 m

STRECKE 17 km

2–3 h

ab 6

Radtour: Beginnen wir die Radtour in **Neuendorf,** führt links ein leicht sandiger Naturweg zum **südlichen Leuchtturm** (1) am **Naturschutzgebiet Gellen**. Der Weg verläuft durch eine Heide- und Dünenlandschaft, die von Schafen beweidet wird, und ist nicht ganz so bequem zu fahren. Der Turm ist nicht groß, aber sehr hübsch, und davor liegt ein besonders schöner Strandabschnitt, der auch im Hochsommer relativ ruhig ist. Wer die Massen endgültig hinter sich lassen möchte, kann vom Südfeuer aus noch etwas weiter nach Süden ins Naturschutzgebiet wandern. Das geht aber nur zu Fuß.

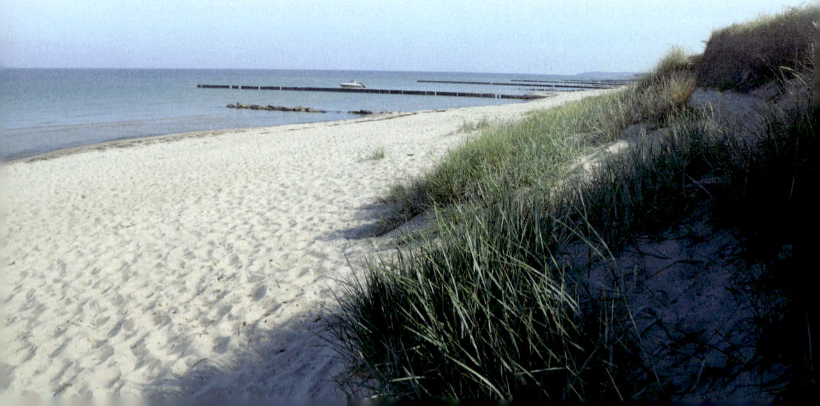

Zurück in **Neuendorf** fahren wir, dem Wegweiser in Richtung Vitte und Leuchtturm Dornbusch folgend, durch die verzweigten Wege zwischen den reetgedeckten Häusern bis zum Beginn des mit Platten gepflasterten Hauptweges. Dieser führt am Rand der **Dünenheide** entlang gen Norden. Nach kurzer Zeit zweigt links der **Fußweg in die Dünenheide** ② **[› Tour 26]** ab, der aber für Fahrräder nicht passierbar ist. Kurz hinter dem **Rastplatz an einem kleinen Biotop** ③ führt links ein weiterer Pfad zwischen die Dünen. Hier kann man ein kurzes Stück in die Dünenheide hineinlaufen und bekommt einen Eindruck von der Landschaft.

Dann führt der Fahrweg durch die Anlage der **Feriensiedlung Heiderose** ④. Ab hier stehen links am Weg immer wieder Ferienhäuser. Die meisten sind reetgedeckt und eines ist hübscher als das andere. An den ersten Häusern von **Vitte** treffen wir dann auf einen Querweg und fahren hier rechts auf dem **Deich am Bodden** ⑤ entlang.

Die Anfahrt zur Insel:
Von Schaprode fahren Boote zu allen drei Dörfern auf Hiddensee. Dabei wird Vitte, der größte Ort der Insel, mit einer Fähre angefahren, die auch Frachtgut für die Insel transportiert und Fahrräder in großer Zahl mitnehmen kann. Nur auf der Verbindung Vitte-Schaprode gibt die Reederei eine Garantie, dass alle Fahrräder aufs Boot passen. Daher empfehlen wir, die Rückfahrt sicherheitshalber grundsätzlich von Vitte anzutreten. Es werden aber auch auf den kleineren Booten Fahrräder transportiert. Da diese für die Überfahrt attraktiver sind als die Fähre Vitte, die auf dem Oberdeck nur über wenige Sitzplätze verfügt, empfehlen wir für die Hinfahrt die Verbindung Schaprode – Neuendorf. Das hat außerdem den Vorteil, dass man den einzigen fahrradtauglichen Weg zwischen Neuendorf und Vitte nur einmal fahren muss. Zur Zeit fährt das Boot nach Neuendorf kurz nach 8 Uhr. Wenn man später von Vitte startet, ist die Runde fünf Kilometer länger. Alternativ zum Transport des eigenen Fahrrads ist es auch möglich, auf Hiddensee Fahrräder zu leihen. Der Tagestarif ist einen Euro günstiger als der Transport des eigenen Fahrrades auf der Fähre.

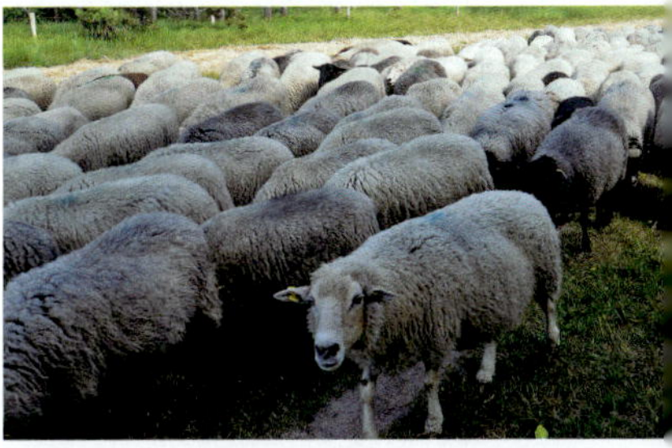

TOUREN-STECKBRIEF

Anfahrt: Parkplatz in Schaprode auf Rügen (Tagesticket €3), Fähre bis Neuendorf. Fährtickets für die Überfahrt nach Hiddensee sind online unter www.reederei-hiddensee.de oder direkt im Hafen von Schaprode erhältlich. Das flexible Ticket für einen Tagesausflug kostet €49,50 für Familien (2 Erwachsene, 3 Kinder bis 14 Jahre).
Anspruch und Charakter: Einfache Radtour meist auf guten Wegen, die sich ganz nach Belieben kürzen oder verlängern lässt. Etwas schwieriger ist nur der Weg südlich von Neuendorf (Sand). Leicht unkomfortabel sind auch die Plattenwege nördlich von Kloster.
Highlights: Fährfahrt zum Tourenstart, Bademöglichkeiten an mehreren Strandabgängen, Spielplätze in Neuendorf und Vitte.
Einkehr: Gastronomie in Neuendorf und Vitte.
In der Nähe: Figurentheater Homunkulus, Seebühne.

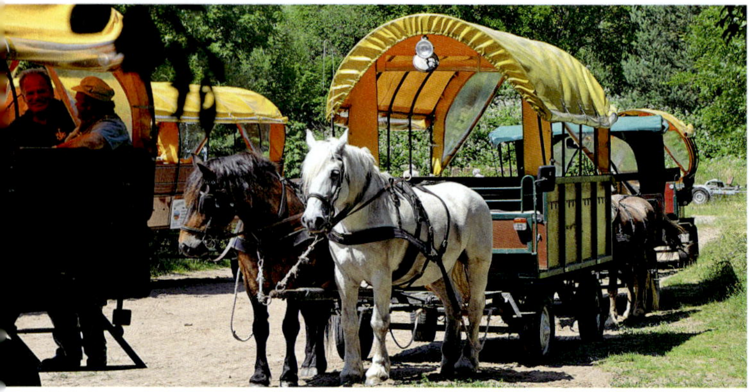

Der Weg auf dem Deich führt zum Hafen und mit schönen Ausblicken über das Wasser weiter zum **Hafen von Kloster** ⑥. Vom Wendeplatz der Kutschen am Hafen radeln wir dann links hinauf bis zu einer Kreuzung. Links geht es in den Ort hinein, geradeaus zum **Leuchtturm auf dem Dornbusch**. Der Weg ist breit und gut befestigt, es sind aber meist viele Fußgänger unterwegs.

Alternativ kann man auch den rechten Weg fahren. Er führt nach **Grieben** mit der gemütlichen Gaststätte Zum Enddorn. Biegt man 500 Meter hinter dem Ort links ab, kommt man zum **Fahrradparkplatz** ⑦ am Leuchtturm Dornbusch, muss dann aber auf demselben Weg zurück. Da dieser Radweg aus Betonplatten besteht, empfielt sich diese Route eher mit größeren Kindern. Alternativ könnten wir die Räder auch im Dorf stehen lassen und den Turm zu Fuß **[› Tour 27]** besuchen. Fährt man weiter bis zum **nördlichsten Punkt der Insel** ⑧, kommt man kurz vor dem Ziel rechts zu einem weiteren **Fahrradparkplatz** ⑨. Von hier aus könnte man zu Fuß weiter auf die windzerzauste Halbinsel Altbessin.

Von Kloster fahren wir – mit oder ohne Badepause – an der **Ostseeseite** zurück zum Hafen von Vitte und zur Fähre. Je nach Wetter und Betrieb kann man direkt auf der **Uferpromenade** ⑩ hinter dem Sandstrand radeln oder man weicht besser auf den Fahrweg aus.

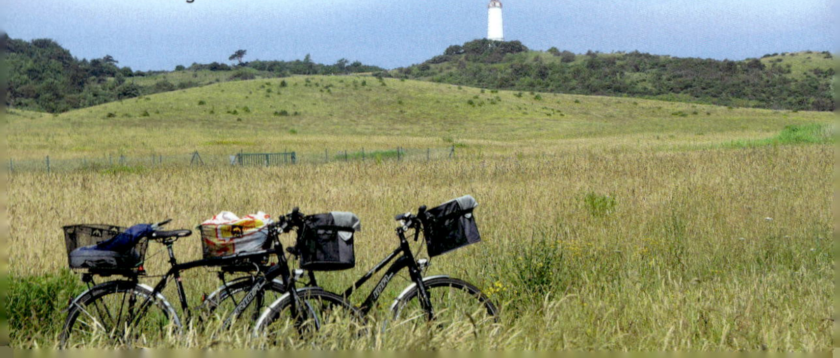

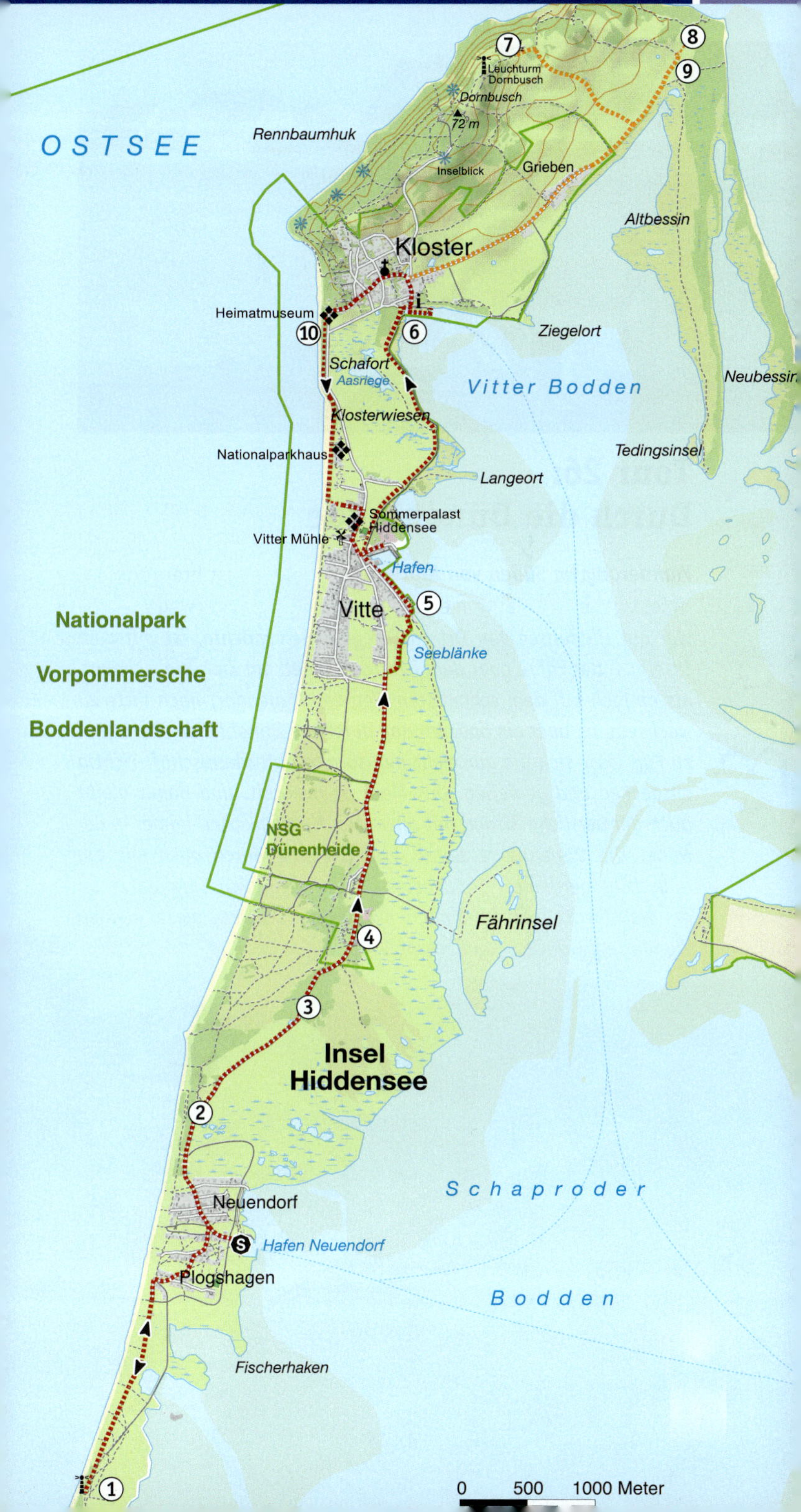
OSTSEE
Rennbaumhuk
Leuchturm Dornbusch
Dornbusch
72 m
Inselblick
Grieben
Altbessin
Kloster
Heimatmuseum
Ziegelort
Schafort
Aasriege
Vitter Bodden
Neubessin
Klosterwiesen
Nationalparkhaus
Tedingsinsel
Langeort
Sommerpalast Hiddensee
Vitter Mühle
Hafen
Vitte
Seeblänke
Nationalpark
Vorpommersche
Boddenlandschaft
NSG Dünenheide
Fährinsel
Insel Hiddensee
Schaproder
Neuendorf
Hafen Neuendorf
Plogshagen
Bodden
Fischerhaken
0 500 1000 Meter

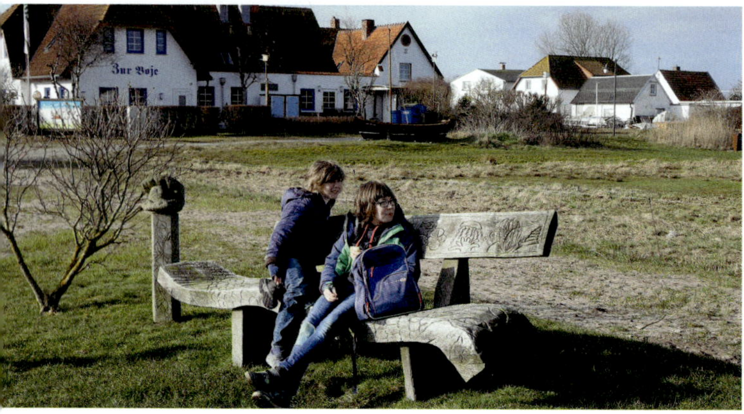

eben

STRECKE 6,2 km

2 h

ab 6

Tour 26: Durch die Dünenheide

Wanderung im Süden von Hiddensee

Wer auf Hiddensee von Ort zu Ort gelangen möchte, ist mit dem Inselbus, der Fähre oder dem Fahrrad schnell am Ziel. Viel schöner, als einfach auf dem schnellsten Weg von Neuendorf nach Vitte zu wechseln, ist aber ein Spaziergang durch die Dünenheide. Denn erst zu Fuß lässt sich die gar nicht mal so alte Kulturlandschaft richtig entdecken und genießen. Das Meer ist nie weit, und damit bleibt auch der herrliche Strand mit all seinen Möglichkeiten immer in der Nähe. Die Dünenheide selbst wirkt zwischendurch auch wie ein hübsch eingerahmter Sandkasten. Dazu noch zwei Spielplätze an der Wegstrecke – an Spielmöglichkeiten herrscht auf dieser kleinen Wanderung wahrlich kein Mangel.

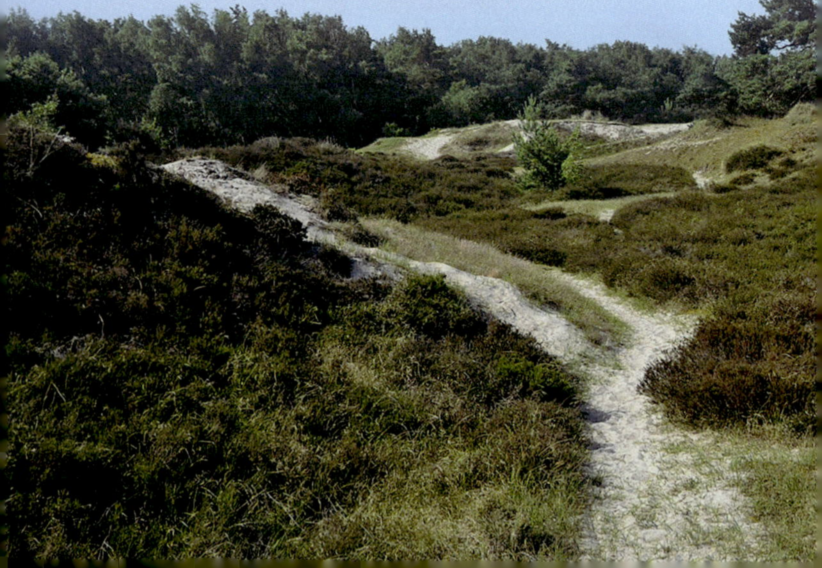

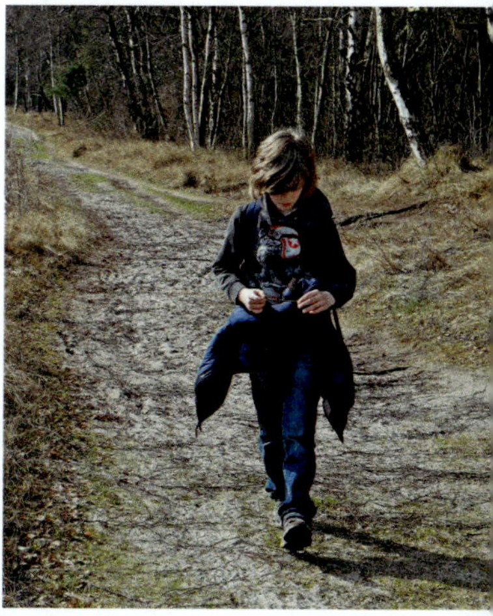

Wanderung: Wir verlassen die Fähre in **Neuendorf** und folgen dem gepflasterten Weg ortseinwärts. Diese »Hauptstraße« führt uns bald an einen Wegweiser an einer kunstvoll **geschnitzten Bank** ①. Direkt dahinter verlassen wir das Pflaster und halten uns geradeaus in Richtung Strand.

Die sandigen Graswege, auf denen wir uns jetzt befinden, sind typisch für die Insel Hiddensee. Links und rechts sehen wir die Wohnhäuser, die seltsam auf die Fläche gestreut erscheinen. Zäune gibt es traditionell kaum. Jedes Haus hat seine Hausmarken: eigentümliche, an nordische Runen erinnernde Zeichen, die oft neben den Hausnummern angebracht sind. Sie kennzeichnen von Alters her nicht nur die Häuser selbst, sondern vor allem mobile Besitztümer wie Boote und Bollerwagen. Jede Familie besitzt so ihr eigenes Erkennungsmerkmal, an dem sich – von Eingeweihten – mitunter auch verwandtschaftliche Beziehungen ablesen lassen.

Rechter Hand sehen wir eine große Glocke. Sie gehört zur unscheinbaren Kirche von Neuendorf. Dahinter wenden wir uns nach rechts und laufen über das Gras parallel zur Küste. So erreichen wir sehr bald den **Spielplatz »De Fischer un sine Fru«** ②. Die

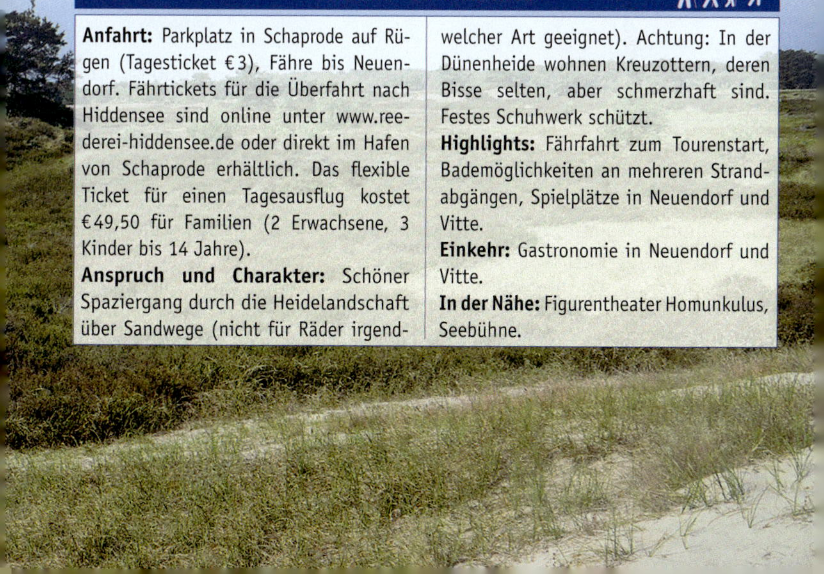

TOUREN-STECKBRIEF

Anfahrt: Parkplatz in Schaprode auf Rügen (Tagesticket €3), Fähre bis Neuendorf. Fährtickets für die Überfahrt nach Hiddensee sind online unter www.reederei-hiddensee.de oder direkt im Hafen von Schaprode erhältlich. Das flexible Ticket für einen Tagesausflug kostet €49,50 für Familien (2 Erwachsene, 3 Kinder bis 14 Jahre).

Anspruch und Charakter: Schöner Spaziergang durch die Heidelandschaft über Sandwege (nicht für Räder irgendwelcher Art geeignet). Achtung: In der Dünenheide wohnen Kreuzottern, deren Bisse selten, aber schmerzhaft sind. Festes Schuhwerk schützt.

Highlights: Fährfahrt zum Tourenstart, Bademöglichkeiten an mehreren Strandabgängen, Spielplätze in Neuendorf und Vitte.

Einkehr: Gastronomie in Neuendorf und Vitte.

In der Nähe: Figurentheater Homunkulus, Seebühne.

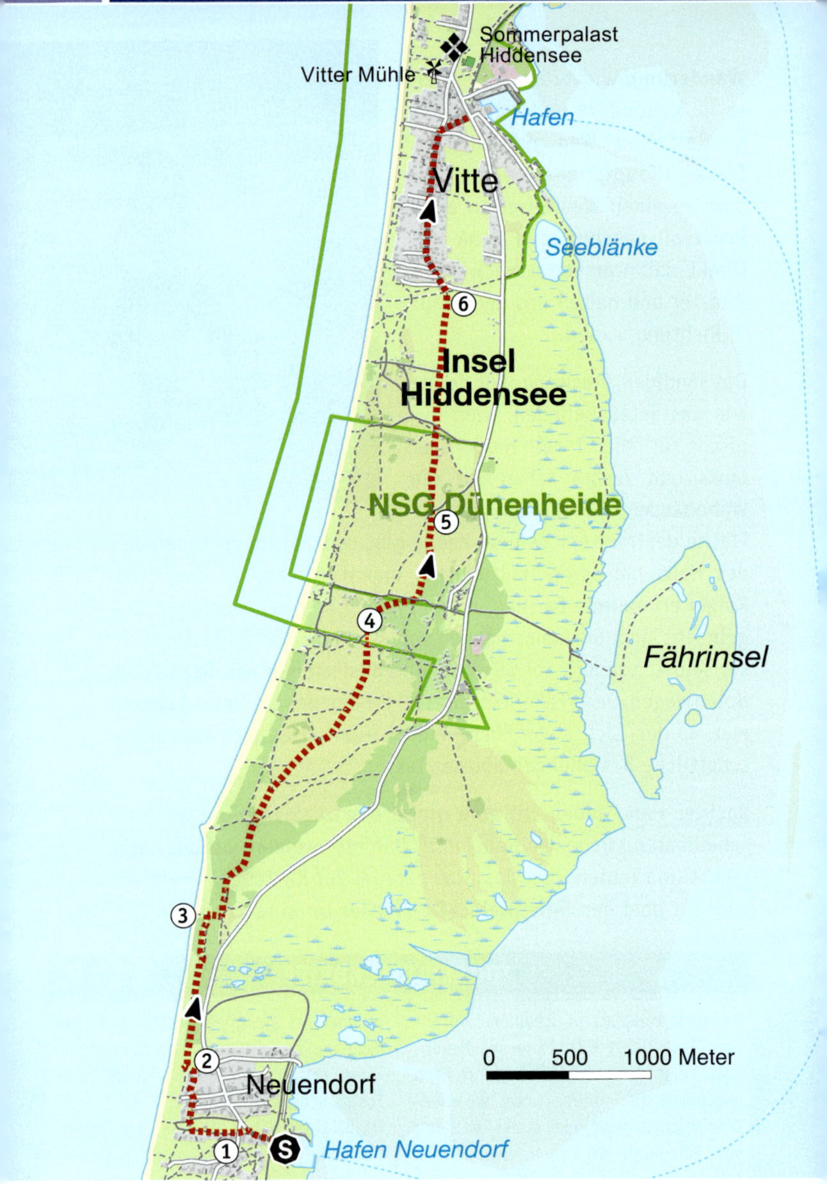

beiden Figuren sehen hölzern ihrem Schicksal entgegen, und auch der große Butt ist da. Hinter dem kleinen Häuschen versteckt sich der Pfad, der uns entlang der Küste in die Dünenheide bringt.

Mehrmals haben wir hier die Möglichkeit, links einen Übergang zum Strand zu wählen, wo der Sand feinkörnig ist und das Wasser im Sommer zum Planschen einlädt. Am **zweiten Übergang ③** endet unser Weg. Hier müssen wir für ein paar Schritte nach rechts und dann gleich wieder nach links abbiegen. Nun kommen wir langsam in die Dünenheide.

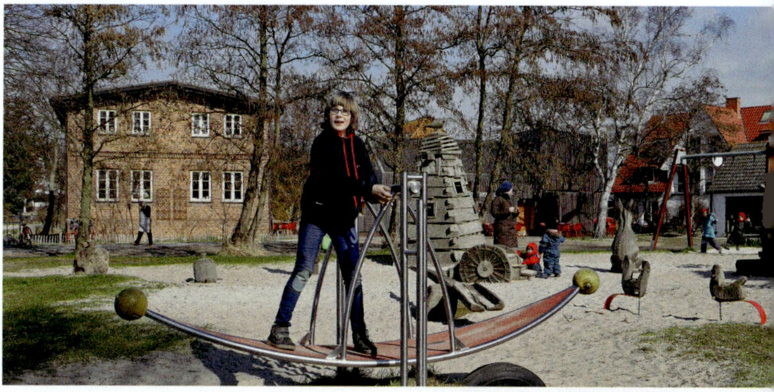

Der Pfad führt uns ein bisschen landeinwärts. Er verzweigt sich mehrmals. Solange wir uns immer ungefähr parallel zur Küste halten und nicht rechts auf die gepflasterte Hauptstraße geraten, können wir wenig verkehrt machen. Die Abzweigungen zum Strand werden hier länger, dafür ist es dort auch viel leerer.

Nach einer ganzen Weile stoßen wir mitten im Naturschutzgebiet auf einige **Ferienhäuser** ④. Sie sind älter als der Schutzstatus der Umgebung. Hier erreichen wir nun einen deutlichen Querweg. An dem kleinen schwarzen Ferienhaus »Heidhus« wenden wir uns nach rechts, biegen aber schon gleich darauf hinter der Infotafel links ab. Der Pfad ist anfangs sehr schmal, er ist aber der richtige.

Bald darauf erreichen wir eine **Kreuzung mit einer Bank** ⑤. Hier ist der Mittelpunkt der Insel markiert. Wir laufen immer weiter geradeaus, bis wir die ersten Häuser von Vitte erreichen und einen **Damm** ⑥ überqueren. Der Weg ist nun gepflastert und führt uns ins Ortszentrum mit Cafés und Restaurants. Das Hotel-Restaurant Godewind punktet mit einem kleinen Spielplatz. Uns hat das **Selbstbedienungs-Café Tante Hedwig** mit seinen süßen und herzhaften Kleinigkeiten sehr gefallen. Das erreichen wir, wenn wir hinter dem großen Spielplatz im Zentrum rechts abbiegen. Dort geht es auch zum Hafen, wo weitere Gaststätten und Fischbrötchenstände und später unsere Rückfahrgelegenheit warten.

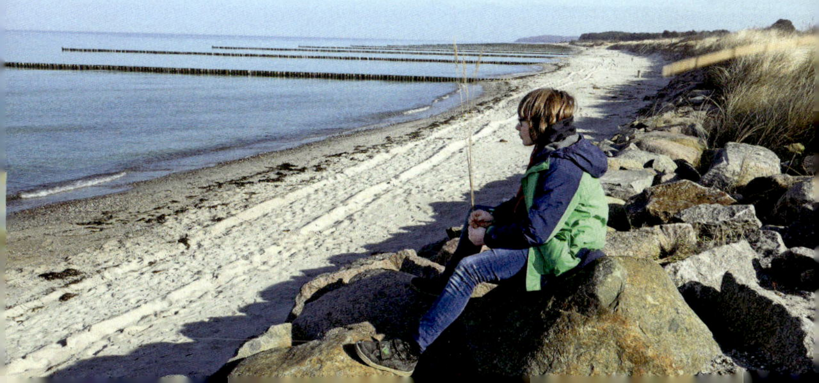

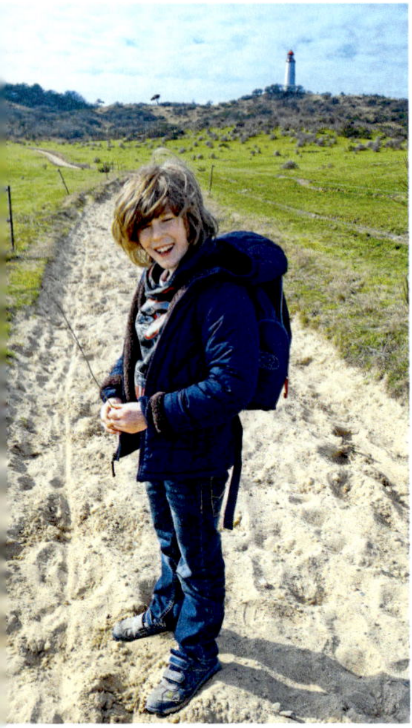

Tour 27: Über den Dornbusch

Hiddensees ungekämmter Norden

Der nördliche Teil der Insel Hiddensee wirkt rau und kantig. Den Namen Dornbusch trägt das Gebiet nicht zu Unrecht, gedeiht doch manch fieser Stechginster am Wegesrand. Trotzdem lohnt sich eine Wanderung über die leicht widerborstigen Hügel und am steinigen Strand entlang, denn hier wartet das Leuchtfeuer, Hiddensees Wahrzeichen, und außerdem manch einsame Bucht, in der außer uns höchstens noch ein paar uralte Götter herumspuken.

100 m

STRECKE 7,8 km

2 h 30

ab 6

Wanderung: Vom Hafen Kloster aus gehen wir am »Bistro am Klostergarten« vorbei, bis wir zur **Kreuzung am Dorfteich** ① gelangen. Wir halten uns geradeaus Richtung Leuchtturm und wandern vorbei an den Pferdeweiden des Fuhrmannshofs. Kurz dahinter verlassen wir den Hauptweg und biegen nach rechts auf den breiten **Sandweg** ② ab. Zwischen Pferden und Kühen laufen wir über den sanften Hügel Richtung **Grieben**. An der Y-Kreuzung halten wir uns rechts und erreichen bald Hiddensees kleinste Ortschaft.

Links herum gelangen wir zu einem kleinen **Spielplatz** ③. Von dort aus sehen wir schon den Leuchtturm auf der anderen Inselseite, der nun unser Ziel ist. Hinter dem Ortsausgang nehmen wir die Abzweigung nach links. Vorbei an einem **Feuchtbiotop**

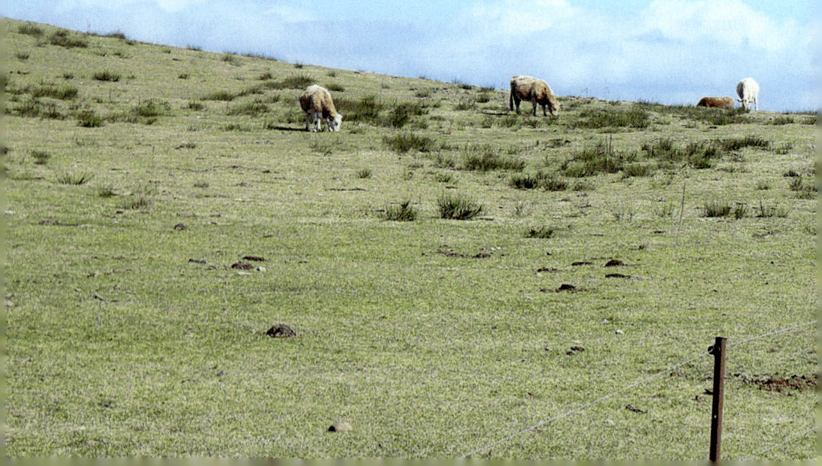

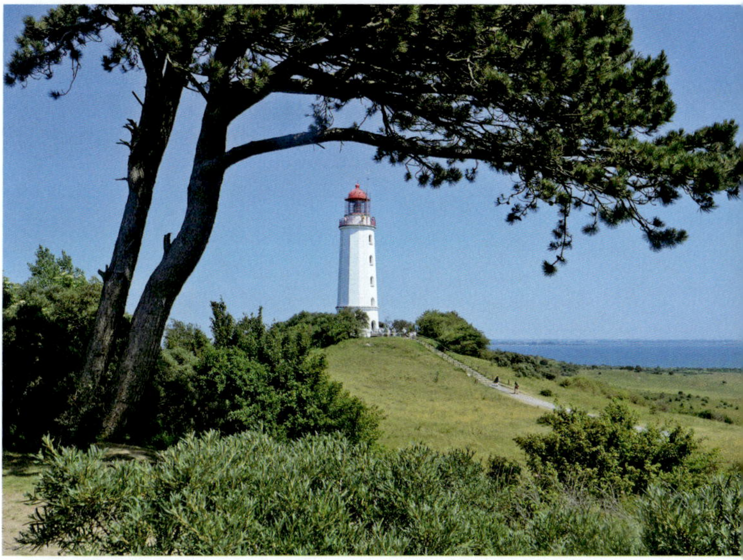

TOUREN-STECKBRIEF

Anfahrt: Parkplatz in Schaprode auf Rügen (Tagesticket €3), Fähre bis Neuendorf. Fährtickets für die Überfahrt nach Hiddensee sind online unter www.reederei-hiddensee.de oder direkt im Hafen von Schaprode erhältlich. Das flexible Ticket für einen Tagesausflug kostet €49,50 für Familien (2 Erwachsene, 3 Kinder bis 14 Jahre).

Anspruch und Charakter: Hier geht es hügelig zu! Den Anstieg zum Leuchtturm auf 67 Meter darf man nicht unterschätzen. Auch das anschließende Laufen am steinigen Strand am Fuße der Steilklippe ist nicht ganz ohne. Achtung: Kinder unter sechs Jahren dürfen den Leuchtturm nicht besteigen, Familienticket €7,50.

Highlights: Fährfahrt zum Tourenstart, Weiden mit Pferden und Kühen, Spielplatz in Grieben, Aufstieg zum Leuchtturm, Abstieg durch die Svantevit-Schlucht, Steinstrand mit Hühnergöttern und Fossilien, Sandstrand mit Bademöglichkeit in Kloster.

Einkehr: Gaststätte »Klausner« im Dornbusch, weitere Gastronomie in Kloster.

In der Nähe: Figurentheater Homunkulus, Seebühne.

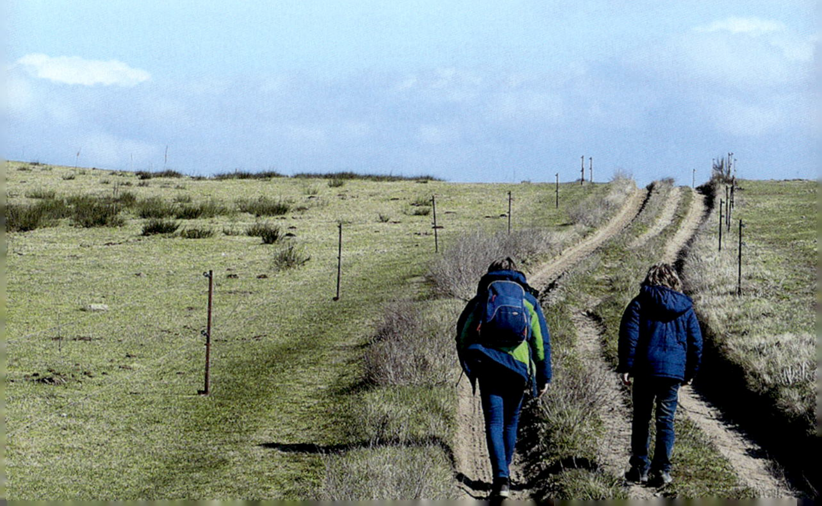

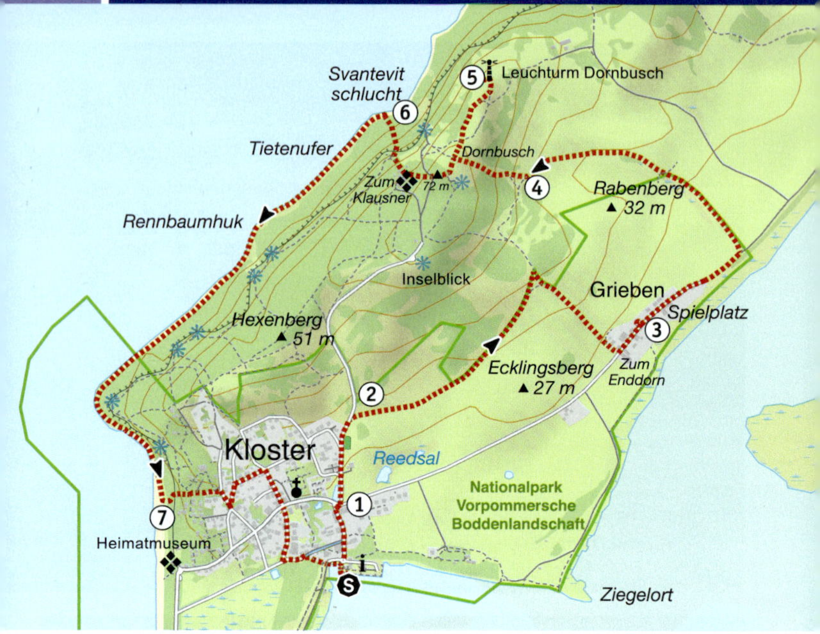

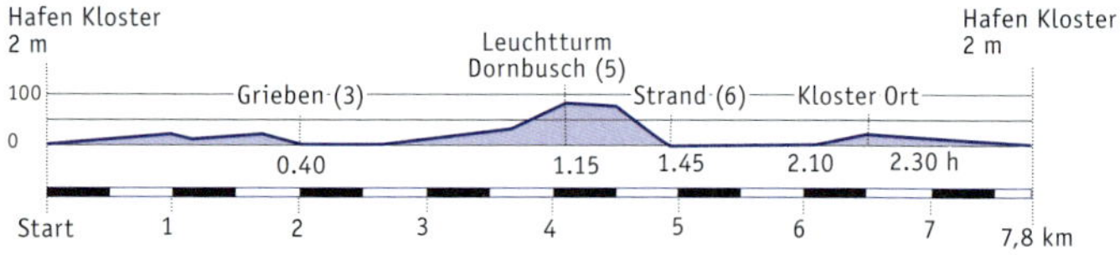

folgen wir diesem Pfad stetig bergauf. Wir gelangen zu einem großen **Findling** ③, an dem wir rechts abbiegen. Es geht weiter bergauf, aber mit dem Ziel vor Augen. Oben auf dem Dornbusch angekommen, können wir den **Leuchtturm** ④ besteigen. Selbst von unten haben wir bereits einen prächtigen Ausblick über die gesamte Insel und bis nach Rügen.

Den Abstieg unternehmen wir über den gekiesten Weg auf das kleine Trafo-Türmchen zu. Dort halten wir uns rechts und folgen dem Schild zur **Gaststätte Klausner**. Wer jetzt schon genug hat und lieber auf ebenen Wegen zurückkehren möchte, nutzt hier die letzte Gelegenheit, den ausgeschilderten Wanderweg nach Kloster einzuschlagen.

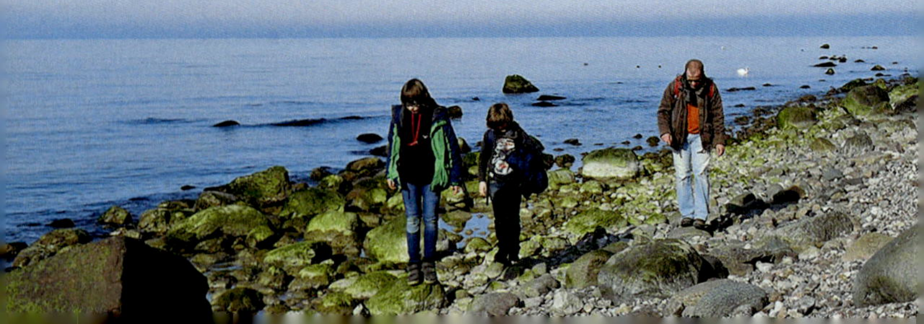

Für alle Abenteurer wird es steinig. Zwischen den Skulpturen und den kleinen Ferienhäusern der Gaststätte, in denen schon namhafte Künstler geurlaubt und gearbeitet haben, führt eine etwas windschiefe Treppe hinunter durch die **Svantevit-Schlucht**. Sie ist nach einem Gott benannt, der in vorchristlicher Zeit – die Gerüchten zufolge auf dieser Insel ziemlich lange dauerte – von den Bewohnern Hiddensees verehrt wurde.

Am **steinigen Strand** ⑥ am Fuße der Steilklippe halten wir uns links. Der Weg über die losen, meist faustgroßen Feuersteine ist mühsam und lang, und es gibt bis Kloster keine Möglichkeit, ins Inselinnere abzubiegen. Dafür werden wir schon nach wenigen Metern mit einer himmlischen Ruhe belohnt, denn hierher verirren sich kaum andere Urlauber. Einzig das Rauschen der Wellen und die Schreie der Vögel begleiten uns, während wir über die Felsen hüpfen und Hühnergötter und Fossilien entdecken.

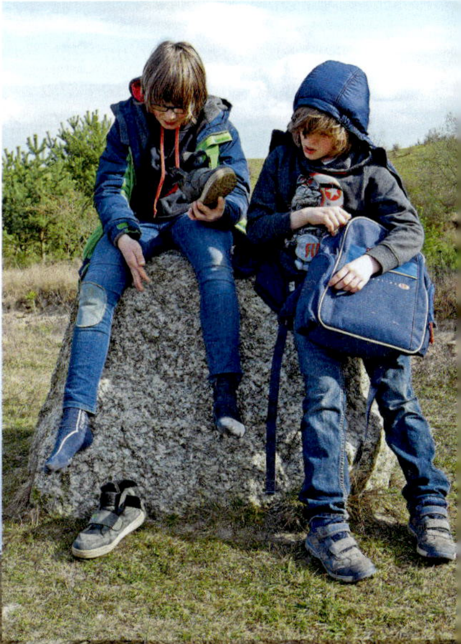

Nachdem wir den Buckel der Insel umrundet haben, kommt langsam der **Sandstrand** in Sicht. Bevor wir nun links nach **Kloster** ⑦ abbiegen und die Treppe hinaufsteigen, haben wir uns im feinen weißen Sand eine ausgedehnte Buddel- oder Badepause verdient. Dann geht es durch den Ort entsprechend der Beschilderung zurück zum Hafen: geradeaus den »Biologenweg« hinunter, dann rechts und geradeaus halten, bis wir wieder am Schiffsanleger stehen.

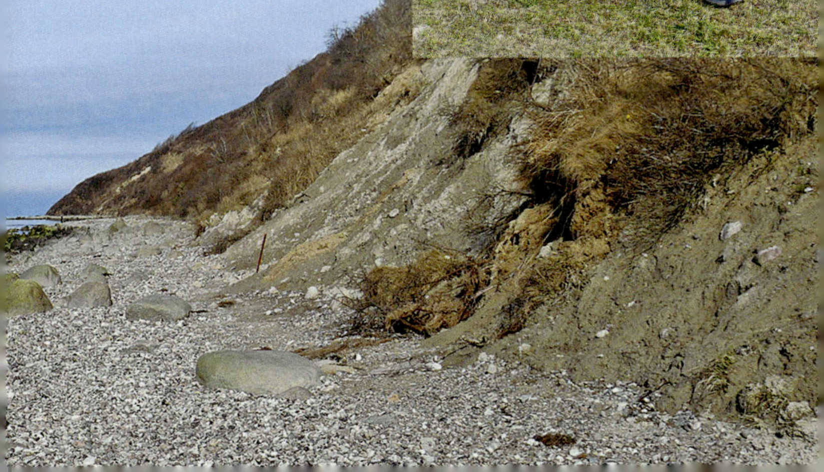

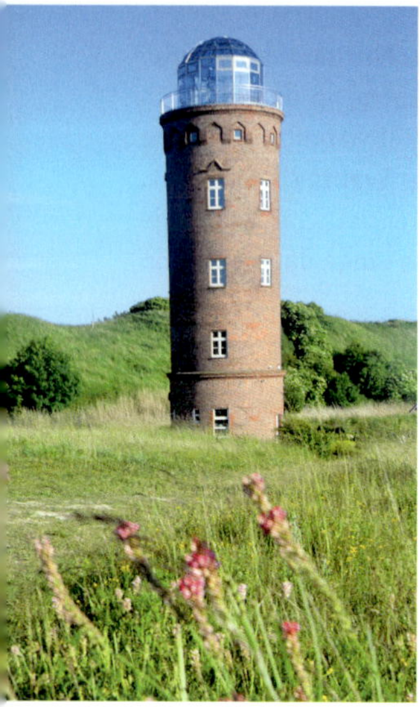

Tour 28: Fischerdorf, Leuchtturm und Traumstrand

Bike and Hike am Kap Arkona

35 m

STRECKE 9 km

2–3 h

ab 4

Der nördlichste Zipfel der Insel mit seinen Leuchttürmen gehört zu den bekanntesten Orten auf Rügen und ist entsprechend gut besucht. Der Standard-Touristenausflug führt per Minibahn nach Vitt, dann zu Fuß auf dem gut einen Kilometer langen Hochuferweg zu den Leuchttürmen und von dort per Minizug nach Putgarten zurück. Nach Vitt und zu den Türmen wollen wir auch. Aber um das Ganze etwas individueller anzugehen, nehmen wir das Fahrrad und beenden unsere Tour nicht am Leuchtturm. Am Uferweg im Norden des Kaps führen Treppen zu zwei besonders schönen, ganz unterschiedlichen Orten am Meer.

Radtour: Vom Parkplatz am Nordstrand fahren wir links landeinwärts über den Plattenweg. An der **Teerstraße** ① biegen wir links ab. Sie bringt uns immer geradeaus direkt nach Putgarten. Auf der Dorfstraße rollen wir am **Rügenhof** vorbei und biegen an der **Kreuzung im Ort** ② rechts nach Vitt ab.

In **Vitt** angekommen bleiben die Räder am besten oben an der **Wendeschleife der Minibahn**. In den engen Gassen sind sie nur im Weg. Das winzige Fischerdorf besteht aus 13 reetgedeckten Katen und ist ganz auf Tagesgäste eingestellt. Unten am Hafen wird frisch gefangener Fisch geräuchert und an rustikalen Holztischen gleich verspeist. Auf einem Felssporn wenige Meter höher sitzt man bei bester Aussicht auf der Terrasse des Café am Meer. Mitten im Ort lässt sich im Goldenen Anker ebenfalls gut essen.

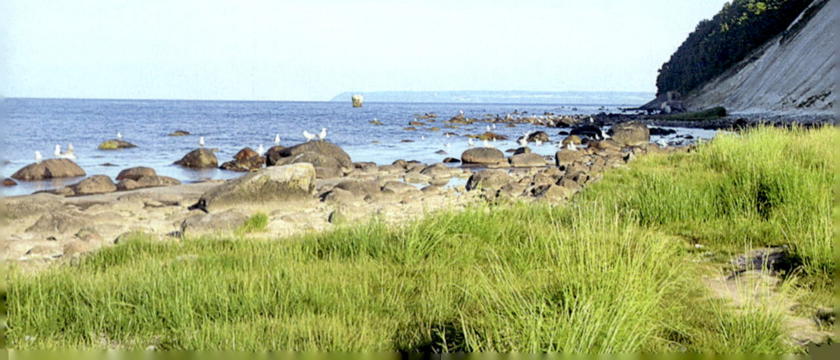

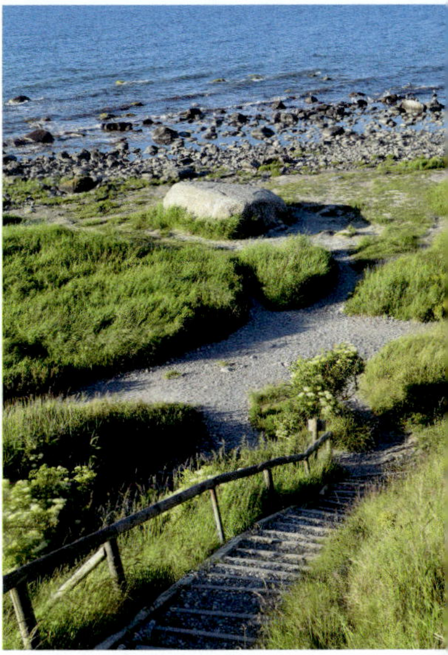

Nach unserem Ausflug durch Vitt kehren wir zur Haltestelle zurück und fahren hier rechts auf den Hochuferweg. Vorsichtig steuern wir an den vielen Fußgängern vorbei, die auf den 1,2 Kilometern zwischen den Bahnstationen Vitt und Kap Arkona unterwegs sind. Kurz bevor wir den Turm erreichen, führt die erste von drei **Treppen zum Strand** ③ hinunter, sodass wir das Kap auch von unten bewundern können.

Wieder oben auf dem Hochuferweg stehen wir kurz darauf vor dem ersten Turm, der gar kein Leuchtturm ist. 1927 wurde er als **Peilturm der Marine** ④ errichtet. Bis 1945 war hier der Seefunk der Fährlinie Sassnitz-Trelleborg untergebracht. Heute beherbergt er im Erdgeschoss einen Laden für Kaffee und perua-

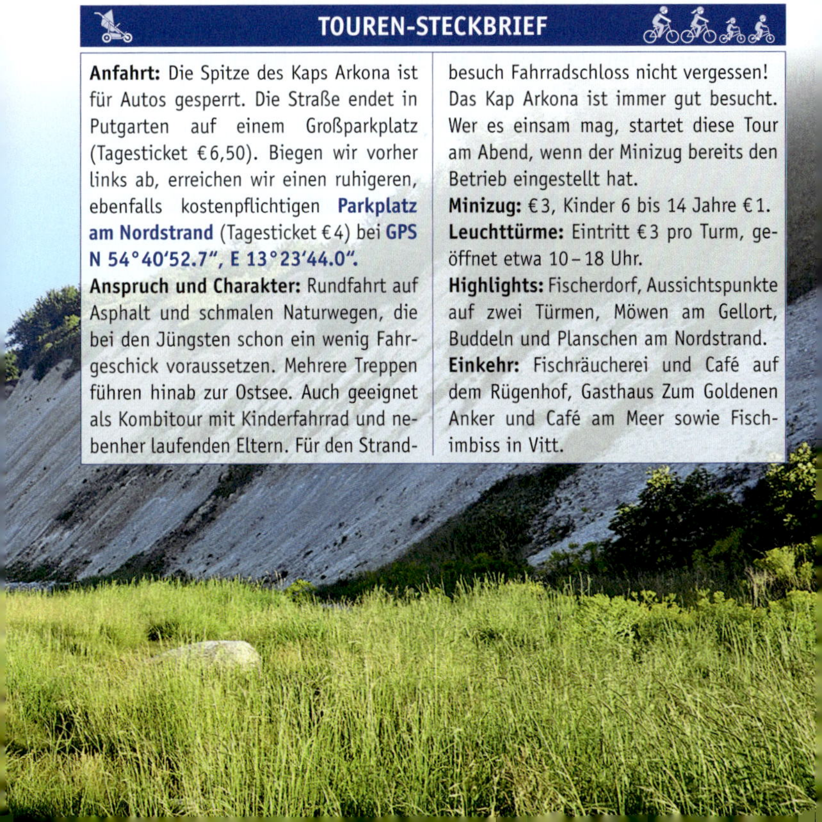

TOUREN-STECKBRIEF

Anfahrt: Die Spitze des Kaps Arkona ist für Autos gesperrt. Die Straße endet in Putgarten auf einem Großparkplatz (Tagesticket €6,50). Biegen wir vorher links ab, erreichen wir einen ruhigeren, ebenfalls kostenpflichtigen **Parkplatz am Nordstrand** (Tagesticket €4) bei **GPS N 54°40'52.7", E 13°23'44.0".**

Anspruch und Charakter: Rundfahrt auf Asphalt und schmalen Naturwegen, die bei den Jüngsten schon ein wenig Fahrgeschick voraussetzen. Mehrere Treppen führen hinab zur Ostsee. Auch geeignet als Kombitour mit Kinderfahrrad und nebenher laufenden Eltern. Für den Strandbesuch Fahrradschloss nicht vergessen! Das Kap Arkona ist immer gut besucht. Wer es einsam mag, startet diese Tour am Abend, wenn der Minizug bereits den Betrieb eingestellt hat.

Minizug: €3, Kinder 6 bis 14 Jahre €1.

Leuchttürme: Eintritt €3 pro Turm, geöffnet etwa 10–18 Uhr.

Highlights: Fischerdorf, Aussichtspunkte auf zwei Türmen, Möwen am Gellort, Buddeln und Planschen am Nordstrand.

Einkehr: Fischräucherei und Café auf dem Rügenhof, Gasthaus Zum Goldenen Anker und Café am Meer sowie Fischimbiss in Vitt.

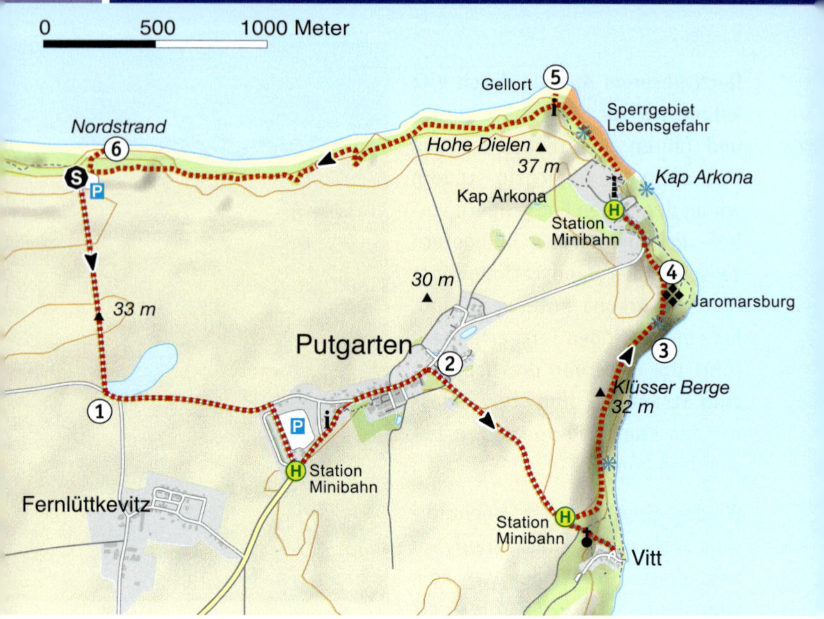

nische Alpaka-Produkte. Ganz oben befindet sich eine gläserne Aussichtskuppel (10 bis 17 Uhr, € 3).

Außerdem blicken wir hier auf die **Jaromarsburg**. Die Reste der Ranen-Festung aus dem 12. Jahrhundert ist seit unerwarteten Abbrüchen, bei denen ein zehnjähriges Mädchen ums Leben kam, abgesperrt. Herzstück der Burg war einst ein Tempel des vierköpfigen Gottes Svantevit. Sein modern interpretiertes Bildnis steht heute auf der freien Fläche neben dem Peilturm.

Linker Hand befindet sich die **Bahnstation** mit Süßigkeitenverkauf, ein Stück weiter unten der Imbiss Arcun, an dem wir unser Fischbrötchen in der gemütlichen windgeschützten Sitzecke verspeisen können, etwas weiter oben gibt es beim Arkona-Imbiss Pommes und Co. Wer keinen Hunger hat, folgt dem rechten Weg näher an der Steilküste und kommt am Künstlerhaus vorbei.

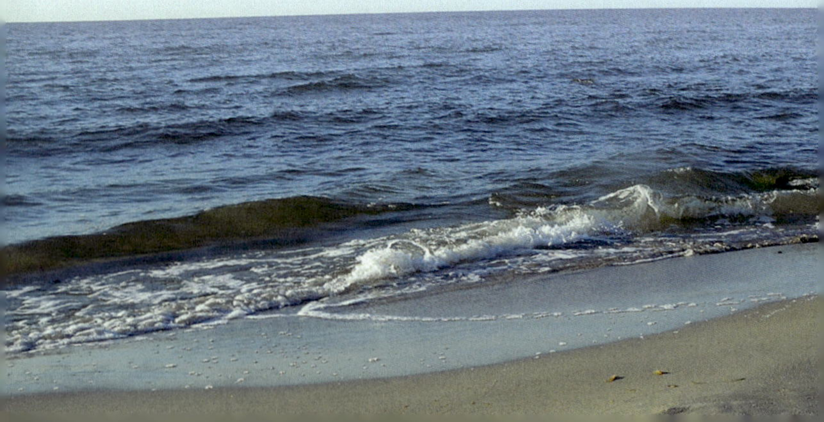

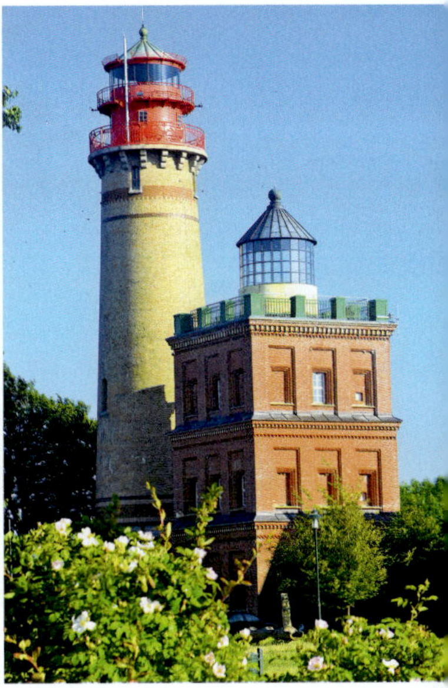

So oder so erreichen wir die beiden Leuchttürme. Der ältere ist 1827 nach Entwürfen des Baumeisters K. F. Schinkel erbaut. Er kann wegen Sanierungsarbeiten nicht bestiegen werden, ein Datum zur voraussichtlichen Wiedereröffnung traut sich niemand zu nennen. Der zweite, höhere Turm steht seit 1902 auf dem Kap und ist als Leuchtturm im Einsatz. Auch auf diesem Turm gibt es eine Aussichtsplattform (10 bis 18 Uhr, €3). Mit 35 Metern Höhe ist hier der Blick am besten und der Aufstieg am mühsamsten.

Am Fuß der Leuchttürme ist eine Bunkeranlage zu besichtigen (nur mit Führung). Dahinter geht es rechts auf den Küstenweg. Bis zum **Aussichtspunkt am Gellort ⑤** ist es noch ein kurzes Stück weit sehr voll. Hier führt die zweite Treppe zum Kiesstrand mit dicken Findlingen. Die Küste ist hier wild und ausgesprochen malerisch. Der Weg unterhalb der Klippen sollte jedoch nicht begangen werden, da es immer wieder zu Abbrüchen kommt.

Dann fahren wir mit herrlichem Meerblick am Nordufer entlang und die meisten anderen Besucher bleiben hinter uns zurück. Der Weg ist nun schmaler, aber immer noch gut mit dem Fahrrad zu befahren. Zuerst geht es durch den Uferwald, dann am Feldrand entlang durch eine stille Landschaft. Schließlich erreichen wir unseren Parkplatz. Hier befindet sich die **dritte Treppe ⑥**, die zu einem herrlichen Sandstrand führt. Passt das Wetter, ist hier zum Abschluss der perfekte Badeplatz erreicht.

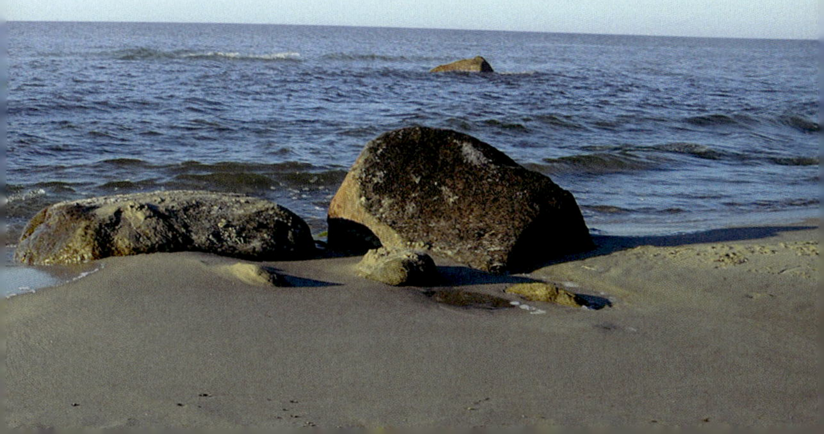

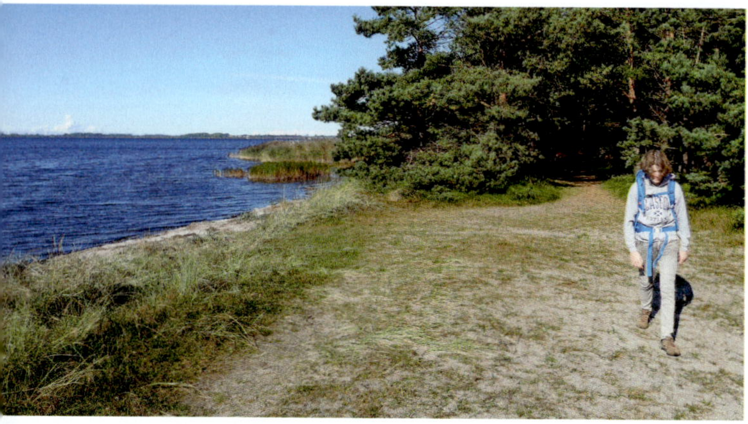

eben

STRECKE 5,8 km

2 h

ab 6

Tour 29: Zwischen Bodden und Ostsee

Zwei Seiten einer Insel

Die Schaabe, einer der längsten Sandstrände der Insel Rügen, liegt an der Ostseite einer langgezogenen Nehrung, die den Jasmunder Bodden von der Ostsee trennt. An seinen schmalsten Stellen ist dieser Landstreifen nur 700 Meter breit – es ist also ein Leichtes, von der Ostsee zum Bodden zu spazieren und wieder vom Bodden zur Ostsee. Genau das tun wir auf dieser Wanderrunde und erleben dabei ganz viel Wasser und zwei Uferzonen mit völlig unterschiedlichem Charakter.

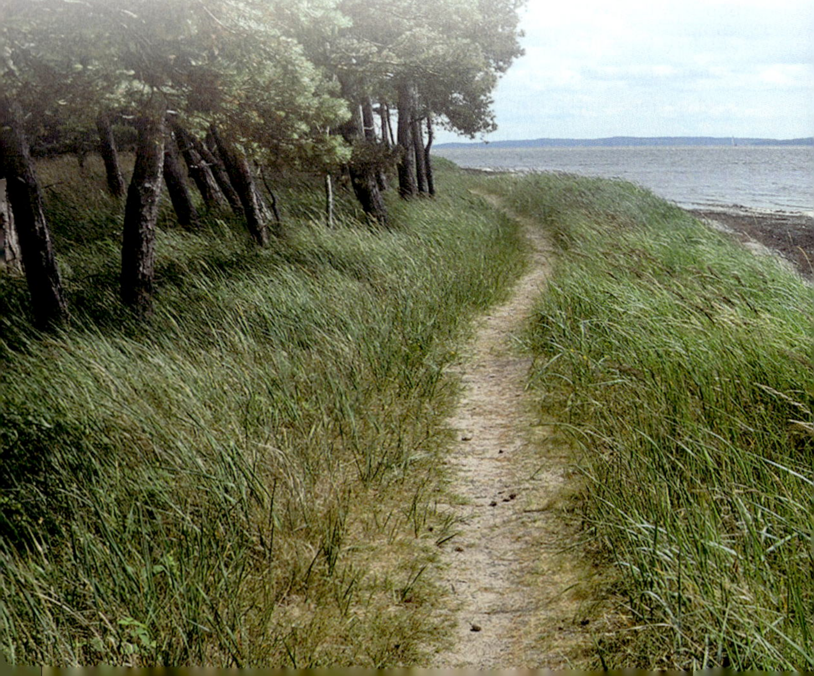

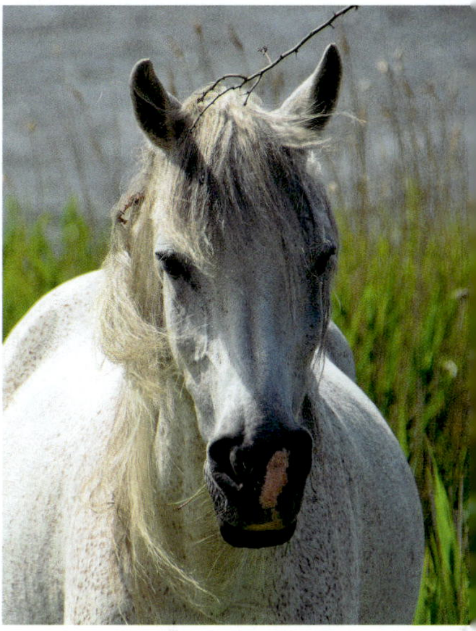

Wanderung: An der Parkplatzeinfahrt in Richtung Glowe überqueren wir die Straße. Nachdem das bewältigt ist, wandern wir schnurgeradeaus in den Wald hinein. So bringen wir den am wenigsten charmanten Teil der Wanderung gleich zuerst hinter uns. Wenn der Weg einen Knick nach links macht und linker Hand die Kiefern dichten Buchen weichen, haben wir die kurzzeitige Eintönigkeit überstanden. Dann kommt auch schon rechts die **Ponyweide** ① am ehemaligen Forsthaus Gelm in Sicht. Hier schimmert bereits der Bodden zwischen den Bäumen hindurch.

TOUREN-STECKBRIEF

Anfahrt: Hinter dem langen Sandstreifen der Schaabe, der zwischen den Orten Glowe und Breege liegt, gibt es rechts der Straße fünf Parkplätze. Unser Startpunkt ist von Glowe kommend der dritte Platz mit dem Namen **Schaabe 3** bei **GPS N 54°35'7.2", E 13°24'8.8".**

Anspruch und Charakter: Einfache Wanderung mit besonders schönen Landschaftseindrücken. Hinweg auf einem Pfad am Bodden, zurück geht es weglos am Sandstrand.

Highlights: Spielen und Pause am Wasser, Pferde am Boddenweg, Muscheln und Steine sammeln am Meer.

Einkehr: Keine.

In der Nähe: Dinopark, Therme bei Sagard.

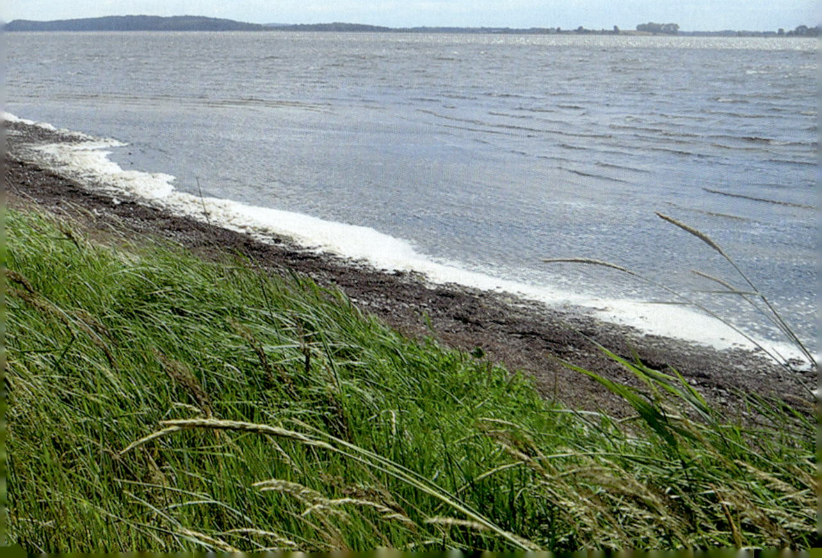

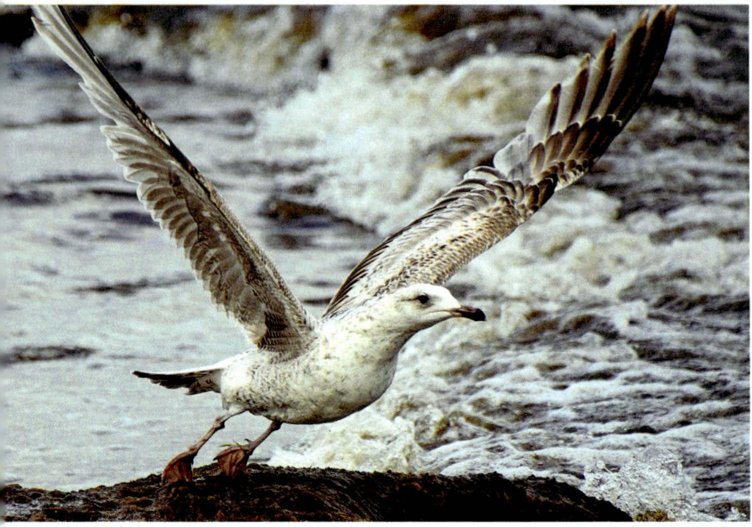

Am Uferweg biegen wir links ab. Nun laufen wir durch wahrhaft herrliche Natur: links von uns der Küstenwald, rechts lugt immer wieder der Jasmunder Bodden durch das Schilf. Nach einer Weile passieren wir eine **Badestelle** ② mit einem winzigen Sandstrand. Bald darauf laufen wir durch ein Schilfgebiet, das sich weit ins Land zieht. Dann treffen wir auf eine erste Bank. Dort gibt es einen weiteren schmalen Zugang zum Wasser.

An der **nächsten Bank** zweigt ein erster Wiesenweg nach links ab. Wir gehen weiter bis zum **nächsten Abzweig** ③ mit einer dritten Bank, die allerdings schon schon recht altersschwach ist. Bank. Wo das kleine grüne Schild für den offiziellen Wanderweg weiter geradeaus zeigt, biegen wir links auf den Waldweg ab. Auch er zieht sich wieder in einer geraden Linie durch den Wald, aber die ist diesmal kürzer. Schon bald sehen wir am Wegende die Autos vorbeifahren und überqueren dann erneut die Straße.

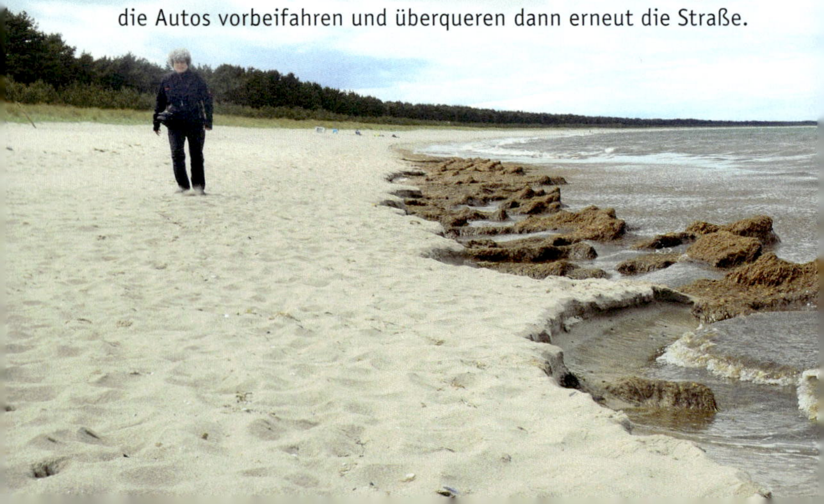

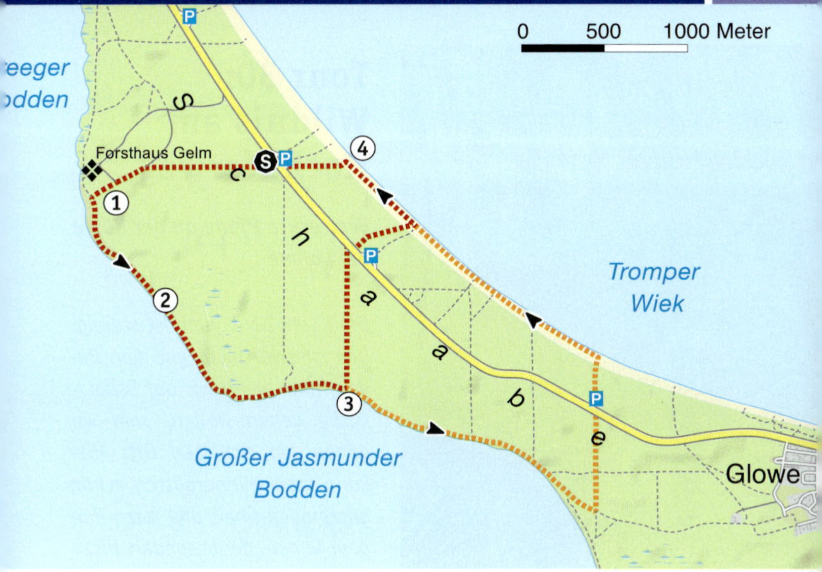

Ein kleines Stück rechts versetzt beginnt auf der anderen Seite ein Trampelpfad, der uns zur nahen Küste bringt. Wer Angst hat, sich zu verlaufen, geht an der Straße ein par Meter weiter zum Parkplatz 2 und folgt dem »Rettungsweg Nr. 7« . In jedem Fall geht es am Wasser links.

Am Ostseestrand genießen wir jetzt Wind, Wellen und Sand sowie die Aussicht auf die fernen Klippen vom Kap Arkona. **Zwei Holzpfähle** ④ markieren nach gut 500 Metern den Punkt, an dem der sandige Pfad abzweigt, der uns zurück zum Parkplatz bringt.

Variante für kondtionsstarke Wander-Kids
Mit älteren Kindern lässt sich die Runde auf eine bis zu neun Kilometer lange Tour ausdehnen. Statt am kleinen grünen Schild links abzubiegen, laufen wir dann weiter am Bodden geradeaus. Wir passieren noch eine Bank und wählen einfach die nächste oder übernächste Wegschneise zurück zur Straße. Spätestens nach der fünften Bank sollten wir die Abzweigung ins Landesinnere nehmen, denn dahinter wird die Nehrung deutlich breiter. In diesem Fall müssen wir einmal links abbiegen, um zur Straße zu gelangen. Diese überqueren wir dann am Parkplatz Schaabe 1. Der Rückweg am Meer ist dann entsprechend länger und führt auch über einen FKK-Strand.

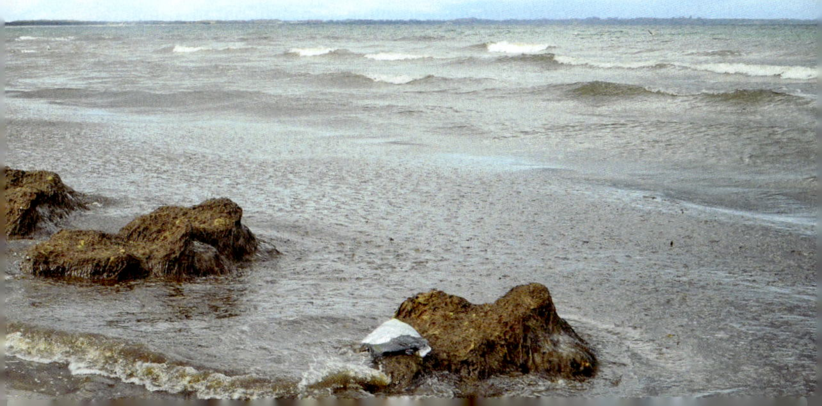

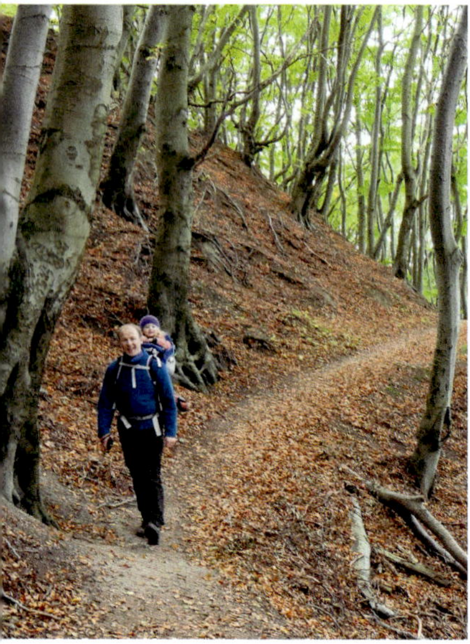

Tour 30: Wildnis am Hochuferweg

Versteckte Pfade an der Küste bei Lohme

Die Küste bei Lohme ist steinig. Das ist zwar nicht gut zum Baden, aber wenn wir auf Schatzsuche gehen wollen, sind wir genau am richtigen Ort: Hier kann man Hühnergötter, schön glitzernden Gneis und roten Porphyr finden, der besonders faszinierend aussieht, wenn er nass ist. Der Weg zum Strand führt auf einem schmalen Waldpfad durch einen urigen Wald mit uralten Buchen den Steilhang hinab und ist ein kleines Abenteuer.

50 m

STRECKE 3 km

1 h 30

ab 4

Wanderung: Vom zentralen Parkplatz laufen wir Richtung Meer durch die Straße **Am Schwanenstein**. Der Weg bringt uns rechts herum in den Wald. Kurz darauf teilt er sich und wir bleiben zunächst auf dem rechten **oberen Waldpfad** ①. Weit oben am Hang laufen wir vorbei an all den alten Baumriesen. Der Weg schlängelt sich abenteuerlich durch den alten Wald. Es geht eine Treppe hinauf und über eine kleine Brücke.

Nach etwa 800 Metern erreichen wir eine **Abzweigung mit Schild** ②. Wir schlagen den linken Weg Richtung »Lohme über niederen Uferweg« ein. Auf jenen stoßen wir kurz darauf.

Wenn wir hier zunächst rechts gehen, erreichen wir bald einen **Abstieg zum Steinstrand** ③. Hier gehen wir dann links in Richtung Lohme zurück. Am besten läuft es sich auf den kleineren Steinen, zwischen denen man nach den schönsten Exemplaren

TOUREN-STECKBRIEF

Anfahrt: Lohme liegt nördlich des Nationalparks Jasmund an der Steilküste. Die Zufahrtsstraße zum Ort zweigt kurz hinter Hagen rechts von der L303 ab. Der **Parkplatz Lohme** befindet sich im Ortszentrum neben dem Laden bei bei **GPS N 54°34′58.2″, E 13°36′46.9″**. Hier gibt es auch einen Wohnmobilstellplatz.
Anspruch und Charakter: Steiler Abstieg auf einem Waldpfad zum Meer, Rückweg teilweise weglos am Kiesstrand, was recht anstrengend ist.
Highlights: Steine sammeln und Hühnergötter suchen, alte Bäume angucken.
Einkehr: Café Niedlich im Hafen von Lohme, weitere Gastronomie im Ort.
In der Nähe: Dinopark, Kreidemuseum, Nationalpark Jasmund.

oder nach einem Hühnergott suchen kann. Zwischen vielen Feuersteinen sind hier auch Granit und der rote Porphyr zu finden.

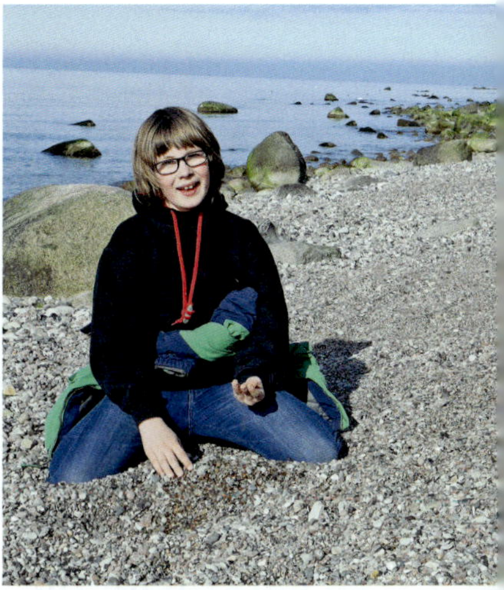

Sind die Taschen schwer genug gefüllt, wechseln wir einfach auf den niederen Uferweg zurück. Nur im allerersten Wegabschnitt verläuft der Pfad zu weit oben, später verläuft er nur drei bis vier Meter über dem Meer. Immer wieder führen kleine Pfade die Uferböschung hinauf. Wir folgen dem Weg, bis er an **einer Treppe zum Strand** ④ endet. Hier balancieren wir links herum noch einmal über große Steine und blicken auf den Schwanenstein. Der dicke Brocken in der Brandung gehört zu den mächtigsten Findlingen auf Rügen.

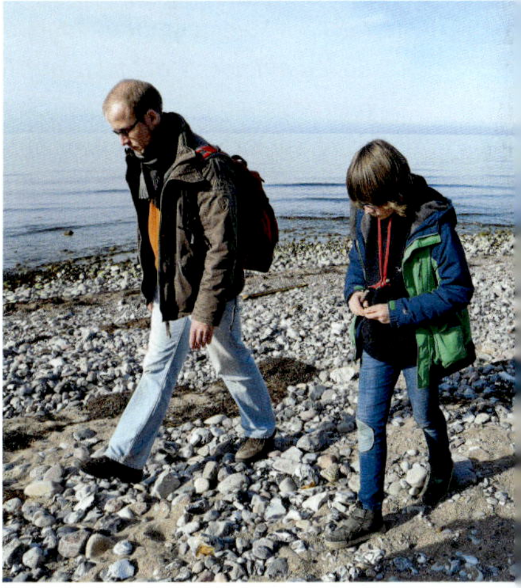

Nach wenigen Metern zweigt links ein Weg zum Sportboothafen von Lohme ab. Hier steht auch noch eine Infotafel, die eine traurige Geschichte aus dem Jahr 1956 erzählt. Links über uns klebt das **Café Niedlich** am Hang (letzte Bestellmöglichkeit um 16:40 Uhr). Über eine lange Treppe geht es dann zurück in den Ort. Links herum treffen wir auf die Straße zum Parkplatz.

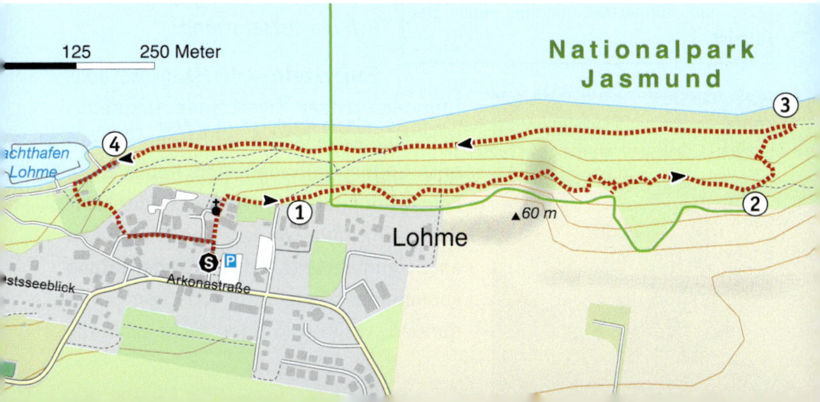

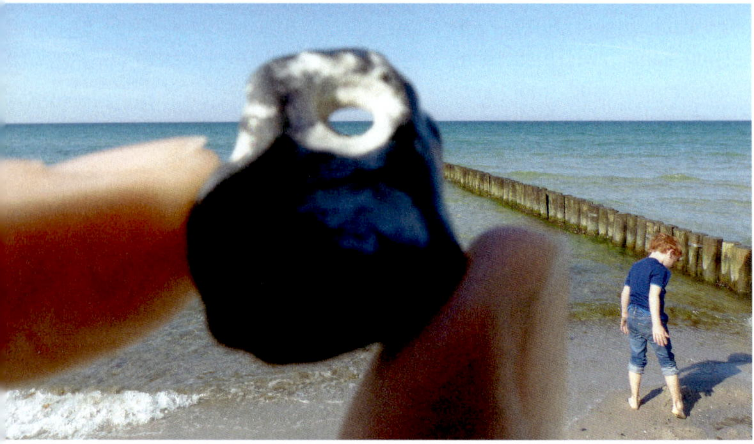

Schatzsuche im Kies

Auch im Sommer gibt es Tage, an denen der Ostseestrand nicht zum Baden einlädt. Statt jetzt auf Indoorspielplatz, Schmetterlingspark oder Museum auszuweichen, können wir uns auch warm und wasserdicht verpacken und einen Spaziergang an einem Kiesstrand machen. Sind die Kiesel feucht, fangen sie plötzlich an zu glitzern und zu funkeln. Die Farben werden leuchtend und intensiv und der ganze Strand scheint voller bunter Schätze zu liegen. Nach Hühnergöttern zu suchen, ist immer ein Vergnügen, aber auch ganz gewöhnliche Steine lohnen die nähere Betrachtung. Viele sind bunt gefleckt und haben glitzernde Einschlüsse. In Ablagerungsgestein wie Kalk- und Sandstein, das am Grunde des Meeres entstanden ist, kann man am Strand auch Fossilien finden. Aber welche Gesteinsarten gibt es eigentlich am Ostseestrand?

Was ist eigentlich ein Hühnergott?
Wer aus dem Norden Deutschlands kommt, schüttelt wahrscheinlich den Kopf über so eine dumme Frage, im Süden ist der Begriff jedoch nicht ganz so geläufig. Ein Hühnergott ist ein Stein, in den das Meer ein Loch gefressen hat, sodass man ihn an ein Band hängen und als Amulett verwenden könnte. Die Idee, das Geflügel mit Hilfe eines solchen Amulettes vor bösen Geistern zu schützen, stammt aus dem slawischen Volksglauben. Der Stein sollte den Hausgeist Kikimora bannen, der gerne die Menschen erschreckt, durch die Räume poltert und im Hühnerstall Hennen und Eier stiehlt.

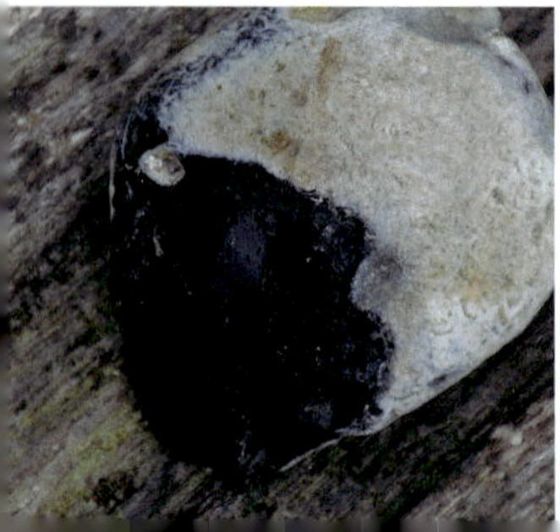

Feuerstein ist der Hauptbestandteil vieler Ostsee-Kiesstrände. Ursprünglich aus Kieselsäure am Meeresboden entstanden, befinden sich heute viele Feuersteinknollen im Kalkstein der Kreideklippen und werden bei Abbrüchen am Strand verteilt. Frisch aus der Klippe kommender Feuerstein ist von einer dünnen, weißen Kreideschicht umhüllt.

Innen ist der Stein schwarz. Das Material splittert leicht und entwickelt dann feine, scharfe Kanten. Aus Feuerstein wurden in der Steinzeit Pfeilspitzen und Messerklingen hergestellt. Auch Hühnergötter bestehen meistens aus Feuerstein.

Ein zweites gängiges Gestein am Ostseestrand ist der **Granit**. Granit ist ein kristallines Gestein. Es gibt ihn in vielen Farben und er besteht aus den Mineralien Feldspat, Quarz und Glimmer. Charakteristisch ist sein Aufbau aus kleinen, unterschiedlich gefärbten Kristallen.

Der **Gneis** ist ebenfalls ein kristallines Gestein und er besteht aus den gleichen Bestandteilen wie Granit, ist jedoch in Schichten aufgebaut. Gneis hat dadurch oft ein Tigermuster oder wirkt wie ein Stein mit Höhenlinien. Gneis und Granit sind die härtesten Gesteine an der Ostsee und die meisten großen Findlinge im Wasser bestehen aus diesem Material.

Porphyr ist ebenfalls ein gefleckter Stein. Er ist vulkanischen Ursprungs und an der Ostsee viel seltener als Granit. Porphyr hat eine Grundfarbe, in der farbige Einschlüsse zu finden sind.

Fossilien sind ebenfalls ein begehrtes Sammelgut bei der Ostsee-Schatzsuche. Sie sind nur in sogenanntem Sedimentgestein zu finden. Stein, der

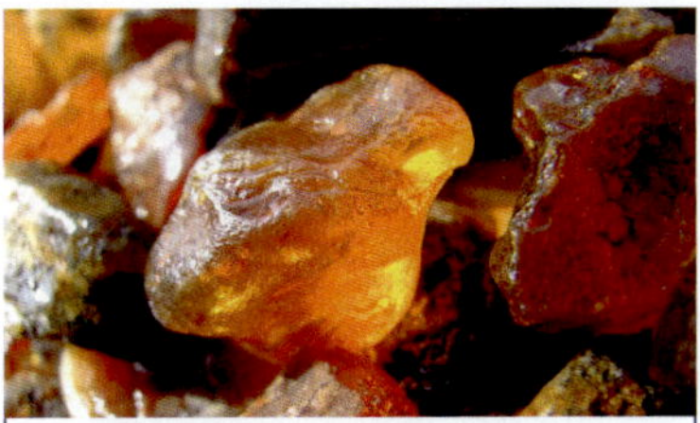

Bernstein – das Ostseegold
Um an der Ostsee auch Bernstein zu finden, muss man nicht im Kies, sondern am Sandstrand auf die Suche gehen. Bernstein ist versteinertes Baumharz. Er kommt aus dem Meer und wird vor allem nach Stürmen am Sandstrand angespült. Findet man einen gelben Stein, kann man mit einer einfachen Probe feststellen, ob es sich um das begehrte Baumharz handelt: In einer Salzlösung (zwei gehäufte Esslöffel Salz in einem Glas Wasser) schwimmt Bernstein an der Wasseroberfläche, alle anderen Steine sinken zu Boden.

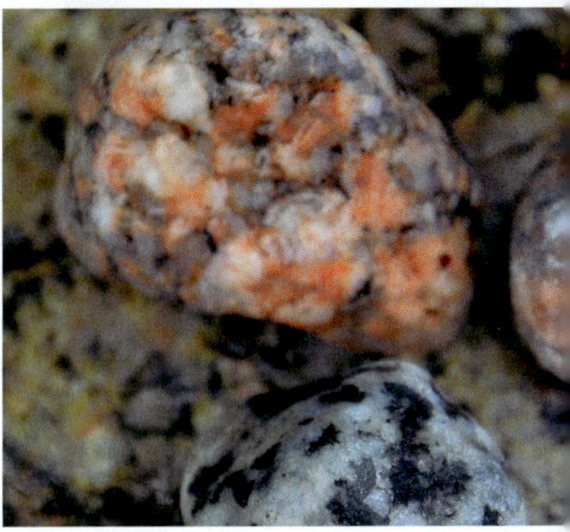

aus Ablagerungen am Meeresboden entstanden ist. Eines dieser Gesteine ist der leicht erkennbare **Sandstein**. Er besteht aus Quarz und scheint aus vielen kleinen Sandkörnchen zusammengesetzt zu sein. Auch in **Kalkstein** kann man Abdrücke von Muscheln und Schnecken finden oder sogar einen versteinerten Seeigel. Kalksteine sind relativ weich und lassen sich leicht mit einem Messer ritzen.

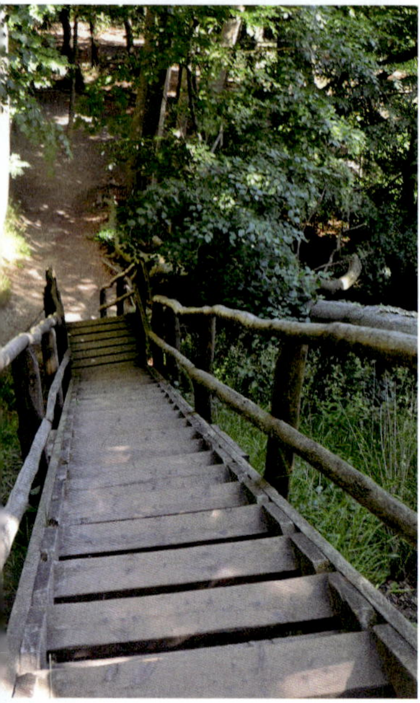

Tour 31: Der kurze Weg zum Königsstuhl

Pfenniggrab, Herthaburg und Kreidefelsen

Mehrere Wege führen vom Parkplatz Hagen zum Besucherzentrum am Königsstuhl. Am einfachsten ist es, den breiten Forstweg entlang zu spazieren. Deutlich interessanter sind die Waldwege rund um Herthasee und Herthaburg, an denen es auch noch ein uraltes Großsteingrab zu entdecken gibt. Am Ziel warten die Kreidefelsen und das schöne Museum mit Aussichtsplattform und großem Spielplatz. Ein kurzer Abstecher führt hinauf zur Viktoriasicht, und zurück zum Parkplatz bringt uns dann der Bus.

70 m

STRECKE 4,5 km

1 h 45

ab 4

Wanderung: Vom Parkplatz Hagen folgen wir dem Fußweg, der hinten am Wohnmobilstellplatz beginnt. Zumindest zu Schulferienzeiten brauchen wir anfangs nur dem steten Besucherstrom zu folgen: In einem Bogen geht es links herum, dann zweigt am Waldrand rechts der Weg in den Nationalpark ab.

Nach kurzer Zeit gelangen wir an eine unscheinbare **Kreuzung** ①, an der der Hauptweg einen Bogen nach rechts macht. Hier verlassen wir den breiten Schotterweg und biegen links in den zweiten Weg ein. Eine sichere Orientierung geben uns die **grün-**

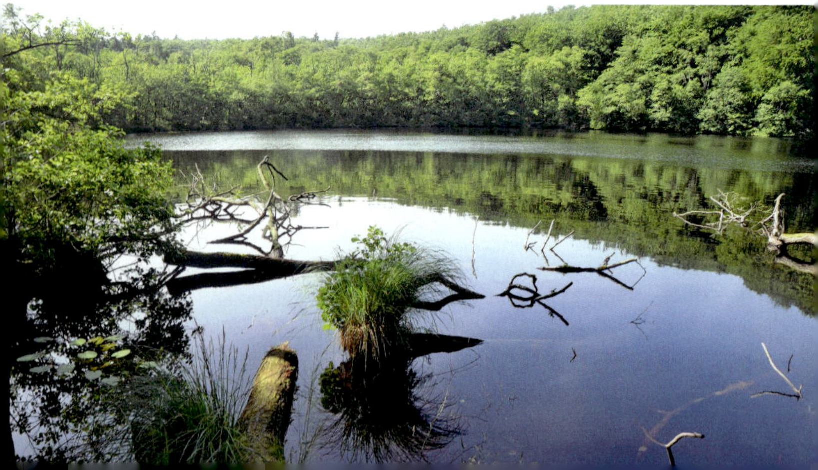

TOUREN-STECKBRIEF

Anfahrt: Der kostenpflichtige **Großparkplatz Hagen**, von dem Busse zum Besucherzentrum am Königsstuhl fahren, liegt sechs Kilometer nördlich von Sassnitz auf der rechten Seite der L303 bei **GPS N 54°33'43.7", E 13°37'32.3".**
Pendelbus: Der Bus Nr. 19 fährt etwa im 20-Minuten-Takt. Aktueller Fahrplan unter www.vvr-bus.de.
Besucherzentrum: Geöffnet 9–18 Uhr, Juli und August bis 19 Uhr. Im Winter nur 10–17 Uhr, Familienticket €20, Kombiticket inkl. Bus €28, plus Parkticket Hagen €33.
Anspruch und Charakter: Einfache Wanderung auf guten Wegen.
Highlights: Pfenniggrab und Herthasee, Königsstuhl mit Besucherzentrum und fantasievoll gestaltetem Spielplatz.
Einkehr: Bistro im Besucherzentrum, Imbiss am Parkplatz.
In der Nähe: U-Boot-Museum Sassnitz, Bootfahrten zu den Kreidefelsen.

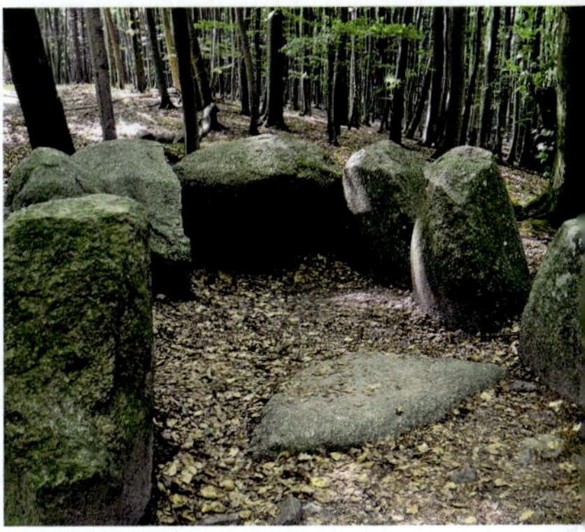

weiß-blauen Markierungen, die nun in regelmäßigen Abständen an den Bäumen zu sehen sind. Auch jüngere Kinder können so prima selbst den Weg suchen. Wer stattdessen dem Wegweiser zum Pfenniggrab folgt, erwischt den ersten der beiden Pfade und gelangt auch zum Ziel – die Wege verlaufen mehr oder weniger parallel.

In beiden Fällen biegen wir am Ende des Weges rechts ab (auf der Alternativ-Route auch noch ein zweites Mal) und stehen dann bald an dem **alten Großsteingrab** ②, das direkt links des Weges zu sehen ist.

Auch für den Weg vom Pfenniggrab zur Herthaburg gibt es zwei Wegvarianten: Der Wegweiser »Herthasee« führt links am See vorbei, die grün-weiß-blaue Markierung leitet uns auf der rech-

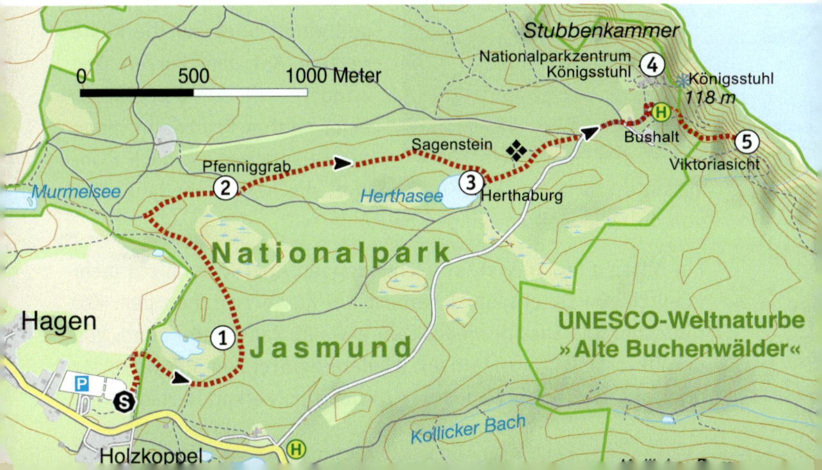

Das Besucherzentrum am Königsstuhl

Der beliebteste Platz im Besucherzentrum ist die Aussichtsplattform, die neuerdings über dem Kreidefelsen schwebt. Bis voraussichtlich Mitte 2022 wird der alte, abbruchgefährdete Aussichtspunkt zu einem modernen Skywalk umgebaut. Vom sogenannten »Königsweg« bleibt der weite Blick über die Ostsee und die weißen Klippen erhalten.

Das Zentrum selbst informiert auf spannende Weise über den Nationalpark. Die Ausstellung über die Entstehung der Kreidefelsen ist mit verschiedenen Audioguides, Aquarium und vielen Mitmach-Stationen eine interessante Sache. Im Kino läuft ein Film über die alten Buchenwälder von Jasmund, die unter dem Schutz der UNESCO stehen, und auf dem Außengelände wartet ein kleiner Spielplatz mit einem ungewöhnlichen Kletterbaum. Wer möchte, kann auch an einer Führung teilnehmen.

Geöffnet: Ostern bis Ende Oktober 9–18 Uhr, Juli und August bis 19 Uhr. Im Winter 10–17 Uhr, Eintritt €10, Kinder 6 bis 14 Jahre €4,50, Familie €20. Hunde können an der Leine mitgenommen werden, dürfen aber nicht mit in die Ausstellung. Sie können während des Besuches an der Hundebar angeleint warten.

ten Seite am See entlang zur Herthaburg. Auf dem rechten, etwas breiteren Weg kommt man zu einem Steg mit Blick über den idyllischen kleinen See. Am Seeende liegt der Wall der ehemaligen **Herthaburg** ③, einer Anlage aus dem frühen Mittelalter, als Slawen Rügen bewohnten. Mehr als der Erdwall ist allerdings nicht mehr erkennbar. Eine Zeichnung auf der Infotafel hilft der Fantasie auf die Sprünge.

Ein kurzer Abstecher führt noch zum sogenannten Opfer- und zum Sagenstein, dann stehen wir am **Besucherzentrum mit Ausstellung** ④ über die Kreideküste. Dort schwebt der neue »Königsweg« über dem Königsstuhl, dem höchsten Kreidefelsen der Insel. Er ist aber nur mit einem Ticket für das Besucherzentrum zugänglich.

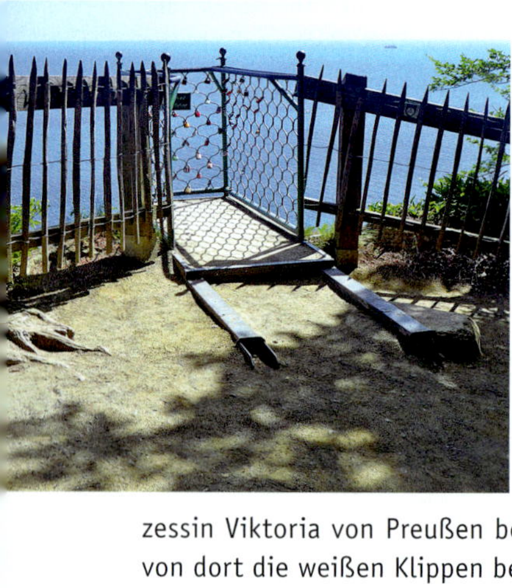

Da man vom Skywalk die weiße Klippe aber gar nicht sehen kann – klare Sache, denn man steht ja direkt darüber – sollte man zumindest noch die 600 Meter zum Aussichtspunkt **Viktoriasicht** ⑤ hinaufsteigen und einen Blick auf die Küste werfen. Auf dem kurzen Weg wandern wir auf den Spuren einer echten Prinzessin, denn das Felsplateau ist nach Prinzessin Viktoria von Preußen benannt, die bereits im Jahr 1865 von dort die weißen Klippen bewunderte.

Ein Abstieg ans Wasser ist nach massiven Abbrüchen nicht mehr möglich. Im Durchschnitt verliert die Küste zwischen dem Königsstuhl und Sassnitz jedes Jahr etwa 20 Zentimeter Land. Von der Viktoriasicht wandern wir wieder hinunter zum Busparkplatz und fahren mit dem Pendelbus zurück zum Parkplatz Hagen.

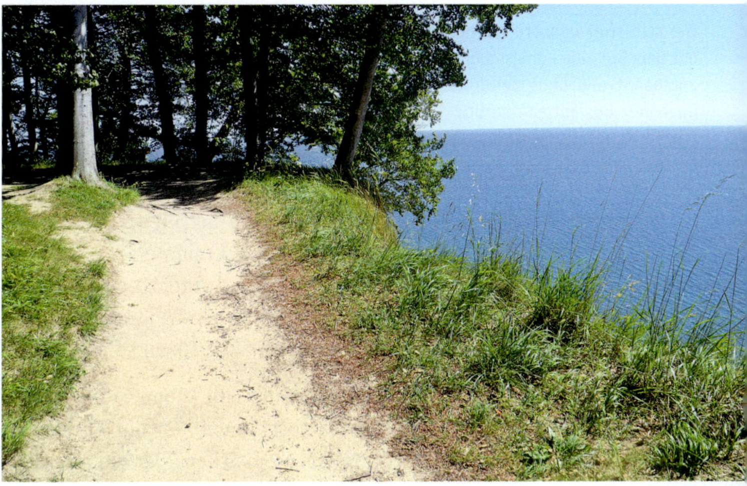

Tour 32:
Auf dem Hochuferweg zum Königsstuhl

210 m

280 m

STRECKE 9 km

3 h 45

ab 8

Eine Klippenwanderung im Jasmund Nationalpark

Der Hochuferweg an den Kreidefelsen im Naturpark Jasmund gilt als schönster Wanderweg der Insel Rügen. An sonnigen Tagen leuchtet zwischen den Blättern der alten Buchen ein türkisblaues Meer und an einigen Stellen können wir weit über die Kreideklippen blicken. Treppen führen hinunter zum Kiesstrand und zum Fuß der bis zu 118 Meter hohen Kreideabbrüche. Der Weg quert mehrere Bachtäler, sodass für eine Ostseewanderung unerwartet viele Höhenmeter zu überwinden sind, die die Wanderung ein wenig anspruchsvoller machen. Dennoch lässt sich die Route mit der entsprechenden Vorsicht an den Abbruchkanten der Klippe durchaus auch mit größeren Kindern laufen. Fährt man eine Strecke mit dem Bus, der regelmäßig zwischen Sassnitz und dem Königsstuhl unterwegs ist, sind überschaubare neun Kilometer zu überwinden.

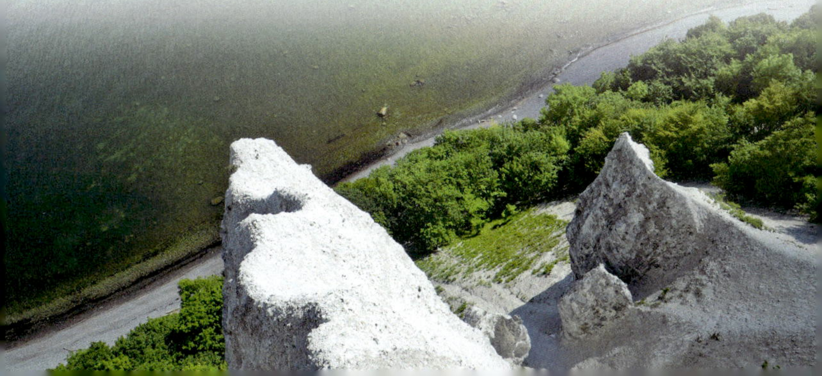

> Wer stressfrei wandern möchte, fährt zuerst mit dem Bus zum Königsstuhl und läuft dann entspannt und ohne Zeitdruck und Sorgen über den Busfahrplan zurück. Deshalb beschreiben wir die Route in dieser Richtung. Es geht natürlich auch andersherum.

Wanderung: Am Busparkplatz vor dem Besucherzentrum biegen wir in der rechten Ecke in den gut markierten Weg hinauf zur **Viktoriasicht** ① ein. Hier bewunderte im Jahr 1865 Kronprinzessin Viktoria in Begleitung ihres Schwiegervaters, den späteren Kaiser Wilhelm I., die Rügener Kreidefelsen. Aber das ist Geschichte. In der Gegenwart ist der Ausguck einer der besten Plätze an Land, um den 118 Meter hohen weißen Felsen des Königsstuhles mit seinem brandneuen Skywalk zu sehen.

Der beste Ausguck erfordert ein wenig Mut – und in der Saison etwas Stehvermögen in der Warteschlange: An der Spitze der Klippe ragt ein schmaler Metallsteg ein Stück über die Abbruchkante. Von hier aus sieht man nicht nur den Königsstuhl, sondern auch einen Teil des Strandes. Hinunter geht es seit 2016 nicht mehr, weil ein Baum auf die Treppe stürzte. Nach langen Berechnungen entschied man sich letztlich für den Abriss und gegen einen Neubau. Im weiteren Verlauf des Hochuferwegs gibt es andere Treppen hinunter zum Meer.

> **Bustransfer Sassnitz-Königsstuhl**
> Auf der Route Sassnitz-Königsstuhl fährt die Linie 23, von Sassnitz zum Parkplatz Hagen kommt man mit der 14, von Hagen pendelt dann die 19 zum Königsstuhl und zurück. Innerhalb von Sassnitz fährt die Linie 18. **Der erste Bus** von Sassnitz zum Königsstuhl fährt um 8.30 Uhr, ab 9.30 Uhr mindestens ein Bus pro Stunde. **Der letzte Bus** vom Königsstuhl zurück nach Sassnitz geht um 18.45 Uhr. Vor der Wanderung bitte den aktuellen Fahrplan unter www.vvr-bus.de prüfen!

Von der Viktoriasicht laufen wir immer an den Klippen entlang nach Süden. Ab und zu

TOUREN-STECKBRIEF

Anfahrt: Sassnitz befindet sich im Nordwesten Rügens und ist über die B96 zu erreichen. Wer mit dem Auto anreist, parkt preiswert und zentral auf dem **Altstadt Parkplatz** bei **GPS N 54°31'08.8", E 13°39'14.3"** (für Wohnmobile verboten). Alternativ kann man auch am anderen Ende des Weges auf dem kostenpflichtigen Parkplatz Hagen bei **GPS N 54°33'43.7", E 13°37'32.3"** starten.

Bus: Sassnitz ist von vielen Orten der Insel auch gut mit dem Bus erreichbar. Das »Königsstuhl-Ticket« lohnt sich für alle, die auch ins Besucherzentrum wollen. Es kombiniert den Eintritt mit einem Tagesticket für alle Busse auf Rügen und kostet für eine Familie (max. 2+3) €40.

Anspruch und Charakter: Traumhaft schöne Wanderung auf guten Waldpfaden, oft mit weitem Blick über das Meer, mehrere Aussichtspunkte mit Klippenblick und Treppenabgänge zum Strand, deutliche Höhenunterschiede. Beliebter und viel begangener Weg.

Highlights: Blick über die Klippen und Abstieg zum Strand, Spielplätze am Welterbeforum und Besucherzentrum Königsstuhl.

Einkehr: Bistro in der Waldhalle und im Besucherzentrum, Gastronomie an der Promenade und im Hafen von Sassnitz.

In der Nähe: U-Bootmuseum Sassnitz, Bootfahrten zu den Kreidefelsen.

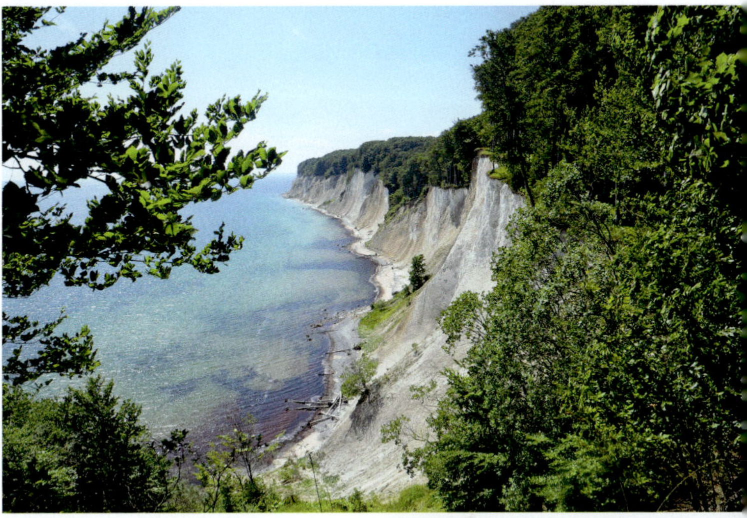

führen Stichwege näher an den Klippenrand. Zumindest solange die Buchen am Wegrand Blätter tragen, sieht man von dort aber auch nicht viel mehr. Der nächste richtig gute Ausguck folgt am **Kollicker Ort** ②. Eine Bank erlaubt hier eine Pause mit bestem Klippenblick.

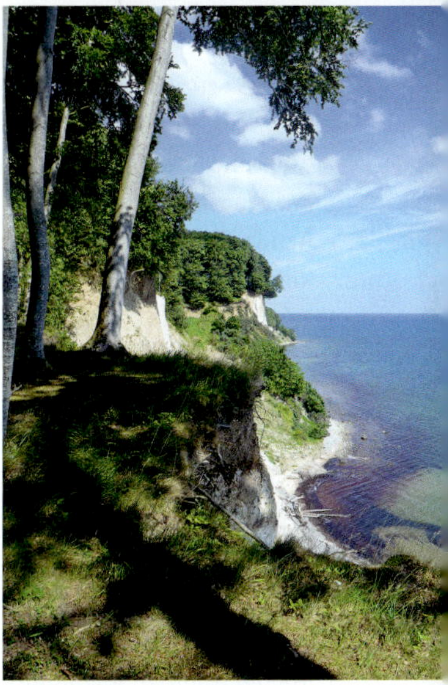

Rechts führt ein Weg am Kolliker Bach zum Parkplatz Hagen. Wir laufen geradeaus weiter. Nachdem es bisher eher bergab ging, folgt hinter dem Bacheinschnitt der erste längere und recht steile Aufstieg. Die meisten richtig steilen Passagen sind aber durch Holztreppen entschärft.

Kaum oben angekommen, geht es schon wieder in die nächste Senke. Hier ist es der **Kieler Bach** ③, der für einen tiefen Einschnitt sorgt. Dort wo das Bachwasser über die Abbruchkante zum Strand hinunter plätschert, führen ein Steg und eine steile **Treppe zum Strand** unterhalb der Klippen. Hinuntersteigen sollte man auf jeden Fall. Der Blick ist wirklich eindrucksvoll und am Fuß der Treppe ist der Strand sicher. Ob man wirklich unter den überhängenden Klippenkanten auf dem schmalen Kiesstreifen entlanglaufen möchte, muss dann jeder selbst entscheiden. Nach längeren Regenfällen oder im Frühjahr zur Schneeschmelze sollte man das Risiko besser nicht eingehen.

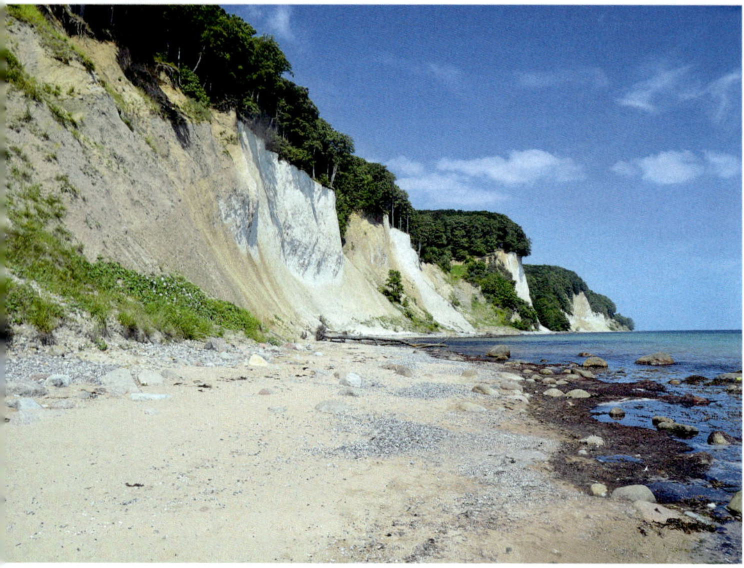

Wieder zurück auf dem Hochuferweg wandern wir auf einem Holzsteg durch das Bachtal und dann viele Stufen hinauf. Ab hier sind die Höhenunterschiede nicht mehr ganz so heftig und der Weg führt nur noch sanft auf und ab. Bis zur **Ernst-Moritz-Arndt-Sicht** ④ spazieren wir jetzt mit ein wenig Abstand zur Küste durch den Wald. Kurz darauf lohnt es sich, den Schildern zur **Waldhalle** landeinwärts zu folgen. In der historischen Gaststätte ist seit 2017 das UNESCO-Welterbeforum untergebracht. Hier gibt es eine kleine kostenlose Ausstellung zum Nationalpark, ein Bistro und öffentliche Toiletten. Highlight für Kinder ist ein kleiner Spielplatz.

Anschließend nähern wir uns den ehemals berühmten **Wissower Klinken** ⑤. Zuerst erhaschen wir nur mit Mühe einen Blick auf die Stelle, an der 2005 ein großes Stück der Küste abbrach und den viel fotografierten Postkartenblick an dieser Stelle vollständig veränderte. Besonders interessant ist die Tafel, die die Küste vor und nach dem Abbruch der Klippe zeigt. Wenig später folgt noch einmal ein besonders guter Aussichtspunkt mit perfektem Blick auf das Wissower Ufer.

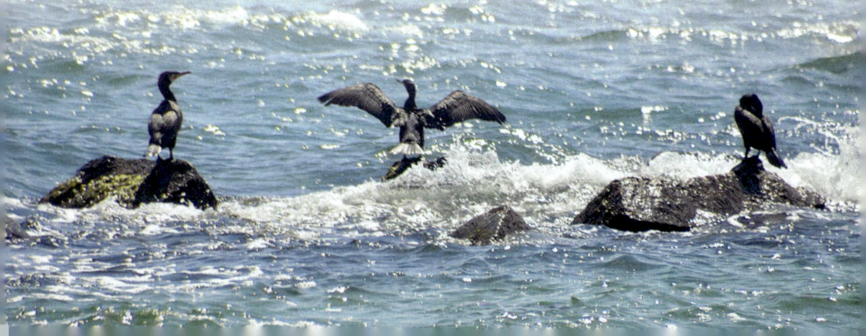

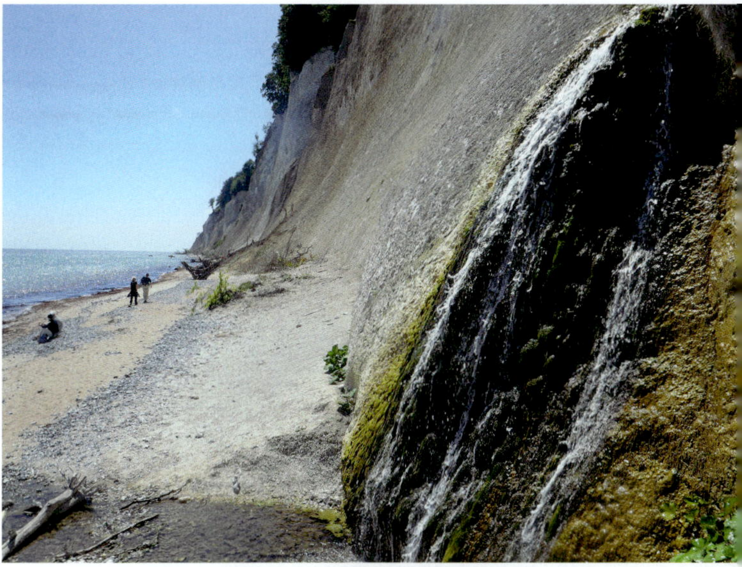

Der nächste Höhepunkt ist die **Treppe zur Piratenschlucht** ⑥, wo wir ein zweites Mal zum Meer hinuntersteigen können. Bis Sassnitz ist dies die letzte Gelegenheit.

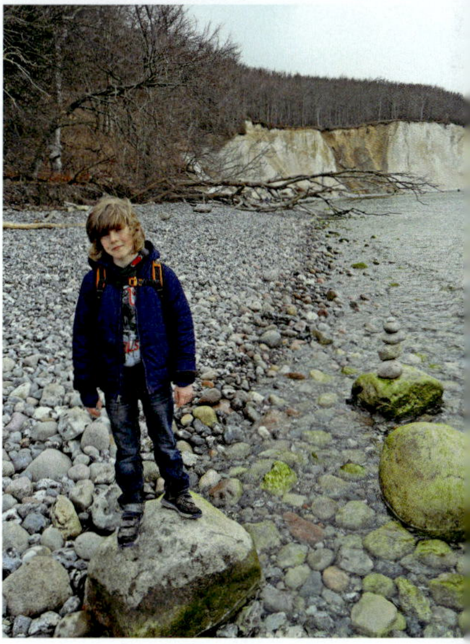

Der Hochuferweg endet an der Weddingerstraße am Stadtrand von Sassnitz. Wer auf dem kürzesten Weg zurück möchte, läuft hier rechts und trifft bald auf die erste Haltestelle des Stadtbusses mit der Nummer 18, der auch zum Busbahnhof fährt.

Reicht die Energie noch, ist es aber viel reizvoller, hier die letzte Treppe zum Strand hinabzusteigen und diesem ein kleines Stück nach rechts zu folgen. Nach einer kurzen, aber aufregenden Kletterpartie über einige schon vor längerer Zeit abgestürzte Bäume sind die Klippen zu Ende und wir laufen rechts auf der Strandpromenade, vorbei an Cafés und Restaurants, zur **Seebrücke**. Wer Lust auf ein Fischbrötchen oder Fish and Chips hat, wandert weiter bis zum **Anleger der Ausflugsboote** ⑦. Von der Mole führen dann Treppen hinauf zur Hauptstraße und wer im Ort geparkt hat, ist schnell wieder am Auto.

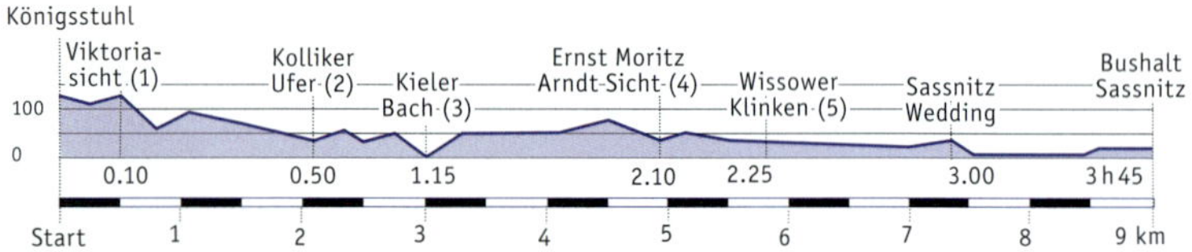
Königsstuhl
Viktoria-sicht (1)
Kolliker Ufer (2)
Kieler Bach (3)
Ernst Moritz Arndt-Sicht (4)
Wissower Klinken (5)
Sassnitz Wedding
Bushalt Sassnitz
100
0
0.10
0.50
1.15
2.10
2.25
3.00
3h45
Start
1
2
3
4
5
6
7
8
9 km

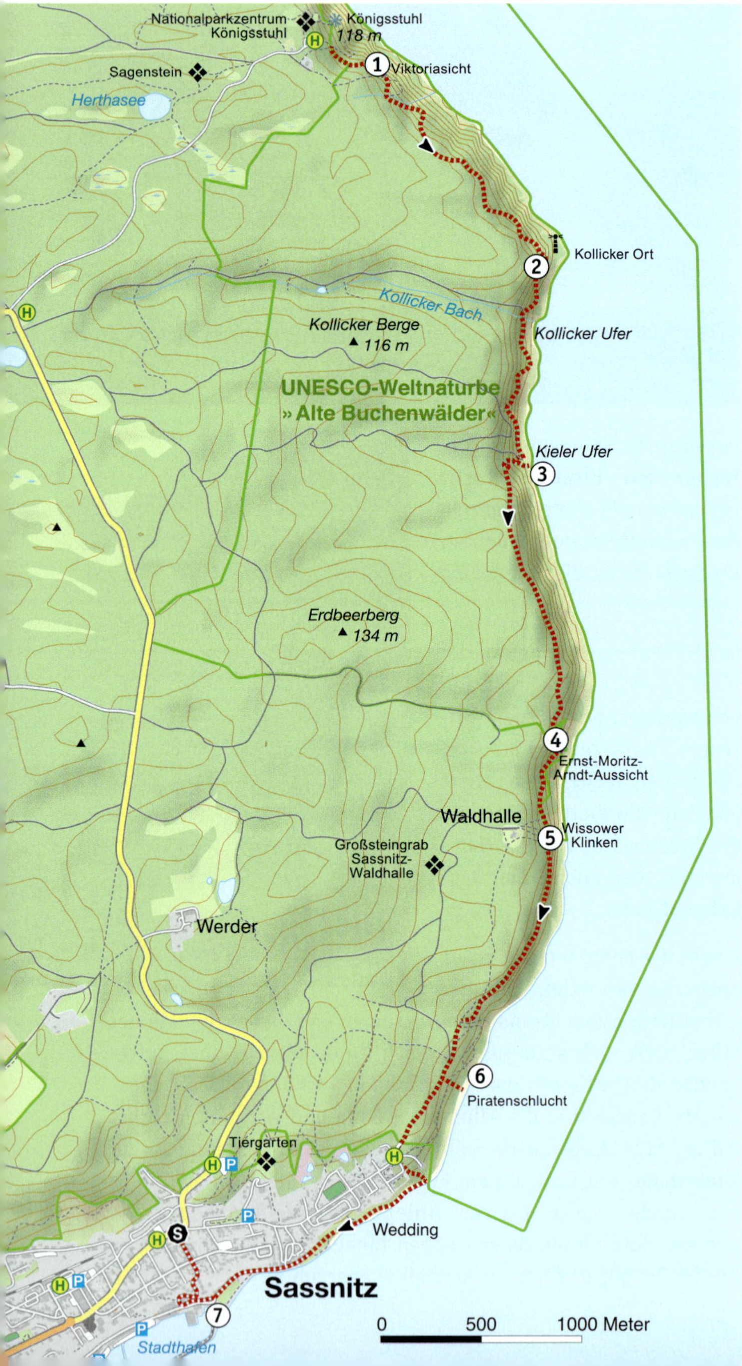
Nationalparkzentrum Königsstuhl
Königsstuhl 118 m
1 Viktoriasicht
Sagenstein
Herthasee
Kollicker Ort
2
Kollicker Bach
Kollicker Berge 116 m
Kollicker Ufer
UNESCO-Weltnaturbe »Alte Buchenwälder«
Kieler Ufer
3
Erdbeerberg 134 m
4 Ernst-Moritz-Arndt-Aussicht
Waldhalle
5 Wissower Klinken
Großsteingrab Sassnitz-Waldhalle
Werder
6 Piratenschlucht
Tiergarten
Wedding
Sassnitz
7
Stadthafen
0 500 1000 Meter

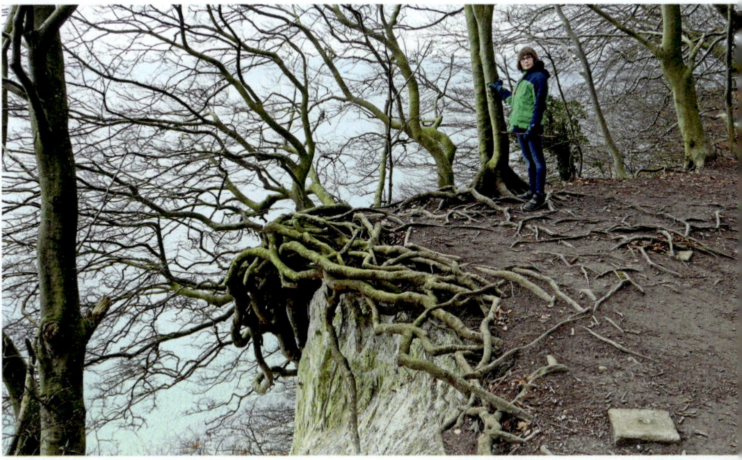

Tour 33: Entlang der Wissower Klinken

80 m

STRECKE 4,5 km

1 h 45

ab 6

Die kurze Version des Hochuferweges

Die Wissower Klinken waren lange eins von Rügens Postkartenmotiven, bis die spitzen Kreideklippen 2005 dem unvermeidlichen Zahn der Zeit und dem Druck der Naturgewalten nachgaben und ins Meer stürzten. Ihre charakteristische Form ist seitdem verloren, nicht aber der magische Charakter dieses Küstenabschnitts. Die nach wie vor markante Kreideküste liegt im Nationalpark Jasmund und lässt sich von Sassnitz aus bequem erwandern.

Wanderung: Wir beginnen die Wanderung am Eingang zum Nationalpark Jasmund am **Wendehammer der Weddingstraße** am westlichen Ende von Sassnitz. Rechts hinunter laufen wir ein Stück auf Asphalt, dann zweigt links ein schöner Waldweg ab, der uns nahe der Steilküste am Wasser nach Norden führt. Alter-

TOUREN-STECKBRIEF

Anfahrt: Sassnitz befindet sich im Westen Rügens und ist über die B 96 zu erreichen. Wer mit dem Auto anreist, muss auf einen der kostenpflichtigen Parkplätze in Sassnitz zurückgreifen (zum Beispiel **Parkplatz Altstadt**, €1 pro Stunde).

Bus: Sassnitz ist gut mit dem Bus erreichbar. Bester Startpunkt ist die letzte Haltestelle im Ort im Wendehammer Weddingstraße.

Anspruch und Charakter: Die Strecke verläuft auf einem markierten Wanderweg, der gut zu begehen, allerdings entlang der senkrecht abfallenden Steilküste ungesichert ist. Bleiben wir auf dem oberen, breiteren Weg, kommen wir auch mit Kinderwagen oder Laufrad zur Waldhalle.

Highlights: Steilküste mit Aussichtspunkten, Piratenschlucht, Kreidefelsen, Badestrand, Spielplatz und Ausstellung am Welterbeforum.

Einkehr: Bistro an der Waldhalle, Gastronomie in Sassnitz.

In der Nähe: U-Bootmuseum in Sassnitz, Besucherzentrum Kaiserstuhl.

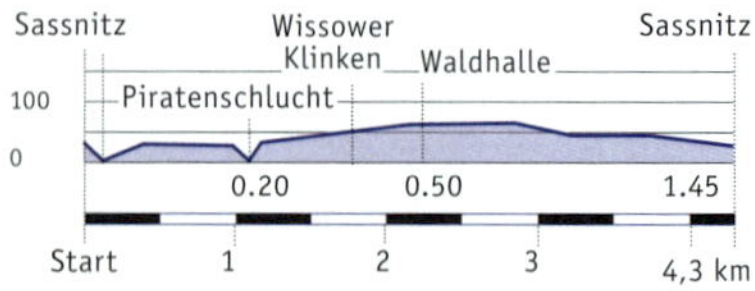

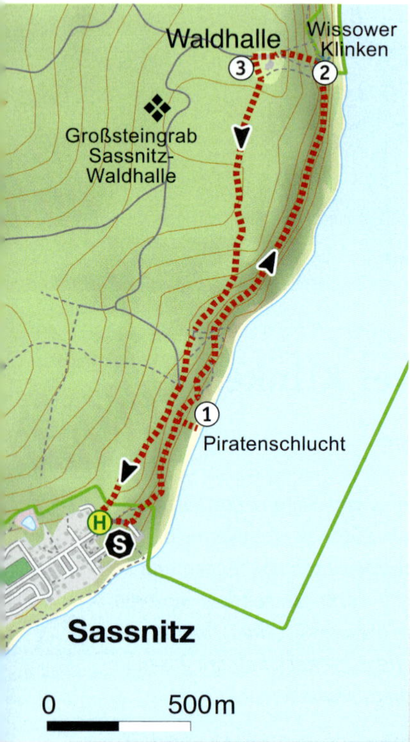

nativ können wir am Wendehammer auch den breiteren Weg zwischen den Nationalparkschildern wählen, der uns ein paar Meter erspart. So oder so erreichen wir bald die ausgeschilderte **Piratenschlucht** ①. Hier soll der berühmte Klaus Störtebeker einen Schatz vergraben haben. Den finden wir wahrscheinlich nicht, aber mit etwas Glück entdecken wir einen Hühnergott, einen Stein mit Loch. Über eine hölzerne Treppe gelangen wir zum Strand, der aus großen Feuersteinen besteht. Außer Hühnergöttern kann man hier auch Stein gewordene Abdrücke von prähistorischen Pflanzen finden.

Seit dem letzten Abbruch der Steilküste gib es keinen weiteren Aufstieg mehr in der Nähe, sodass wir dieselbe Treppe wieder hinaufsteigen müssen. Weiter geht es am Hochufer entlang.

Wer gut aufpasst, erkennt die Reste der **slawischen Fluchtburg »Hengst«**. Sie ist im Laufe der Jahrhunderte schon zum Teil die Klippe hinuntergestürzt und im Meer versunken. Ein Hinweisschild gibt es nicht mehr. Der einst mit Palisaden gesicherte Erdwall ist dennoch noch gut zu erkennen.

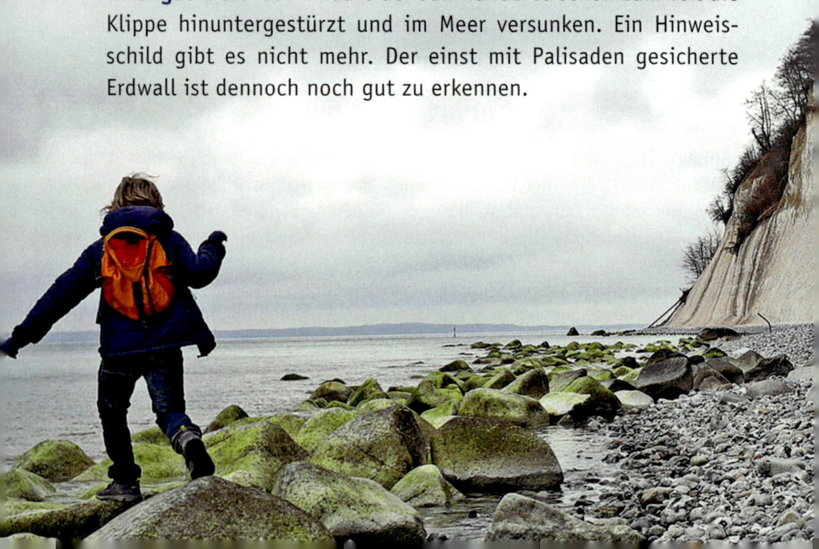

Kurz dahinter bietet sich ein erster traumhafter Ausblick auf die Kreidefelsen der **Wissower Klinken**. Bevor wir dort ankommen, müssen wir ein Stück landeinwärts gehen, denn der Lenzer Bach versperrt uns den Weg. Nach ein paar Metern sehen wir die hölzerne Brücke. Wir überqueren sie, gehen nach rechts und erreichen einen noch beeindruckenderen **Aussichtspunkt** ② – sehr dicht an der Abbruchkante!

Dann folgen wir weiter dem Hochuferweg, bis uns ein Wegweiser links herum zur **Waldhalle** ③ führt. Hier ist eine schöne Anlaufstelle für wandernde Familien entstanden. Es gibt eine Gaststätte mit Selbstbedienung, einen Spielplatz, eine kostenlose Ausstellung und öffentliche Toiletten.

Den Rückweg treten wir an, indem wir vor der Waldhalle Richtung Sassnitz auf den breiten Waldweg biegen. Er bringt uns ohne Schnickschnack zurück. Obwohl wir immer noch das Meer rauschen hören, wenn wir ganz leise sind, befinden wir uns nun mitten im Wald. Mit etwas Glück lassen sich Wildtiere beobachten – wir sind hier schon einem Fuchs und einem Reh begegnet. Schon bald sind wir wieder an der Brücke, wo wir uns diesmal geradeaus halten und schnell wieder unseren Ausgangspunkt erreichen.

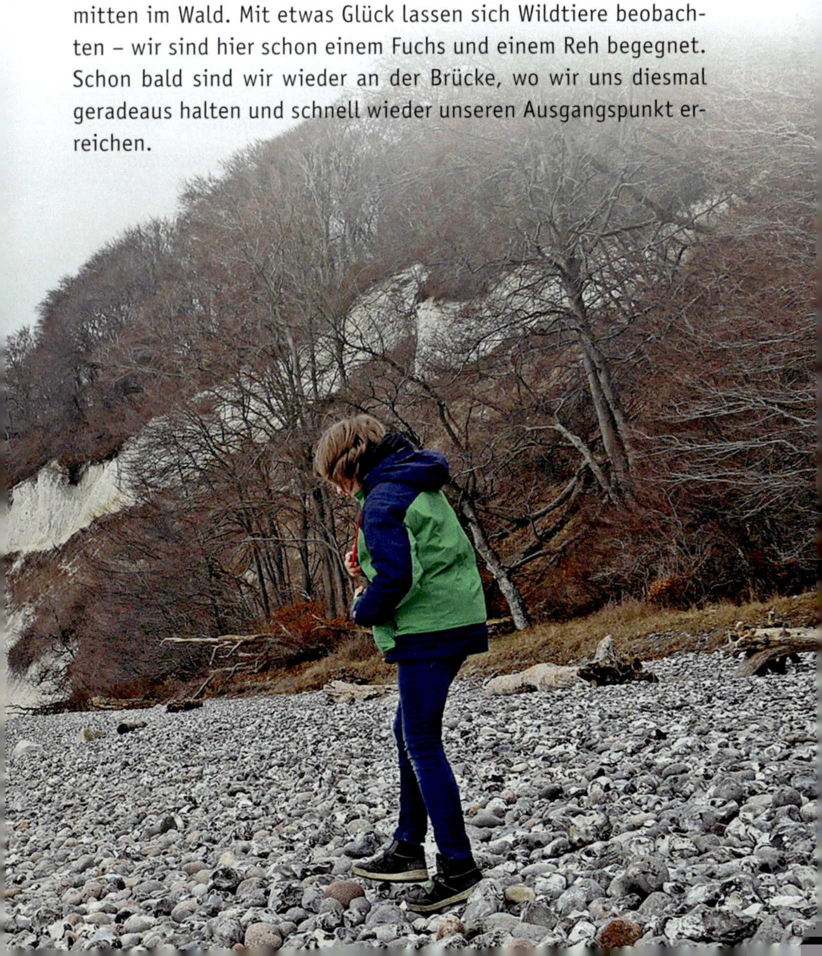

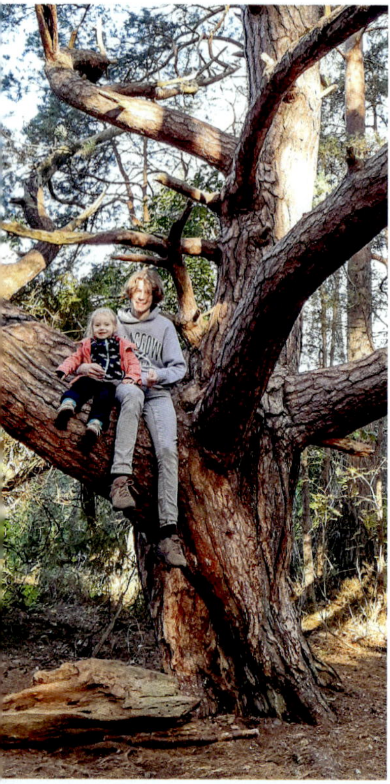

Tour 34: Rund um die Feuersteinfelder

Kletterbaum und Steinwildnis

Die Feuersteinfelder von Neu Mukran sind eine etwa zwei Kilometer lange und 25 Meter breite Geröllablagerung, deren Existenz so weit weg von der Küste recht ungewöhnlich ist. Mehrere Sturmfluten dürften die Steine vor knapp 400 Jahren hierher gespült haben. Die Steinschicht ist über einen Meter dick, sodass hier nur wenige Pflanzen Wurzeln schlagen konnten. Im dichter bewachsenen nördlichen Teil ist zwischen den Steinen eine ungewöhnliche heideartige Landschaft mit Streifenfarn, Stechpalmen und Wacholderbüschen entstanden.

15 m

STRECKE 6 km

2 h

ab 4

Wanderung: Der Weg beginnt in der hinteren Ecke des Parkplatzes und führt erst einmal geradeaus durch den Wald. Dann halten wir uns rechts und laufen in einigem Abstand an Bahn-

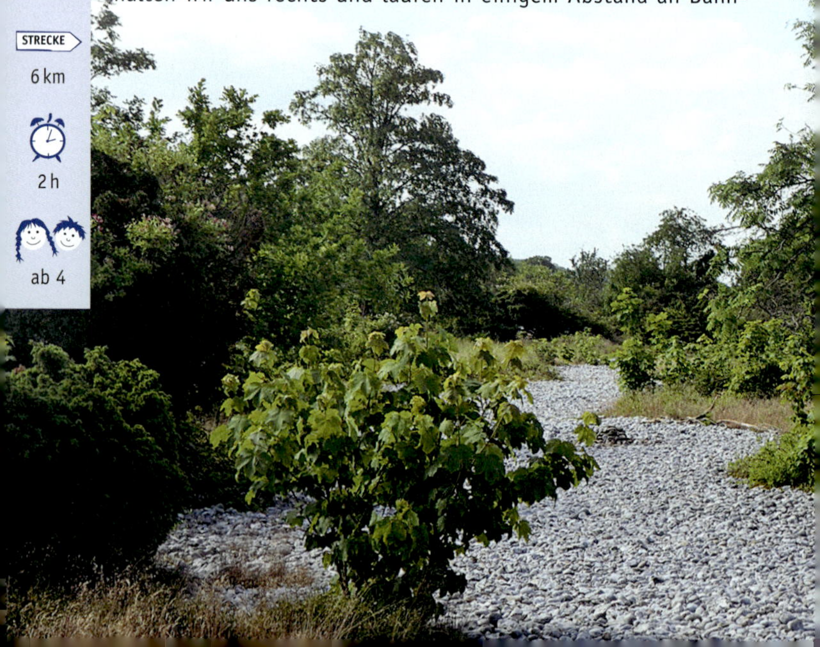

schienen entlang, die die Ursache für einen ziemlichen Umweg sind. Etwa 200 Meter weiter führt eine **Brücke über die Gleise** ①. Dahinter biegen wir links ab und laufen auf der anderen Seite der Bahnstrecke zurück. Es ist theoretisch möglich, über die Schienen abzukürzen – eindringliche Verbotsschilder werden Eltern dann aber in Erklärungsnöte bringen.

Die Feuersteinfelder sind nun gut ausgeschildert. Von den Gleisen biegen wir rechts in den Wald ab und laufen auf dem Hauptweg immer geradeaus und an einer Schutzhütte vorbei. 500 Meter weiter schickt uns ein Schild noch einmal rechts Richtung Feuersteine. So erreichen wir einen prächtigen **Kletterbaum**.

Direkt dahinter beginnen die **Feuersteinfelder** ②. Die kuriose Landschaftsform ist wahrlich eine Welt für sich! Wie kleine Bäche ziehen sich die Steine zwischen Bäumen und Heideinseln entlang. Sie bilden gekieste Pfade, die sich immer wieder verzweigen. Manche führen ins Nichts, andere in verwunschene Baumhöhlen. Wenn wir uns links halten, können wir uns immer weiter über das Feld vorkämpfen, bis wir nach rund zwei Kilome-

TOUREN-STECKBRIEF

Anfahrt: Von Prora kommend auf der L29 bis zum kostenpflichtigen **Parkplatz Feuersteinfelder** fahren, der einen knappen Kilometer vor Neu-Mukran bei **GPS N 54°28'36.5", E 13°34'16.7"** auf der linken Straßenseite liegt.

Anspruch und Charakter: Breite Waldwege bis zu den Steinfeldern, dort weglos über die Steine oder auf schmalem Pfad am Waldrand entlang.

Highlights: Schöne Kletterbäume an den Steinfeldern, Infostationen mit QR-Code, Handy nicht vergessen!

Einkehr: Picknick an den Steinfeldern.

In der Nähe: Auf der gegenüberliegenden Straßenseite hinter dem Gasthaus Parkplatz mit Zugang zum Strand. Vom Strand hat man freien Blick auf den Hafen von Sassnitz, U-Boot-Museum in Sassnitz.

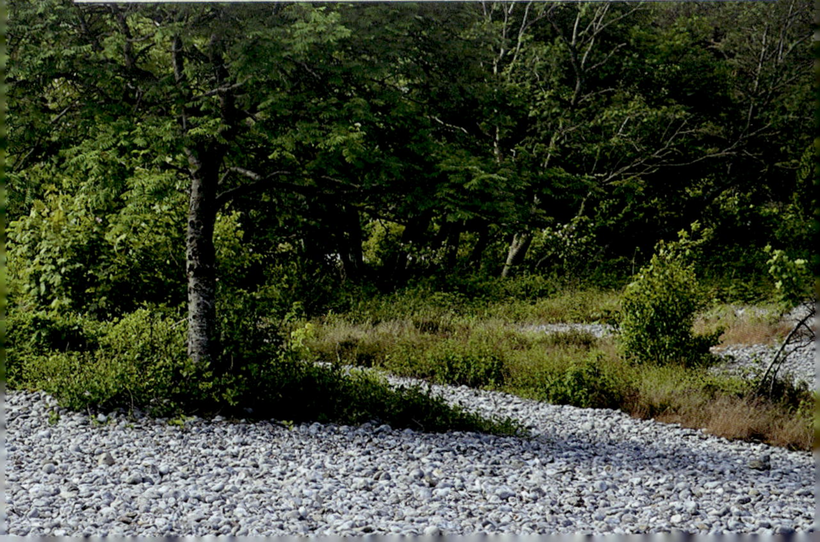

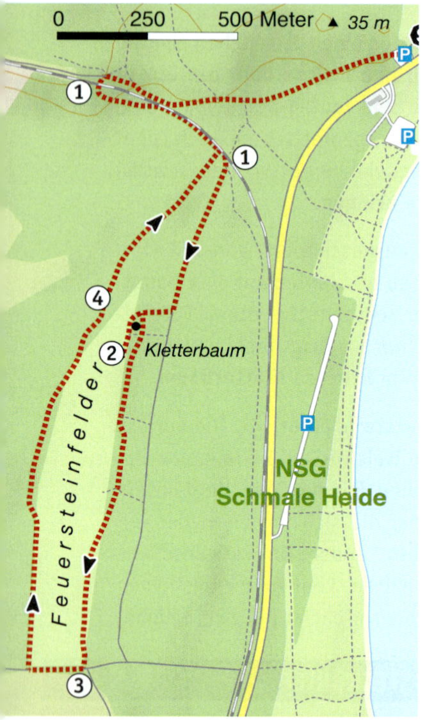

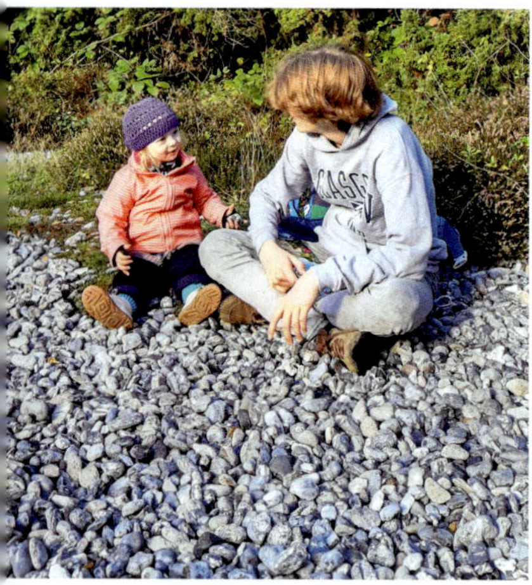

tern auf einen breiten Wanderweg treffen, der den Wendepunkt darstellt. Das Laufen auf den meist faustgroßen Steinen ist allerdings anstrengend. Außerdem ist Achtung geboten, denn in der wirren Zauberwelt ohne jede Wegmarkierung verlieren Wanderer auch leicht die Orientierung. Dafür ist das Gebiet ein Abenteuerspielplatz ohnegleichen. Erkunden und spielen ist hier für viele bestimmt wichtiger als wandern.

Wer das Feuersteinfeld aber doch von allen Seiten sehen möchte, hält sich am Kletterbaum links und schlägt den Pfad am Waldrand ein. Er führt bis zum unteren **Ende der Steinfelder** ③. Die Wegmarkierung weist hier nach links, sie gehört jedoch zu einer größeren Runde. Wir biegen rechts ab und blicken nach wenigen Schritten erneut in die bizarre Landschaft. Hier unten wächst bereits Gras zwischen den Feuersteinen und Wacholder und Birken sorgen dafür, dass die Felder beinahe wie eine Heidelandschaft wirken. Am Ende der Heide führt dann ein Wiesenweg am Waldrand nach rechts.

Diesem folgen wir, immer am Rand der Steinfelder entlang, bis zu deren **oberem Ende** ④. Dann führt uns unser Weg durch den Wald und in wenigen Minuten zurück zu den Bahngleisen. Links geht es zur Brücke und rechts sieht man schon die Wanderwegweiser und den improvisierten Übergang über die Schienen. Beide Wege führen zurück zum Parkplatz. Wer den kürzeren wählt, läuft am Ende des Pfades links und gleich wieder rechts, um zum Auto zurückzukommen.

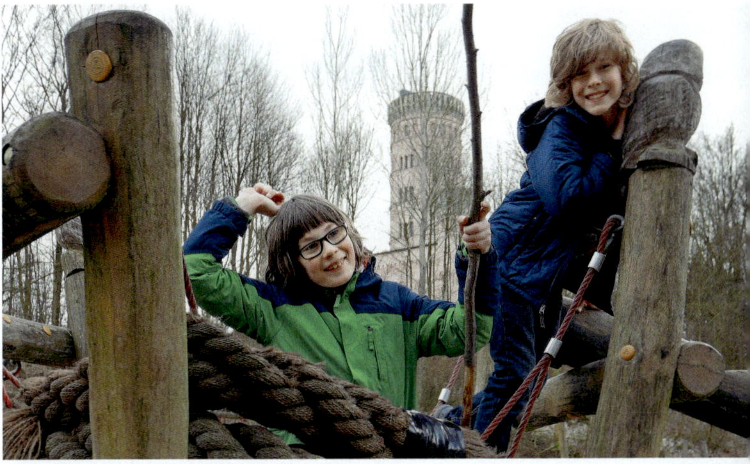

Tour 35:
Vom Jagdschloss Granitz ans Meer

160 m

STRECKE 9 km

3 h

ab 8

Im Jagdrevier des Fürsten Wilhelm Malte zu Putbus

Die Fürsten zu Putbus waren allesamt leidenschaftliche Jäger, und die Granitz war ihr liebstes Jagdrevier. Als Fürst Wilhelm Malte I. das Jagdschloss ab 1837 errichten ließ, florierte in Rügens Wäldern bereits der Wandertourismus. Wenn wir auf den Spuren der prominenten Urlauber wandeln und die lauschigen Wege zwischen Schloss und Meer erkunden, können wir heute noch gut nachempfinden, wieso. Wir laufen – oder radeln – unter mächtigen Bäumen und klettern neben den Ostseewellen über Steine und Felsen – bis oben auf Ostrügens höchster Erhebung endlich das Jagdschloss selbst vor uns liegt.

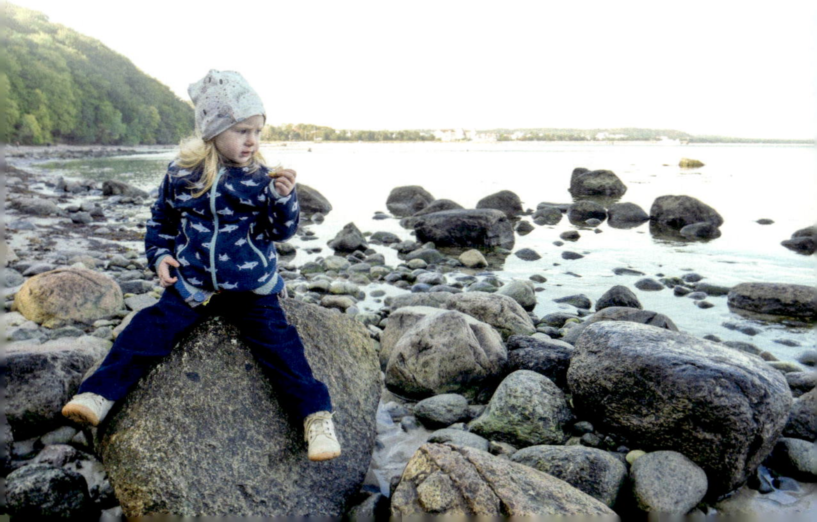

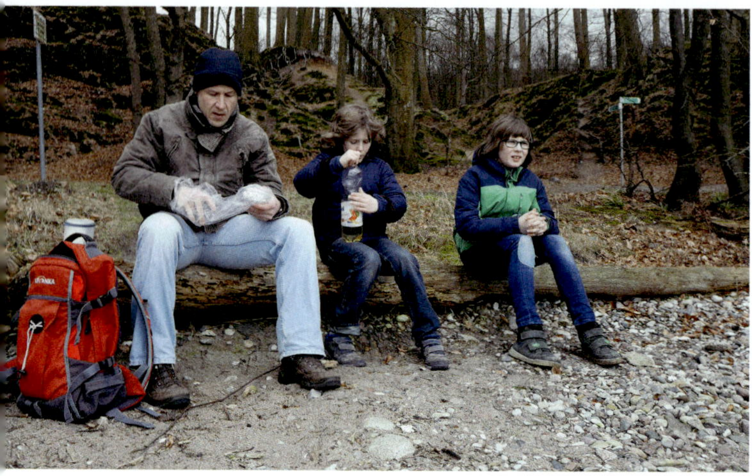

Wanderung: Am Parkplatz hinter dem Toilettenhäuschen weist ein Schild den Wanderweg zum Jagdschloss. Er führt zunächst an den **Pferdeweiden eines Ponyhofs** vorbei. Auch andere Bauernhoftiere gibt es mit Glück zu sehen. An der **Kopfsteinpflasterstraße** wandern wir links bergauf und überqueren die **Bahnschienen** ①. Dahinter biegen wir bei erster Gelegenheit links ab.

Nun laufen wir etwa 500 Meter parallel zu den Schienen. Die Chance, den Rasenden Roland zu Gesicht zu kriegen, ist also hoch. Wir kreuzen die **Teerstraße** und wandern auf einem breiteren Weg geradeaus. Alle Abzweigungen ignorieren wir, bis wir viel später und nach einem langgezogenen Stück bergauf einen **Wegweiser** ② erreichen, der rechts zum Jagdschloss zeigt. We-

TOUREN-STECKBRIEF

Anfahrt: Von Bergen in der Mitte Rügens ist der **Parkplatz Jagdschloss Granitz** über die B196, dann den Schildern entsprechend über die L29 Richtung Binz zu erreichen. Der teure (€2 pro Stunde, Tagesticket €14) und bedauerlich alternativlose Parkplatz befindet sich bei **GPS N 54°22'48.8", E 13°36'36.6".**
Möglich ist auch eine Anfahrt mit dem »Rasenden Roland« bis zur Haltestelle »Jagdschloss«.

Jagdschloss-Express: Der Shuttle mit der Bimmelbahn vom Parkplatz zum Schloss und zurück (keine Einzeltickets) kostet €5, Kinder 5 bis 11 Jahre €2,50.

Mit dem Rad: Der Großteil der allerdings recht hügeligen Tour lässt sich auch mit Fahrrädern fahren. Wer von Binz kommt, sollte dann über die Granitzer Straße starten (an der Straße kein Fahrradweg). Die schönsten Streckenabschnitte am Meer und der schmale Pfad am Kesselmoor vorbei sind aber nur zu Fuß begehbar.

Jagdschloss: Geöffnet von Ostern bis Oktober täglich von 10–17 Uhr (Mai bis September bis 18 Uhr), im Winter Di bis So von 10–16 Uhr. Erwachsene €6, Kinder bis 18 Jahre frei.

Anspruch und Charakter: Ausgedehnter Waldspaziergang mit kurzen Kletterpartien an der Küste.

Highlights: Teufelsschlucht, Badestrand, Kletterfelsen, Spielplatz, Ausstellung, Jagdschloss.

Einkehr: Biergarten am Jagdschloss.

In der Nähe: Rasender Roland, Karls Erlebnishof, Hochseilgarten Prora, Baumwipfelpfad Prora.

nige Meter weiter zweigt links ein unbeschilderter Pfad ab. Den nehmen wir. Wer hier mit Rädern ankommt, kann diese am Wegweiser anschließen und nur die Schleife zu Fuß drehen.

Links öffnet sich bald ein kleines **Kesselmoor**, das allerdings nur Eingeweihte erkennen. Kurz darauf wird unser Pfad zum Hohlweg. Wir halten uns links und treffen wenig später auf einen breiten **Wanderweg** ③. Hier laufen wir links herum. Nach einer Weile sehen wir zwischen den Bäumen das Meer schimmern. An einem **überdachten Picknickplatz** geht es rechts zum Wasser.

Der Abstieg heißt Teufelsschlucht – was sich wesentlich dramatischer anhört, als der kurze Hohlweg hergibt. Am steinigen **Naturstrand** ④ bietet sich ein wunderbarer Blick hinüber aufs Ostseebad Binz. Gegenüber der Bucht blitzen bei gutem Wetter die Kreidefelsen. Bei dem Ausblick eignet sich die einfache Bank besser für eine Pause als der Picknickplatz oben am Weg.

Nun ist eine Entscheidung zu treffen. Entweder geht es durch die Schlucht zurück und dann links auf den Hochuferweg. Er bietet weitere wunderbare Ausblicke, führt aber streckenweise nahe am Abgrund entlang. Abenteuerlicher ist der Weg direkt

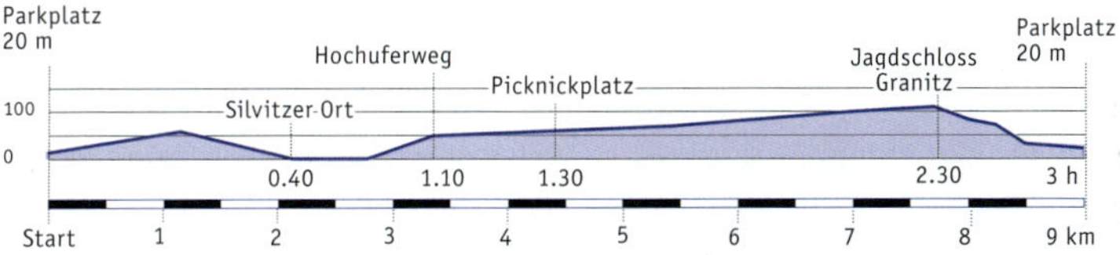

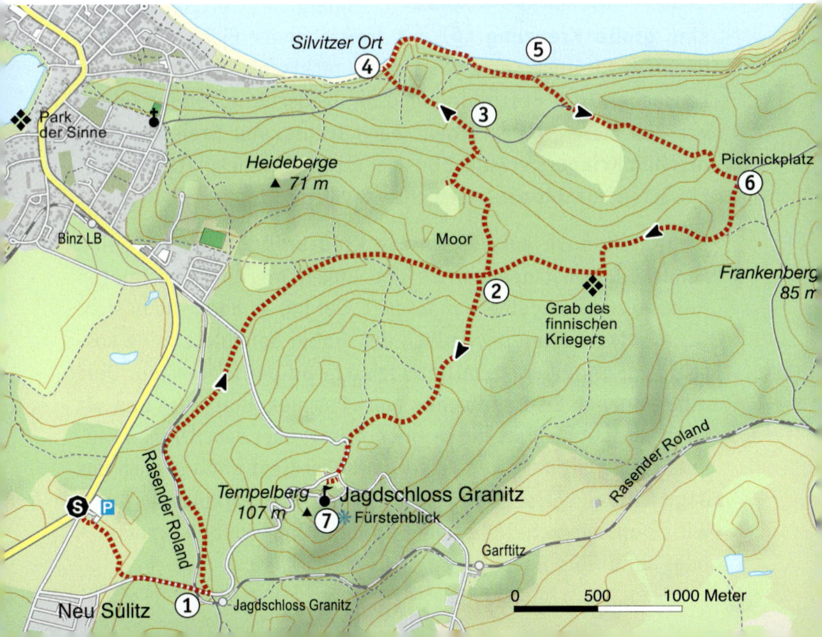

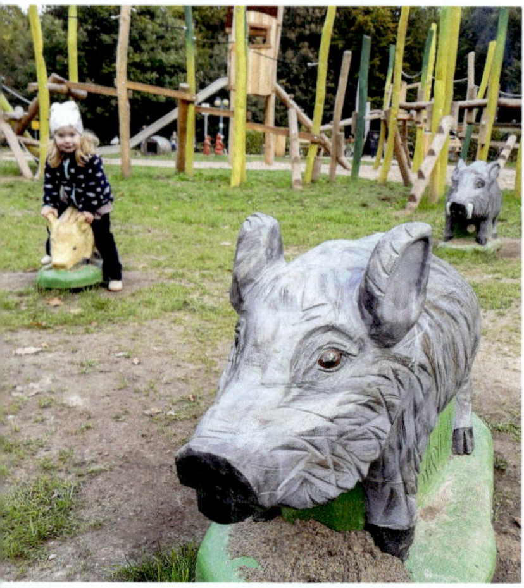

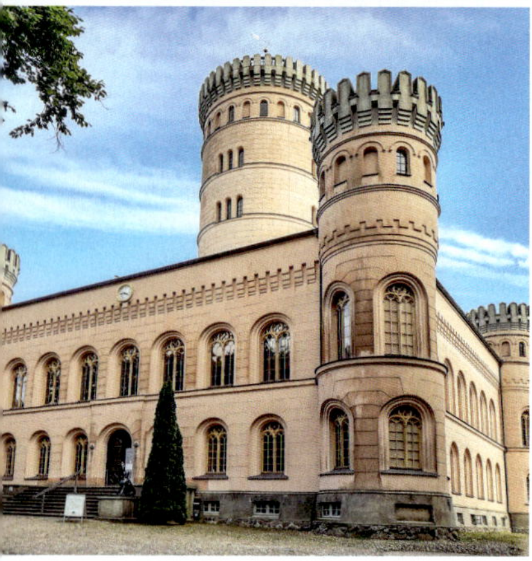

am Wasser – trotz des Schildes, dass sich der Strand hier nicht zum Wandern eigne. Tatsächlich ist das Stapfen über die großen Steine recht mühsam. Aber gerade hier sind die besten Kletterfelsen! Es stürzen auch immer wieder Bäume herab, die dann ebenfalls Kletterhindernisse abgeben. Nach wenigen hundert Metern ist das Abenteuer beendet, wenn wir durch den nächsten **Geländeeinschnitt** ⑤ wieder ans Hochufer kraxeln.

Hier gehen wir nun links den Hochuferweg entlang. Es geht noch ein ganzes Stück bergauf und bergab, bis kurz vor einer weiteren kleinen Schlucht zum Meer hin rechts ein unscheinbarer Pfad ins Landesinnere abzweigt. Den nehmen wir und stehen kurz darauf wieder auf dem breiten Weg. Hier gehen wir links.

Schließlich treffen wir auf eine **große Kreuzung** ⑥ mit freistehender Eiche und überdachtem Picknickplatz. Wir biegen rechts ab und folgen nun konsequent der Beschilderung zum Jagdschloss. Dieser folgen wir 200 Meter weiter erneut nach rechts. Am **Grab des Finnischen Kriegers** erwartet uns der letzte Picknickplatz der Tour. Ein Schild erzählt die Geschichte des Ortes.

Dann stoßen wir auf die schräge **Kreuzung** ②, die wir schon kennen. Diesmal nehmen wir den linken Weg und den letzten Anstieg zum Tempelberg in Angriff. Der hat es durchaus in sich. Oben entschädigen uns jedoch ein großer Spielplatz, eine kostenlose Ausstellung zum Naturschutz und der Biergarten. Dort gibt es neben Eis und Kuchen auch Pommes, Bratwurst und oft hausgemachte Suppe, die in einem Kessel über dem offenen Feuer köchelt. Ein paar Treppenstufen höher liegt endlich auch das **Jagdschloss** ⑦ selbst. Beim Rückweg zum Parkplatz machen wir es uns einfach und steigen in den »Jagdschloss-Express« – oder auf unsere Räder.

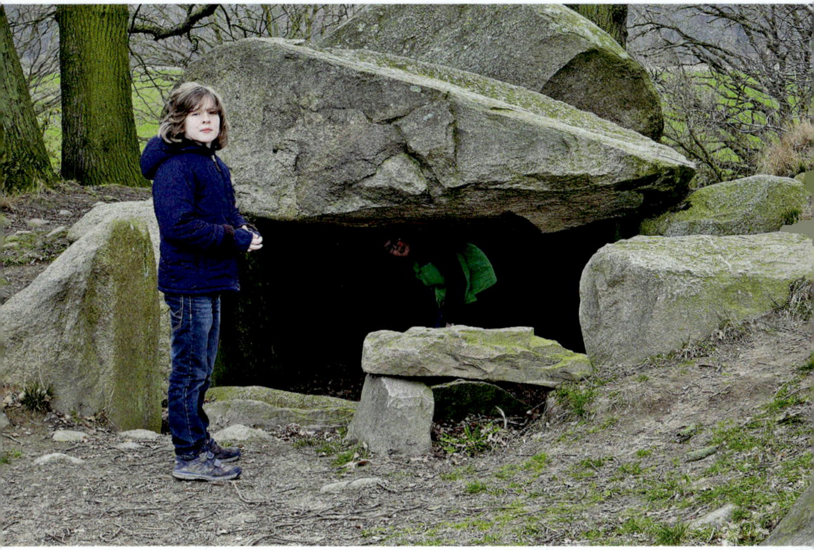

Tour 36: Über den Steinzeit-Friedhof

eben

STRECKE 2,6 km

1 h

ab 4

Acht Hünengräber im Küstenwald

Rügen ist voller Frühgeschichte. Kaum irgendwo anders in Deutschland drängen sich so viele steinerne Zeugnisse der neolithischen Kultur wie auf der großen Insel im Nordosten. Lancken-Granitz aber ist selbst für Rügener Verhältnisse herausragend. Am Rande des kleinen Dorfes reihen sich auf weniger als einem Kilometer sage und schreibe acht stattliche Hügelgräber aneinander, die sich ganz bequem erwandern und erkunden lassen und so mit Kindern gut erreichbar sind.

Wanderung: Vom Parkplatz aus weist uns der ausgetretene Pfad quer übers Feld den Weg zu den uralten Steinen, die die Bewohner dieser Gegend vor etwa 5000 Jahren hier aufgerichtet haben. Das **erste Großsteingrab** ① finden wir in der Baumgruppe,

TOUREN-STECKBRIEF

Anfahrt: Von Bergen auf Rügen in Richtung Sellin und Mönchgut auf der B196 sind die »Großsteingräber« rechter Hand ausgeschildert. Durch den Ort geht es entsprechend der Beschilderung bis zum kostenlosen Parkplatz am Feldrand bei **GPS N 54°21'47.6", E 13°37'15.1".**
Anspruch und Charakter: Ein kurzer Spaziergang übers Feld entlang der Großsteingräber, die ein schmaler Pattweg verbindet.
Highlights: Acht Großsteingräber, von denen vier noch weitgehend erhalten sind.
In der Nähe: Seebrücke Sellin, Karls Erlebnishof Zirkow, Alte Schule Middelhagen.

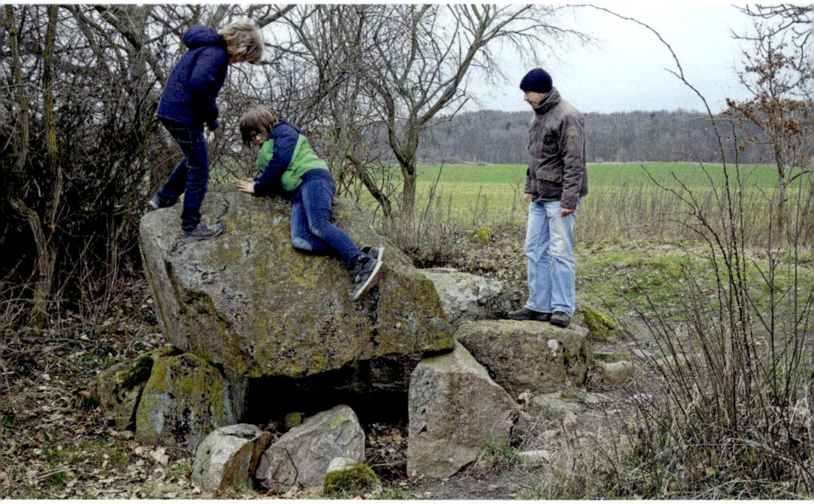

auf die wir zulaufen. Es ist ein Dolmen – das kommt aus dem Keltischen und heißt so viel wie »Tisch«. Zum Picknicken eignet sich die abfallende Fläche des Decksteins eher weniger, aber mit etwas Fantasie können wir uns durchaus vorstellen, dass mystische Riesen sich hier zum Speisen niedersetzten. So ähnlich haben sich unsere Vorfahren in jüngerer Vergangenheit das wohl gedacht, denn ein anderer Begriff für die Großsteingräber lautet Hünenbetten – und Hünen sind im Plattdeutschen Riesen. Klar, wer sonst als ein Riese sollte in der Lage sein, diese enormen Steine zu bewegen und sie auch noch zu so filigran wirkenden Kisten zusammenzusetzen? Auch wenn man sich heute sicher ist, dass es sich bei den Steinzeitmenschen nicht um Giganten handelte, kann man nicht genau erklären, wie – und vor allem warum – sie diese enorme Aufgabe bewältigt haben.

In der **zweiten Baumgruppe** ② befinden sich gleich zwei Hünengräber. Das vordere besitzt nur noch einen Deckstein. Ursprünglich waren es vermutlich drei, wie es nebenan beim nächsten Grab zu sehen ist. Auch dort sind die dicken Brocken allerdings eingestürzt. Bedenkt man, dass die kleinen Gebäude fünf Jahrtausende auf dem Buckel haben, sind sie bemerkenswert gut erhalten. Gerade in den letzten 150 Jahren, grob gesagt seit der Industrialisierung, sind aber viele der bis dahin bewahrten megalithischen Bauwerke verloren gegangen. Eine Zählung aus dem Jahr 1829 nennt noch 236 prähistorische Grabanlagen auf Rügen. Heute sind es immerhin noch etwa 50. Schwerere landwirtschaftliche Geräte konnten die steinernen Störenfriede endlich aus dem Weg räumen und die Pflugbahnen begradigen. Etliche Megalithen wurden gesprengt und ihre Puzzleteile im Straßenbau verwendet.

Grab Nummer vier ③ finden wir in der nächsten Baumgruppe. Am »Kopfende« der Anlage ist der ursprüngliche Eingang zu erahnen, der typischerweise durch einen im Boden versenkten Tunnel verlief. **Nummer fünf** ④ liegt wieder eine Baumgruppe weiter. Hier gibt es gar keine Decksteine mehr, nur eine Handvoll Trägersteine, die immer noch imposant genug anmuten.

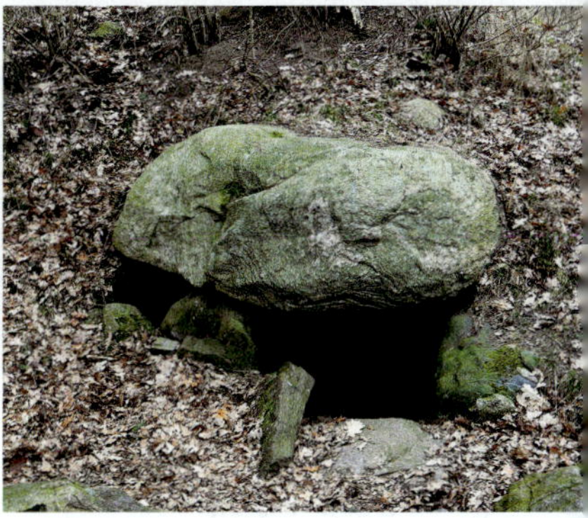

Den nächsten Dolmen finden wir, indem wir den Feldweg überqueren und dem hier weniger deutlichen Pfad auf die Wiese folgen. Dem übrigen Wald vorgelagert sind noch einmal zwei Baumgruppen. Wir steuern zunächst die rechte an, wo **Großsteingrab Nummer sechs** ⑤ auf uns wartet. Zu sehen sind hier eigentlich nur zwei enorme Decksteine. Das letzte Grab in der Reihe ist unserem Empfinden nach das imposanteste. Es wurde erst Ende der 1960er Jahre entdeckt und steckt noch in seinem Hügel.

Ursprünglich waren alle Hünengräber mit Erde bedeckt. Den Grabhügel umgibt ein kleiner Steinkreis. Wer hier begraben worden ist, lässt sich nicht sagen. Die Archäologen haben Hinweise, dass die Grabanlagen über lange Zeit von vielen Generationen, vielleicht von jeweils einer Familie, benutzt wurden. Errichtet haben sie Angehörige der jungsteinzeitlichen Trichterbecherkultur. Bis in die Bronzezeit lässt sich zumindest eine vereinzelte Nachnutzung erkennen.

Zurück laufen wir am besten auf demselben Weg.

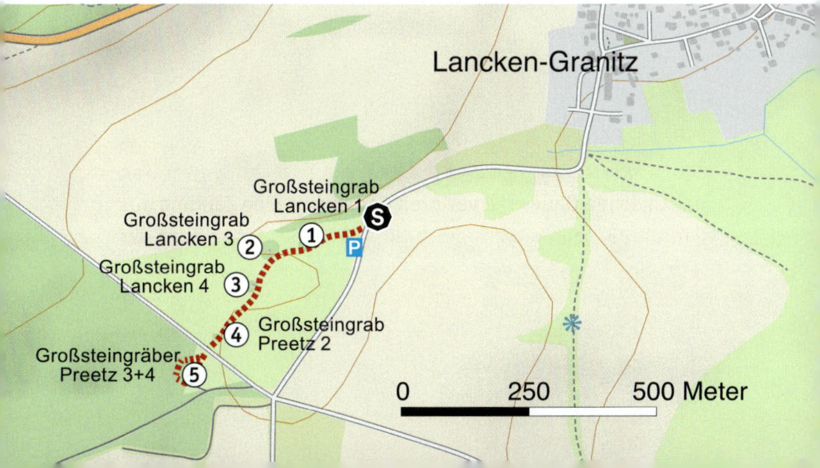

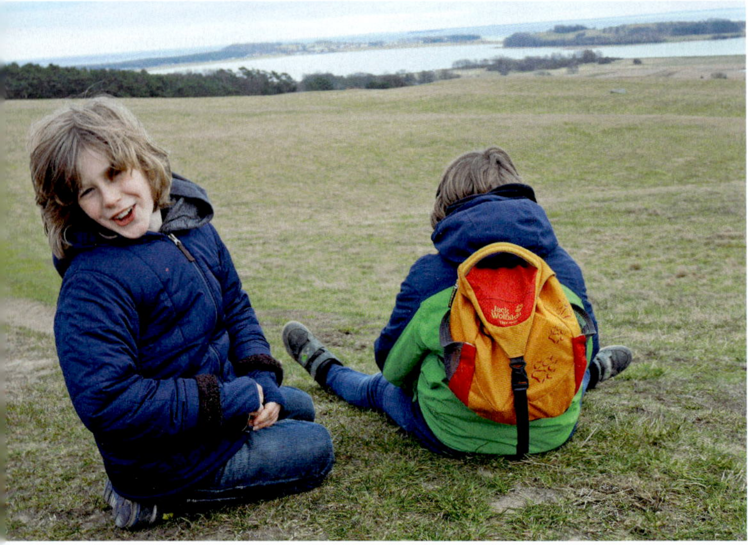

90 m

STRECKE 6,3 km

2 h 15

ab 6

Tour 37: Die Berge von Groß Zicker

Weitblick von den Hügeln des Mönchguts

Wer auch auf Rügen nicht aufs Bergsteigen verzichten möchte, muss einen Abstecher zum abgelegenen Zipfel Mönchgut machen. Das Gebiet rund um die kleine Ortschaft Groß Zicker wird liebevoll »Zickersche Alpen« genannt. Freilich sind es eher sanfte Hügel, die wir hier hinauf und hinab stapfen, aber der Ausblick von oben reicht bei guter Sicht immerhin bis nach Polen!

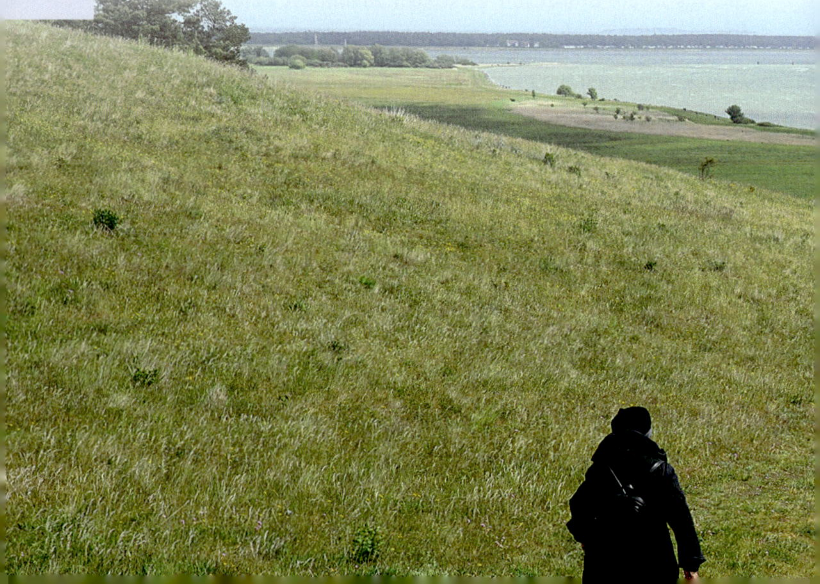

Wanderung: Wir gehen an der **Kirche** vorbei und die Hauptstraße entlang. Der kleine Ort Groß Zicker ist ausgesprochen malerisch und steht als Ganzes unter Denkmalschutz. Ein kleines blaues Reethäuschen auf der rechten Seite ist das **Pfarrwitwenhaus**. Es dient als Museum. An der Fassade finden wir einen QR-Code zu einer Internetseite mit mehreren Hörstationen. Eine erzählt etwas über die geschichtlichen Hintergründe des Pfarrwitwenhauses, andere widmen sich der Natur der Zicker Berge.

Am Ortsende befinden sich der **Gasthof »Tau'n Hövt«** und ein kleiner **Spielplatz** ①. Dahinter sind nur noch Fußgänger erlaubt und wir müssen uns entscheiden, ob wir links oder rechts

TOUREN-STECKBRIEF

Anfahrt: Das Mönchgut ist der recht abgelegene Zipfel Rügens im Südosten der Insel. Zu erreichen ist er zunächst über die B 196. Bevor die in Göhren endet, halten wir uns am Kreisel mitten im Wald geradeaus und fahren durch Middelhagen und Lobbe, bis wir nach Groß Zicker abbiegen. Der **Parkplatz Groß Zicker** befindet sich bei **GPS N 54°17'44.9", E 13°41'27.3"** an der Kirche (€0,50/h). Mit Glück lässt sich kostenlos am Ortsende auf der freien Fläche vor der Gaststätte »Tau'n Hövt« parken.

Anspruch und Charakter: Das Mönchgut ist ganz schön hügelig und gilt als »Rügens Alpenregion«. Der Anstieg geht immerhin bis auf 69 Meter über dem Meer. Die Wege sind teils sandig, zumeist grasbewachsen und oftmals kaum erkennbare Pfade. Achtung: Die Zicker Berge sind größtenteils baumlos. Außerhalb der Saison pfeift der Ostseewind, sodass sich eine Mütze empfiehlt. Gleiches gilt für den Sommer, wobei da der Sonnenschutz im Vordergrund steht.

Highlights: Zwei Spielplätze, Meerblick in drei Richtungen, Ausblick bis nach Polen, Besichtigung der Dorfkirche, Hörstationen.

Einkehr: Gaststätten »Tau'n Hövt« und »Zur Kaming« in Groß Zicker.

In der Nähe: Surfschule Thiessow, Markt in Thiessow, Alte Schule in Middelhagen.

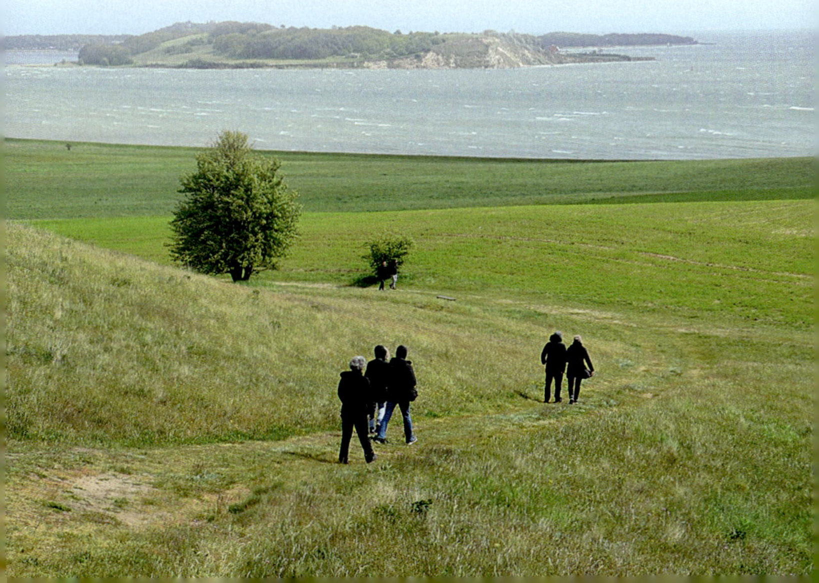

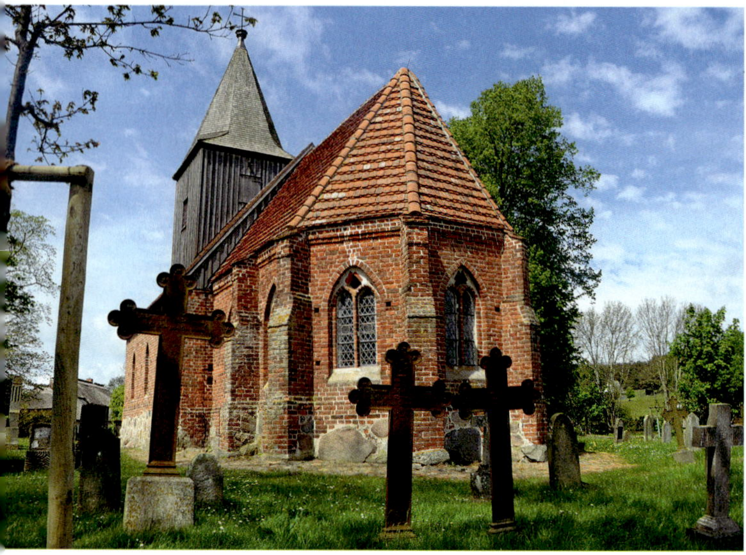

herum wandern wollen. Da die Halbinsel überschaubar und von einem regelrechten Netz von Pfaden überzogen ist, lässt sich die Wanderung nach Belieben verlängern oder abkürzen.

Unsere große Tour führt hier links noch etwas weiter auf die Halbinsel und dann erst rechts auf einem der Wiesenpfade hinauf. Dann steuern wir noch einmal rechts die höchste Erhebung an. Der kleine Gipfel heißt **Zicker Berg** ② und bietet eine grandiose 360-Grad-Rundumsicht über den Bodden und den äußersten Zipfel der Insel Rügen.

Von hier aus gehen wir zuerst am Rand eines Wäldchens entlang, durchqueren eine flache Senke und halten uns dann immer auf dem Kamm der Hügel. Hier passieren wir in regelmäßigen Abständen Holzbänke, und von beinahe jedem Flecken aus können

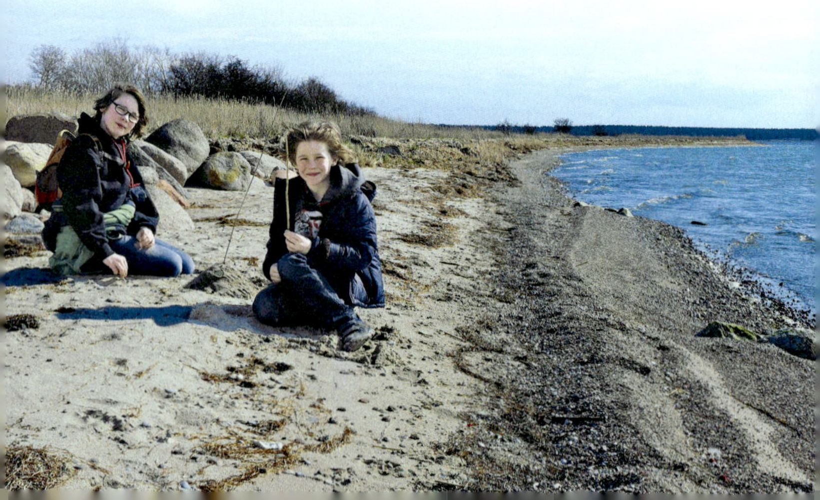

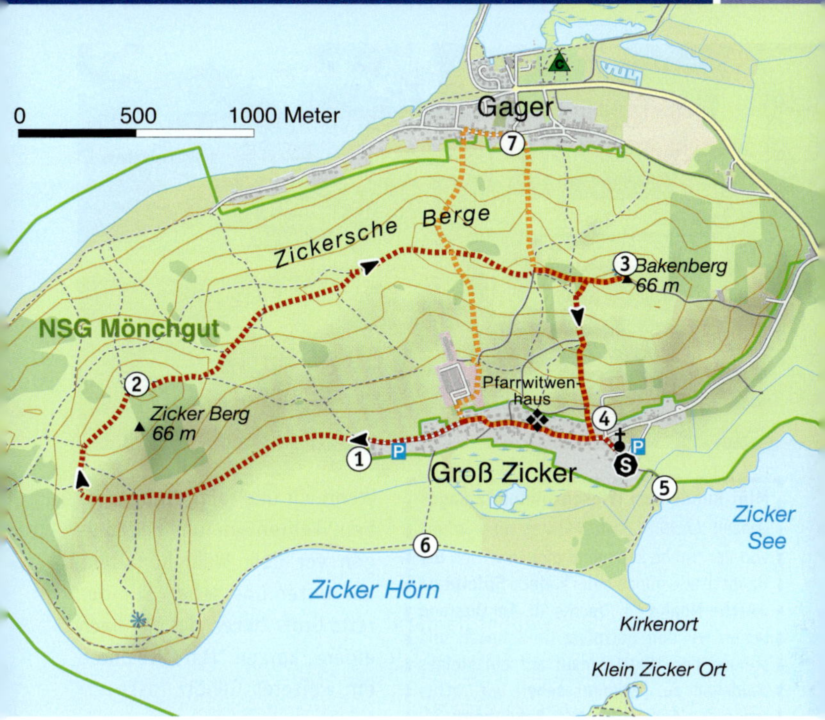

wir in mindestens einer Richtung das Meer sehen. Linker Hand taucht in einiger Entfernung die Ortschaft Gager auf, und wir sehen hinüber zur Landzunge von Alt Reddevitz.

Wie kommt man hier zum Wasser?
Für einen Abstecher zum Wasser gibt es zwei Möglichkeiten. Entweder gehen wir von der Kirche aus links in Richtung **Hafen** ⑤, wo wir die nächste Halbinsel gut im Blick haben: Klein Zicker, der hinterletzte Zipfel Rügens. Oder wir folgen dem Schild beim Gasthof am Ortsausgang, nutzen den Übergang über den Hochwasserschutzdeich und finden dahinter einen **winzigen Strand** ⑥ vor, zwischen dessen Steinen sich auch etwas Sand befindet.

Wir folgen dem Kammweg immer geradeaus, überqueren einen breiten **Sandweg** und tauchen ein in ein Gehölz, das uns bis in Sichtweite des **Bakenbergs** ③ begleitet. Oben auf der Aussichtsplattform haben wir den zweiten Gipfel des Mönchguts erreicht. Auch dieser liegt 66 Meter über dem Meeresspiegel. Von hier aus können wir bis zum Ende der Insel Usedom und nach Polen sehen. Auch die kleineren Inseln Vilm, Ruden und Greifswalder Oie haben wir im Blick, ebenso wie das Festland.

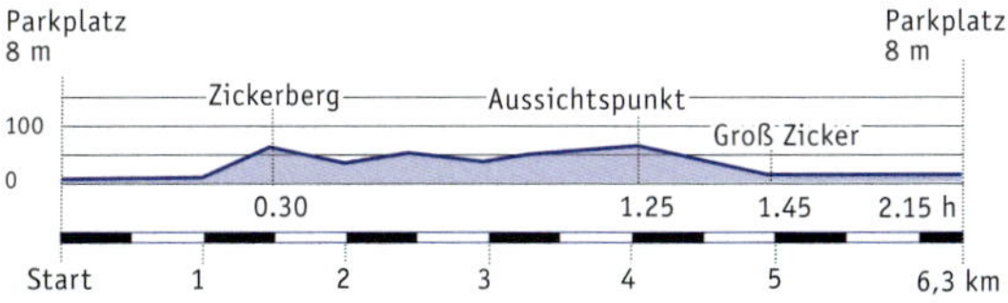

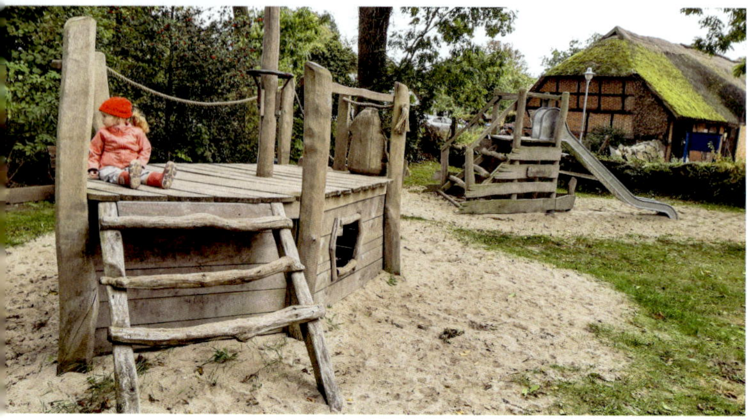

Mini-Runde zum Wiesenspielplatz Gager

Gehzeit 1 h 30, 4,5 km, ↓↑ 90 m, ab 4 Jahre

Von der Kirche kommend biegen wir an der Hauptstraße gleich beim kleinen **Spielplatz »Arche Noah«** ④, rechts ab. Am Ortsrand lassen wir den Bolzplatz links liegen und steigen den Hügel hinauf auf ein kleines Wäldchen zu. Dahinter sehen wir rechts schon den **Aussichtspunkt Bakenberg** ③, zu dem wir einen kleinen Abstecher machen. Vom Gipfel gehen wir zurück geradeaus, bis wir an einer Bank einen Pfad kreuzen. Hier gehen wir rechts steil hinunter nach Gager und stoßen dort direkt auf den schönen Wiesenspielplatz ⑦.

Zurück geht es links herum ein kleines Stück über die Dorfstraße und dann bei nächster Gelegenheit wieder links hinauf in die Hügel. Auf der anderen Hangseite geht es genauso direkt wieder hinunter nach Groß Zicker. Wir stehen dann etwas weiter im Ortszentrum und bekommen auf dem Rückweg links herum auch noch das Pfarrwitwenhaus zu sehen.

Wenn wir uns sattgesehen haben, kehren wir um und biegen vor dem Wäldchen links ab. Unter uns sehen wir bereits Groß Zicker, das wir nach einem kurzen Marsch durch ein weiteres Gehölz rasch erreichen.

Wir kommen an noch einem kleinen **Spielplatz** ④ vorbei, neben dem Hühner wohnen. Von hier sehen wir schon den Kirchturm, wo unsere Wanderung endet.

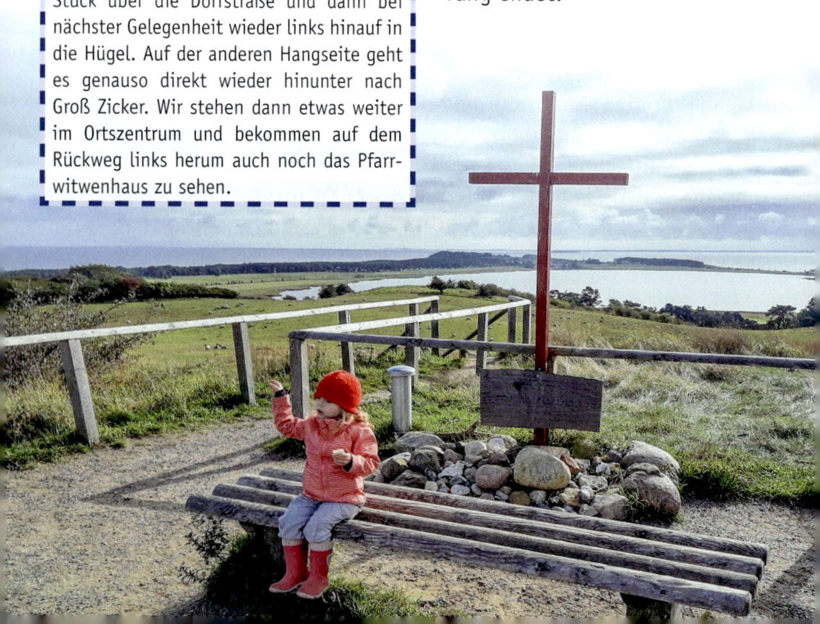

Tour 38: Lotsenturm und Südperd

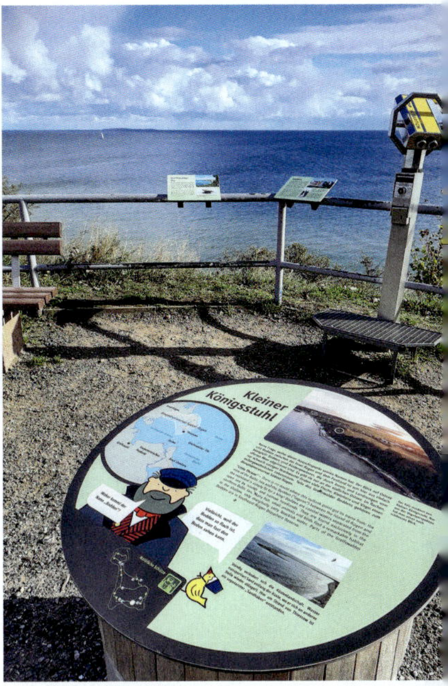

Wilder Strand an der Küste des Mönchguts

Das Dorf Thiessow liegt ganz im Süden der zerklüfteten Halbinsel Mönchgut und ist ein gutes Quartier für Familien, die es etwas ruhiger mögen. Auf der Ostseite der Halbinsel gibt es einen schönen langen Badestrand, von dem wir in dieser Runde – immer am Wasser entlang – zur raueren Landspitze Südperds marschieren. Vom Lotsenturm, der auf dem einzigen Hügel am Südperd steht, haben wir dann einen tollen Blick über die zerfranste Küste und die Wasserlandschaft des Mönchguts.

35 m

STRECKE 5,2 km

1 h 45

ab 6

Wanderung: Vom Parkplatz am Hafen, an dem ein Spielplatz-Schiff zu einem ersten kurzen Stopp einlädt, laufen wir die Zufahrt wieder hinauf. Nach dem Überqueren der Straße geht es nach rechts und bei nächster Gelegenheit gleich wieder nach links. So erreichen wir den schönen **Strand von Thiessow** ①.

Wir laufen im Sand entlang oder auf der Strandpromenade bis zum **Strand-Café**. Kurz dahinter stehen wir vor der **Steinmole** ②, die aus Sicherheitsgründen nicht betreten werden darf. Wir wenden uns also landeinwärts und laufen dann hinter der Steinpackung weiter am Wasser, das wir hier nur schwappen hören.

TOUREN-STECKBRIEF

Anfahrt: Ein guter Startpunkt für diese Runde ist der **Parkplatz Thiessow Hafen** bei **GPS N 54°16'46.6", E 13°42'41.2"** (Tagesticket €2). Die Zufahrt zweigt vor dem Ort am Campingplatz rechts ab.
Rügen-Markt: Am Hafen findet dienstags und donnerstags ein beliebter Kunsthandwerker-Markt statt (Mai bis Oktober 9–16 Uhr), der sich zu einem Großereignis inklusive Park-Chaos entwickelt hat. Zur Stoßzeit am Vormittag benötigt man dann für die letzten Meter bis zum Einparken trotz Einweisepersonal durchaus eine halbe Stunde.
Anspruch und Charakter: Rundweg auf schmalen Küstenpfaden und weglos am rauen Sand-Kies-Strand. Ein kurzer Wegabschnitt führt durch den Ort Thiessow.
Highlights: Wunderbar wilder Strand mit vielen Kletterfelsen, Aussichtsturm, kleiner Spielplatz.
Einkehr: Imbiss in Thiessow.
In der Nähe: Surfschule Thiessow.

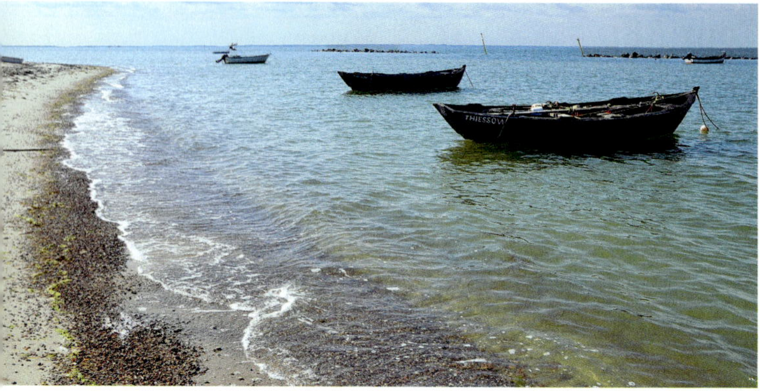

Der »Rügen-Markt« von Thiessow

Von Anfang Mai bis Ende Oktober herrscht jeden Dienstag und Donnerstag fast so etwas wie Festival-Stimmung in Thiessow. Von 9 bis 16 Uhr findet dann am Hafen der »Rügen-Markt« statt. Was früher ein recht normaler Wochenmarkt war, hat sich zu einem Verkaufsspektakel entwickelt, das Händler und Kunsthandwerker aus einem erstaunlichen Einzugsgebiet in diesen entlegenen Winkel der Insel zieht. Hier gibt es lokal Genähtes, Getöpfertes und Geschnitztes ebenso wie Kleidung, Schmuck und Souvenirs, die eher in Fernost gefertigt wurden. Zahlreiche Stände kümmern sich auch um die kulinarische Versorgung der vielen Besucher. Ob das Spektakel ein Grund dafür oder dagegen ist, die Wanderung auf einen entsprechenden Wochentag zu legen, ist wohl eine Charakterfrage.

Bald kommt das Ufer wieder in Sicht und wir folgen ihm von Bucht zu Bucht. Der Strand ist nun schmal, mit Algen bedeckt und eignet sich zum Baden eher weniger. Schließlich führt eine kurze **Treppe** ③ zum Ortsrand von Thiessow. Rechts hinauf führt unser Rückweg zum schönsten Teil der Wanderung. Zuerst laufen wir aber noch zur Landspitze mit dem kleinen Spielplatz im schattigen Uferwald.

Dazu wenden wir uns von der Treppe kommend nach links und folgen dann dem schmalen Wiesenpfad in den Kiefernwald. Direkt am Südperd kurvt der Pfad nach rechts und wird kurz darauf zum asphaltierten Promenadenweg. Biegen wir bei erster Gelegenheit rechts auf einen Graspfad, erreichen wir den kleinen **Waldspielplatz** ④. Wieder an der Promenade gelangen wir zur Hauptstraße und treffen rechter Hand auf die **Fischräucherei** ⑤.

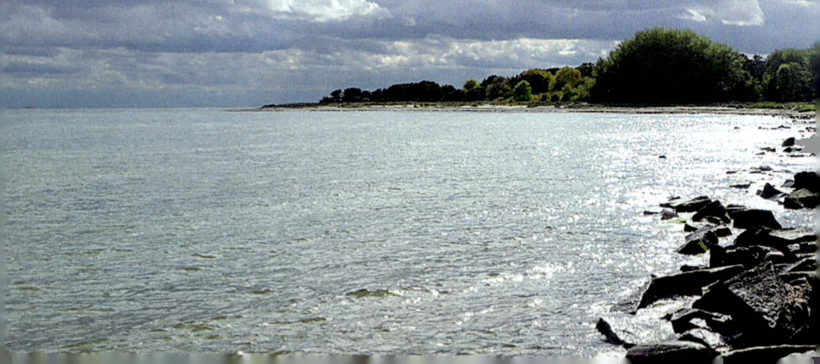

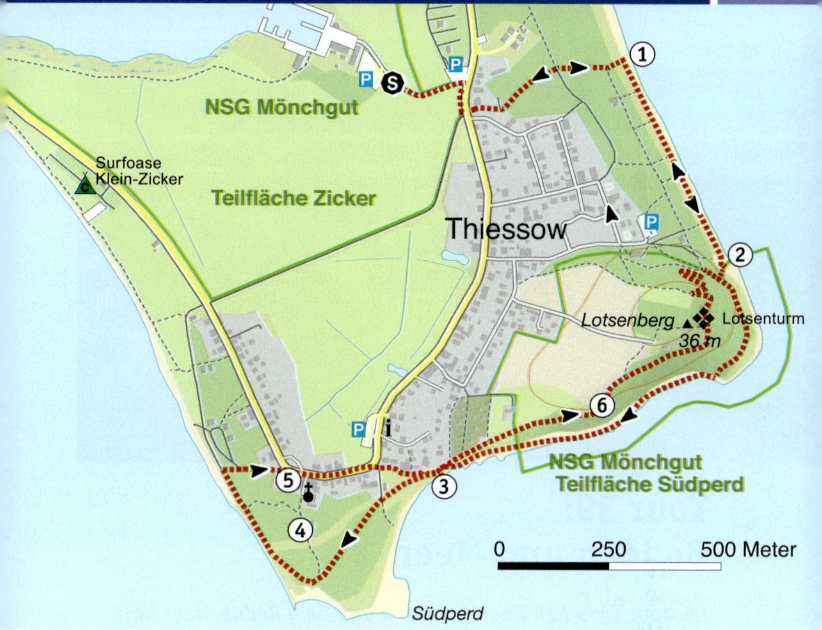

Gleich dahinter folgen wir dem Hinweisschild zum Wanderweg. Diesmal laufen wir an der **Treppe** ③ vorbei bergauf. So gelangen wir zum **Aussichtspunkt »Kleiner Königsstuhl«** ⑥. Schon auf dem Weg dorthin kommen wir an einem Picknickplatz vorbei und haben immer wieder überragend schöne Aussicht.

Wenig später liegt links ein Friedhof und gleich dahinter der **Lotsenturm**, den man gegen einen Eintritt von €1 pro Person besteigen kann. Außerdem steht hier das winzige alte Lotsenhaus. Daneben gibt es noch einmal einen Picknicktisch mit bester Sicht und mehrere Bänke.

Von hier aus laufen wir in Kurven hinunter und rechts zurück zum Strand. Auf dem vertrauten Weg geht es dann zurück zum Parkplatz.

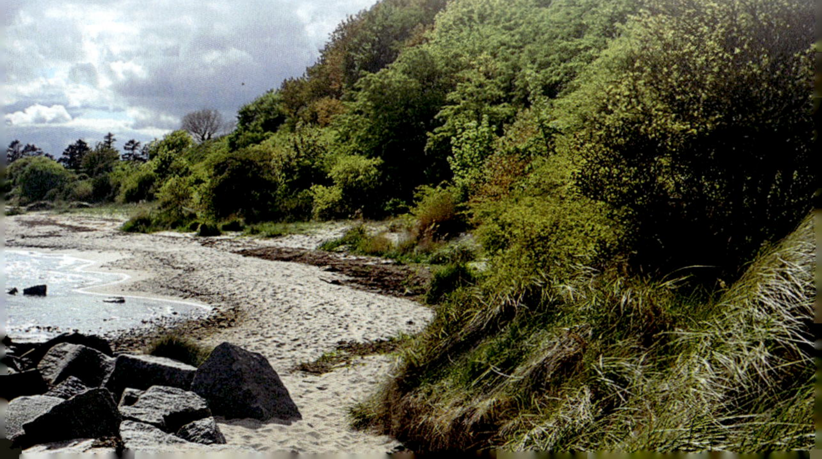

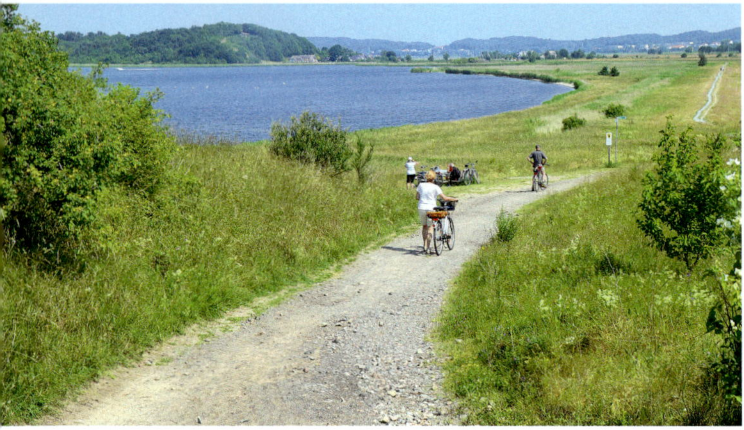

65 m

STRECKE 23 km

3–4 h

ab 8

Tour 39: Bodden und Meer

Radtour zwischen Baabe, Göhren und dem Reddevitzer Höft

Das Reddevitzer Höft ist eine lange, schmale Halbinsel, die sich zwischen Lauterbach und Gager in den Rügischen Bodden zieht. Von ihrem Rücken ist der Ausblick ausgezeichnet. An der Spitze wartet ein kleiner Strand vor einem Hochufer zum Spielen und Toben. Einen besonders schönen kleinen Spielplatz am Wasser gibt es in Alt Reddevitz, wo auch das niedliche Café Moccavino auf uns wartet. Über das hübsche Dorf Middelhagen geht es dann weiter zur Ostsee und zur Seebrücke von Göhren. Ab jetzt radeln wir wieder am Wasser entlang – nur ist die blaue Fläche rechts neben uns dieses Mal die Ostsee.

TOUREN-STECKBRIEF

Anfahrt: Die Bahnstation Baabe mit kostenpflichtigem Parkplatz lässt sich mit dem Rasenden Roland oder mit dem PKW erreichen. Wer eigene Fahrräder mitbringt, startet am bestem am **Parkplatz Moritzdorf** **GPS N 54°21'18.2", E 13°40'57.6"**. Von dort geht es mit dem Fährboot zum Tourenstart. Anfahrtsbeschreibung bei **[› Tour 40]**.

Fahrradverleih: FahrradMix in Baabe (Strandstraße) vermietet vom Laufrad bis zum FatBike alles, was man so mit Muskelkraft antreiben kann. Trekkingrad mit 7 Gängen €7, Kindermountainbike ab €5 pro Tag. www.fahrradverleih-baabe.de

Anspruch und Charakter: Schöne Radrunde meist auf kleinen Straßen und Radwegen ohne Verkehr. Die Ortsdurchquerungen von Göhren und Baabe erfordern sicheres Fahren im Straßenverkehr. Der Abstecher zum Reddevitzer Höft ist durch einige Steigungen anspruchsvoll. Mit jüngeren Kids macht es daher Sinn, ihn einfach auszulassen.

Highlights: Anfahrt mit dem Rasenden Roland oder der Bootsfähre, aktives Kliff am Reddevitzer Höft, Spielplatz Alt-Reddevitz, Middelhagen, Ostseestrand und Abenteuergolf in Göhren.

Einkehr: Imbiss am Having-Hof, Café Moccavino in Alt Reddevitz, weitere Gastronomie in Middelhagen, Göhren und Baabe.

In der Nähe: Karls Erlebnishof Zirkow, Therme Inselparadies Sellin.

Von Baabe auf das Reddevitzer Höft (10 km)

Von der Bahnstation des Rasenden Rolands am Stadtrand von Baabe radeln wir in Richtung Alt Reddevitz. Der gut asphaltierte Weg ist mühelos zu fahren und erlaubt einen schönen Ausblick über den **Selliner See** zu unserer Rechten. Der Deich endet an einem **Fahrweg** ①, dem wir rechts folgen bis zum **Hotel Solthus**. Biegt man hier rechts ab, kommt man zur kleinen **Fähre von Moritzdorf**, die Wanderer und Radfahrer über die Baaber Bek transportiert. Wer die Überfahrt in diese Tour einbauen möchte, beginnt sie am Wanderparkplatz in Moritzdorf.

> **Fahrrad-Fähre Moritzdorf**
> Die kleine Motorbootfähre setzt im steten Pendelverkehr Menschen mit und ohne Fahrräder über. Die Zeiten ändern sich je nach Saison und Wetterlage, in der Regel fährt das Boot täglich von 9 bis 18 Uhr. Preise: Personen, Fahrräder und Kinderwagen je €1, Elektro-Fahrräder und Anhänger €2, Hunde €0,50. Die Fahrzeit beträgt wenige Minuten.

Am kleinen Hafen sehen wir Fischer- und Ausflugsboote. Vor dem Hotel am Wasser ist Fußgängerzone, hier gibt es auch einen kleinen **Spielplatz**. Um dorthin zu kommen, schieben wir um das Hotel herum. Wer direkt weiter nach Reddevitz will, biegt davor links ab, um dem Radweg am Bodden zu folgen. Nach etwa 1,5 Kilometern führt der Radweg nach **links steil bergauf** ② vom Bodden weg und über den Hügel zu den ersten Häusern des Ortes **Alt Reddevitz**. Dort halten wir uns rechts und radeln auf der Dorfstraße weiter. Die Halbinsel Reddevitzer Höft ist hier schon ausgeschildert.

Knapp fünf Kilometer geht es auf einem gut verlegten Betonplattenweg zur Landspitze. Etwa auf halber Strecke wohnen zwei Esel. Kurz vor dem Ziel ist dann noch einmal eine längere Steigung zu überwinden. Die Gaststätte im **Ferienhof Having Höft** ③ ist leider bis auf weiteres geschlossen. In einem Imbisswagen werden aber Fischbrötchen und Backfisch angeboten.

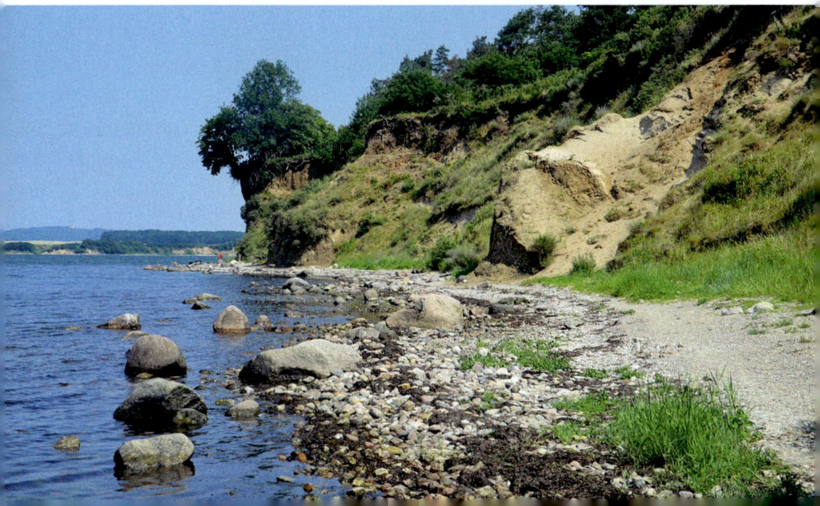

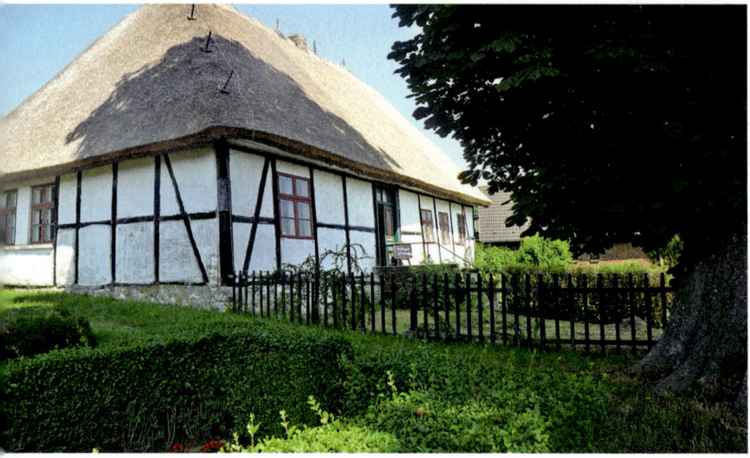

Im alten Schulhaus von Middelhagen erleben wir Unterricht wie vor 100 Jahren.

Der letzte Kilometer zur Landspitze verläuft nun über einen Naturweg, der sich aber bis auf ein tiefes Sandloch recht gut mit dem Rad befahren lässt. Hinter einem überdachten Picknickplatz führt eine Holztreppe hinab zum Wasser und zu einem schmalen **Kiesstrand** ④ mit weitem Blick über den Bodden.

Vom Reddevitzer Höft nach Göhren (10 km)

Vom Having Höft radeln wir zurück bis zu den ersten Häusern von Alt Reddevitz und halten uns dort rechts. Hier könnten wir herzhaft einkehren, ebenso ein Stück weiter in Middelhagen. Bombastische Tortenkreationen stehen im Café Moccavino zur Auswahl. Zunächst aber drängt sich am Ortsausgang eine **Spielplatz-Pause** ⑤ mit Boddenblick auf.

Dann geht es links auf einer schmalen Straße durch Mariendorf und immer den Fahrradschildern folgend ins besonders niedliche Dorf **Middelhagen**. Der Ort besteht noch fast vollständig aus al-

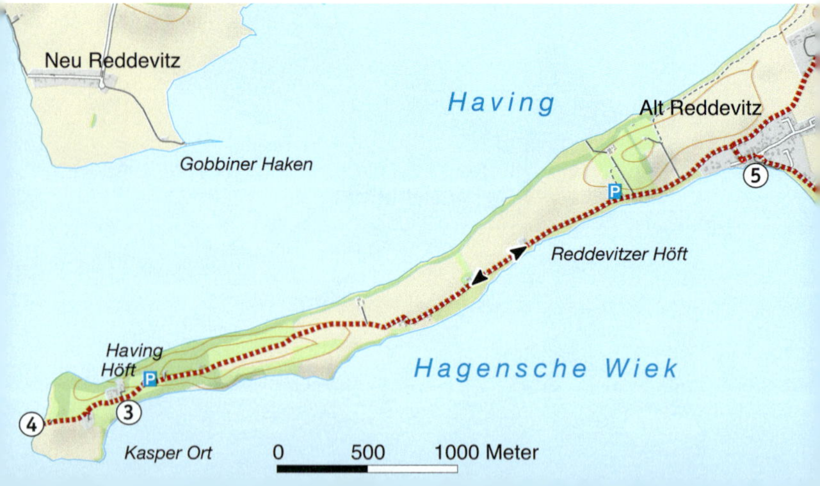

ten Reetdachhäusern. Den Radweg nach Lobbe lassen wir rechts liegen und fahren weiter bis zum Ortszentrum mit der **Holzkirche St. Katharinen** aus dem 15. Jahrhundert. Der hintere Eingang der Kirche ist tagsüber meistens geöffnet. Direkt gegenüber steht die **alte Schule**, in der man heute am historischen Unterricht teilnehmen kann. Auch die Wohnung des Lehrers im Schulgebäude ist zu besichtigen.

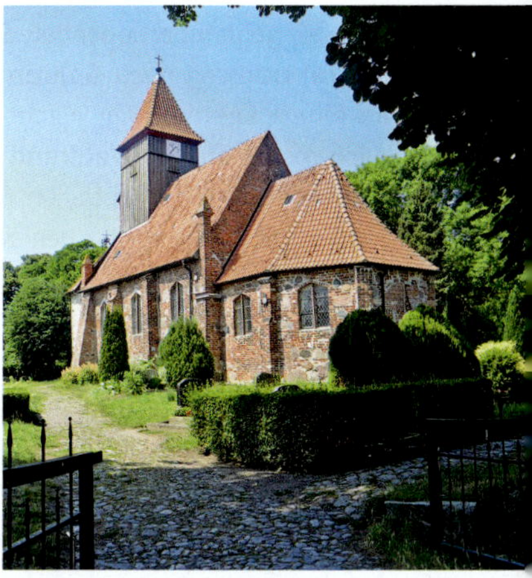

Die Kirche von Middelhagen stammt aus dem 15. Jahrhundert.

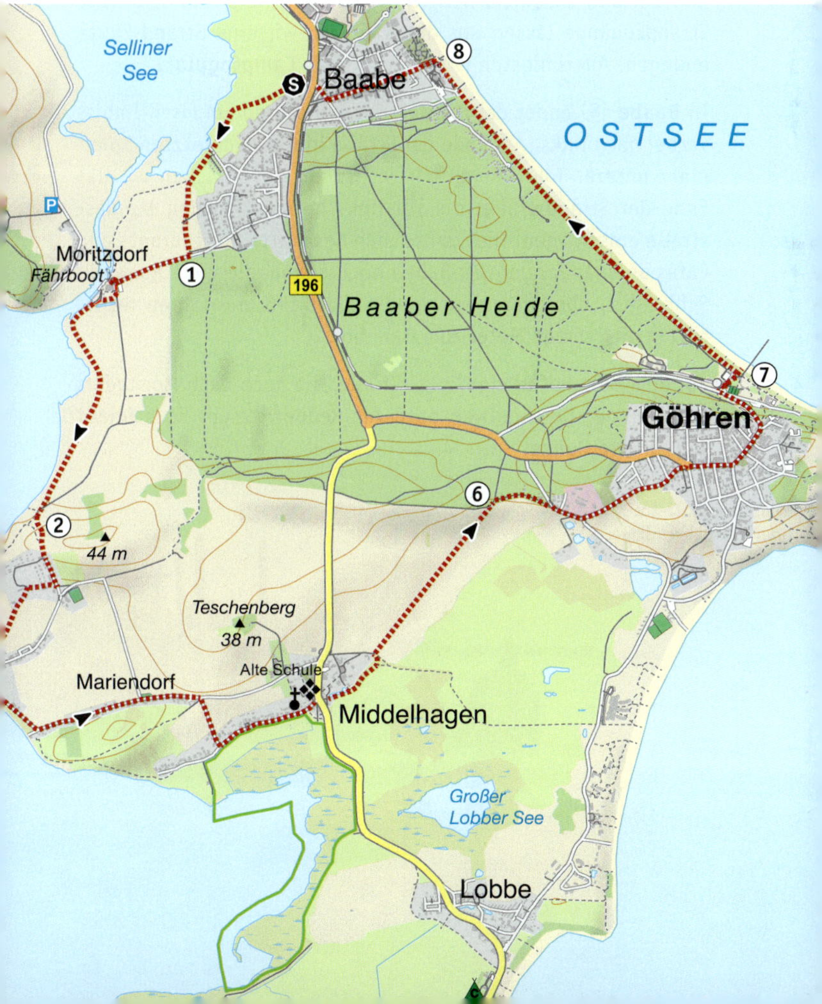

Auf der gegenüberliegenden Seite der Dorfstraße (L292) geht der **Fahrradweg nach Göhren** weiter. Er schlängelt sich zuerst an einem See entlang, macht dann eine Linkskurve und biegt nach rechts ab. Am **Waldrand** ⑥ folgen wir den Schildern Richtung Göhren nach rechts. Im Ortszentrum am Kreisel biegen wir links ab und folgen nun den Schildern zum Bahnhof. Kurz davor biegen wir rechts ab, wo es an einem weiteren Spielplatz vorbei zur **Seebrücke** ⑦ und zum Sandstrand geht. Hier ist der Radweg ausgeschildert. Er verläuft parallel zur Strandpromenade, die für Fahrräder gesperrt ist. Wir folgen ihm nach links un kommen am »Dünengolf« vorbei, wo wir die Bälle auf fantasievoll gestalteten Bahnen mit Meerblick einlochen können.

Von Göhren nach Baabe (3 km)
Auf dem Fahrradweg neben der Strandpromenade fahren wir nun geradeaus bis nach Baabe. Dabei geht es ein wenig auf und ab und entlang an einem herrlich duftenden Kiefernwald. Etliche Strandzugänge lassen uns die Wahl, wo wir eine Strand-Pause einlegen. Am ruhigsten ist es hinter dem **Campingplatz**.

In **Baabe** ⑧ endet der Radweg und wir fahren am Fisch-Imbiss vorbei nach links. Am Ende der Straße hinter dem letzten Spielplatz unserer Tour biegen wir rechts ab. So erreichen wir das Ende der Strandstraße, die wir links herum Richtung Bundesstraße einschlagen. Hier reihen sich Geschäfte, Restaurants und Cafés aneinander und wir haben noch einmal die volle Auswahl. Schließlich überqueren wir wieder die B 196 und fahren rechts herum die letzten Meter zum Bahnhof.

Vor dem Bahnhof zweigt links für alle, die noch nach Moritzdorf müssen, der Deichradweg nach Alt Reddewitz ab. So schließt sich unsere Runde.

Das Spielplatz-Schiff in Alt Reddewitz wartet auf Abenteuerlustige.

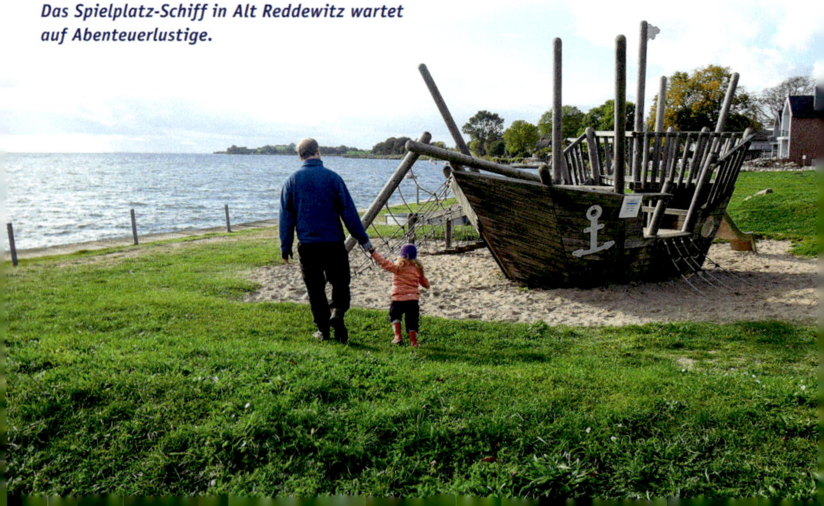

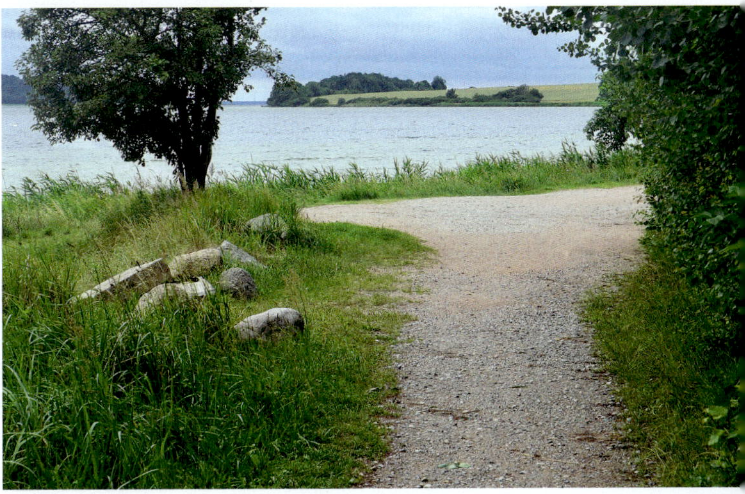

Tour 40: Mit Dampflok und Fahrrad

50 m

STRECKE 19 km

2–3 h

ab 6

Eine Radtour am Bodden von Putbus nach Baabe

Mit weitem Blick über die hügeligen Felder und den Bodden, hübschen kleinen Dörfern und langen Passagen direkt am Wasser sind die landschaftlichen Reize dieser Tour kaum zu überbieten. Da wir außerdem auf einem gut markierten und gut befahrbaren Radweg unterwegs sind, ist diese Radtour auch fahrtechnisch ein Genuss. Die Route verläuft parallel zur Schienenstrecke des Rasenden Rolands, so lässt sich dieser Ausflug auch gut mit einer Dampfzugfahrt verbinden. Doch es gibt noch ein weiteres ungewöhnliches Transportmittel auf dieser Strecke. Bei Moritzburg bringt uns ein Fährmann über die Baaber Bek, den Verbindungskanal zwischen Selliner See und dem Bodden. Passagiere und Fahrräder werden dabei in einem kleinen Motorboot ans andere Ufer transportiert.

TOUREN-STECKBRIEF

Anfahrt: Je nach gewähltem Quartier lässt sich diese Radtour vom Bahnhof in Baabe, Sellin oder Göhren beginnen und mit der Fahrt im Rasenden Roland kombinieren. Wer auf die Bahnfahrt verzichten möchte, kann am **Parkplatz Moritzdorf** beginnen. Der Wanderparkplatz liegt vor dem Ort auf der rechten Seite bei **GPS N 54°21'19.8", E 13°40'57.1"**. Der Abzweig nach Moritzdorf ist von der L196 beschildert.

Anspruch und Charakter: Ausgesprochen schöne Radtour, teilweise direkt am Bodden entlang. Gute Wege, aber einige Steigungen, die schon ein bisschen Kondition erfordern.

Highlights: Wege am Bodden, Pferdeweiden, Fahrt mit der Ruderbootfähre, Fahrt mit der Dampflok, Pferde, Schafe, Ziegen auf den Weiden.

Einkehr: Hafen Lauterbach, Imbiss in Groß Stresow, Fischerei Seedorf.

In der Nähe: Jagdschloss Granitz, umgedrehtes Haus in Lauterbach.

> **Die Fahrt mit dem rasenden Roland**
> Ein Familienticket für die komplette Strecke kostet €27 zuzüglich €1,50 pro Fahrrad. Bei einem Start in Sellin sind es €21,60 pro Familie, der Fahrradpreis bleibt unverändert. Der Zug fährt etwa fünfmal täglich. Der aktuelle Fahrplan des Rasenden Rolands findet sich unter ruegensche-baederbahn.de oder an jedem Bahnhof.

Mit dem Rasenden Roland nach Putbus: Der beste Startpunkt für diese Radtour hängt auch von der Quartierwahl ab. Vom Boddenuferweg gut erreichbare Zielbahnhöfe für die Fahrradtour sind Sellin West, Baabe und die Endstation in der Nähe der Seebrücke in Göhren. Die kürzeste Radfahrstrecke ist die zum Bahnhof in Baabe, an dem es auch Parkplätze für alle gibt, die mit dem PKW zur Bahnstation kommen. Mit dem Auto und eigenen Rädern kann man auch am ruhig gelegenen Wanderparkplatz in Moritzdorf parken und zuerst mit dem Fahrrad zu einem der Bahnhöfe fahren. **Stressfrei gestaltet sich die Tour, wenn wir zuerst Zug fahren und dann alle Zeit der Welt haben, um mit dem Fahrrad zum Startbahnhof zurückzukehren.**

Radtour: Von Putbus fahren wir auf der Lauterbacher Straße in Richtung Badehaus Goor und kommen dabei an einem der beliebten kopfstehenden Häuser vorbei. Nach zwei Kilometern zweigt rechts die Straße zum **Lauterbacher Hafen** (1) ab. Hier warten unter anderem Eisdiele, Café, Fischbrötchen und der Imbiss der inseleigenen Nudelmanufaktur.

Unter der Bahnunterführung hindurch geht es dann vorbei an der Ferienanlage im Jaich mit ihren schwimmenden Häusern zum prunkvollen **Badehaus Goor**. Hier fahren wir links am Gebäude vorbei und zwischen den Parkplätzen zum Waldrand. Dort biegen

> **Der Boddenradweg ohne Zugfahrt**
> Wer die Fahrt mit dem Rasenden Roland zu teuer oder zu aufwändig findet, kann den Radweg am Bodden auch hin- und retour fahren. Von Moritzdorf zum Hafen von Lauterbach sind es 14 Kilometer (einfach), von Seedorf nur zwölf Kilometer und ein Berg weniger.

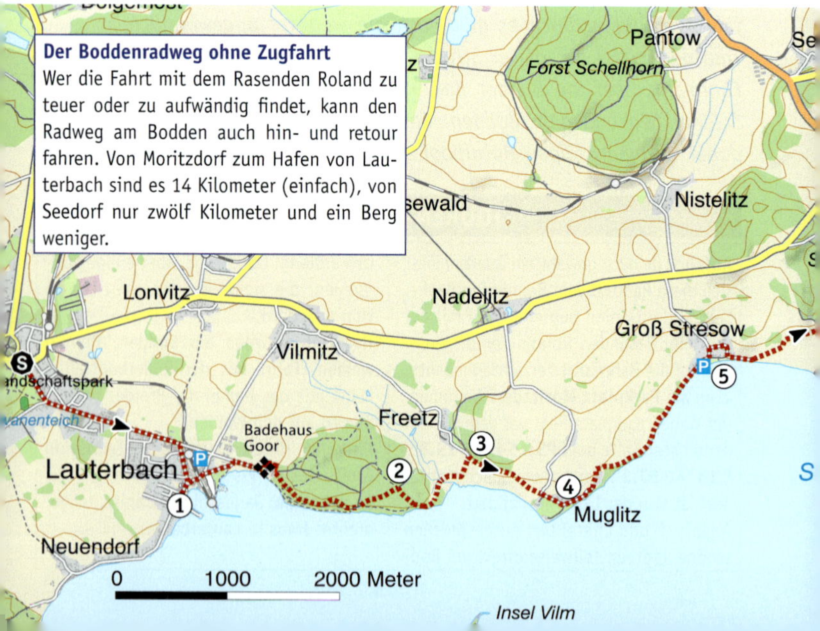

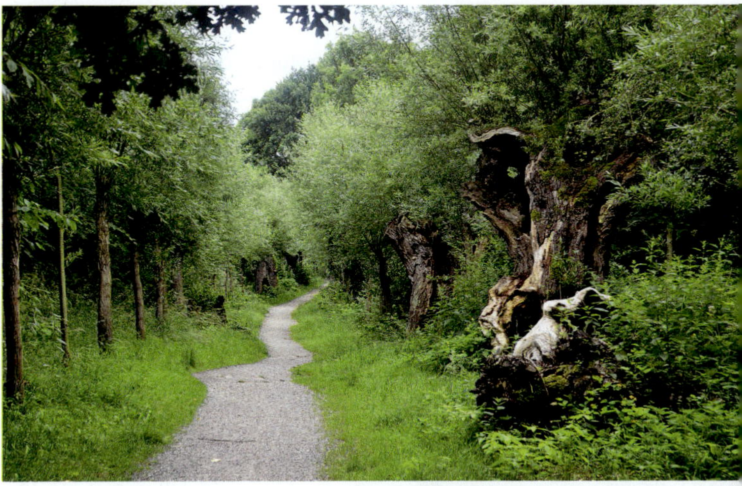

wir scharf nach rechts ab und folgen dem breiten Waldweg, der eine **langgezogene Linkskurve** macht. An der Gabelung nehmen wir den linken Weg, rechts herum ginge es zu einer Badestelle. Bald gelangen wir zu einem Holztor, an dem der »Weg der Muße und Erkenntnis« beginnt **[Tour 41]**. Hier sind Fahrräder verboten, also machen wir den schönen Abstecher entweder zu Fuß oder fahren am Tor vorbei bis zur nächsten **Kreuzung** ②. Dort biegen wir rechts ab Richtung Stresow und Sellin und fahren dann am Ufer wieder links.

Hier heißt es aufpassen. Der mit einem unauffälligen Holzpfahl markierte Punkt 10 liegt direkt am Ufer und lohnt einen Stopp.

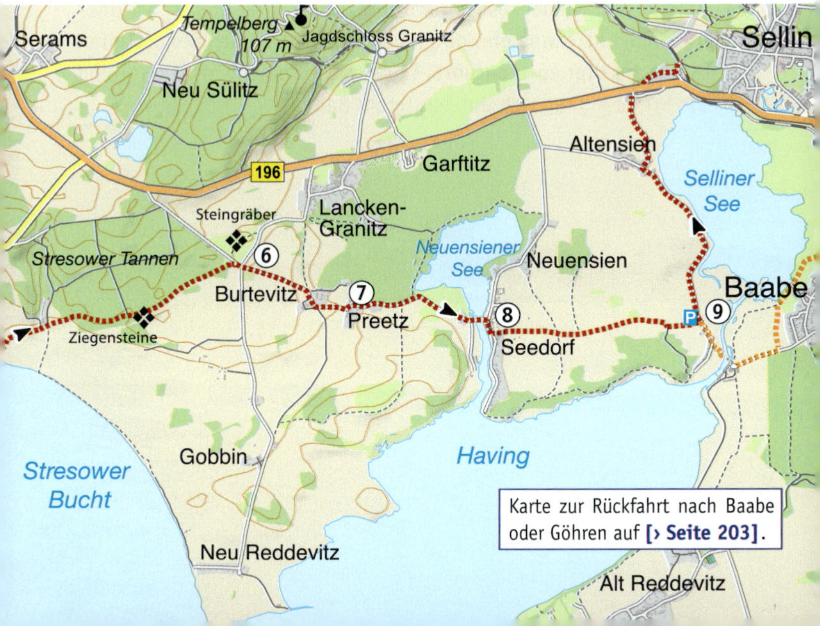

Karte zur Rückfahrt nach Baabe oder Göhren auf **[› Seite 203]**.

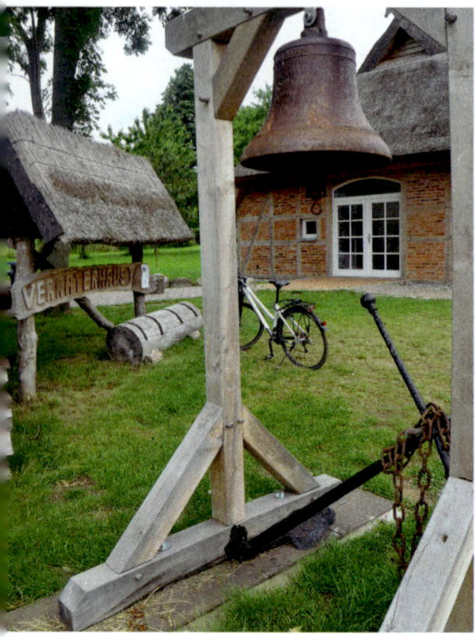

Hier sind **zwei Eichen** ins Wasser gestürzt, die geradezu zum Klettern einladen. Ein kleines Stück weiter liegt rechts des Weges noch ein schöner Platz am Wasser. Hier sind es nur normale Holzbänke, von denen wir den Blick über den Bodden zur Insel Vilm genießen können.

Dann geht es über eine schmale Brücke. Kurz darauf macht unser Weg einen Linksbogen und führt durch eine **Allee aus niedrigen Weiden** mit kugeligen Köpfen hinauf zum offiziellen **Radweg** ③, dem wir nach rechts folgen.

Mit glattem Asphalt unter den Rädern geht es jetzt meist leicht bergab und wir rollen flott hinunter zum **Muglitzer Ort** ④, der im Wesentlichen aus zwei Bauernhöfen und einem Badeplatz besteht.

Weiterhin auf Asphalt radeln wir am Wasser entlang und erreichen nach weiteren zwei Kilometern die ersten Häuser des Dorfes **Groß Stresow** ⑤. Hier gibt es einen weiteren Badeplatz und einen Kiosk mit Sitzplätzen am Wasser. An einem Privatgrundstück am Ufer fahren wir kurz links und gleich wieder rechts, vorbei am **Verräterhaus**, der Statue von Friedrich Wilhelm I. und wieder rechts zum Ufer zurück. Hier biegen wir links in den Schotterweg ein, der neben einem schmalen Sandstreifen direkt am Ufer entlangführt. Es geht ganz seicht ins Wasser und die Stelle eignet sich durchaus zum Baden.

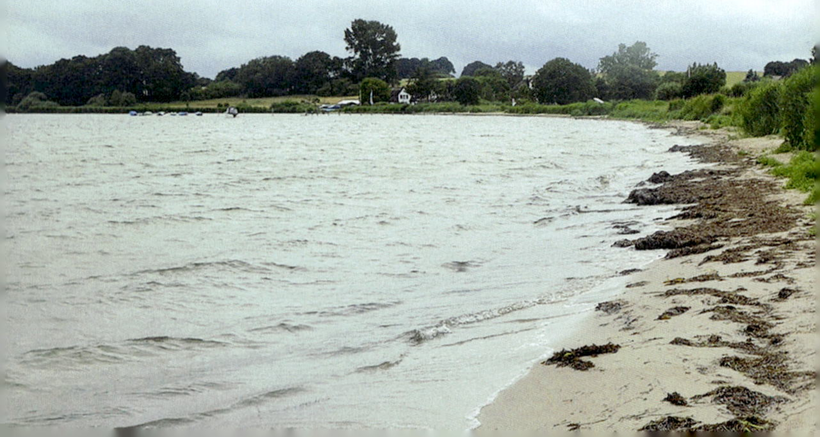

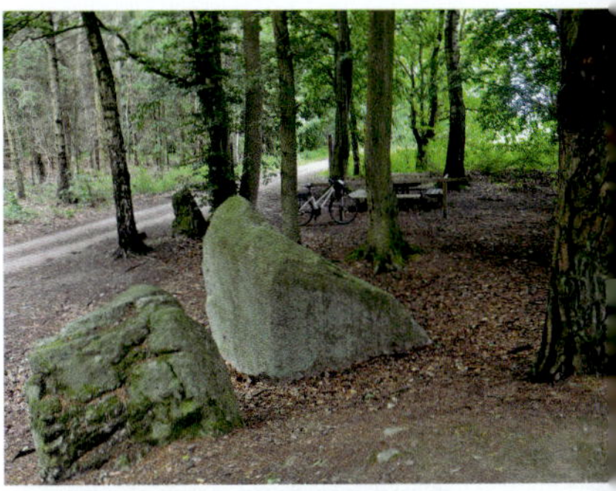

Vorbei an den letzten Häusern von Groß Stresow verlassen wir dann den Uferbereich des Boddens und radeln links auf einem gut befahrbaren Naturweg leicht bergan durch Weideland auf das Waldgebiet Stresower Tannen zu. Unser Radweg verschwindet im Wald und führt an einer Schutzhütte vorbei zum **Rastplatz »An den Ziegensteinen«**.

Immer noch leicht bergan radeln wir weiter, bis unser Waldweg an einer **großen Kreuzung** ⑥ wieder auf Asphalt trifft. Wir fahren hier erst rechts und dann gleich wieder geradeaus über die Kreuzung in Richtung Preetz. Auf einem glatten Plattenweg geht es weiterhin bergauf, über den Hügel und dann rasant nach Preetz hinunter.

Die Ziegensteine und andere Großsteingräber

Die Ziegensteine am Rastplatz im Wald sind Reste von Steinsetzungen aus der Megalithkultur, die auf Rügen vor gut 5000 Jahren anzusetzen ist. Die Steingruppen waren mit einem Dach versehen und wurden als Grabstätten genutzt. In einigen der Steinkisten auf Rügen hat man auch Knochen gefunden. Weitere, viel besser erhaltene Großsteingräber gibt es ganz in der Nähe zu sehen. Fährt man an der folgenden großen **Kreuzung** ⑥ links statt rechts (nach Preetz), sind die besonders gut erhaltenen Hünengräber von Lancken-Granitz schnell erreicht. **[› Tour 36]**

Zuerst kommen wir in Burtevitz zu den Weiden eines Gestütes, dann in Preetz zu einer **Radlerrast am Bauernhof** ⑦. Von hier ist es dann nur noch ein Kilometer bis zum Örtchen **Seedorf**, das an der Bek zwischen Neuensiener See und Bodden liegt. Hier führt eine Brücke über das

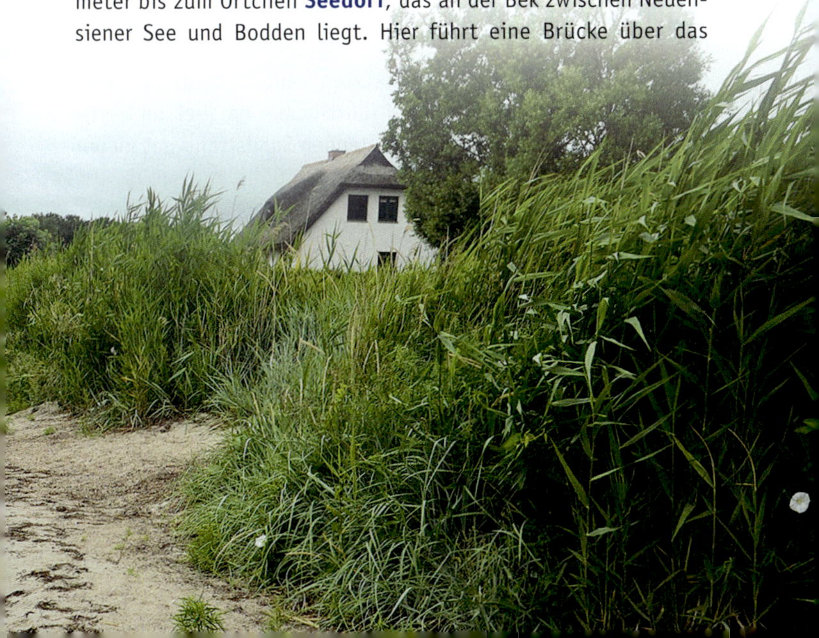

Wasser und zum Hafen, in dem auch Fischerboote liegen. Natürlich gibt es hier auch einen **Fischimbiss**, an dem wir uns am besten noch einmal stärken und eine kleine Pause einlegen. Zwischen Seedorf und Moritzburg liegt nämlich der Hohe Berg mit 44 Metern. Das klingt zwar erst mal lächerlich, auf der kurzen, knackigen Steigung vergeht uns das Lachen aber schnell. Wer hier nicht schieben muss, ist wirklich fit. Zum besagten Weg kommen wir, wenn wir an der Brücke rechts fahren. Direkt hinter der Fischerei weist dann das **Radwegschild** ⑧ links hinauf.

Wenn wir dann einmal oben sind, belohnt uns der Blick über die Felder zum Bodden reichlich für die Anstrengung. Es geht noch einmal durch eine kleine Senke. Hier befinden sich rechts und links des Weges Wildgehege, an denen wir beim Schauen den Atem beruhigen können.

Dann geht es etwas flacher wieder hinunter zum **Wanderparkplatz bei Moritzburg** ⑨, wo wir unseren Schwung leider erst einmal abbremsen müssen. Hier trennen sich die Wege. Wer von Sellin West gestartet ist, radelt links am Selliner See entlang bis zur B 196 und trifft nach der Überquerung der Straße auf den Bahnhof. Nach Baabe und Göhren geht es rechts hinunter und dann links zur **Ruderbootfähre**.

Mit dieser setzen wir ans andere Ufer über, radeln links auf einer schmalen Straße in Richtung Baabe und biegen dann links auf den Fahrradweg auf dem Deich ab, der direkt zum Bahnhof Baabe führt. Wer weiter nach Göhren möchte, fährt am Bahnhof von Baabe rechts, überquert die Straße und folgt der Strandstraße bis zur **Seebrücke von Baabe**. Hier geht es rechts, zuerst hinter den Cafés und Restaurants der Strandpromenade, auf der Fahrradfahren verboten ist. An den letzten Häusern biegt der Fahrradweg links zum Strand ab und führt immer parallel zur Bernsteinpromenade direkt hinter dem langen Sandstrand mit vielen Zugängen zum Meer bis zur Seebrücke von Göhren.

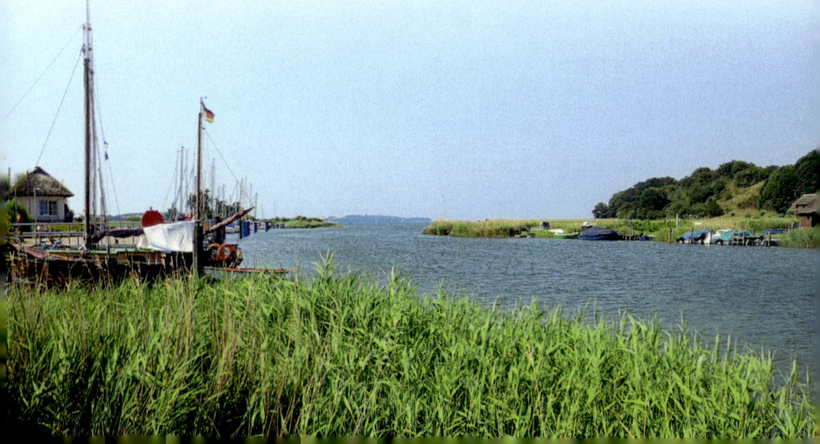

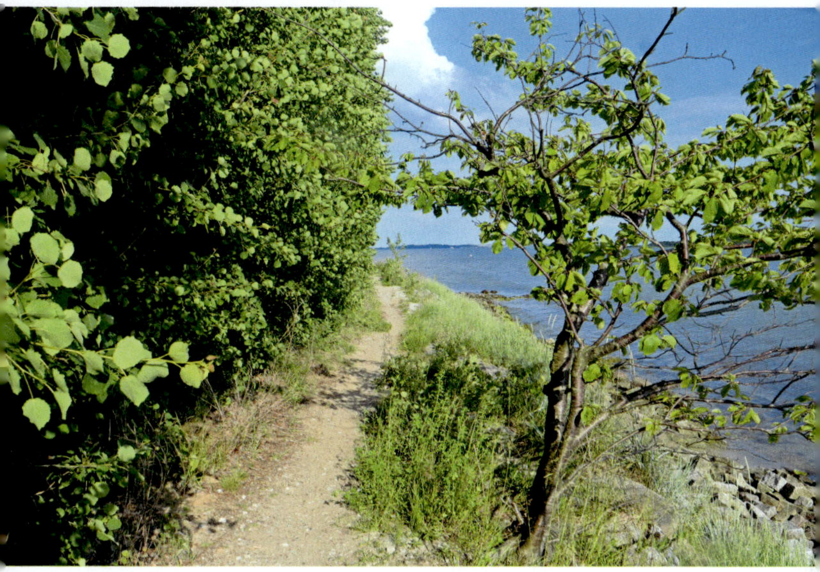

Tour 41: Uferweg und alter Wald

20 m
STRECKE 6 km
2 h
ab 6

Auf dem »Weg der Muße und Erkenntnis« durch die Goor

Abenteuerspielplatz oder Raum zur Meditation? Der Goor-Wald ist beides. Der Buchenwald mit bis zu 200 Jahre alten Bäumen steht seit 1990 unter Naturschutz und wird seither nicht mehr forstwirtschaftlich genutzt. Ziel ist die Rückkehr zum Urwald. Ein ungewöhnlicher Lehrpfad führt durch den Wald, der »Pfad der Muße und Erkenntnis«. Er schlängelt sich am Bodden entlang zu kleinen Buchten und einer Wassereiche. Im Wald besuchen wir dann einen uralten Baum: Die Schirmeiche steht schon seit 600 Jahren an dieser Stelle. Anschließend geht es auf schmalen Pfaden durch den Wald zur nächsten Station.

TOUREN-STECKBRIEF

Anfahrt: Lauterbach liegt südlich von Putbus am Bodden und ist sozusagen der Hafen der Weißen Stadt. Aus dem Zentrum von Putbus folgen wir der Straße in Richtung Badehaus Goor. Der **Parkplatz Lauterbach** ist ausgeschildert und liegt rechts der Straße bei **GPS N 54° 20′45.2″, E 13° 30′02.0″**.

Anspruch und Charakter: Ausgedehnter Spaziergang auf schmalem Uferpfad und in einem Mischwald mit vielen uralten Bäumen.

Begleitheft: Das Begleitheft mit Illustrationen und meditativen Texten zum Pfad gibt es im Büro der Ferienanlage »Im Jaich« (neben dem Kiosk) für € 5,50.

Highlights: Zwei Spielplätze, kleine Sandbuchten am Uferweg, Wassereichen.

Einkehr: Restaurant Kormoran, Jennys Hafencafé, Fischbrötchen und Imbiss der Rügener Nudel-Werft im Hafen.

In der Nähe: Umgedrehtes Haus, Robbenexkursion mit dem Ausflugsboot.

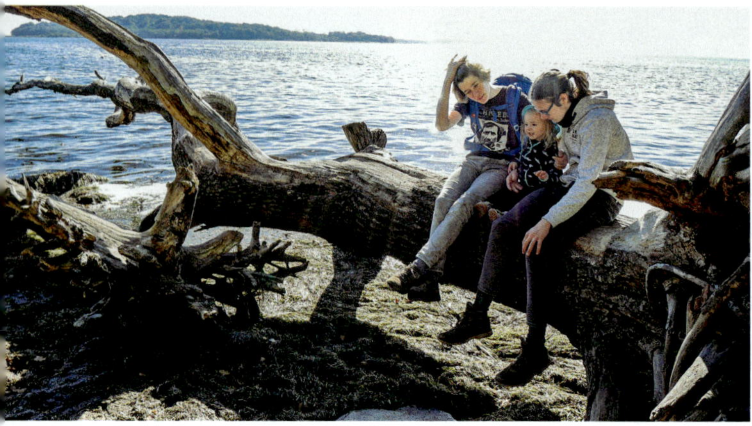

Wanderung: Vom Parkplatz laufen wir Richtung Hafen, bei nächster Gelegenheit links und dann gleich wieder rechts, dem Schild zum **Restaurant Kormoran** folgend. Hinter dem Restaurant halten wir uns rechts, um zum **Badehaus Goor** zu gelangen. Das weiße Gebäude mit den 18 klassizistischen Säulen wurde 1818 eingeweiht. Hier beginnt die Uferpromenade, der wir bis zu einem kleinen Spielplatz folgen.

Hinter dem Holzschiff wird sie zu einem schmalen Fußweg. Der eigentliche Pfad der Muße und Erkenntnis mit den ersten Stationen verläuft einen Weg weiter oben, der Pfad am Wasser ist aber viel schöner. Wir folgen ihm, bis eine Holztreppe vor einer malerischen **Mini-Sandbucht** ① in den Wald hinaufführt.

Wir gehen die Treppe hinauf und biegen rechts ab. Kurz darauf halten wir uns gleich wieder rechts und durchschreiten ein **Holztor**. Jetzt sind wir auf dem Pfad der Muße und Erkenntnis unterwegs und können uns immer an den Wegmarkierungen orientieren – die sind aber nicht immer besonders gut sichtbar platziert. Die Stationen selbst sagen uns ohne die Begleitbroschüre wenig, denn das Konzept zielt eher auf innere Einkehr. Aber der Weg durch den Wald ist wunderschön! Zunächst führt er uns nah am Wasser entlang, sodass das Meer durch die Bäume blitzt. Hinter einem zweiten **Torbogen** endet der Fußweg, ab hier muss mit Fahrrädern gerechnet werden. Der 200 Meter lange Abstecher nach rechts zur **Station 10** empfiehlt sich unbedingt. Hier ragt eine **abgestorbene Eiche** ② ins Wasser. Sie eignet sich perfekt zum Klettern.

Dann geht es zurück und am Holztor vorbei geradeaus in den Wald. Der nächste höchst eindrucksvolle Ort ist das **Gerippe einer uralten Eiche** ③ mitten im Wald. Hinter dem Baum laufen wir weiter geradeaus, dann halb rechts, immer dem Zeichen unseres

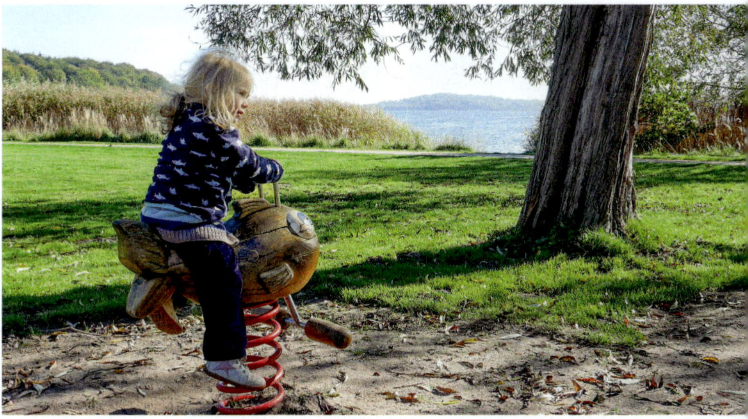

Wanderwegs folgend, bis zum **Waldrand** ④. Dort biegt unser Pfad links ab und schlängelt sich durch einen schönen Laubwald, der von mächtigen Buchen dominiert wird.

Einkehr am Lauterbacher Hafen
Weitere Einkehrmöglichkeiten gibt es im Hafen von Lauterbach. Den erreichen wir, wenn wir auf dem Rückweg geradeaus die Bahnlinie unterqueren. Hier gibt es Fischbrötchen, Pizza, Eis und das urige Café »Jennys Hafenbar« mit Kuchen und Waffeln. In der »Rügener Nudel-Werft« entstehen bis zu 60 verschiedene Sorten Nudeln vor den Augen der Kundschaft, die sie wahlweise verzehrfertig zubereitet oder als Souvenir für zu Hause mitnehmen kann.

Kurz darauf heißt es aufpassen: Hinter der **Station 17** biegt unser Weg nur schlecht markiert auf einen **schmalen Pfad** ⑤ links zwischen die Bäume ab. An der **nächsten Kreuzung** ⑥ sehen wir das schon das Meer, gehen geradeaus darauf zu und gelangen an eine Treppe, die hinunter zur Uferpromenade führt.

Auf dem Rückweg bleiben wir diesmal immer am Wasser. So treffen wir kurz hinter dem Restaurant Kormoran auf einen zweiten, größeren **Spielplatz** ⑦. Dieser hat ebenfalls die Gestalt eines Bootes, bietet aber zwei Rutschen, mehr Gelegenheiten zum Klettern und zusätzlich hübsche Wipptiere und zwei Schaukeln.

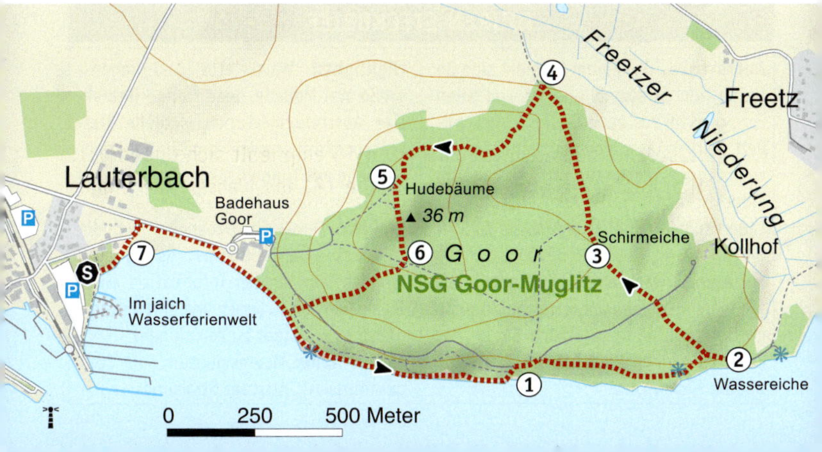

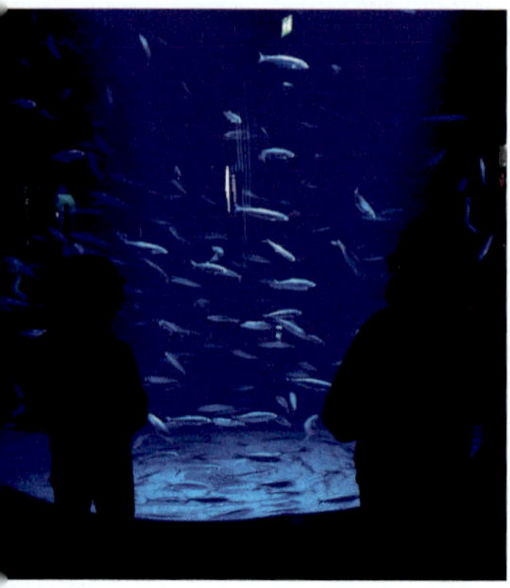

Tour 42: Unterwasserwelten

Das Ozeaneum in Stralsund

Stralsund ist ein hübsches Städtchen und als solches immer einen Besuch wert. Hauptattraktion der Hansestadt aber ist das Ozeaneum, das Eltern wie Kinder mit seinen Unterwasserwelten einen ganzen Tag lang fesseln kann. Halb Aquarium mit Unmengen heimischer Fischarten aus der Nord- und Ostsee, halb Museum mit hervorragend konzipierten interaktiven Ausstellungen, vermittelt der Lernort im schummerigen Licht jede Menge Wissenswertes darüber, was auf und unter der Wasseroberfläche auf unserem Planeten so vor sich geht.

1/2 Tag

ab 4

Rundgang: Noch während wir in dem modernen Gebäude direkt neben der Stralsunder Altstadt in der Warteschlange anstehen, zieht das Mischwesen aus Museum und Aquarium uns bereits in seinen Bann: Über unseren Köpfen schweben gigantische Skelette. Es sind die Überbleibsel von an der Ostsee gestrandeten Walen.

Über eine Rolltreppe, die so lang ist, wie ein Blauwal werden kann, erreichen wir die erste Ausstellung. Es gibt verschiedene Themenbereiche, durch die eine orange Linie auf dem Fußboden führt. Erste Station ist das Weltmeer, die gesamte Wasserfläche des Planeten Erde. Meeresrauschen umfängt uns, und im geheimnisvollen Dämmerlicht liegen die Vitrinen vor uns, die uns ihre maritimen Geheimnisse anvertrauen wollen. Ein Stockwerk tiefer, wo es ausschließlich um die heimische Ostsee geht, hängt übergroßes Plankton von der Decke. Wir erfahren, was bei einem unverhofften Schluck Ostseewasser im Badeurlaub so alles in

TOUREN-STECKBRIEF

Anfahrt: Das Ozeaneum befindet sich im Hafen von Stralsund und ist von allen Fernstraßen aus zuverlässig ausgeschildert. Parken lässt sich am besten im dazugehörigen **Parkhaus am Ozeaneum** (Tagesticket € 10). Die Adresse lautet Am Lagerkanal 6, die Koordinaten **GPS N 54°18′47.4″, E 13°05′57.01″.**

Museum: Erwachsene € 17, Kinder 3 bis 16 Jahre € 8. Lohnenswerter Audioguide mit Kinderführung zusätzlich € 1.
Geöffnet täglich 9.30–18 Uhr, Juli und August bis 20 Uhr.

Highlights: Walskelette und lebensgroße Wal-Modelle, jede Menge interaktive Ausstellungsstücke, virtuelle Tiefseetauchfahrt, zwei große Aquarienbereiche mit Tunnelbecken, Pinguine auf der Dachterrasse, kleiner Spielplatz.

Einkehr: Direkt im Ozeaneum befindet sich das »Pausch-Bistro«. Es ist auch möglich, sich an der Information einen Stempel geben zu lassen und eine Mittagspause in der Stadt zu verbringen.

In der Nähe: Meeresmuseum (bis 2024 geschlossen), Altstadt Stralsund.

unserem eigenen Bauch landet. Anschließend bekommen wir die ersten lebendigen Fische zu sehen: Im Ostsee-Aquarium tummeln sich ganze Schwärme von Fischen, die wir sonst höchstens von der Speisekarte kennen. Silbern blitzen die Heringe im schummerigen Licht. Der Audioguide verrät uns, wie schwierig es ist, diesen Alltagsfisch im Aquarium zu halten. Bei menschlicher Berührung brechen Schuppen ab, und Bakterien setzen sich fest, die dem Tier ein qualvolles Ende bereiten. Und es gibt noch mehr zu sehen: Quallen, Krebse, Krabben und Haifischeier, in denen neues Leben zappelt.

Nun folgt wieder ein Ausstellungsteil, der sich diesmal der Erforschung und Nutzung der Meere widmet. Höhepunkt ist eine virtuelle Tauchfahrt in die Tiefsee.

Im zweiten Aquariumsteil wird es spektakulär: Im Helgoland-Tunnel laufen wir unter majestätisch dahinschwebenden Manta-Rochen umher und steigen bis auf den Meeresgrund hinab, wo die Glatthaie ihre Runden ziehen. Um die 20 von ihnen tummeln sich hier und sie alle sind im Ozeaneum aus dem Ei geschlüpft. Turbulent geht es im Brandungsbecken zu.

Im »Meer für Kinder«, einem kleinen, eher für Kleinkinder konzipierten Spielplatz, können wir eine Pause einlegen. Hier befindet sich auch die Tür zur Dachterrasse, wo die Pinguine wohnen.

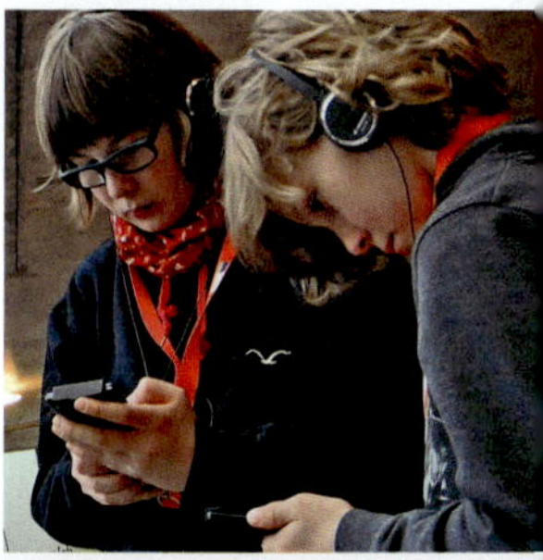

Am Schluss wartet noch der Teil »1:1 Riesen der Meere« auf uns, der verschiedene Wal-Arten als lebensgroße Modelle für uns bereit hält. Durch eine weitere Ausstellung steigen wir hinunter und nehmen auf den Liegestühlen Platz, während hoch über uns die Giganten schweben. In regelmäßigen Abständen bringt uns eine Multimedia-Show ihren Lebensraum näher.

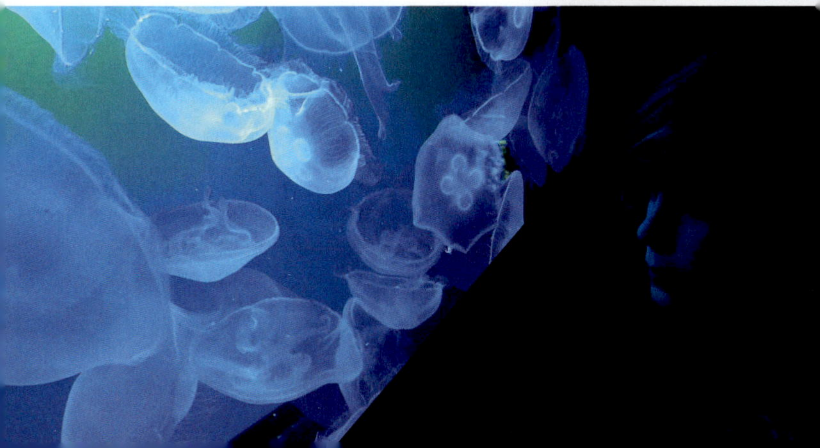

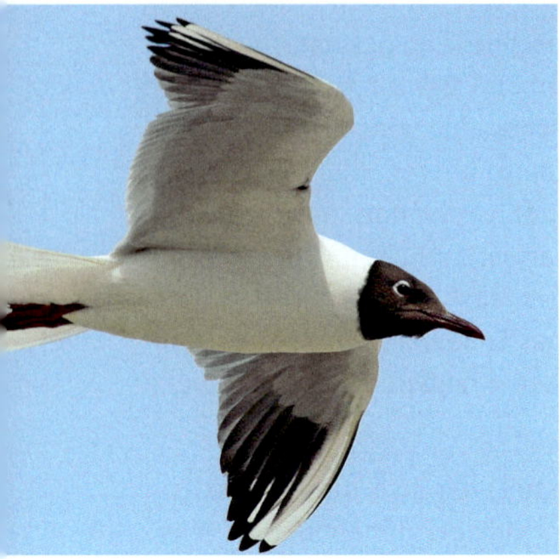

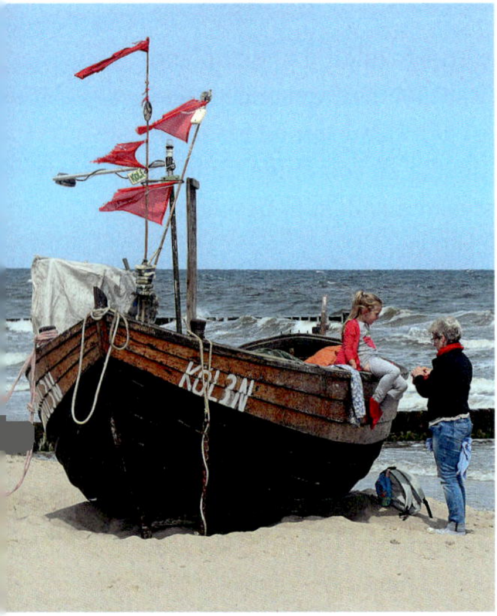

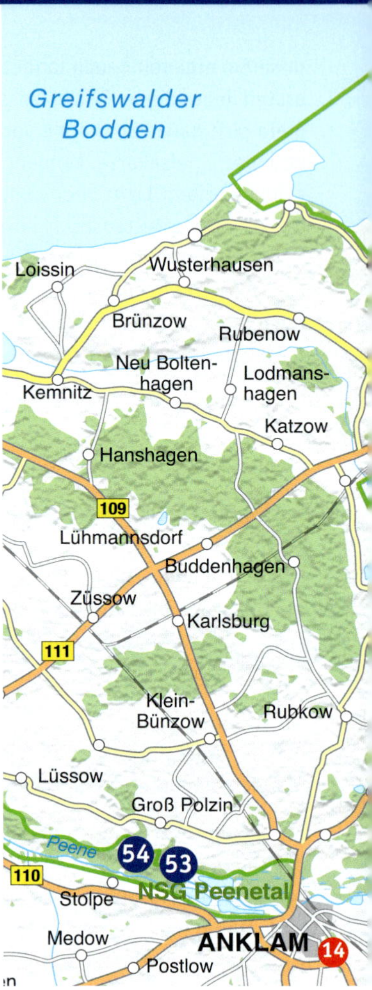

Die Ostseeküste der Insel Usedom ist von einem durchgehenden Sandstreifen gesäumt und das bevorzugte Ziel des Badetourismus. Hier reihen sich im Süden die noblen Kaiserbäder Ahlbeck, Heringsdorf und Bansin aneinander. Im Norden wird es ruhiger. In Ückeritz streckt sich hinter der Küste auf über vier Kilometern ein Naturcampingplatz – der größte der Insel. Oberhalb des Achterwassers ist Zinnowitz das touristische Zentrum im Norden der Insel und auf dem Nordzipfel erinnert das Historisch-Technische Museum von Peenemünde an den Zweiten Weltkrieg, als auf Usedom an Hitlers Geheimwaffe V2 gebaut wurde.

An Achterwasser und Peenestrom, den Binnengewässern zwischen der zerklüfteten Insel und dem Festland, wird Usedom sogar ein wenig romantisch. Hier verstecken sich in idyllischer Lage kleine Dörfer wie Neppermin, Sellin am Ufer des Schmollensees, Neuendorf auf dem Gnitz und das winzige Krummin an der Krumminer Wiek.

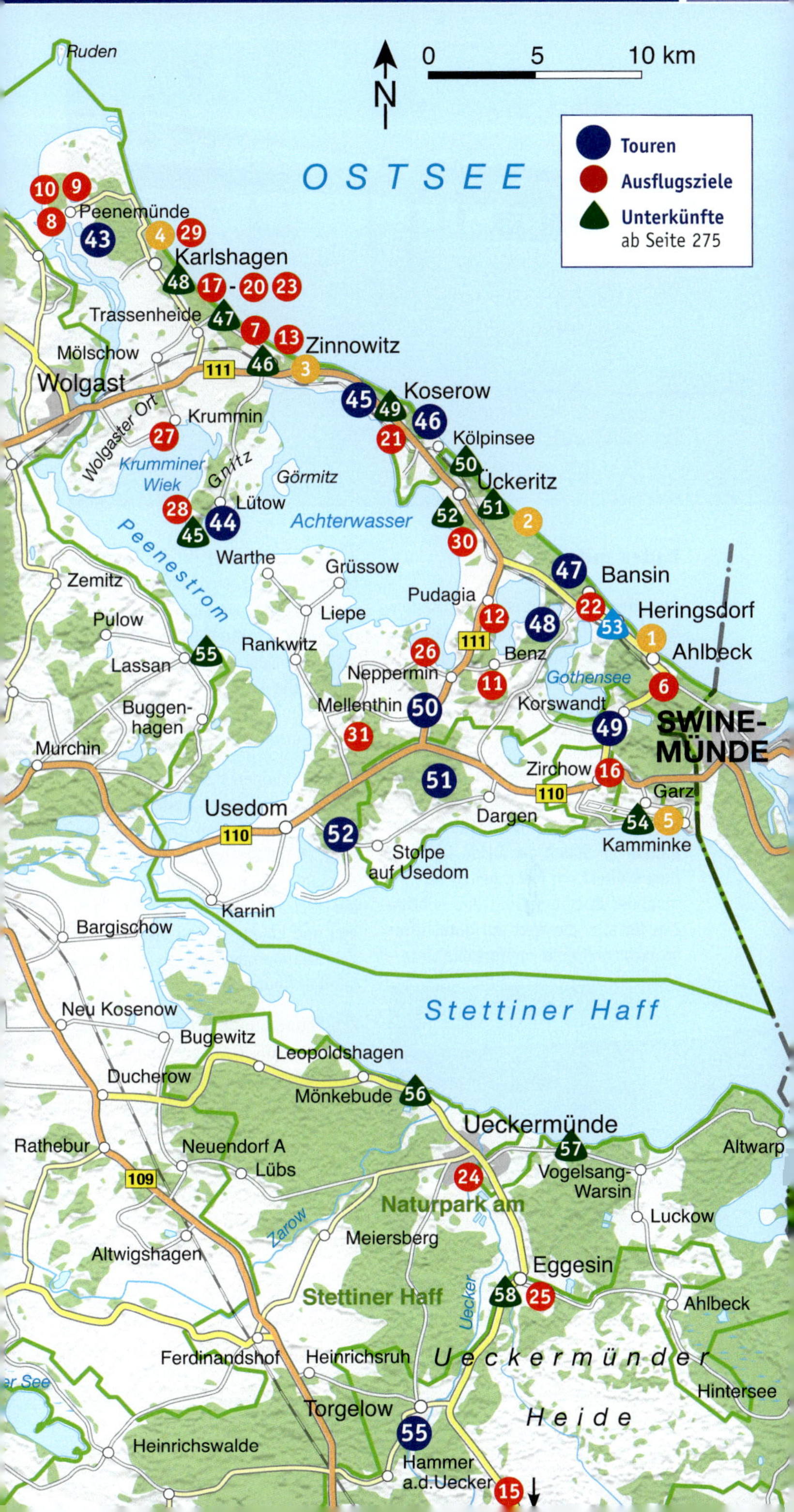
Touren
Ausflugsziele
Unterkünfte
ab Seite 275
0 5 10 km
N
OSTSEE
Ruden
Peenemünde
Karlshagen
Trassenheide
Mölschow
Zinnowitz
Wolgast
Koserow
Krummin
Wolgaster Ort
Kölpinsee
Krumminer Wiek
Gnitz
Görmitz
Ückeritz
Lütow
Achterwasser
Peenestrom
Warthe
Grüssow
Bansin
Zemitz
Pudagia
Liepe
Heringsdorf
Pulow
Rankwitz
Benz
Ahlbeck
Lassan
Neppermin
Gothensee
Buggenhagen
Mellenthin
Korswandt
SWINEMÜNDE
Murchin
Zirchow
Garz
Usedom
Dargen
Kamminke
Stolpe auf Usedom
Karnin
Bargischow
Stettiner Haff
Neu Kosenow
Bugewitz
Leopoldshagen
Ducherow
Mönkebude
Ueckermünde
Rathebur
Neuendorf A
Lübs
Altwarp
Vogelsang-Warsin
Naturpark am
Luckow
Zarow
Meiersberg
Altwigshagen
Eggesin
Stettiner Haff
Uecker
Ahlbeck
Ferdinandshof
Heinrichsruh
Ueckermünder
Hintersee
Torgelow
Heide
Heinrichswalde
Hammer a.d.Uecker

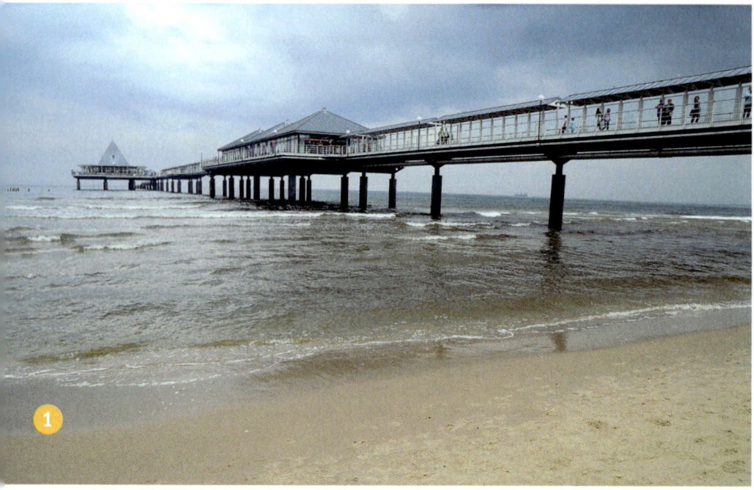

1

Baden mit Kindern

Der lange Sandstrand von Usedom liegt, unterbrochen von kurzen Abschnitten mit Steilküste, auf der Ostseeseite der Insel. Achterwasser und Peenestrom eignen sich nur an wenigen Stellen zum Baden.

1 Die beliebstesten Badeziele auf Usedom sind die sogenannten **Kaiserbäder Ahlbeck, Heringsdorf** und **Bansin** im Süden der Insel. Die Orte liegen direkt am Meer, gehen fast ineinander über und sind das richtige Ziel für alle, die Wert auf gute Infrastruktur und eine komfortable Unter-

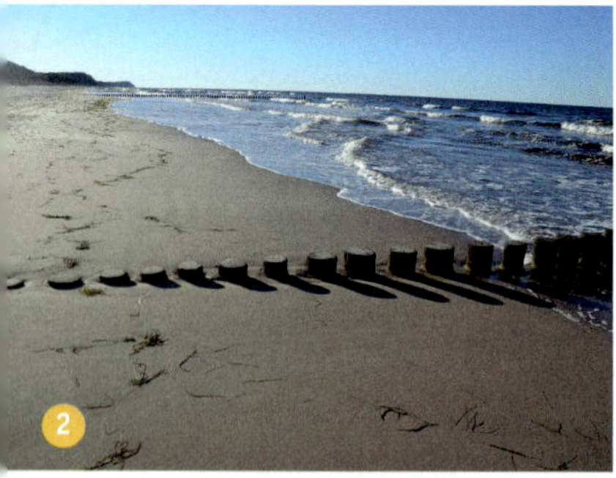

2

kunft legen. Hinter dem Strand flaniert man auf der Promenade, unten am Meer reihen sich die Strandkörbe und jeder der drei Orte hat seine eigene Seebrücke.

2 Ein besonderer Ort für Campingfans versteckt sich im Küstenwald von **Ückeritz**, wo sich der Campingplatz »Am Strand« über vier Kilometer am Meer entlangzieht. Ansonsten ist die Küste mit ihrem schönen Sandstrand hier völlig unverbaut und Strandkörbe sucht man vergebens.

3 Ein kleineres Zentrum des Badetourismus findet man weiter im Norden von Usedom um den Badeort **Zinnowitz**. Nördlich von Zinnowitz liegt Trassenheide, das mit besonders vielen Freizeiteinrichtungen für Familien und einem großen Spielplatz an der Strandpromenade als besonders familienfreundlich gilt.

4 Peenemünde Strand

GPS N 54°07'36.0", E 13°49'44.0"
Der Strand kurz vor Peenemünde ist recht einsam und naturbelassen. Ein Parkplatz links an der Straße ermöglicht den Zugang zum Meer.

5 Badeplatz von Kamminke

GPS N 53°52'03.6", E 14°12'18.2"
Das kleine Naturparadies hat einen etwas rauem Charme. Neben einem Bootsanleger und einem Fischrestaurant zieht sich ein schmaler, abschüssiger Sandstrand am Stettiner Haff entlang. Der Strand naturbelassen, oft einsam und wenig geeignet für kleine Nichtschwimmer.

Badevergnügen indoor

6 Ostseetherme

Die Therme im Seebad Ahlbeck ist nicht allzu groß und eher auf Kurbetrieb ausgerichtet. Trotzdem gibt es einen Kinderbereich mit zwei kleinen Rutschen. Für die Saunawelt mit zwei Blockhaussaunen im Außenbereich und einer 80-Grad-Sauna im Innenbereich zahlt man separat.
Geöffnet Mo bis Sa 10–19 Uhr, So bis 20 Uhr. Eintritt Bad ohne Sauna mit Kurabgabe €41,50 (Familientageskarte 2+2).
www.ostseetherme-usedom.de

7 Bernsteintherme Zinnowitz

In der Bernsteintherme gibt es ein mit Meerwasser gefülltes Sportbecken und ein 32°C warmes Thermalbecken mit Innen- und Außenbereich. Originell ist die Sauna direkt am Strand.
Geöffnet täglich 10–21 Uhr, Strandsauna täglich 13–21 Uhr. Tagestarif nur Meerwasserbad €18,80, Kinder 3 bis 12 Jahre €10,80. Thermalbad, Meerwasserbad und Sauna €29,80, Kinder €18,40.
www.bernsteintherme.de

Kultur, Natur und Museen

8 Einmal durch die Juliett 461

Im Hafenbecken von Peenemünde liegt das Unterseeboot Juliett 461. Sie wurde 1961 gebaut, war bis 1991 in der sowjetischen Flotte im Einsatz und kann besichtigt werden. Der Weg durch die Luken von Raum zu Raum ist ziemlich aufregend. [› Seite 226]

9 Phänomenta Peenemünde

Über 200 Experimentierstationen zu physikalischen Phänomenen helfen Kindern, einen spielerischen Zugang zu Naturwissenschaften zu bekommen und damit auch die Welt besser zu verstehen.
Geöffnet März bis Oktober täglich und in den Schulferien 10–18 Uhr. €12, Kinder 4 bis 17 Jahre €10.
www.phaenomenta-peenemuende.de

10 Technisch-Historisches Museum

Das ehemalige Kraftwerk von Peenemünde war bis in die 70er Jahre in Betrieb und stellt jetzt nicht nur die Räume für ein Museum, sondern ist selbst ein Teil der Ausstellung. Es gehörte im Zweiten Weltkrieg zur Heeresversuchsanstalt, in der mit Einsatz von Zwangsarbeitern die Langstreckenrakete A4 entwickelt und produziert wurde, die als Hitlers »Vergeltungswaffe 2« zu trauriger Berühmtheit kam. Die Rakete gilt aber auch als Vorläufer aller heute in der zivilen Raumfahrt eingesetzten Raketen, und das hier in Peenemünde erarbeitete Wissen sorgte auch für einen Quantensprung in der zivilen Raumfahrt. Die Technik und die Geschichte ihrer Entwicklung: Beides ist Thema im Historisch-Technischen Museum.
Geöffnet April bis September 10–18 Uhr, Oktober bis März Di bis So 10–16 Uhr. €9, Kinder €6, Familie €20. museum-peenemuende.de

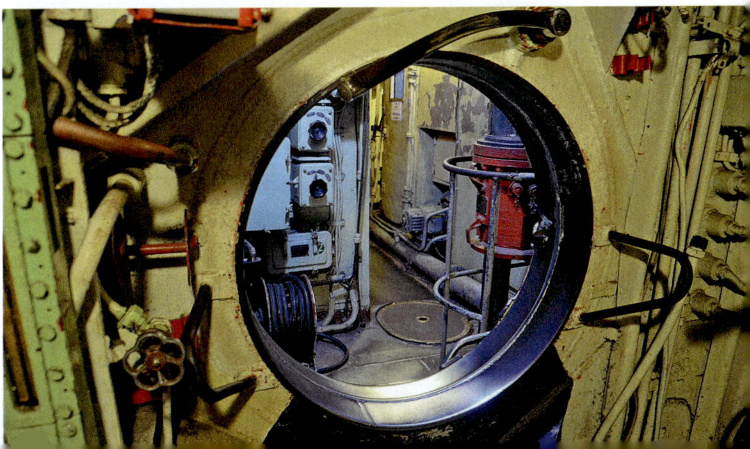

11 Die Holländermühle von Benz

GPS N 53°56'15.0", E 14°04'13.6"
Vermutlich im Jahr 1823 erbaut, war die Mühle von Benz bis in die 70er Jahre in Betrieb – auch wenn in den letzten 30 Jahren hier nur noch Schrot und Tierfutter gemahlen wurde. Sieben Generationen der Familie Jahnke hielten Hof und Mühle auf dem neuesten Stand.

Nach der Erschließung des Dorfes mit Stromleitungen bekam die Mühle einen der ersten Anschlüsse und Müller Jahnke war von nun an nicht mehr auf den launischen Wind angewiesen. 1972 verstarb der letzte Müller der Familie Jahnke ohne Erben. Der Usedomer Künstler Otto Niemeyer-Holstein kaufte und restaurierte die alte Mühle als Sommerrefugium. Bei seinem Tod schenkte der Künstler sie der Gemeinde unter der Bedingung, dass sie als technisches Denkmal erhalten bleiben solle. Der Verein Kulturmühle Benz kümmert sich seitdem um Instandhaltung und Ausbau der Anlage. So wurde für Besucher auch ein Nebengebäude, das Backhaus mit einem Café, errichtet.

Geöffnet April bis Oktober Di bis Sa 10–17 Uhr. muehle-benz.de

12 Bockwindmühle Pudagla

GPS N 53°57'35.2", E 14° 3'47.5"
Bei der zweiten alten Mühle der Insel handelt es sich um eine Bockwindmühle. Ihre Existenz lässt sich bis ins Jahr 1752 zurückverfolgen. Sie ist nach umfangreicher Restaurierung inzwischen wieder funktionstüchtig und wird zu besonderen Terminen auch tatsächlich in Betrieb genommen.

Die Mühle kann von Mai bis Oktober Mo bis Fr von 10–16 Uhr und Sa, So von 13–16 Uhr besichtigt werden. €2, Kinder €1. www.usedom-bockwindmuehle-pudagla.de

13 Tauchgondel Zinnowitz

Am Ende der Vineta-Brücke, der Seebrücke von Zinnowitz, gibt es eine Tauchgondel für 24 Personen. Die Tauchfahrt auf den Ostseeboden dauert 30 bis 40 Minuten.

Geöffnet von April bis Oktober 10–19 Uhr, Juli und August bis 21 Uhr, im Winter 11–16 Uhr. €8,50, Kinder bis 15 Jahre €5,50, Familie €20–22. www.tauchgondel.de

14 Otto Lilienthal und der Traum vom Fliegen

Otto Lilienthal, der frühe Pionier des Flugzeugbaus, wurde am 23. Mai 1848 in Anklam geboren. Er war wohl der erste Mensch, der mit selbst konstruierten Flügeln mehrere Gleitflüge überlebte und grundlegendes Wissen über das Fliegen mit Maschinen erarbeitete. Er legte damit eine Basis zur Entwicklung aller weiteren Flugzeuge. Im Museum sind alle Gleitfliegermodelle Lilienthals, deren Aufbau über

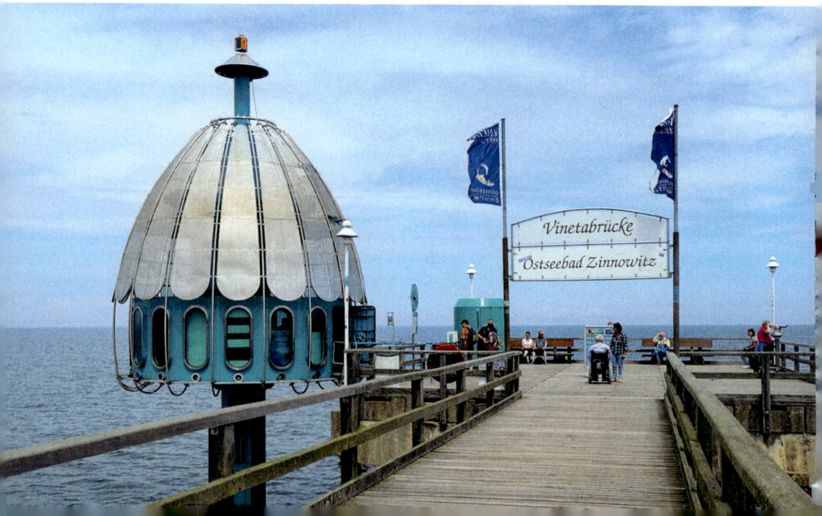

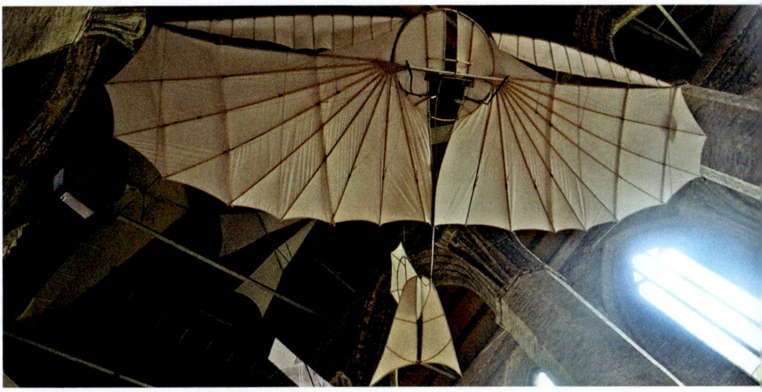

Fotografien oder Konstruktionspläne nachvollziehbar war, in Originalgröße rekonstruiert. Es sind mehr als zehn verschiedene.

Der geniale Erfinder starb im Alter von 48 Jahren bei der Erprobung seines neuesten Modells. Der Absturz war vermutlich durch thermische Probleme verursacht und nicht durch einen Konstruktionsfehler der Flügel. Ein weiteres Anliegen des Museums ist es, die nicht ganz unkomplizierte Physik des Fliegens verständlich zu erklären.
Geöffnet Juni bis September täglich 10–17 Uhr, Oktober bis Mai Di bis Fr 10–17, Sa und So 13–17 Uhr. November bis April Mi bis Fr 11–15.30 Uhr, So 13–15.30 Uhr. Eintritt €4,50, Kinder ab 6 Jahre €3,50, Ellbogenstraße 1. www.lilienthal-museum.de

15 Lokschuppen Pasewalk

GPS N 53°30'56.4", E 13°59'29.9"
Ausstellung für Eisenbahnfans im historischen Lokschuppen. Auch funktionstüchtige Dampfloks sind zu bestaunen. Es gibt außerdem einen Kletterspielplatz mit Eisenbahndrehscheibe und Draisinen. Und wer gar nicht mehr weg will, kann in einem Schlafabteil des ehemaligen Regierungszuges der DDR übernachten – Frühstück gibt's im Speisewagen.
Geöffnet Mai bis September täglich 10–17 Uhr. €5, Kinder 6 bis 13 Jahre €2. Tel. 03973 216326. www.lokschuppen-pomerania.de

Freizeitparks

16 Hangar 10

GPS N 53°52'36.0", E 14°08'49.1"
In Zirchow können Flugzeugfans im **Hangar 10** auf dem örtlichen Flugplatz eine Sammlung alter, aber noch flugtauglicher Maschinen besichtigen. Außerdem gibt es hier einen Flugsimulator, eine Formel-1-Fahrsimulation und die Outdoorspielewelt mit Schaukeln, Riesenbällen und verschiedenen Rutschen zu entdecken.
Geöffnet Mai bis Oktober Mi bis Mo von 10–17 Uhr. €10, Kinder 11 bis 17 Jahre €8. www.hangar10.de

17 Abenteuerspielplatz Trassenheide

An der Strandpromenade von Trassenheide gibt es einen großen, frei zugänglichen Spielplatz.

18 Piraten-Insel Usedom

GPS N 54°05'14.1", E 13°51'37.0"
Der große Abenteuerspielplatz mit Matschinsel, Sportplätzen und Goldmine gehört zum Hotel Seeklause in Trassenheide, ist aber auch für Externe offen. Der Wasserspielplatz ist nur im Sommer geöffnet.
Ganzjährig geöffnet. Im Sommer von 9–21 Uhr. Der Eintritt ist frei. www.piraten-insel-usedom.de

Im Gewerbegebiet von Trassenheide gibt es mehrere Freizeitangebote für Familien. Optisch ist das Ganze wenig ansprechend und die Angebote »glänzen« mit hohen Eintrittspreisen. Eines der netteren Angebote ist der fantasievoll gestaltete Minigolfplatz.

19 Abenteuer-Minigolf

Verpackt in die Sage von der »Insel der verlorenen Seelen« wird hier aus einem Minigolfspiel ein echtes Piratenabenteuer. Der kleine Ball rollt dabei durch Feuersteinfelder, über eine Insel und in ein Piratenschiff.

Geöffnet Ostern bis Anfang November täglich 10–20 Uhr, ab September bis Sonnenuntergang. €7, Jung-Piraten 5 bis 15 Jahre €4,50. piraten-der-ostsee.de

20 Wildlife Usedom

Ebenfalls im Gewerbegebiet Trassenheide beheimatet ist diese leicht merkwürdige Kombination aus naturhistorischer Ausstellung mit präparierten Tieren, einem Streichelzoo mit Ziegen und Attraktionen wie einem kleinen Indoor-Spielplatz und ein paar Softballkanonen.

Geöffnet April bis Oktober täglich 9.30–18 Uhr. €8, Kinder 3 bis 15 Jahre €5,50, Familie 2+3 €24. wildlife-usedom.de

21 Karls Erdbeerhof in Koserow

In Koserow befindet sich direkt an der Durchfahrtstraße die neueste von sieben Dependancen des beliebten Spielbauernhofes »Karls Erdbeerhof« mit Bauernmarkt, Kartoffelsackrutsche, Hüpfkissen, Mini-Kart-Bahn, Bauernhoftieren zum Streicheln, Ponyreiten, Irrgarten, Kletterparcours und Wasserspielplatz.

Geöffnet ist der Park ganzjährig und täglich von 9–18 Uhr. Der Eintritt ist frei, einige der Attraktionen sind jedoch kostenpflichtig. Besucht man mehrere Erdbeerhöfe, lohnt sich die Jahreskarte für €33, mit der alle Attraktionen in allen Höfen ein Jahr lang kostenlos sind. karls.de

Ziele für Tierfreunde

22 Tropenhaus Bansin

In den Terrarien, Volieren und der frei begehbaren Halle des Tropenhauses sind 70 verschiedene Tierarten vom Waran bis zum Kapuzineräffchen zu sehen. Das Tropenhaus Bansin gilt als der kleinste Zoo Deutschlands. Zum Abschluss des Besuches darf auf dem neuen Dschungelspielplatz geklettert und getobt werden.

Geöffnet April bis September 10–18 Uhr, Oktober bis März 10–16 Uhr. €10, Kinder 3 bis 14 Jahre €5. www.tropenhaus-bansin.eu

23 Schmetterlingsfarm

In der tropisch warmen großen Halle der Schmetterlingsfarm im Gewerbegebiet von Trassenheide kann man in aller Ruhe bunte Schmetterlinge aus aller Welt betrachten. Angeschlossen ist das Insektenmuseum mit lebenden Großinsekten und Spinnentieren.

Geöffnet Februar bis Mitte November 9.30–18 Uhr. €14, Kinder €8. www.schmetterlingsfarm.de

24 Tierpark Ueckermünde

Im Tierpark von Ueckermünde kann man jeden Morgen um 11 Uhr bei der Fütterung der Fischotter zusehen, die in Mecklenburg auch noch in der freien Natur heimisch sind. Außerdem gibt es im Park neben vielen einheimischen Tierarten auch verschiedene Affenarten, Alpakas, Zebras, Kamele, Dingos und Löwen.

Geöffnet Mitte März bis Oktober täglich 10–18 Uhr, im Winterhalbjahr nur bis 15 Uhr. €8, Kinder 3 bis 15 Jahre €4. tierpark-ueckermuende.de

Sandstrand am Peenestrom an der Wassersportschule und am Campingplatz Lütow.

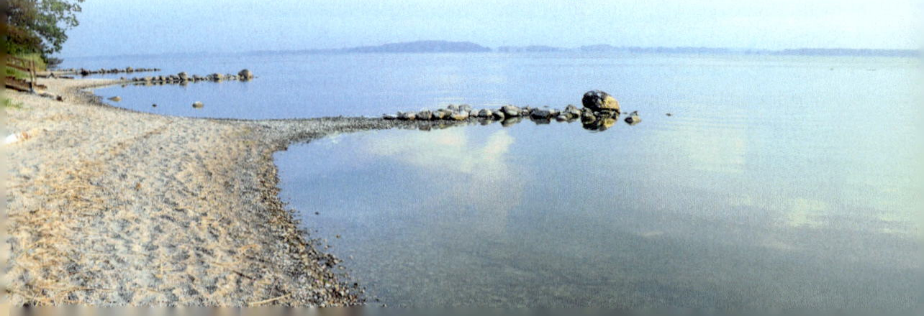

25 Bibertouren mit Kanu oder Floß

Im Juli und August kann man bei Randow-Floß in Eggesin am Stettiner Haff dreistündige geführte Bibertouren mit dem Kanu oder dem Floß unternehmen.

€15 pro Person, Kinder bis 10 Jahre €10 inkl. Kanu. Anmeldungen bitte bis zum jeweiligen Vortag um 15 Uhr unter 0170-1695025. randow-floss.de

Outdoorsport

26 Inselkanu Neppermin

GPS N 53°56'25.0", E 14°02'24.6"
An der Badestelle in Neppermin kann man zu einfachen geführten Kanutouren auf dem Schmollensee oder dem Nepperminer See starten oder ein Kanu leihen und auf eigene Faust losziehen.

Die geführten Touren kosten €25 pro Person, Kinder bis 14 Jahre zahlen €15. Zweier-Kajak oder Kanadier für eine Drei-Stunden-Tour €20, Tel. 0151 21176955. www.inselkanu.de

27 Kajaktouren in Krummin

Auch im Naturhafen Krummin kann man verschiedene geführte Kajaktouren unternehmen. Die Touren beginnen mit einer ausführlichen Einweisung ins Paddeln. Die Tour »Wiek Entdecker« geht zur Vogelbeobachtung in die Krumminer Wiek. Wer eine motorisierte Bootsfahrt vorzieht, kann auch mit dem Elektroboot auf Piraten-Schatzsuche gehen. Anschließend lockt in Krummin die Einkehr ins Café Naschkatze oder ins Gasthaus Pferdetränke.

Eine dreistündige Tour kostet €25 pro Person, Kinder unter 15 Jahre €17. kanuusedom.de

28 Wassersportschule Lütow

Auf dem Campingplatz in Lütow bietet die Wassersportschule Surf- und Segelkurse auch für Familien. In den Sommerferien gibt es ein spielerisches Wassersportcamp für Kinder ab sieben Jahren. Außerdem sind an der Station SUPs und offene Sit-on-Top-Kajaks im Verleih.

Miete SUP für 1 h €10 (3h €25), Kajak 1 h €12 (1 Tag €60). www.wassersport-usedom.com

29 Bernsteinsuche bei Nacht

Die geführte Tour startet zwei Stunden vor Tagesanbruch oder zwei Stunden vor Sonnenuntergang. Ausgerüstet mit Stirnlampen ist es am Strand zwischen Karlshagen und Peenemünde nicht schwer, Bernstein zu finden.

€15, Kinder 5 bis 14 Jahre €10. kanuusedom.de

30 Kletterwald Usedom

Die sechs Parcours des Kletterwaldes sind gut aufeinander abgestimmt und steigern sich langsam im Schwierigkeitsgrad. So eignet sich der Park recht gut für einen ersten Kletterversuch zwischen den Bäumen. Die ersten drei Parcours bleiben in Höhen bis zu vier Metern und haben damit eher Spielplatzniveau. Bei Parcours 4 mit dem Namen »Erlebnis« wird es langsam ernst. Er ist für Kinder ab acht Jahren freigegeben. Die Stationen von »Abenteuer« und »Risiko« baumeln dann schon in elf bis 14 Metern Höhe über dem Waldboden und sind für mutige Kids ab zwölf Jahren gedacht.

Geöffnet Ostern bis Ende Oktober Di bis So 10–18 Uhr, Juli und August auch am Montag und bis 19 Uhr, April und Oktober bis 17 Uhr. Eintritt für 120 Minuten €22, Jugend 12 bis 17 Jahre €18, Kinder 8 bis 11 Jahre €12, Minis 6 bis 7 Jahre €13. www.kletterwald-usedom.de

31 Islandhof Usedom

Islandpferde und Shetlandponys leben auf dem Islandhof Usedom der Reittherapeutin Ute Detemple, die auf ihren Ponys auch spielerische Reitstunden für Kinder ab drei Jahren anbietet. Kinder ab sechs Jahren können richtigen Reitunterricht nehmen und geübte Reitkinder dürfen auch an Ausritten teilnehmen.

Tel. 0177 8351912. islandhof-usedom.de

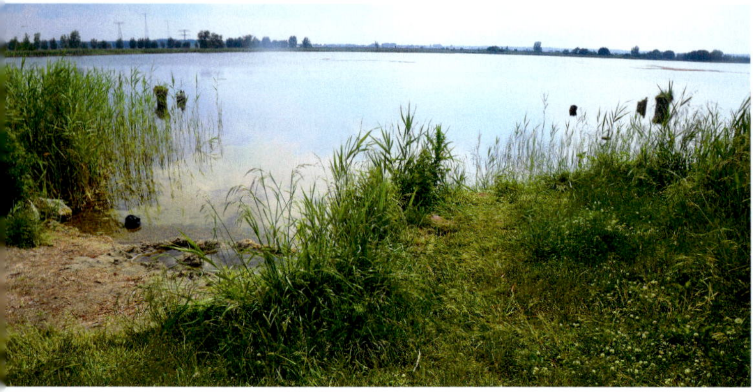

eben

STRECKE 6 km

2 h

ab 8

Tour 43: Natur und Technik in Peenemünde

Auf dem Naturlehrpfad um den Cämmerer See

Peenemünde ist der ehemalige Standort der größten deutschen Heeresversuchsanstalt der Nationalsozialisten. Hier wurde die V2, die erste Großrakete der Welt, entwickelt, die ab 1944 im Zweiten Weltkrieg für unglaubliche Zerstörung sorgte. Peenemündes militärisch geprägte Vergangenheit wird heute bewusst sichtbar gehalten. Im ehemaligen Kraftwerk am Hafen lohnt das Historisch-Technische Museum einen Besuch, und im ehemaligen Militärhafen liegen mehrere alte Kriegsschiffe und das 1962 erbaute sowjetische U-Boot Juliett U461, das man besichtigen kann. Die komplette Halbinsel war viele Jahre Sperrgebiet und auch heute ist noch ein großer Bereich abgeriegelt, weil dort Munition und Blindgänger den Wald zum unsicheren Terrain machen. Wie in vielen Sperrgebieten, die über einen langen Zeitraum wenig von Menschen betreten wurden, hat aber auch um Peenemünde die Natur besonders viel Raum gehabt, sich ungestört zu entwickeln. Unsere Runde auf einem wenig begangenen Naturlehrpfad führt auf dem Peenedeich nach Süden und umrundet dann auf stillen Wiesenwegen den Cämmerersee.

TOUREN-STECKBRIEF

Anfahrt: Zwischen Zinnowitz und Wolgast von der B111 in Richtung Norden nach Peenemünde abbiegen und der Straße bis zum Ende folgen. Der **Parkplatz am Hafen** ist dort ausgeschildert: **GPS N 54°08'11.0", E 13°46'03.3".**

Anspruch und Charakter: Rundweg um zwei Seen: auf dem Deich des Peenestromes und dem schmalen Wiesenweg eines verwilderten Naturlehrpfades.

Highlights: Deichweg, Reste alter Bunkeranlagen, Rastplatz am Cämmerersee.

Einkehr: Gastronomie im Hafen von Peenemünde, originelle Bootsbar »Zum dünnen Hering« auf der gegenüberliegenden Seite des Hafenbeckens am Wohnmobilstellplatz.

In der Nähe: U-Boot-Museum, Phänomenta, Historisch-Technisches Museum.

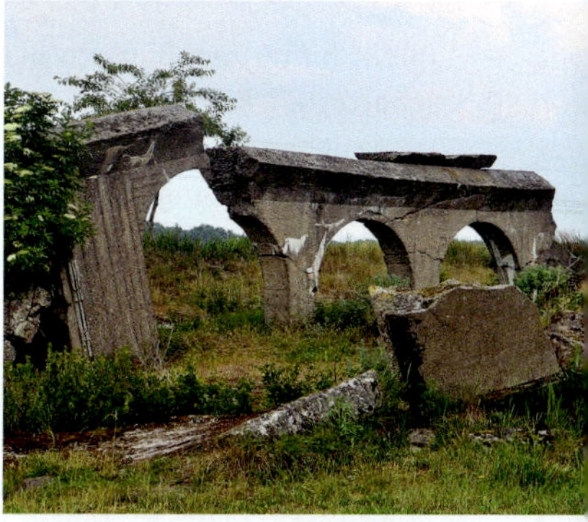

Wanderung: Der Rundweg beginnt etwas abseits des Hafenbeckens an der **Straße »Am Deich«**. Wir laufen diese bis zum Ende und folgen dort dem **Fußweg**, der **auf der Deichkrone** ① nach Süden führt. Der Blick reicht rechts weit über den Peenestrom und links über den mit Schilf umwachsenen Cämmerersee.

Am oberen Seeende gibt es einen kleinen Hafen, weiter unten folgen zwei **Stege**, die öffentlich zugänglich sind und von denen man den See überblicken kann. Unterhalb des Cämmerersees befindet sich die Heuerwiese und dann folgt links ein weiterer, kleinerer See, genannt **»Die Piese«.** An dessen unterem Ende führt der Radweg am Fuß des Deiches nach links. Wir verlassen hier den Deich und folgen dem Radweg zu den schon von weitem sichtbaren **Ruinen von drei Bunkern** ②. Eine Tafel mit einer Zeichnung der ursprünglichen Konstruktion hilft die Steinbögen und Mauerreste richtig zuzuordnen.

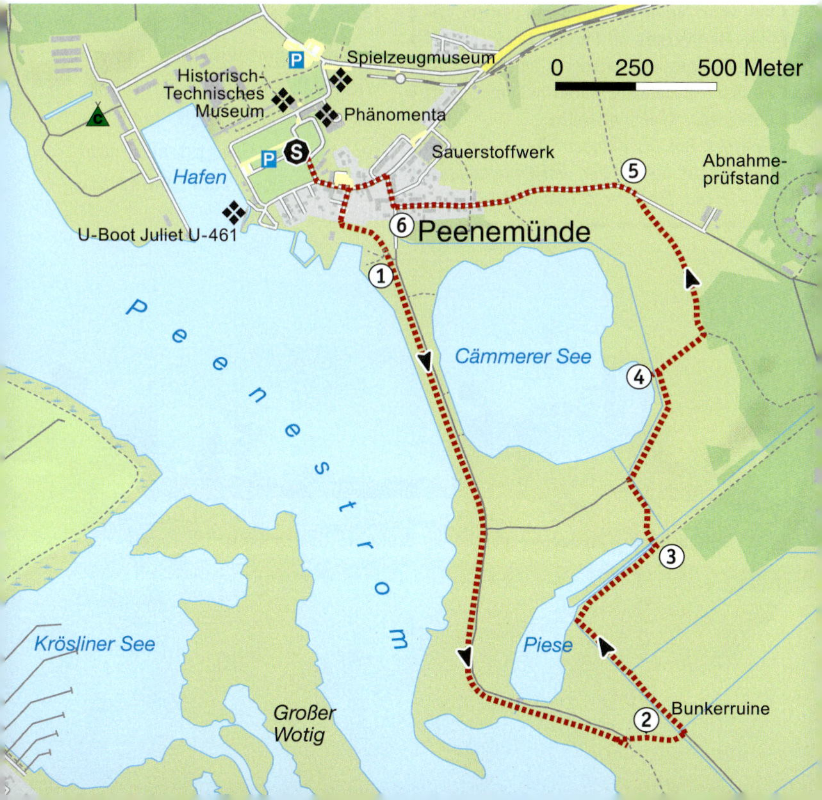

Direkt hinter den Bunkern biegt links ein **Fußweg** ③ vom geschotterten Radweg ab. Der Wiesenweg ist zeitweise ziemlich zugewuchert und führt geradeaus zur Piese und dort rechts an ihrem Ufer entlang, auch wenn das Wasser unsichtbar bleibt. Dann geht es links über einen weiteren Kanal. An einer T-Kreuzung auf freier Wiese halten wir uns rechts. Auf dem nun breiter werdenden Weg haben wir noch einmal einen schönen Blick auf den **Cämmerer See** ④.

Am Picknickplatz biegt der Weg noch einmal rechts ab und hält zwischen Bäumen auf das **Landschulheim** zu, das mit seinem blau-grünen Turm eher nach Industriegebäude aussieht. Kurz vor dem Gebäude macht der Weg eine Linkskurve und bringt uns zu einer schmalen **Betonplattenstraße** ⑤.

Dieser folgen wir links, bis wir wieder Peenemünde erreichen. Am Café am Deich geht es rechts zur Hauptstraße und links zurück zum Parkplatz und zum Hafen.

Einmal durch die Juliett 461

Sie liegt im Hafenbecken von Peenemünde, und nicht nur Kinder bleiben mit großen Augen stehen: Das Unterseeboot Juliett 461 wurde 1961 gebaut und war bis 1991 in der sowjetischen Flotte im Einsatz. Betrieben wird es mit einem Diesel-Elektromotor, an Deck sieht man vier Startrohre zum Raketenabschuss. Neben dem U-Boot steht ein Kassenhäuschen, denn die Juliett ist ein Museum. Eine steile, schmale Treppe führt hinunter in einen langen Gang, der gleichzeitig Maschinenraum mit unendlich vielen Rohren, Schrauben, Muttern und Anzeigetafeln und der Wohnbereich der Bootsbesatzung ist. Durch einen Durchschlupf nach dem anderen kriecht und klettert man durch die engen Räume. Wer auch nur leichte klaustrophobische Neigungen hat, kann nur mit Horror daran denken, wie eine Mannschaft im Einsatz tagelang hier unten eingesperrt existieren musste. 70 bis 80 Mann Besatzung waren mit der Juliett unterwegs. Kaum vorstellbar.

Geöffnet Mai bis Oktober 10–17 Uhr, Juli und August bis 19 Uhr, im Winterhalbjahr 10–15 Uhr, Eintritt €7, Familie €14–15.

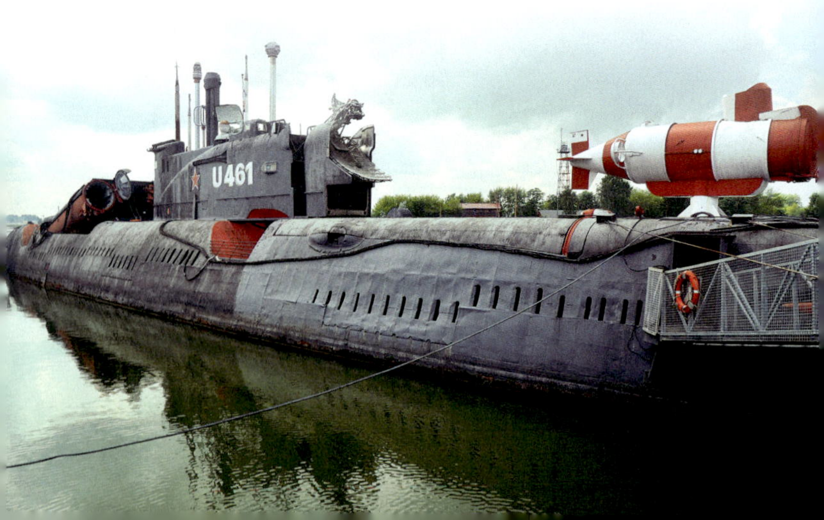

Peenemünde und die »V2«

Von 1936 bis 1945 befand sich in Peenemünde die Heeresversuchsanstalt der Wehrmacht, in der unter der technischen Leitung des Physikers Wernher von Braun Raketen entwickelt wurden. Die einsame Lage des nördlichen Hakens der Insel wählte man, um auch den Teststart großer Raketen möglich zu machen. Das komplette Gebiet nördlich von Trassenheide war Sperrgebiet im Besitz der Wehrmacht. Die ehemaligen Bewohner des Fischerdorfes Peenemünde wurden ausgesiedelt, das Dorf dem Erdboden gleichgemacht. Der Bau der Versuchsanstalt und später die Raketenmontage wurden schnell und »kostensparend« durch Zwangsarbeit von Kriegsgefangenen und KZ-Häftlingen erledigt, die unter extrem unmenschlichen Bedingungen lebten und arbeiteten. Der größte Teil dieser Arbeiter überlebte den Einsatz nicht. Ziel der technischen Entwicklung war von Anfang an der Bau einer Langstreckenrakete für den Kriegseinsatz. Die hier entwickelte »Aggregat 4« war ein bedeutender technischer Durchbruch. Die Rakete gilt als Vorläufer aller militärischen, aber auch aller zivilen Trägerraketen. Technisch erarbeiteten die Wissenschaftler um Wernher von Braun neue Grundlagen, menschlich und moralisch war die Anlage ein unglaubliches Verbrechen.

»V2 – Vergeltungswaffe 2« war der zynische Propagandaname der »Aggregat 4«. Sie sollte als Wunderwaffe dabei helfen, das Ruder noch einmal herumzureißen, um den »Endsieg« gegen die Alliierten herbeizuführen. 1943 wurde die »V2« an vier Standorten in Deutschland in Serie gefertigt. In den Montagehallen arbeiteten fast ausschließlich Häftlinge. Nicht nur bei Fertigung und Entwicklung, sondern auch beim Einsatz der »V2« für Angriffe auf London und andere Ziele in Großbritannien, Frankreich und Belgien starben unzählige Menschen. Etwa 3000 Raketen wurden in den letzten Kriegsjahren gebaut und abgeschossen.

Nach Kriegsende wurde das technische Gerät von den Besatzungstruppen demontiert und in die UdSSR transportiert. Die Gebäude der Versuchsanlage wurden gesprengt. Nur der Flugplatz und das Kraftwerk, in dem heute das Museum untergebracht ist, blieben in Betrieb. Das Gelände war bis 1990 Luftwaffenstützpunkt der NVA. Wernher von Braun entwickelte ab 1959 Raketen für die NASA und wurde nie zur Verantwortung gezogen-

Relikte der Heeresversuchsanstalt sind auf der ganzen Nordspitze Usedoms zu finden. Reste der Bunkeranlage, die die Wissenschaftler vor britischen Flugzeugangriffen schützen sollte, Schöpfwerk, Flugplatz, Reste der Wohnsiedlung und der Lager Trassenheide und Karlshagen verteilen sich in den Wiesen und Wäldern. Ein 25 Kilometer langer Rundweg, der sich auch mit dem Fahrrad fahren lässt, verbindet 20 Stationen. Ebenfalls noch vorhanden, aber nur mit Führung zu besichtigen, sind Reste des Prüfstandes VII, der Abschussrampe zum Test der A4-Prototypen.

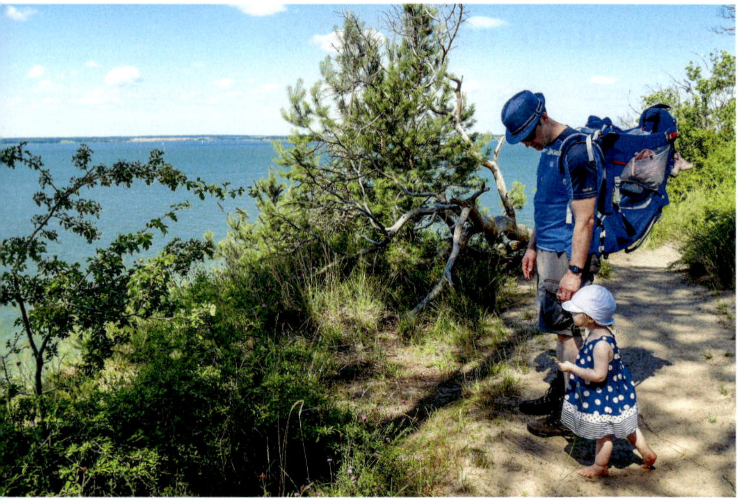

30 m

STRECKE 5,2 km

1 h 45

ab 4

Tour 44: Von Lütow zum weißen Berg

Eine Wanderung über den Gnitz

Ein schmaler Uferpfad führt auf die höchste Erhebung der Halbinsel Gnitz: den 32 Meter hohen Weißen Berg. Trotz der überschaubaren Höhe ist der Blick über das Wasser vorzüglich und der Marsch über den wurzeligen Pfad zum stillen Möwenort an der Landspitze ein echtes kleines Abenteuer.

Wanderung: Vorbei an der Rezeption des Campingplatzes laufen wir erst Richtung Gaststätte, dann rechts herunter in Richtung Strand und **Wassersport-Zentrum** ①. Ein Hohlweg führt hier zur Badestelle am Kies-Sandstrand am Peenestrom.

Unten am Wasser gehen wir links und steigen dann die **Treppe zum Hochufer** hinauf. Oben halten wir uns rechts und marschieren ein kurzes Stück lang den Campern durch den Vorgarten, bis

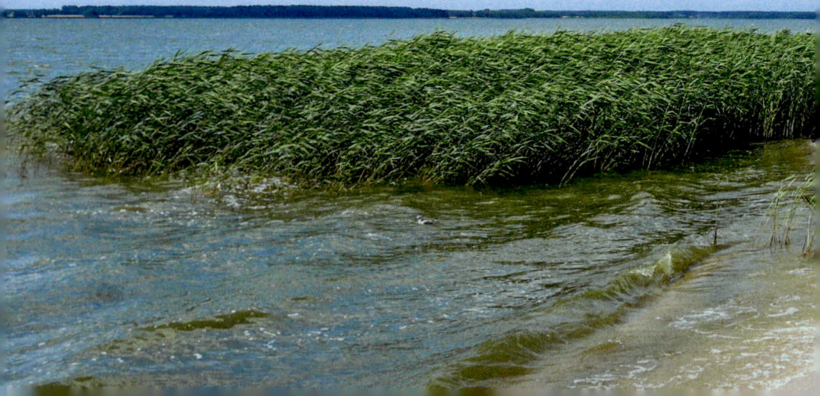

TOUREN-STECKBRIEF

Anfahrt: Die Wanderung beginnt am Campingplatz südlich von Lütow. Im Ort den Wegweisern bis zum Parkplatz vor dem Eingang bei **GPS N 54°00'41.2", E 13°51'27.8"** folgen. Surfschule und Gaststätte auf dem Platz sind öffentlich zugänglich.

Anspruch und Charakter: Eindrucksvolle Kurzwanderung auf einem Waldpfad an der Steilküste des Gnitz. Gute Wege, eventuell muss am Möwenort eine Kuhweide umgangen werden. Vorsicht mit den jüngsten Wanderern: Der Weg am Hochufer ist nicht gesichert.

Highlights: Tolle Blicke über den Peenestrom, Badestelle, Kletterweiden.

Einkehr: Gaststätte Pott & Pann auf dem Campingplatz, Imbiss am Achterwasser, auf dem Anfahrtsweg in Neuendorf das süße Gartencafé Seelchen.

In der Nähe: Karls Erlebnishof Koserow, Freizeiteinrichtungen in Trassenheide, Kanuverleih am Campingplatz.

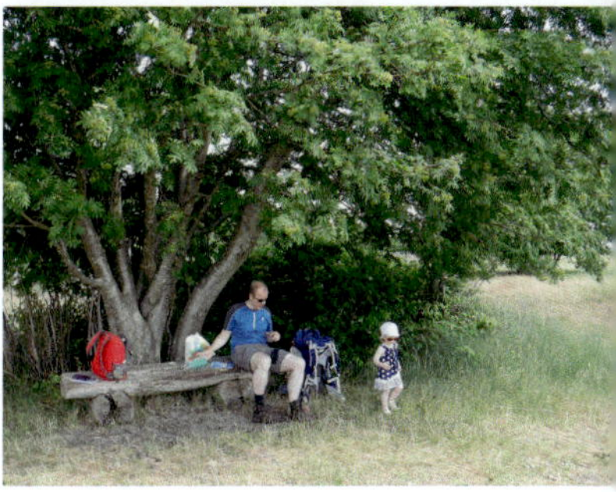

uns ein schmaler Pfad vom Campingplatz weg und immer an der Küste entlang führt. 32 Meter schlängelt sich der Sandweg nun hinauf auf den **Weißen Berg** ②. Unterwegs gibt es mehrere tolle Aussichtspunkte aufs Achterwasser.

Nach etwa 500 Metern geht es wieder sachte bergab zu einer Wiesenfläche an der **Spitze der Halbinsel** ③. Sie trägt den schönen Namen Möwenort. Wir gehen rechts herum durch ein Schwinggatter und direkt am Wasser entlang. Die schattige Bank an der kleinen Badestelle ist ein schöner Ort für eine Pause. Außerhalb der Badesaison fungiert der Möwenort als Weide. Sollte er also von Tieren besetzt sein, die uns nicht geheuer sind, gehen wir am Schleusengatter einfach geradeaus und bleiben auf dem breiteren Pfad, auf den wir auch von der Runde am Wasser aus nach einem weiteren Gatter wieder stoßen.

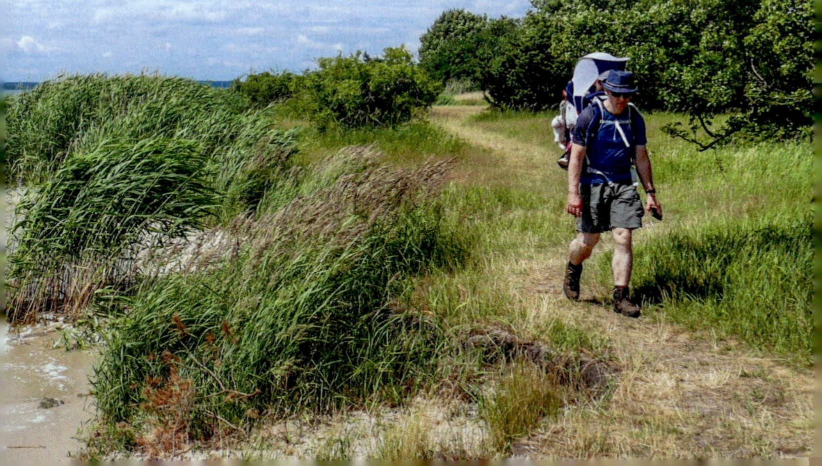

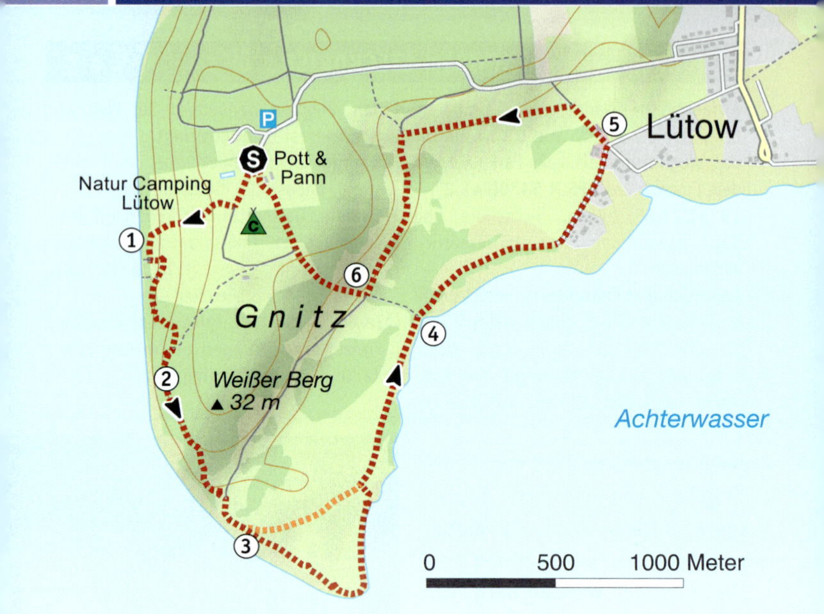

Ein Stück weiter haben wir die Möglichkeit, an einer **Kreuzung mit Infotafel** ④ links abzubiegen und immer geradeaus zum Campingplatz abzukürzen. Wer auf ein Eis am Stiel spekuliert, läuft weiter geradeaus am Ufer entlang. Hier kommen wir an ein paar verwachsenen Weiden vorbei, die sich gut zum Klettern eigenen. Unter den ersten Häusern von Lütow befindet sich ein Ferienresort mit Kioskverkauf.

Am **einzigen Haus auf der linken Seite** ⑤ biegen wir dann links ab und laufen nun über Feldwege. Kurz bevor wir die Straße erreichen, geht es links und dann schnurgerade über die Wiese bis zu einem breiten Sandweg. Hier biegen wir links ab und folgen dem Weg bis zur nächsten **Kreuzung** ⑥. Rechts oben sehen wir schon das Schild des **Campingplatzes** am Waldrand stehen.

Wir gehen dort hinauf, immer geradeaus weiter durch den Wald und vorbei an den ersten Wohnwagen, bis die **Gaststätte** wieder in Sicht kommt.

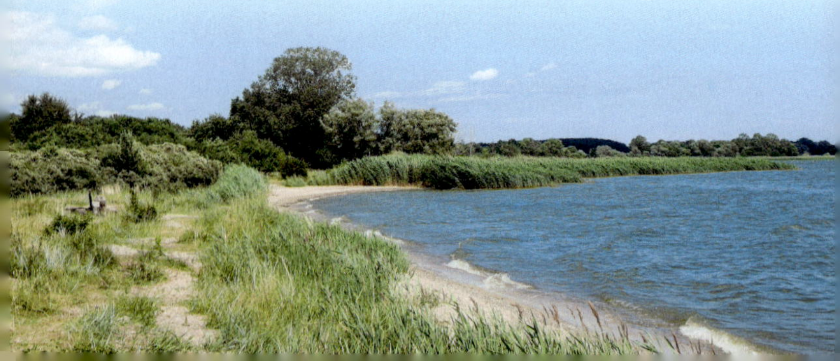

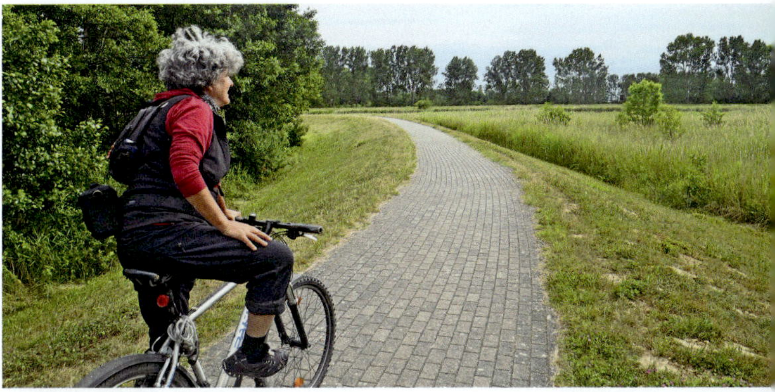

Tour 45: Zwischen Ostsee und Achterwasser

30 m
STRECKE 10 km
1–2 h
ab 4

Eine Fahrradtour bei Koserow

Der Landstreifen zwischen Ostsee und Achterwasser ist bei Koserow nur schmal und lädt besonders dazu ein, die abwechslungsreiche Landschaft der Insel Usedom auf recht kleinem Raum zu »erfahren«. Mehrere Strandzugänge, Cafés auf der Strandpromenade und einer von Karls Erlebnishöfen bieten attraktive Stopps, die auch die Kinder bei Laune halten. Ein interessanter Anblick sind auch die Salzhütten, in denen früher Hering konserviert wurde.

TOUREN-STECKBRIEF

Anfahrt: Kostenlose Parkflächen befinden sich direkt am **Bahnhof Koserow** bei **GPS N 54°02'45.4", E 13°59'54.9".** Dazu aus Richtung Bansin kommend hinter Karls Erlebnisdorf links und gleich wieder rechts abbiegen. Wer anschließend noch „zu Karls" möchte, kann auch gleich da kostenlos parken, jedoch sind dort in der Saison tendenziell Parkplätze knapp.
Fahrradverleih: Usedom-Fahrradverleih Koserow, Förster-Schrödter-Straße 1. Tourenrad €6 pro Tag, Kinderräder €5. usedom-fahrradverleih.de
Anspruch und Charakter: Fahrradrunde auf Radwegen und am Bodden auf einem hoppeligen Feldweg.
Highlights: Strand von Koserow, Weg am Bodden, Karls Erlebnishof.
Einkehr: Gaststätten oder Fischimbiss in Koserow, Karls Erlebnisdorf.
In der Nähe: Tauchgondel Zinnowitz.

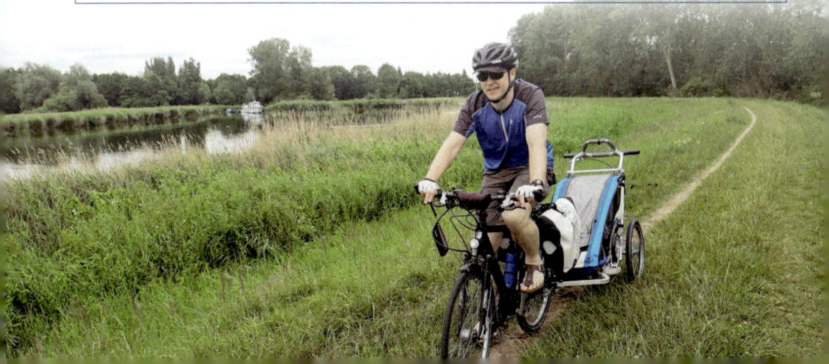

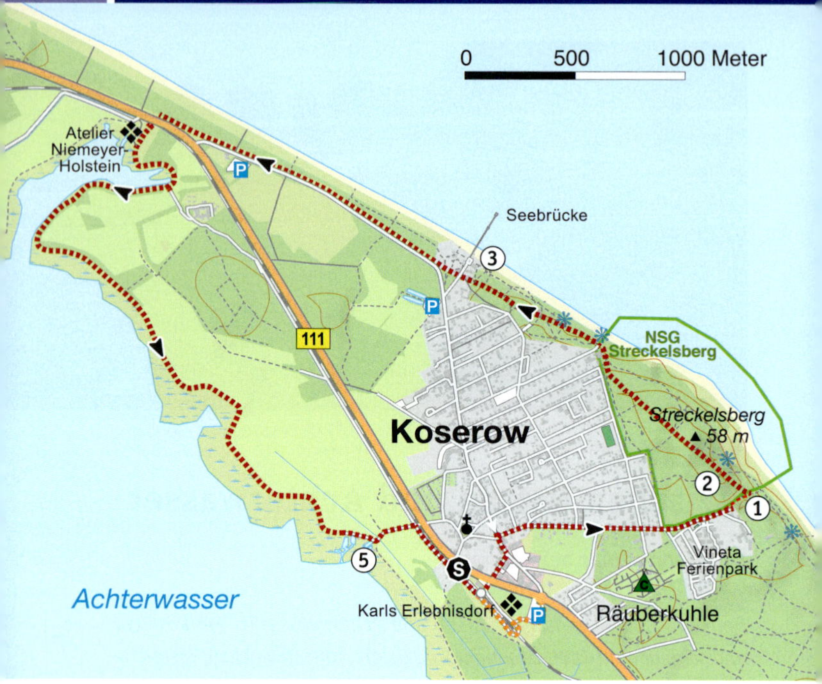

Otto Niemeyer Holstein

Der Maler Otto Niemayer wurde am 11. Mai 1896 in Kiel geboren. Nach einer Verletzung im ersten Weltkrieg fand er 1916 Aufnahme in der Schweiz, wo er begann, sich für Kunst zu interessieren. Er lebte mehrere Jahre in der Künstlerkolonie von Ascona am Lago Maggiore und gründete dort mit sechs weiteren Malern die Künstlergruppe »Der große Bär«. 1933 ließ sich Niemayer-Holstein auf Usedom nieder. Zuerst lebte er hier nur im Sommer, um zu malen und zu segeln.

Während der Herrschaft der Nationalsozialisten wurden seine Arbeiten geächtet, der Erfolg stellte sich erst nach 1945 ein. Die meisten seiner Werke, darunter viele Landschaftsstudien und Portraits im impressionistischen Stil, entstanden auf Usedom. Sein Haus und Atelier in Lüttenort sind nach seinem Tod im Jahr 1984 auf Wunsch des Künstlers unverändert erhalten geblieben und heute ein kleines Museum, in dem man viele seiner Gemälde und Plastiken an dem Ort betrachten kann, an dem sie entstanden sind.

Geöffnet täglich 10–17 Uhr, im Winter Mi, Do, Sa und So 10–16 Uhr. Eintritt Garten und Galerie €5, ermäßigt €2, Familienkarte €12; nur Garten €3 und Kinder frei.

Radtour: Wir überqueren die große Straße direkt am Bahnhof, biegen am Ende der Bahnhofstraße links auf die Hauptstraße und dann bei nächster Gelegenheit rechts in die Siemensstraße. An deren Ende biegen wir in den links abzweigenden **Fahrradweg** ① ein.

Durch den Wald geht es jetzt bis zur Küste, die hier als Hochufer ein gutes Stück über dem Meer und dem Sandstrand liegt. Wir biegen links ab und folgen dem Fahrradweg. Rechts des Weges treffen wir kurz darauf auf einen **Picknickplatz** ②, von dem zwei Wege steil bergan auf den Aussichtspunkt auf dem Streckelsberg führen. Die

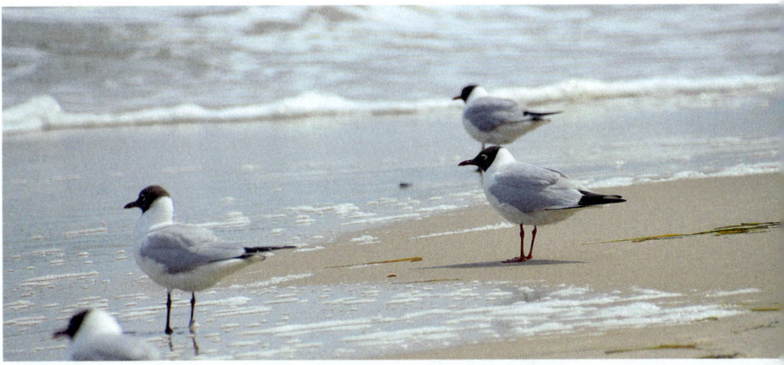

Räder können wir unten anschließen und den kurzen Weg zu Fuß erklettern. Zurück auf dem Radweg kommen wir kurz darauf zum **Strandzugang** ③ des Ortes und könnten hier prima einkehren: Fischbrötchen, Waffeln, Schnitzel – die Auswahl ist groß. Hier finden wir auch den Zugang zum historischen Ensemble der **Salzhütten**.

Immer an der Strandpromenade von Koserow entlang erreichen wir dann den befestigten Radweg auf dem Deich, auf dem wir am **Strandparkplatz** und dem Wohnmobilstellplatz am Autokino vorbei bis zum nächsten Strandzugang radeln. Hier haben wir noch einmal die Chance zu einer ausgiebigen Pause am Meer.

Dann überqueren wir die Straße und den **Bahnübergang** ④ vor dem **Museum ONH**, dem ehemaligen Wohnhaus des Malers Otto Niemeyer-Holstein, in dem heute seine Werke gezeigt werden. Zwischen Bahngleisen und Museum führt links ein Pfad um das Museumsgrundstück. Die improvisierte Brücke über den Bach sollte man dabei lieber schiebend überqueren. Der Pfad führt zum Wander- und Fahrradweg auf dem Deich oberhalb des Achterwassers.

Mit schönem Blick über die Wasserfläche umrunden wir auf dem leicht holperigen Naturweg eine tief eingeschnittene Bucht und folgen dann dem Deich bis zum **Freizeithafen von Koserow** ⑤. Hier fahren wir links Richtung Ort und auf dem Damm neben den Bahnschienen gleich wieder rechts. Der zweite Übergang führt direkt zu unserem Parkplatz.

Wenn wir zum Abschluss **Karls Erlebnisdorf** einen Besuch abstatten wollen, halten wir uns hier geradeaus und biegen dann links ab, wo sich die großen Parkflächen ausbreiten. Einen Fahrradparkplatz gibt es rechts vom Eingang. Der Eintritt ist frei.

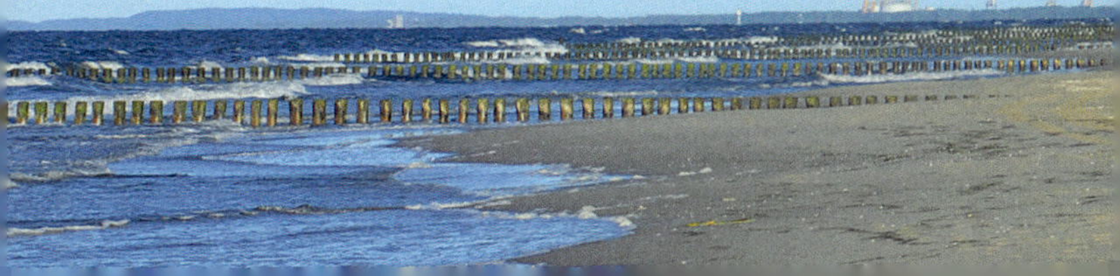

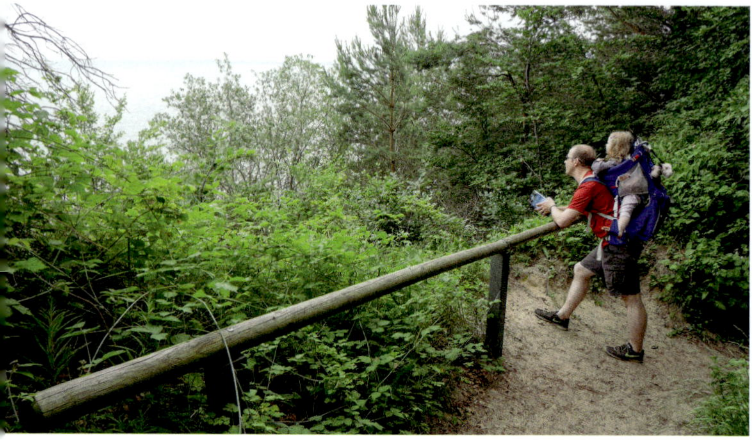

50 m

STRECKE 6,5 km

2 h 15

ab 6

Tour 46: Über den Streckelsberg

Auf dem Naturlehrpfad zum Aussichtsberg

Der Streckelsberg ist eine der höchsten Erhebungen auf Usedom, und zum sandigen Aussichtspunkt hoch über der Ostsee führt ein aufregend schmaler Pfad mit vielen Wurzeln steil bergan. Erholen kann man sich dann an der Promenade von Koserow, die mit allen Verlockungen eines typischen Ostseebades auf hungrige Wanderer wartet. Zurück geht es eine Etage tiefer am Meer und am besten natürlich barfuß im Sand.

Wanderung: Vom **Strandzugang Kölpinsee** führen Treppen bergan und auf einen Waldweg am Hochufer. Zuerst teilen wir diesen Weg mit den Radfahrern. An einer **Kreuzung** ① nach etwa 1000 Metern müssen jene links abbiegen. Unser Weg geht geradeaus und schlängelt sich nun als schmaler Pfad immer in Ufernähe durch den Wald. Markiert ist er mit verwitterten Eichenblättern auf grünem Grund. Mehrere Aussichtspunkte bieten uns Blick aufs Meer und Infotafeln über die Natur und den Küstenschutz.

Der **Streckelsberg** ist nur 58 Meter hoch, aber es geht trotzdem richtig steil bergauf. Der Blick vom Gipfel reicht weit über die Ostsee und zu einem tief unten liegenden weißen Sandstreifen.

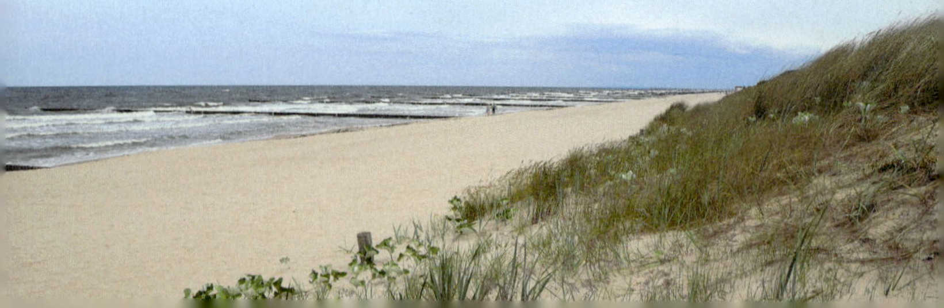

TOUREN-STECKBRIEF

Anfahrt: Parken im Ort Kölpinsee. Einen größeren Parkplatz gibt es an der Strandstraße gegenüber dem Kurheim.
Anreise mit der Bäderbahn: Von der Bahnstation Kölpinsee sind es 900 Meter bis zum Strandzugang in der Strandstraße.
Anspruch und Charakter: Hinweg am Hochufer auf Waldpfaden und dem Ostseeradweg. Kurze sehr steile Abschnitte auf sandigem Boden. Rückweg weglos am Strand.
Highlights: Pfad auf den Streckelsberg, Eis oder Waffeln an der Strandpromenade.
Einkehr: Gastronomie an den Strandpromenaden von Koserow und Kölpinsee.
In der Nähe: Karls Erlebnisdorf, Freizeitzentrum Trassenheide.

Auf der anderen Seite geht es dann hinunter in den Badeort Koserow. Schon ganz am Anfang der Strandpromenade gibt es an der ersten Snackbar eine **Treppe zum Wasser** ②. Läuft man erst noch ein bisschen weiter, steigt die Auswahl an Strand-Cafés und Restaurants. Hier ist vom Fischbrötchen über Waffeln bis zur Steinofenpizza alles zu haben. Hinter dieser kleinen Fressmeile führt eine weitere Treppe zum Strand hinab. Von hier sind es nur wenige Meter bis zur neuen **Seebrücke von Koserow** ③.

Außerhalb der Badesaison laufen wir jetzt am Strand zurück nach Kölpinsee. Natürlich können wir diesen Weg auch im Sommer wählen. Allerdings müssen wir dann mit vielen Badegästen rechnen und auch einen FKK-Bereich durchqueren. Alternativ ist es auch möglich, für den Rückweg den breiten Radweg zu nutzen, der am Streckelsberg vorbei führt und uns so ein paar Höhenmeter erspart.

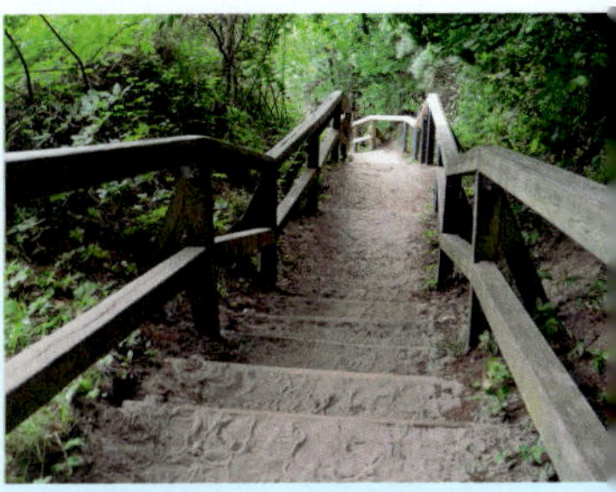

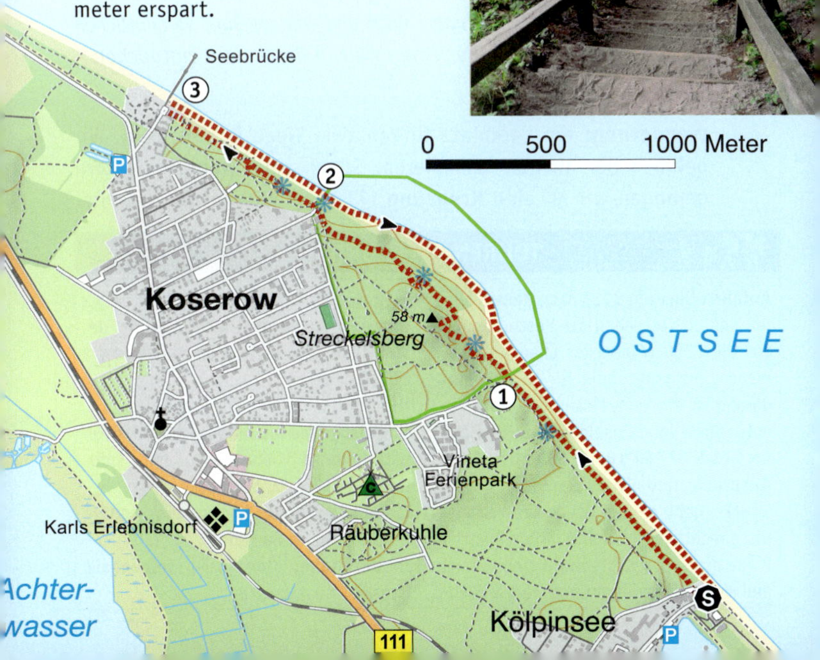

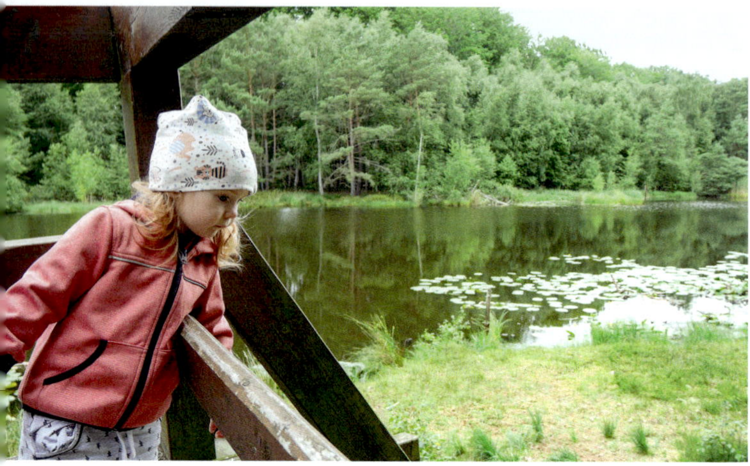

90 m

STRECKE 7,5 km

2 h 30

ab 8

Tour 47: Vom Küstenwald ins Kaiserbad

Rundweg mit Moor, Wald und Meer bei Bansin

Bansin ist – zusammen mit Heringsdorf und Ahlbeck – eines der drei Kaiserbäder und damit auch einer der geschäftigsten Orte auf der Insel Usedom. In der Hauptsaison tobt hier das Leben, und alle Erwartungen an die touristische Infrastruktur werden erfüllt. Dabei ist auch in diesem quirligen Urlaubsort die abgeschiedene Natur nicht weit. An den Mümmelkensee und in das umliegende Moor verirren sich kaum Touristen – schade für sie, denn sie verpassen was. Den Kontrast zwischen ruhigem Grün und wildem Bunt verdeutlichen wir uns, indem wir von der einen Welt in die andere eintauchen – und wieder zurück.

Wanderung: Am Parkplatz führen zwei Wege in den Wald. Wir nehmen den linken, schmaleren. Schon nach wenigen Metern gelangen wir an eine **Kreuzung** ① mit mehreren Wegen. Hier

TOUREN-STECKBRIEF

Anfahrt: Über die B111 nach Bansin fahren und entsprechend der Beschilderung auf die L266 (Ahlbecker Chaussee) abbiegen. Ausgangspunkt für unsere Wanderung ist ein kostenloser **Parkplatz** ein gutes Stück vorm Ortseingang, linker Hand bei **GPS N 53°58'18.7", E 14°07'02.1".**
Anspruch und Charakter: Auf dieser Strecke geht es für Usedomer Verhältnisse recht viel hoch und runter. Manche Pfade durch den Küstenwald sind schmal und sandig, in Frühjahr und Herbst eventuell auch matschig, der Großteil ist jedoch gut ausgebaut. Achtung: An der Steilküste geht es teilweise ungesichert tief nach unten!
Highlights: Nebenmoor Karschenbruch, Mümmelkensee mit Holzsteg, Steilküste, Naturlehrpfad Ostseeküste mit Infotafeln, Spielplatz, Seebrücke.
Einkehr: Forsthaus Langenberg, weitere Gastronomie in Bansin.
In der Nähe: Kletterpark, Tropenhaus Bansin.

biegen wir links ab auf den grasbewachsenen Pfad. Dort bleiben wir, bis rechts ein Weg abzweigt. Den nehmen wir und folgen ihm auch an der nächsten Abzweigung nach links. Ein paar Meter weiter steht ein windschiefer **Wegweiser**, der uns bestätigt, dass wir auf direktem Weg zum Mümmelkensee sind.

Nach einer Weile gelangen wir an eine **Kreuzung mit Picknickplatz** ②. Eine Infotafel erklärt uns das Nebenmoor Karschenbruch und den gefährdeten Lebensraum der Niedermoore – leider in Texten, die alles andere als kindgerecht geschrieben sind.

Hinter dem Picknickplatz biegen wir rechts ab und erreichen nach etwa vierhundert Metern den **Mümmelkensee** ③. Vorher müssen wir noch eine Kreuzung überqueren, sehen von dort aber schon die nächste Infotafel durch die Bäume schimmern. Vom See sehen wir dagegen zunächst einmal gar nichts, da er – wie die Tafel erklärt – verlandet und zum Torfmoor geworden ist. Bald gelangen wir aber an die verbliebene Wasserfläche, zu der ein Holzsteg führt.

Wir wandern weiter am Naturschutzgebiet entlang, wo sich Schilf, Moose und Birken abwechseln. Eine Abzweigung nach links markiert das Ende des Biotops. Unser Weg geradeaus wird hier zu einem schmalen Graspfad, weitet sich aber schon bald wieder zu einem weichen Waldweg. Schließlich kommen wir an einen schon reichlich windschiefen **Picknickplatz** mit einer weiteren Infotafel. Wir gehen rechts daran vorbei bergab.

Dann treffen wir auf eine **Kreuzung** ④ mit dem vielbefahrenen Ostseeradweg. Hier steht ein besonders schöner überdachter Picknicktisch, etwas weiter rechts können wir ein überwuchertes Insektenhotel und eine Infotafel über das Leben in Steinhaufen finden. Auf beiden Seiten des Picknickplatzes führen schmale Wege weiter.

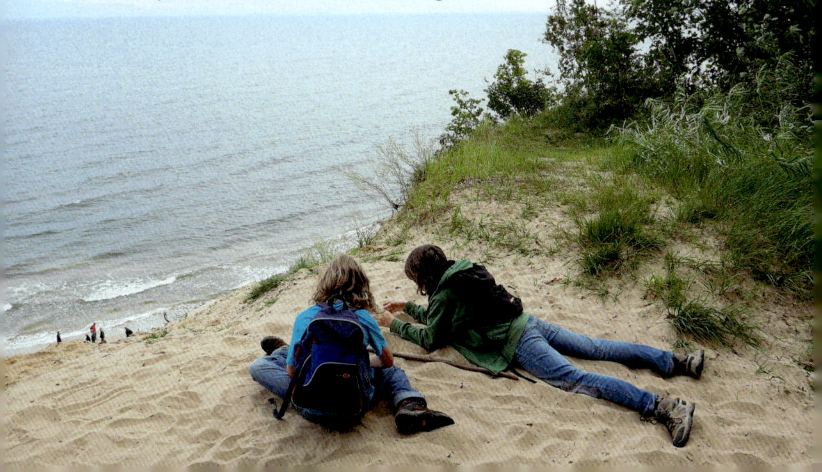

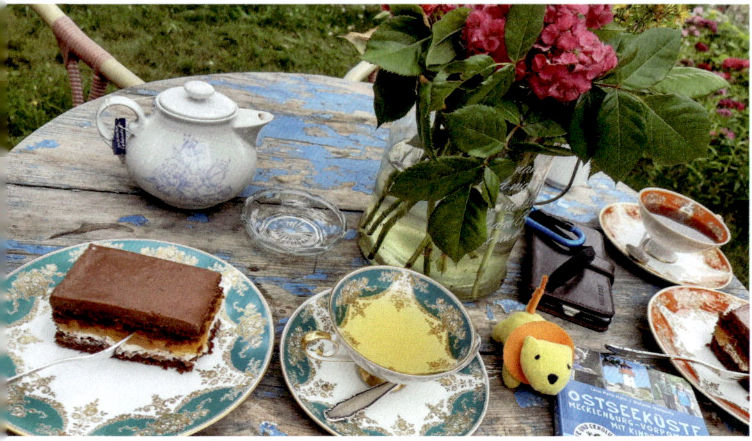

Geheimtipp Garten-Café Küstenkram
Ein besonders schönes Garten-Café unterhält Karin Jager im Vorgarten ihrer 1913 erbauten kleinen Villa. Zwischen alten Obstbäumen stehen bunt zusammengewürfelte Tische und Stühle, an denen auf ebenso zusammengewürfelten Tellern aus Großmutters Zeiten hausgebackener Kuchen serviert wird. Einziger Haken: Es gibt kein WC. Dafür zeigt uns die Hausherrin mit Glück ihre Schätze aus dem Meer, die sie in einem kleinen »Museum« sammelt. Das verwilderte Gartenparadies liegt direkt an unserer Strecke. In der Goethestraße begrüßt uns linker Hand nach wenigen Metern ein blaues Schild an der Gartenpforte.

Wir wählen den linken. An der nächsten **Kreuzung** halten wir uns geradeaus und passieren einen größeren Findling am Wegesrand. Von hier aus können wir schon die Ostsee rauschen hören.

Kurz darauf haben wir die Möglichkeit, links die **Düne** ⑤ hinaufzusteigen und einen ersten Blick aufs Meer zu werfen. Es folgen jedoch noch reichlich ähnliche Aussichtspunkte, sodass wir uns getrost nach rechts wenden können. Von jetzt an marschieren wir immer geradeaus auf Bansin zu. Dabei begleiten uns etliche Infotafeln des Naturlehrpfads Ostseeküste. Verlaufen können wir uns dabei eigentlich nicht.

Ab und zu teilt sich der Weg zwar, endet dann aber entweder an der Abbruchkante (Vorsicht!) oder vereint sich wieder mit dem Hauptweg. Nur bei der **Schautafel** ⑥ über die »Steilküste am Langenberg bei Bansin« müssen wir aufpassen, dass wir links daran vorbei gehen und nicht rechts zu tief in den Wald geraten. Hier gibt es auch einen besonders schönen Ausblick aufs Meer mit Bank. Kurz darauf wird der Steilküstenweg aber auch sehr schmal. Kleine Kinder sollten hier nicht alleine vorlaufen. Wer auf Nummer Sicher gehen will, wählt stattdessen den Trampelpfad, der sich seit dem letzten Küstenabbruch direkt hinter der Infotafel zu bilden beginnt.

Hinter dem **Forsthaus Langenberg** ⑦ biegen wir links ab und gelangen an eine Treppe, die hinunter zum Strand führt. Wer mag, kann auch unten am Wasser weiterlaufen. Auf beiden Wegen erreichen wir bald das Seebad Bansin. Vom Hochuferweg aus nehmen wir die nächste Treppe hinunter auf die Strandpromenade. Entlang der Hotels, Fischerhütten und Imbissstände spazieren wir bis zur Seebrücke, wobei wir auch einen kleinen **Spielplatz** passieren. An der **Anlegestelle der Fahrgastschiffe** ⑧ wenden wir uns nach rechts, flanieren die Seestraße entlang.

Bei der übernächsten Möglichkeit biegen wir rechts in die Waldstraße und gleich wieder links ab. Vorbei an alten Villen, dem schönen Garten-Café Küstenkram und dem winzigen Tropenzoo gehen wir die Goethestraße bis zum Ende. Hier biegen wir rechts ab und steigen am Ende der Kirchstraße die Treppe zur evangelischen Kirche hinauf. Wir gehen links daran vorbei und halten uns dann halb rechts, wo wir auf den **Fischerweg** ⑨, eine geteerte Straße, stoßen. Wir biegen rechts ab und laufen ein kurzes Stück hinter der hölzernen Absperrung an der Straße entlang bis zu einer Schranke, hinter der unser Weg nach links abzweigt. An der nächsten Kreuzung halten wir uns noch einmal links. Nun geht es nur noch geradeaus und immer den Schildern zur B111 hinterher, bis wir am Parkplatz stehen.

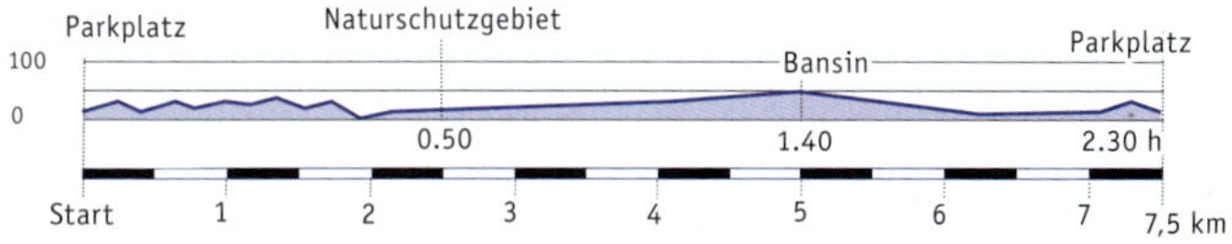

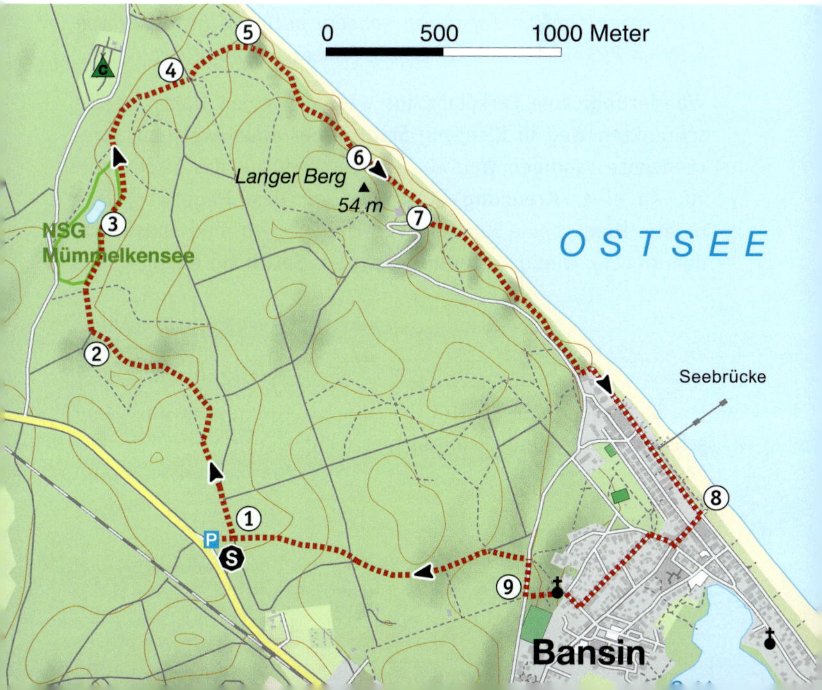

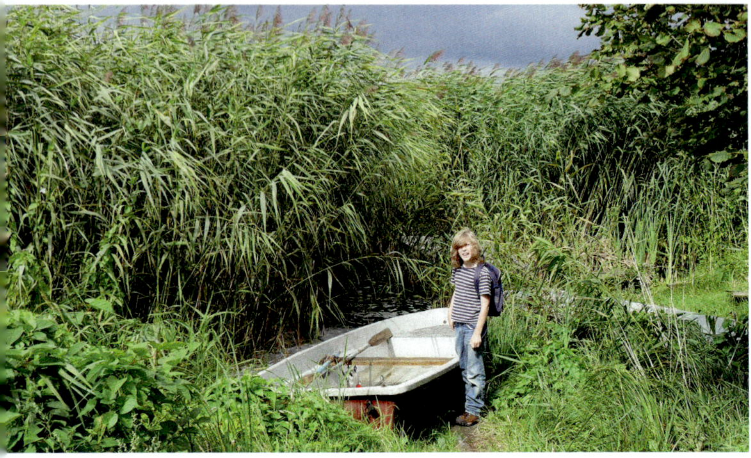

60 m

STRECKE 5 km

1 h 45

ab 6

Tour 48: Zwischen drei Seen

Im Hinterland der Kaiserbäder

Usedom ist eine Insel von merkwürdiger Form. Nicht genug, dass überall Winkel und Landzungen ins Meer ragen, die Insel hat auch jede Menge Löcher! Das größte davon ist der Schmollensee, an dessen Ufer das urige Dorf Sellin liegt. Zwei weitere, der Große und der Kleine Krebssee, sind nicht weit. Sie lassen sich mit einer kleinen Wanderung verbinden, die wiederum nicht nur an einem wildromantischen Café im Forsthaus, sondern auch am historisch verbrieften Picknick-Platz einer echten Prinzessin vorbeiführt.

Wanderung: Vom Parkplatz aus wählen wir den linken, unbeschrankten Weg in Richtung Sellin. Über einen weichen, streckenweise sandigen Waldweg wandern wir auf das Fischerdorf zu. An einer **Kreuzung** ① folgen wir dem Hauptweg nach rechts. Hier ist nur Bansin ausgeschildert, wir sind aber trotzdem richtig. Wenig später empfängt uns **Sellin** mit einem ersten

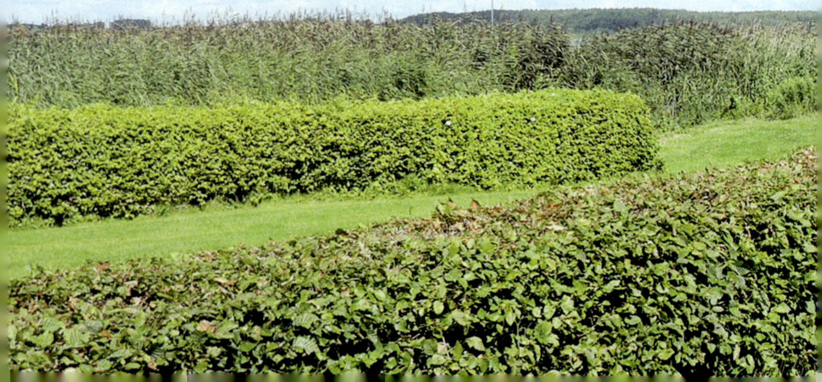

TOUREN-STECKBRIEF

Anfahrt: Am besten über die B 111 anreisen, bei Neppermin auf die L 35 Richtung Benz und Bansin abbiegen. Der Wanderparkplatz ist nicht gut ausgeschildert und befindet sich linker Hand auf freier Strecke gegenüber einer Bushaltestelle, noch ein gutes Stück vor Alt Sallenthin. Am sichersten ist die Anreise per Koordinaten: **GPS N 53°56'45.5", E 14°05'56.3".**

Anspruch und Charakter: Der Weg führt über gut ausgebaute Wald- und Forstwege und ist theoretisch sowohl mit einem Kinderwagen als auch mit dem Fahrrad zu befahren. Ein kurzes sehr sandiges Stück zwischen Parkplatz und Sellin und das Kopfsteinpflaster im Dorf sind dann Herausforderungen. Auf dem Wegstück zwischen Café und Teerstraße ist aufgrund zahlreicher motorisierter Kaffeetrinker zu den entsprechenden Zeiten Vorsicht geboten.

Highlights: Uriges Dorf, Rastplatz am See, Picknickplatz einer echten Prinzessin.

Einkehr: Café Fangl (14 – 18 Uhr, Montag Ruhetag), Café-Bar von Nandalee Camping in Sellin, Hofladen Sellin.

In der Nähe: Holländermühle in Benz, Bockwindmühle Pudagla, Sieben-Seen-Blick.

kleinen Picknickplatz. An der **Dorfkreuzung** ② gehen wir geradeaus – es sei denn, wir wollen am Campingplatz einkehren, dann geht es 200 Meter nach links. Die Campingplatzbar ist öffentlich zugänglich und bietet neben kleinen Gerichten gemütliche Liegestühle.

Die Kopfsteinpflasterstraße macht nun eine Rechtskurve. Wir gehen zunächst geradeaus, denn hier gibt es eine Badestelle und einen schönen **Rastplatz am Wasser** ③. Auf dem Weg dorthin kommen wir an einigen altersschwachen Spielgeräten vorbei.

Wieder auf der Dorfstraße laufen wir durch den Ort, der vom Tourismus kaum betroffen ist. An einzelnen Verkaufstischchen können wir Marmeladen, Obst und Gemüse erwerben. Kurz vorm Ortsausgang biegen wir an der Bushaltestelle links ab. Über einen grasbewachsenen Pfad geht es einen guten Kilometer am Seeufer entlang. Dann liegt rechts am Weg eine **Kleingartenkolonie** ④, hinter der wir rechts abbiegen.

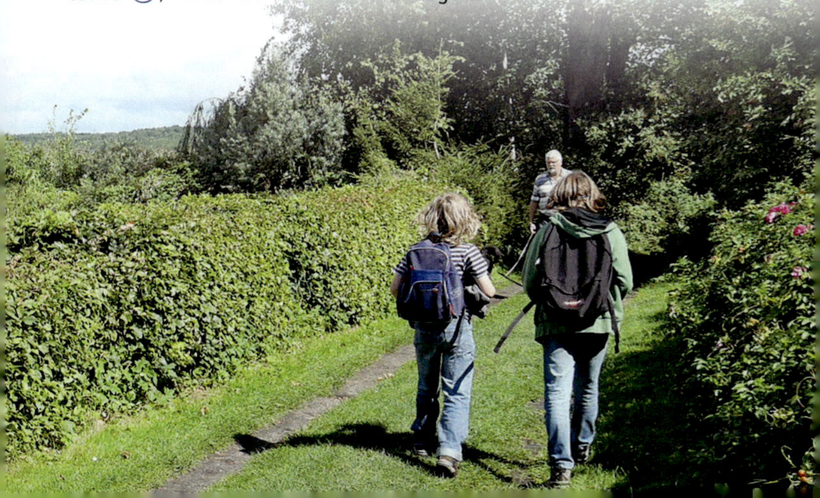

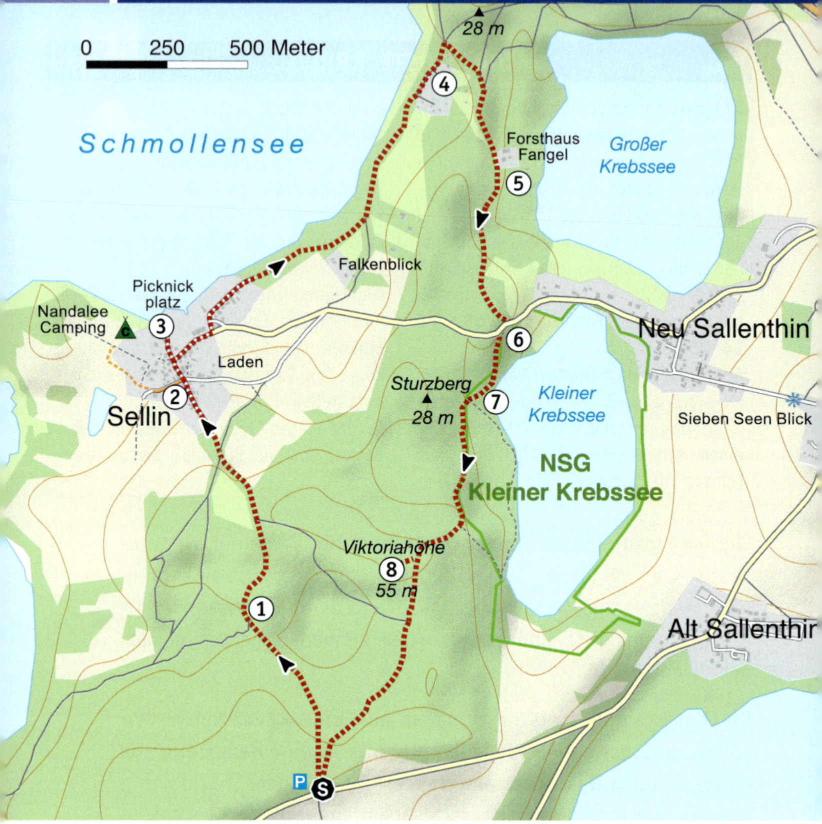

Nun ist es nicht mehr weit bis zum **Café Fangel** ⑤, hinter dem der Große Krebssee liegt. Die hausgemachten Torten im alten Forsthaus erfreuen sich großer Beliebtheit. Serviert werden sie von Mai bis September in urigem Ambiente. Wer sichergehen will, ein Stück abzubekommen, sollte vorher reservieren. Da viele Gäste mit dem Auto vorfahren, ist zu Café-Öffnungszeiten auf dem Waldweg bis zur nächsten Straße Vorsicht geboten.

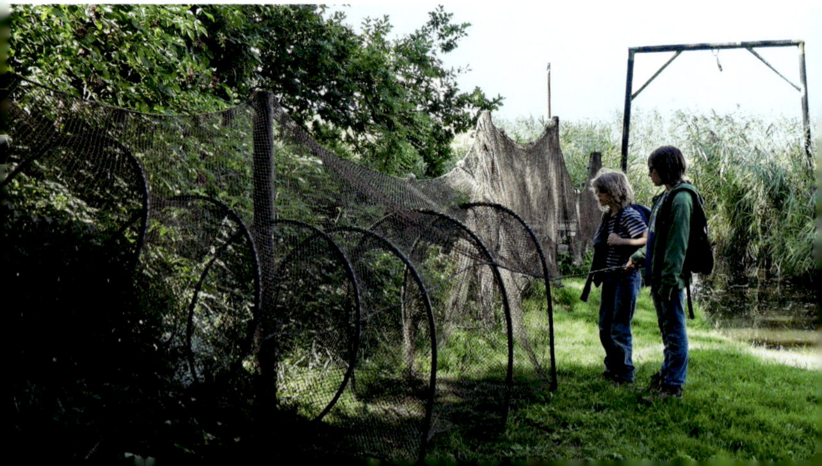

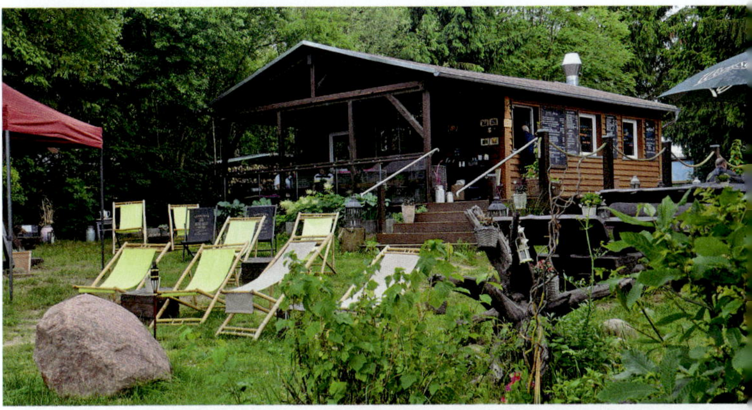

Auch die gemütliche Bar des Nandalee Camping ist öffentlich zugänglich.

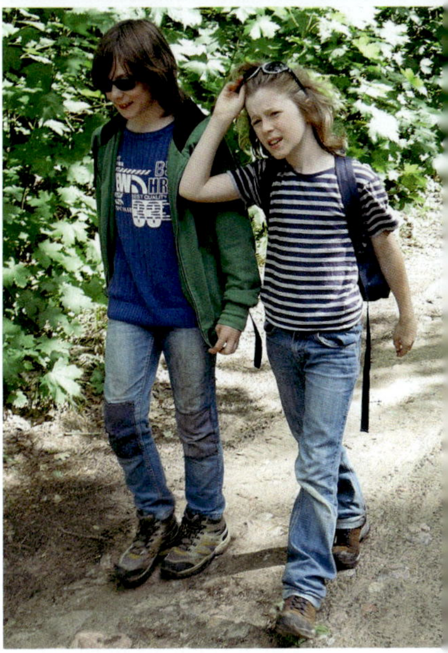

An der nächsten großen Kreuzung steht ein **überdachter Picknickplatz** ⑥. Wir überqueren den Asphalt und laufen ein Stückchen weiter rechts wieder in den Wald hinein. Der Weg führt uns vorbei am Kleinen Krebssee, dessen Wasserfläche ab und zu zwischen den Bäumen aufblitzt. Wer mag, kann sich an der nächsten **Gabelung** ⑦ links halten und an der darauf folgenden Kreuzung scharf rechts, dann wieder links. Auf diese Weise geht man näher am Ufer, nimmt aber auch zusätzliche Höhenmeter mit. Unsere reguläre Strecke folgt dem Hauptweg.

Wie uns das Schild an der Kreuzung schon verraten hat, sind wir nun auf dem Weg zum Picknickplatz einer echten Prinzessin. Ein Wegweiser zeigt einen kleinen Hügel hinauf zur **Viktoriahöhe** ⑧. Den hat die englische Prinzessin und spätere deutsche Kaiserin Viktoria im Jahr 1866 für einen Ausflug mit ihrem Gefolge genutzt. Heute gibt es hier ein Hinweisschild, eine Bank und einen Gedenkstein. Den ließ Viktoria später in Erinnerung an die Schlacht von Königsgrätz aufstellen, die sich entschied, während sie friedlich hier picknickte.

Wieder zurück am Fuß des Hügels geht es rechts auf dem sanft geschwungenen Wanderweg immer weiter, bis wir zur Schranke gelangen, hinter der sich unser Parkplatz befindet.

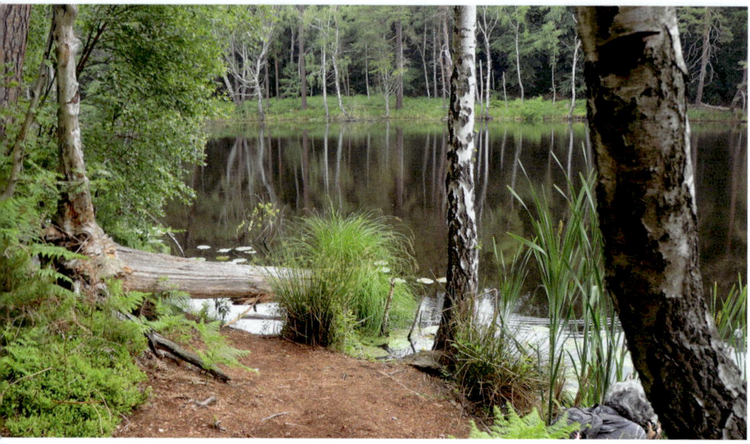

eben

STRECKE 5,3 km

1 h 45

ab 6

Tour 49: Wolgastsee und Schwarzes Herz

Wasserwildnis an der Grenze zu Polen

Je weiter wir dem Weg folgen, desto verwunschener und wilder wird der Wolgastsee. Baumstümpfe ragen aus der schwarzen Wasserfläche, zerfleddert und geborsten, und Schilf wuchert an den Ufern. Noch geheimnisvoller ist das Schwarze Herz. Ein Steg ragt in den kleinen See, der wohl ursprünglich das östliche Ende des Wolgastsees bildete und nur einen Steinwurf von der polnischen Grenze liegt.

Wanderung: Der Weg beginnt an der Badestelle mit Spielplatz. Wir folgen dem breiten Waldweg an der rechten Seeseite. Er führt nahe am Ufer entlang und schon nach wenigen Minuten kommen wir zu einem ersten kleinen **Badeplatz mit Schaukelseil**. Am **oberen Ende des Sees** schließt sich ein Sumpfgebiet an. Hier steht durch die Renaturierung des Gebietes das Wasser deutlich höher als noch vor einigen Jahren und es ist eine wilde, verwunschene Wasserlandschaft entstanden. Wenig später kommen wir zu einer **Wegkreuzung** ① mit Schutzhütte. Der Rundweg um den Wolgastsee geht hier links weiter.

TOUREN-STECKBRIEF

Anfahrt: Der Ort Korswandt liegt südlich von Ahlbeck nahe an der Grenze zu Polen. Unser Parkplatz befindet sich bei **GPS N 53°55'4.3", E 14°09'54.1"** am Badeplatz im Ort und ist beschildert.

Anspruch und Charakter: Waldspaziergang am Seeufer zu einem kleineren wilden Waldsee. Der Weg um den Wolgastsee ist kinderwagentauglich, unebene Waldwege auf dem Abstecher zum Schwarzen Herz.

Highlights: Grenzpfosten zu Polen mitten im Wald, schöne Plätze am See.

Einkehr: Imbiss mit Plätzen am Seeufer, Hotel Idyll am Wolgastsee.

In der Nähe: Badeplatz am Wolgastsee, Seebad Ahlbeck, Hangar 10, Wisentreservat Usedom.

Um zum **Schwarzen Herz**, einem kleinen geheimnisvollen Waldsee zu kommen, laufen wir geradeaus und biegen gleich wieder rechts in einen schmaleren Waldweg ein. Er bringt uns in etwa zehn Minuten zum **Seeufer** ②. Vor dem See führt ein Pfad in den Wald und zu einem Rast- und Angelplatz.

Wir umrunden den See auf dem breiteren Weg, der erst geradeaus und dann links abzweigend am Seeufer entlangführt und schließlich in einen **breiteren Weg** ③ mündet. Hier biegen wir noch einmal links ab. Nach einiger Zeit kommt das Schwarze Herz links noch einmal in Sicht und dann trifft unser Waldweg auf einen breiteren Schotterweg, den wir links bis zur bekannten **Kreuzung** ① mit der Schutzhütte laufen. Wer gut aufpasst, entdeckt auf dem Weg dorthin rechts zwischen den im Wasser stehenden Bäumen die ersten beiden **Grenzpfosten** der deutsch-polnischen Grenze. Auch etwas später am Seerundweg sind rechts im Wald noch einmal Grenzpfosten zu sehen, zu denen sogar ein Weg führt.

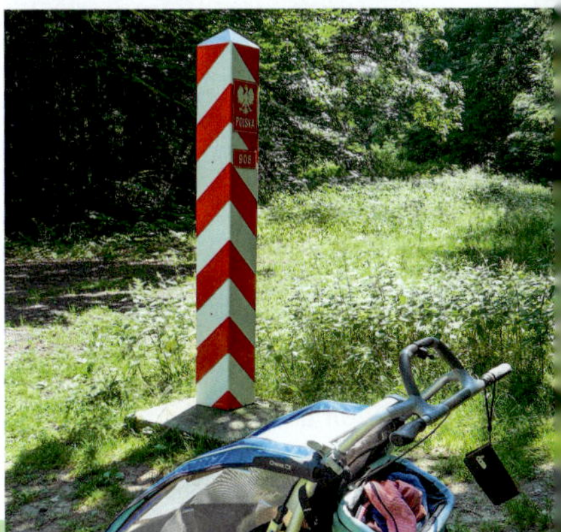

Dann kommen wir wieder ans **Seeufer** ④ und passieren zwei schöne Rast- und Badeplätze am Ufer. Kurz vor dem Ziel laufen wir ein kurzes Stück auf einem Schotterweg neben der Straße, bevor wir am **Imbiss Seeidyll** wieder die Badestelle erreichen.

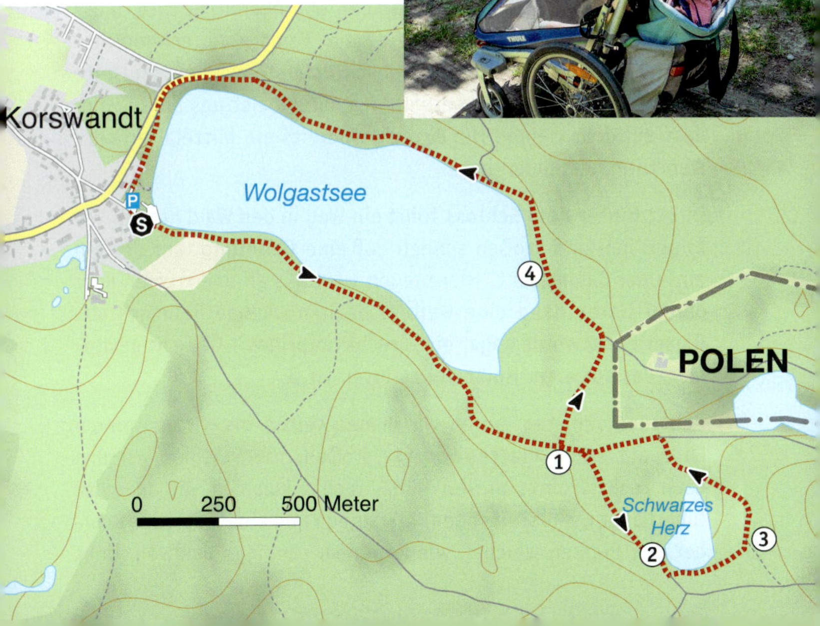

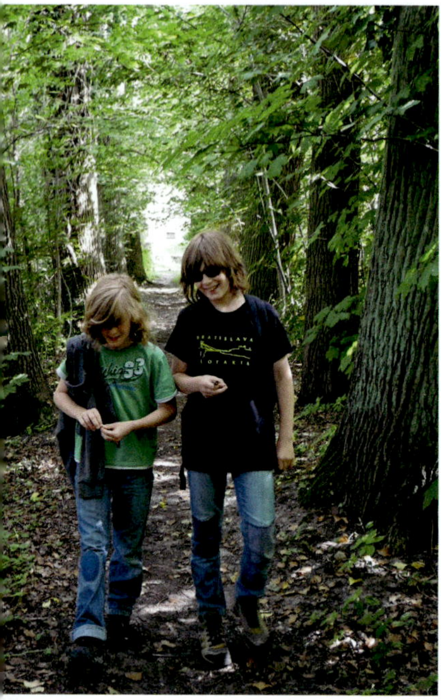

Tour 50: Wasserschloss und Burgwall

Rund um das Schloss von Mellenthin

Das Wort Mellenthin, so sagt man, stammt aus dem Altslawischen und bedeutet »Mittelpunkt«. Mitten auf die Insel nämlich erbauten die Herren von Neuenkirchen im 16. Jahrhundert ihr kleines Renaissanceschloss mit Wassergraben drum herum. Dabei waren sie beileibe nicht die ersten Herrscher über Usedoms Innenleben. Nur wenige Meter neben dem Schloss stecken heute noch die Fundamente eines mittelalterlichen Wehrturms im Boden, und einen kleinen Spaziergang weiter können wir im Borgwald auf die Reste einer noch viel älteren frühslawischen Höhenburg klettern. In Mellenthin ist man eben nicht nur mitten auf der Insel, sondern auch mittendrin in der Geschichte.

eben

STRECKE 4,7 km

1 h 30

ab 4

Wanderung: Wir starten direkt am **Wasserschloss**. Wer die steinerne Brücke über den Wassergraben überqueren möchte, muss zwei Euro Wegzoll bezahlen, die beim Verzehr verrechnet werden. Wir laufen deshalb zumindest fürs Erste auf der Landseite rechts um das Gemäuer herum. Eine Tafel weist uns darauf hin, dass auf dem kleinen Hügel rechts bereits ein mittelalterlicher Wehrturm gestanden hat.

Direkt **hinter dem Schloss** führt ein Weg in den Wald hinein. Wir folgen ihm und stoßen schnell auf eine **Gabelung**, auf der ein einsamer Baum steht. Hier biegen wir links ab und treffen kurz darauf linker Hand eine weitere beeindruckende Baumgestalt. Dieser Eiche wurde sogar ein – recht holpriges – Gedicht gewidmet, das auf einer Holztafel zu lesen ist.

Den sandigen Weg laufen wir immer weiter, bis wir an seinem Ende auf einen **Plattenweg** ① stoßen. Hier wenden wir uns nach rechts. Links grasen Kühe, rechts kommen wir an einer (überhaupt nicht stinkenden) Kläranlage und einem **Friedhof** vorbei. Die Platten weichen wieder einem sandigen Feldweg, links

TOUREN-STECKBRIEF

Anfahrt: Von den Badeorten an der Inselküste ist Mellenthin über die B 111 zu erreichen. Kurz bevor diese auf die B 110 trifft, rechts und dann wieder rechts abbiegen. Das Wasserschloss Mellenthin ist zuverlässig ausgeschildert. Die Parkplätze direkt am Wasserschloss sind kostenpflichtig. Kostenlose Parkmöglichkeiten befinden sich am Ortseingang von Mellenthin an der Durchfahrtsstraße direkt bei der Einmündung Morgenitzer Berg bei **GPS N 53°55′09.7″, E 14°00′47.4″** auf der linken Seite. Von hier sind es 450 Meter bis zur Schlossbrücke.

Wasserschloss: Das alte Gemäuer ist heute ein Hotel-Restaurant und kann nicht im engeren Sinne besichtigt werden. Wer den Wegzoll entrichtet und im Wasserschloss einkehrt, kann vor Ort gerösteten Kaffee und gebrautes Bier probieren (wenn er oder sie denn alt genug ist) und ergattert mit etwas Glück eines der Flöße, mit denen man über den Schlossgraben schippern kann (wenn er oder sie denn mutig genug ist).

Anspruch und Charakter: Unsere Wanderung verläuft großteils über ebene, teils aber sandige Wege und ist auch mit einem geländegängigen Kinderwagen oder mit Laufrad zu bewältigen.

Highlights: Wasserschloss, Wehrturmhügel, Baumgestalten, slawischer Burgwall.

Einkehr: Außer dem Wasserschloss gibt es in Mellenthin auch noch eine (teure!) Waffelbäckerei.

In der Nähe: Bootsverleih Neppermin, Kletterpark Usedom.

von uns liegen Wiesen, rechts Wald. So erreichen wir eine **Kreuzung** ②, an der wir links abbiegen.

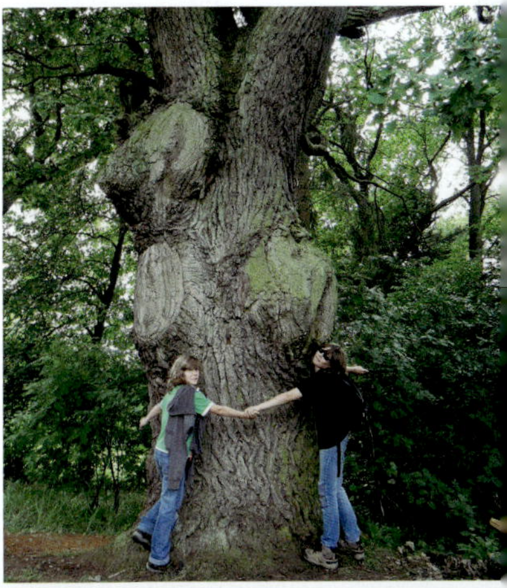

Auch dieser Pfad führt uns am Waldrand entlang. Schließlich kommt eine etwas unübersichtliche **Kreuzung** ③, bei der der Hauptweg links eine Kurve macht und mehrere Wege rechts in den Wald abzweigen. Wir folgen zunächst dem unscheinbaren **Holzschild** mit der Aufschrift »**Burgwall**« nach ganz rechts und ste-

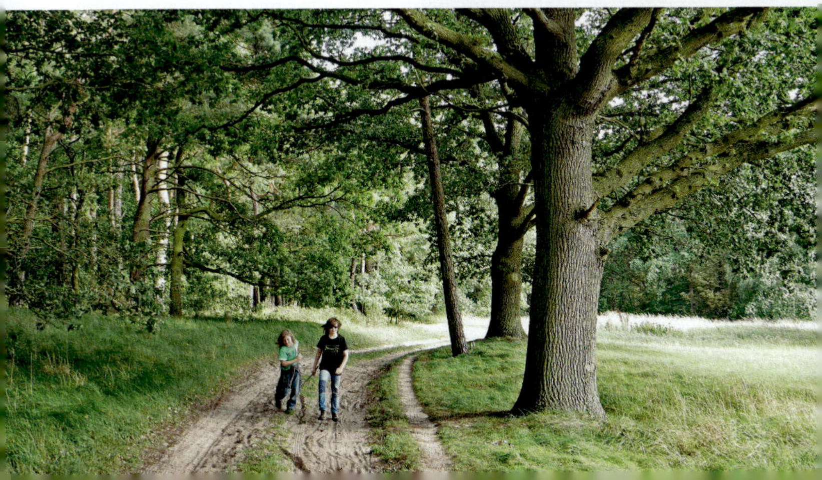

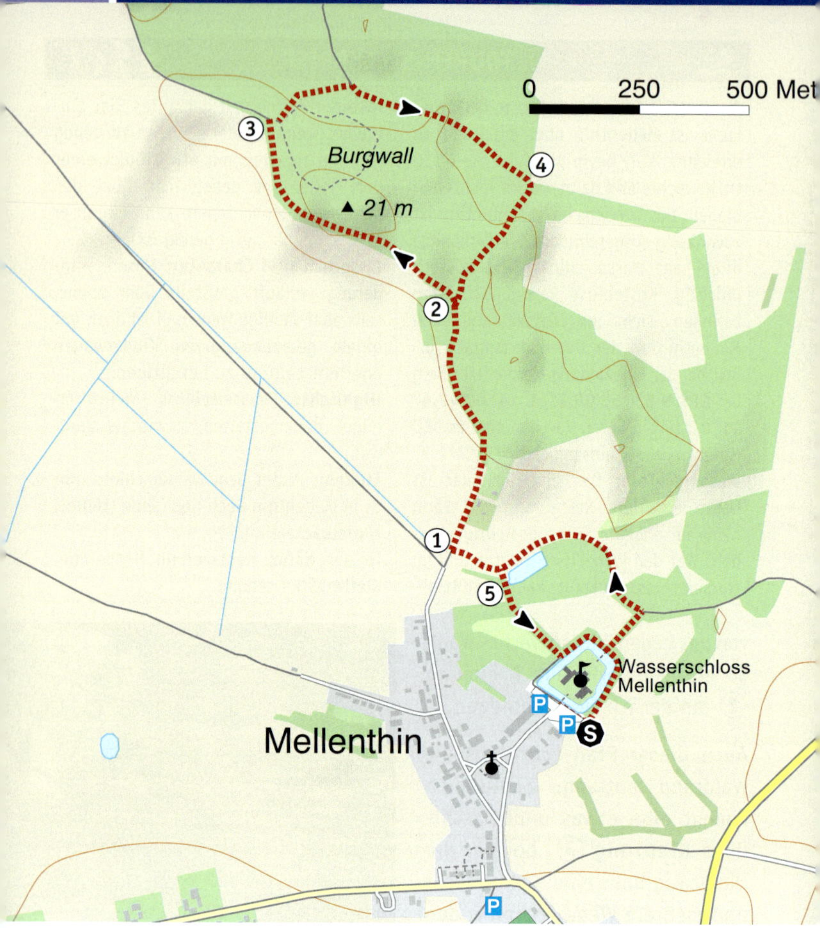

hen vor einer etwa 20 Meter hohen **Aufschüttung**. Die ist teils natürliches Eiszeitüberbleibsel, teils von Menschenhand strukturiert, denn im frühen Mittelalter siedelte hier der slawische Stamm der Liutizen, wie Keramikfunde beweisen. Sie widersetzten sich noch bis ins hohe Mittelalter der Christianisierung und verehrten verschiedene Götter und Tier-Orakel. Heute kann man am alten Burgwall wunderbar klettern und sich austoben.

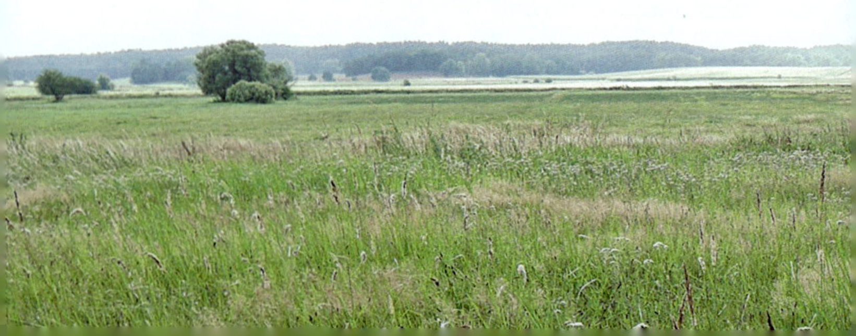

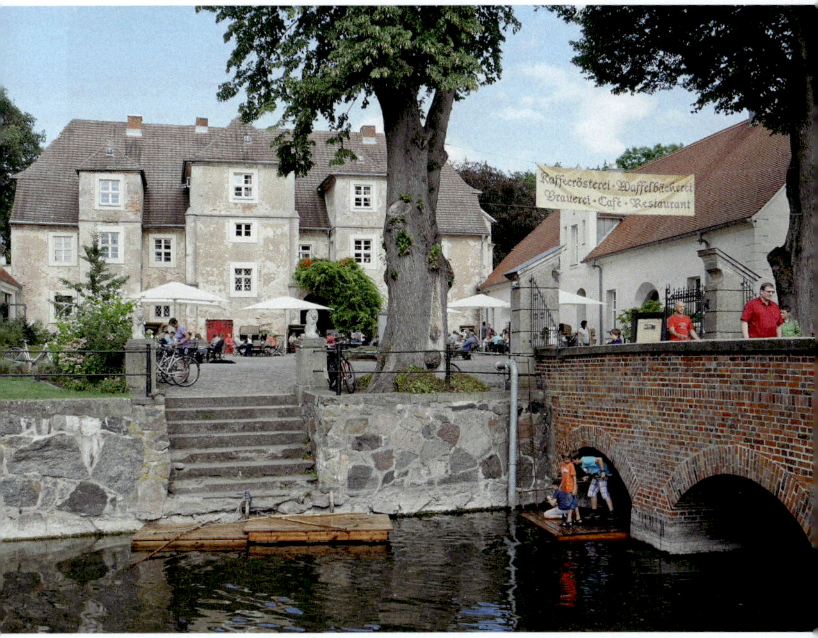

Dann wählen wir den Waldweg, der an der **Kreuzung** ③ die Alternative zum Pfad in den Ringwall bildete, von der Burg kommend also nach rechts.

Sehr bald folgt eine Abzweigung und wir halten uns wieder rechts, gehen also im Bogen um die alte Burg herum. Auf diesem Pfad bleiben wir, ignorieren Einmündungen von links und rechts und bleiben ihm auch dort treu, wo er eine **Rechtskurve** ④ macht und geradeaus ein Grasweg in die Felder lockt. Dann treffen wir auf das erste **Schild**, das uns zurück zum **Wasserschloss** weist, und ab der nächsten **Kreuzung** ② kommt uns der Weg wieder bekannt vor.

Zurück auf dem Plattenweg biegen wir schließlich wieder nach links ab. Vor dem **Spiegelsee** ⑤, einem schilfbewachsenen Teich auf der rechten Seite, können wir jetzt eine Abkürzung nehmen. Wir biegen rechts ab auf den Pfad, der in eine sehr schmale und trotzdem prächtige Eichenallee übergeht, die uns direkt zum Wasserschloss führt.

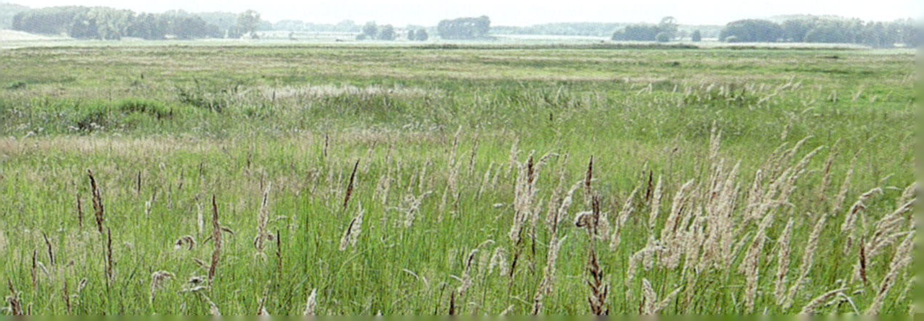

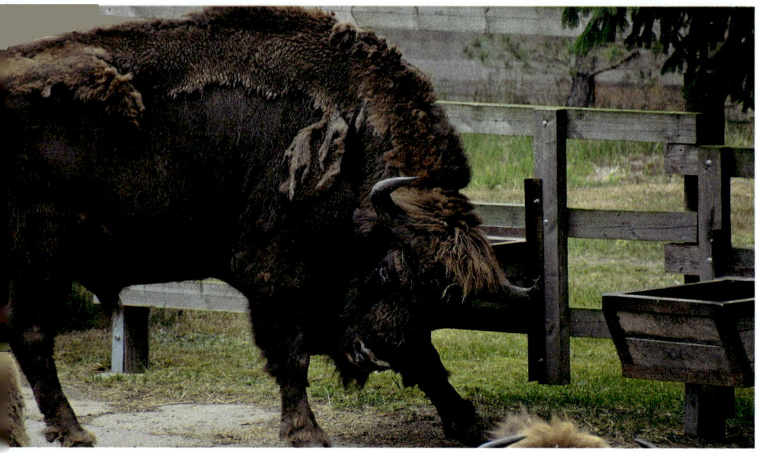

45 min

ab 4

Tour 51: Urviecher an der Ostsee

Im Wisentpark der Insel Usedom

Mit einer Schulterhöhe von bis zu zwei Metern ist der Wisent ein beeindruckendes Tier. Im Mittelalter galt er als wertvolles Jagdwild für Könige und das machte ihm vor mehr als 100 Jahren beinahe den Garaus. Der letzte wilde Wisent wurde vermutlich im Jahr 1921 im polnischen Bialowieza von einem Wilderer erlegt. In Deutschland gab es schon seit Mitte des 18. Jahrhunderts keine Wisente mehr – heute lebt eine erste kleine Gruppe im Rothaargebirge wieder in freier Natur. Ein ehrgeiziges, erfolgreiches Zuchtprogramm, initiiert vom polnischen Zoologen Jan Sztolcman, rettete auf einer schmalen Blutbasis von zwölf Zuchttieren, die aus Wildgehegen vorrangig in Polen stammten, die Art. Zuchtgehege gibt es auch in Deutschland, und der kleine Park in Usedom leistet seinen Beitrag seit 2004. Heute gilt der Wisentbestand mit über 3000 Tieren als gesichert und seit den 50er Jahren leben in den Wäldern Westpommerns auch wieder einige Herden der großen Urrinder in Freiheit.

TOUREN-STECKBRIEF

Anfahrt: Hinter Usedom von der 110 auf die Nebenstraße in Richtung Stolpe abbiegen, durch Stolpe hindurchfahren und auf der Höhe des Dorfes Prätenow links dem braunen Schild zum Wisentpark bis zum Parkplatz bei **GPS N 53°53'11.4", E 14°02'51.3"** folgen.
Anspruch und Charakter: Abseits in den Feldern gelegenes Gehege für eine kleine Gruppe Wisente. Informationen über Wisente in einer Hütte auf dem Gelände.
Öffnungszeiten: Ostern bis Oktober täglich 10–17 Uhr, im Winter 10.30–15.30 Uhr. Eintritt €7, Kinder 7 bis 16 Jahre €3. www.wisentgehege-usedom.de
Highlights: Wisente, Baumhaus zum Klettern, Infos über die Tiere im Park.
In der Nähe: Schloss Stolpe, Falknerei Stolpe, Usedom-Käserei (www.insel-kaese.de).

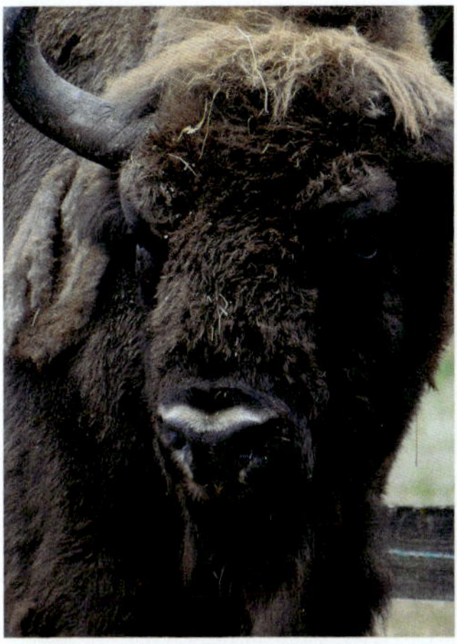

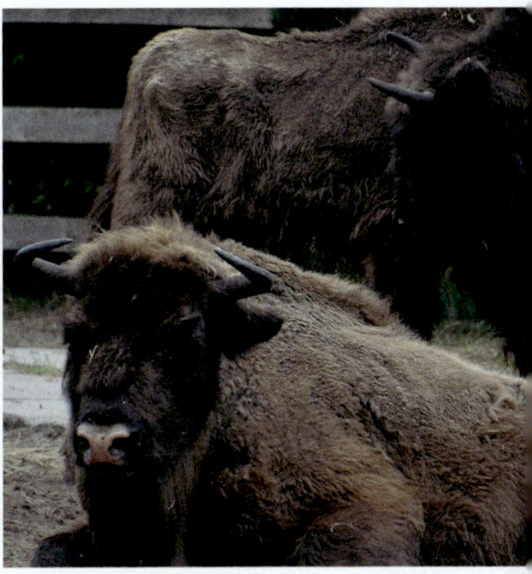

Der Wisentpark auf Usedom: Vom Parkplatz laufen wir 150 Meter zum Eingang der Anlage. Das Gelände besteht aus zwei Bereichen. Tagsüber befinden sich die Tiere in einem überschaubaren Gehege mit Holztribüne und sind von dort aus jederzeit leicht zu beobachten. Schließt der Park um 17 Uhr, werden sie ins größere Außengelände entlassen. Das ermöglicht den Wisenten ein möglichst naturnahes Leben und gibt den Besuchern trotzdem die Möglichkeit, die Tiere ganz aus der Nähe zu betrachten und zu beobachten.

Das Usedomer Wisentgehege existiert seit 2004. Vier Tiere aus dem nahen polnischen Nationalpark Wollin bildeten die Zuchtbasis: Der Stier Powiew und die drei jungen Kühe Powizyta, Pokemonka und Pojawinka. Zwei der Kühe leben noch heute hier im Park. Der Wisentstier ist nicht mehr Powiew, er heißt Pociotek. Außerdem befindet sich jeweils der Nachwuchs der letzten zwei Jahre im Gehege.

Morgens um 10 Uhr kommen die Tiere zur ersten Fütterung ins Schaugehege – ein besonders interessanter Zeitpunkt, um den Park zu besuchen. Um 14.30 Uhr wird noch einmal gefüttert. Aber auch außerhalb dieser Zeiten sind die Tiere gut zu sehen und zu beobachten.

Wisente auf dem Damerower Werder

Ebenfalls in Mecklenburg-Vorpommern, in der Nähe von Waren an der Müritz, gibt es ein weiteres, deutlich größeres Wisentreservat. Die Tiere leben dort in zwei Schaugehegen und frei auf einer Halbinsel im Kölpinsee. Damerow ist das größte Wisentreservat in Deutschland und hat durchaus einen kleinen Beitrag zur Rettung der Art geleistet. Seit man im Jahr 1957 zwei Tiere hier ansiedelte, wurden auf dem Damerower Werder über 300 Jungtiere geboren. Die größte Gruppe der Tiere lebt dort fast völlig unabhängig vom Menschen. Zwei weitere Wisentherden sind in Schaugehegen untergebracht und können von Besuchern gut beobachtet werden. Wegen der Größe der Gehege lohnt es sich hier jedoch unbedingt, zur Fütterung um 11 oder 15 Uhr zu kommen.

Geöffnet Ostern bis Oktober 10–18 Uhr, November und Dezember nur bis 17 Uhr. €4, Kinder bis zwölf Jahre frei.

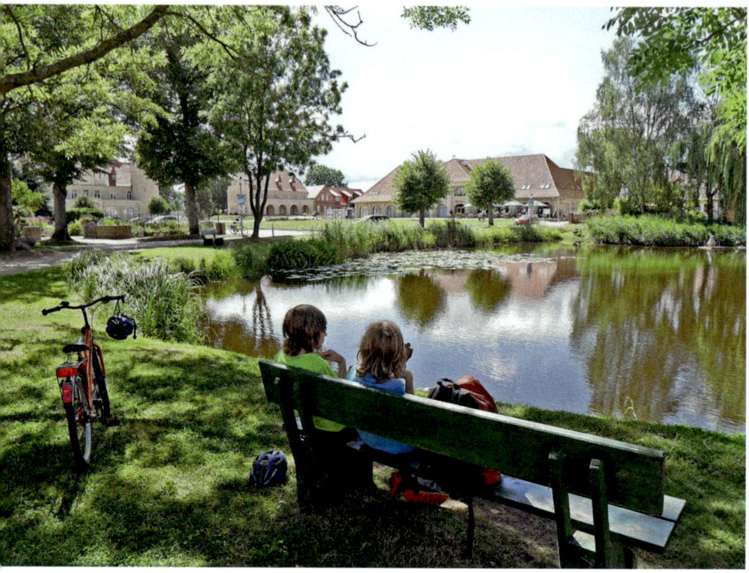

10 m

STRECKE 17,5 km

2–3 h

ab 8

Tour 52: Fahrradtour am Usedomer See

Ein Schloss, etwas Käse und ganz viel Natur

Diese traumhafte Route ganz im Süden der Insel führt in großem Bogen am Usedomer See entlang. Der hat nur einen Haken: Ein kleines Stückchen Land fehlt, um den Usedomer See zu einem anständigen solchen zu machen. So biegen wir nach einer sehr naturnahen Strecke ab zur Inselkäserei, gucken bei dessen Herstellung zu und gönnen uns vielleicht ein Raclette-Brötchen mit dem kräftigen Käse nach Schweizer Rezepturen. Dann wartet noch das Stolper Schloss auf uns, das nach umfangreicher Sanierung seit 2022 wieder Besucher empfängt. Zurück geht es durch ein herrliches Waldstück ins beschauliche Städtchen Usedom.

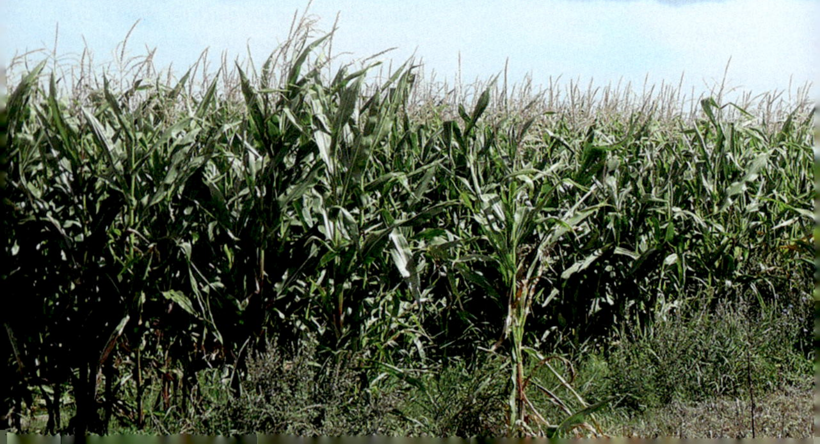

TOUREN-STECKBRIEF

Anfahrt: Von den Küstenorten ist die Stadt Usedom über die B 110 beziehungsweise die B 111 zu erreichen. Direkt an der Bundesstraße, die in Usedom Bäderstraße heißt, liegt auf der rechten Seite das Klaus-Bahlsen-Haus. Um zu den kostenlosen Parkplätzen zu gelangen, muss man gleich nach dem Aldi (linker Hand) rechts in die Straße Gewerbegebiet und dann gleich wieder links auf den Parkplatz abbiegen. **GPS N 53°52‘30.5“‘, E 13°54‘59.4“.**

Fahrradverleih: Wer Fahrräder vor Ort leihen muss, wird bei der Station des inselübergreifenden Verleihsystems Usedom-Rad direkt im Klaus-Bahlsen-Haus fündig. Alternativ verleiht auch das Gasthaus Natzke in der Geschwister-Scholl-Straße 5 Räder für Erwachsene und Kinder.

Anspruch und Charakter: Von geteerten Straßen, Radwegen und gut befahrbaren Feldwegen bis holperigen Waldwegen ist alles dabei. Über längere Strecken müssen wir uns die Straße mit allen anderen Verkehrsteilnehmern teilen, von denen es hier zwar nicht allzu viele gibt, doch sollten alle Radelnden das Fahren entsprechend sicher beherrschen.

Highlights: Klaus-Bahlsen-Haus mit Abenteuerspielplatz und Naturausstellung, Pferde, Insel-Käserei, Schloss Stolpe.

Einkehr: Käsekuchen und Brötchen in der Insel-Käserei, Restaurant Remise und Bäckerei am Schloss, weitere Gastronomie in Usedom.

In der Nähe: Greifvogelwarte Stolpe, Wisentpark.

Fahrradtour: Wir beginnen unsere Tour am Klaus-Bahlsen-Haus. Hier gibt es nicht nur kostenlose Parkplätze und den Fahrradverleih des Tourismusbüros, sondern auch eine kleine Ausstellung zur lokalen Tierwelt. Im Garten des ehemaligen Bahnhofs stehen Obstbäume alter Sorten mit Hinweisschildern nebst Rezepten. Außerdem gibt es einen naturnahen **Spielplatz**.

Von hier aus überqueren wir die Bundesstraße und fahren Richtung Ortsmitte die **Geschwister-Scholl-Straße** entlang. Wir halten uns rechts und biegen dann in die Anklamer Straße, die uns direkt zum **Anklamer Tor** führt. Für das urige Stadtzentrum rund um die Kirche sollten wir uns ruhig etwas Zeit nehmen. Wer später ein Käse-Picknick plant, hat hier Gelegenheit, beim Bäcker ein geschnittenes Brot zu kaufen.

Dann geht es die Peenestraße zum **Hafen** hinunter. Wer mag, macht einen Abstecher zum Schlossberg. Ein Schloss hat hier nie gestanden, sondern eine slawische Burg, von der nur noch der beeindruckende eigens aufgeschüttete Hügel übrig ist.

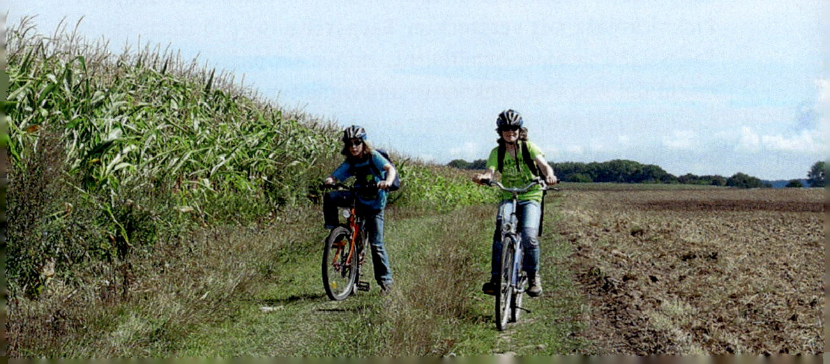

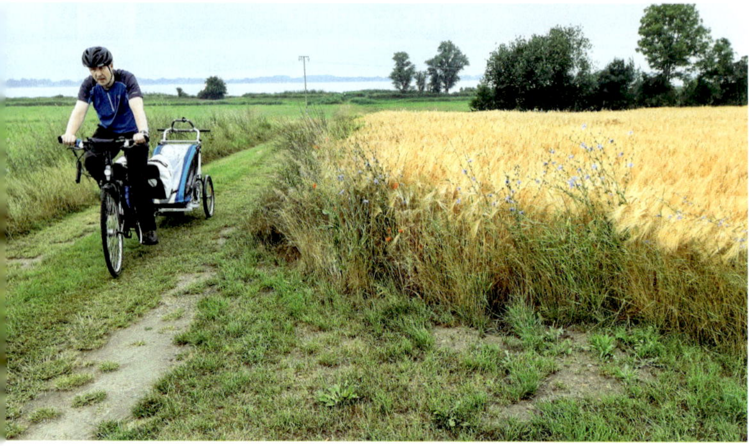

Am **Hafen** ① mit Wohnmobilstellplatz gibt es den nächsten kleinen **Spielplatz**. Hier fahren wir über die **Ponton-Brücke**, an der links und rechts die Sportboote festgemacht sind. Auf der anderen Wasserseite sehen wir einige sehr urige und ein paar mit viel Geld zurechtgemachte Häuser. Bei nächster Gelegenheit halten wir uns rechts und wieder rechts. Mit Blick auf Felder und den Usedomer See dahinter rollen wir auf einem gut befahrbaren Schotterweg immer geradeaus, bis wir an einem **Metalltor** ② links in den Wald abbiegen müssen.

An der nächsten **Gabelung** halten wir uns rechts und bleiben nun immer auf dem Hauptweg. Der weiche Waldweg ist eigentlich eher zum Wandern geeignet, aber mit dem Rad durchaus machbar. Wer hier schon Probleme hat, weiß jetzt immerhin, dass dieser Abschnitt der Tour nicht für ihn oder sie passt. In dem Fall ist es möglich, an der **Dreieckskreuzung** ③ links zur Straße zu fahren. Dort radeln wir dann rechts den Schildern folgend auf Asphalt weiter zur Käserei.

Wer nichts gegen ein holpriges Abenteuer hat, taucht an der Dreieckskreuzung rechts herum richtig tief ein in die Natur. Hier geht es immer auf der Deichkrone entlang am Usedomer See. Nach etwa zwei Dritteln der Strecke finden wir einen sehr schönen **Picknickplatz mit versteckter Badestelle** ④ und sogar etwas Sandstrand in einer Schilfbucht. Hinter ein paar Fischerhütten macht der Weg eine Linkskurve und wird etwas besser befahrbar. Oben am **Friedhof** ⑤ von Welzin befindet sich ein weiterer Picknicktisch und wir haben wieder Asphalt unter den Rädern.

Wer nach dem Geholper endlich ein paar Kilometer auf gerader Strecke machen will, legt hier rechts herum einen **Abstecher zur Ostklüne** ein. Dort können wir über den schmalen Wasserweg zur

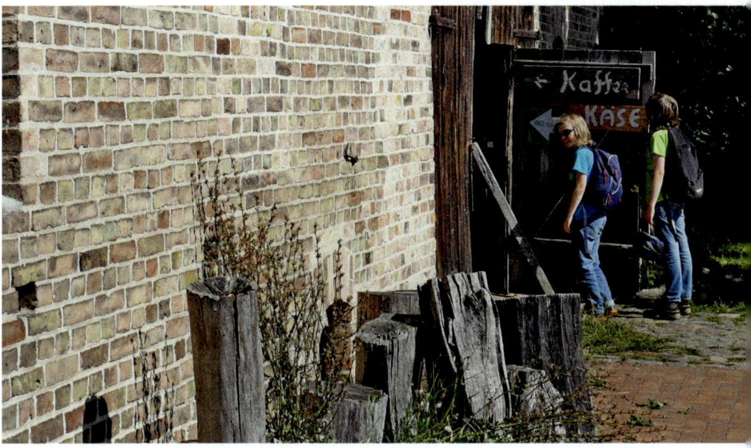

Westklüne in den Usedomer Winkel gucken. Viel mehr gibt es hier nicht zu tun, seit die Ruderbootfähre eingestellt wurde, die Radler und Wanderer früher von einer Seite zur anderen brachte.

Am **Friedhof** ⑤ links herum geht es nach Welzin und dort die nächste Straße rechts rein. Das letzte Haus auf der linken Seite ist die **Inselkäserei**.

Die Inselkäserei

In der Käserei produziert Steffen Schultze seinen Usedomer in drei Reifegraden und außerdem Welziner Hartkäse. Seine Ausbildung hat er in der Schweiz gemacht, was das kräftige Aroma des Rohmilchkäses erklärt. Vormittags können wir ihm in der gläsernen Produktion zuschauen. Nachmittags gibt es hausgemachten Käsekuchen mit Zigotter, einer Frischkäsespezialität aus Molke. Die Scheune ist Verkaufsraum, rustikales Café und Spielecke in einem. Besonders an Regentagen kann es an der Theke zu längeren Wartezeiten kommen. Die Kunden werden grüppchenweise abgefertigt und jeder Verkaufsrunde geht eine Verkostung voraus.

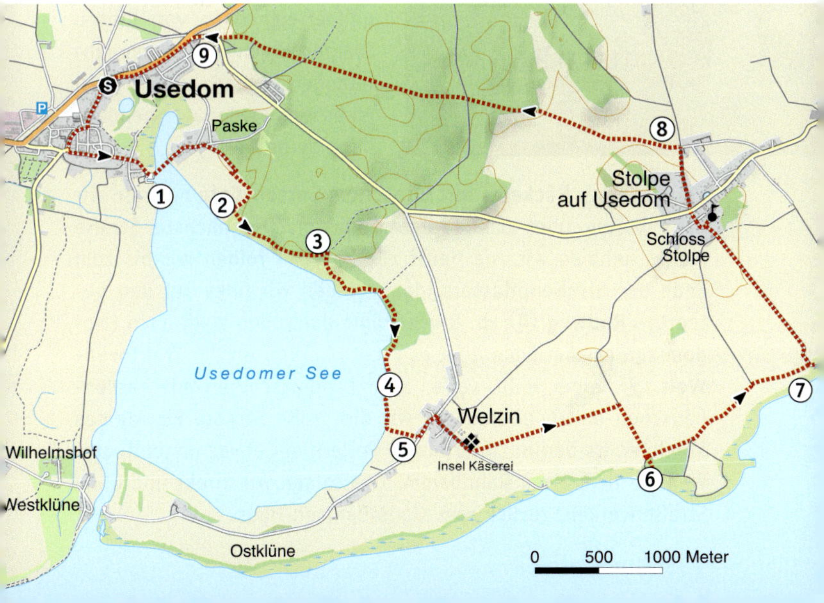

Schloss Stolpe
Erbaut wurde das Rennaissanceschloss von Stolpe im 16. Jahrhundert. Noch im Jahr 1945 war es deutlich größer als heute. Dann teilte die Schlossanlage das Schicksal vieler Prachtbauten im sozialistischen Teil Deutschlands: Um dem Bau seinen herrschaftlichen Ausdruck zu nehmen, wurden 1949 der Arkadengang und der Saal abgerissen. 1974 hat man auch noch die markanten Türme abgetragen. Völlig vernachlässigt stand das Gebäude 1989 kurz vor dem Zerfall. Vergleicht man das Anwesen von damals mit älteren Fotos, ist das Schloss kaum wiederzuerkennen. Das verbliebene Haupthaus ist inzwischen originalgetreu restauriert, auch die Türme sind wiederhergestellt, und so können wir heute in Stolpe ein hübsches kleines Schlösschen besichtigen. Außerdem finden hier Konzerte und Lesungen statt und es gibt einen angenehmen Gasthof.
Geöffnet April bis Oktober, Di bis Fr 11–18 Uhr, Sa, So 14–18 Uhr. www.schloss-stolpe.de

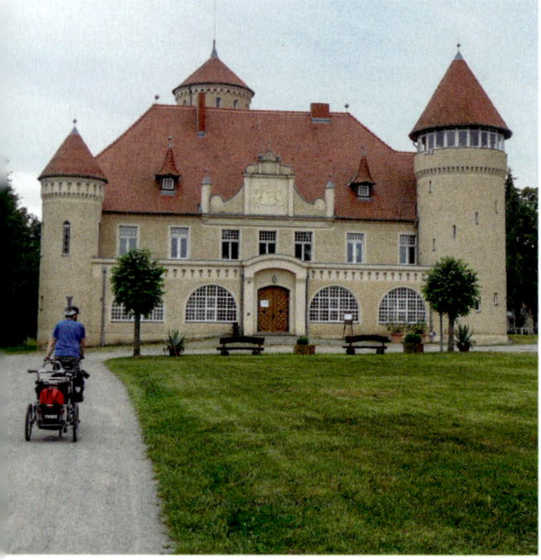

Hinter der Käserei fahren wir links in den nächsten Feldweg Richtung Stolpe. An dessen Ende links herum gäbe es nun die Möglichkeit, abzukürzen. Wer noch Puste hat und auf ein Käse-Picknick in schönster Umgebung spekuliert, fährt rechts herum Richtung Haff. In dem kleinen Eichenhain am Ende des Weges liegt ein **Rastplatz mit Picknicktisch** ⑥, geschützter Badestelle und Kletterbäumen – ein idealer Ort, um unsere Einkäufe aus Welzin genüsslich zu verspeisen.

Am vom Rastplatz aus gesehen rechten Arm der Umlenkung zweigt ein grasbewachsener Weg ab, der uns immer in Ufernähe Richtung Stolpe bringt. Erst wenn wir den **Naturhafen Stolpe** ⑦ erreicht haben, fahren wir links herum auf einem Plattenweg leicht bergauf in den Ort hinein. Bei nächster Gelegenheit biegen wir rechts in die Sackgasse »Am Schloss« und erreichen so von hinten Stolpes Prachtbau. Nach jahrelangen Sanierungsarbeiten ist es nun wieder auf Spendenbasis zu besichtigen

Vorbei an der **Bäckerei mit hübschem Garten-Café** hoppeln wir links herum über das Kopfsteinpflaster. Die nächste Straße rechts nehmen wir, sie heißt »Reihe«. Ihr folgen wir bis zum Ende des Straßenpflasters, dann biegen wir links auf den geteerten **Radweg** ⑧ ab. Dieser führt durch den Wald nach Usedom zurück. Am Ende geht es rechts herum. An der **Traktoren-Welt** ⑨, einer Halle voller alter Landmaschinen mit Kassenhäuschen davor, überqueren wir die große Straße. Ein kleines Stück rechts beginnt hier hinter Pollern ein etwas ungepflegter Weg auf dem alten Bahndamm. Ihm folgen wir direkt und ohne Straßenverkehr zurück zum Klaus-Bahlsen-Haus.

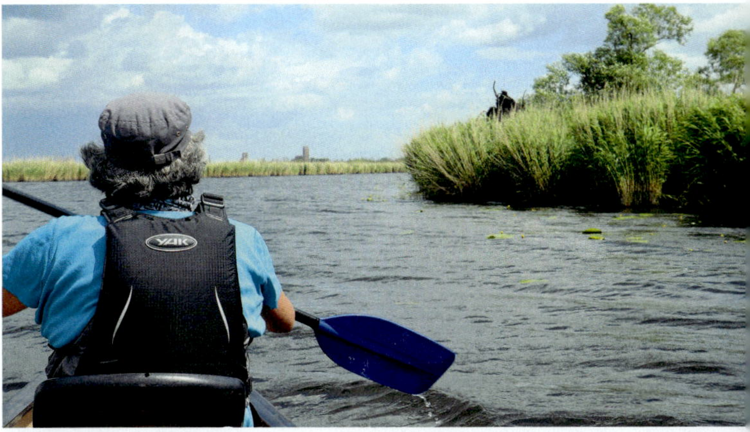

Tour 53: Mit dem Kanu zu den Wikingern

STRECKE 12 km

4 h

ab 6

Auf der Peene von Anklam nach Menzlin

Von Anklam flussaufwärts ist die Peene ein stattlicher Fluss und trotzdem säumt nur eine weite Schilflandschaft die Ufer. Hier fahren weder Frachtschiffe noch Ausflugsdampfer und die Kanuten teilen sich die Wasserfläche mit einigen Hausbooten und Jachten. Das Ziel unseres Kanu-Abenteuers ist nicht weit: Nach knapp zwei Stunden treffen wir am rechten Ufer auf einen Rastplatz. Zu Fuß geht es von hier aus zum Alten Lager – den Resten einer mittelalterlichen Wikingersiedlung. Zu sehen sind im hügeligen Uferwald mehrere gut erhaltene Steinsetzungen, die einst als Gräber dienten.

Kanutour: Für eine Tagestour im Kanu hat Menzlin genau die richtige Entfernung von Anklam. Etwa drei Kilometer schaffen wir auf stillem Wasser mit mäßigem Krafteinsatz, sodass wir den Rastplatz Menzlin, der dann Startpunkt für eine kurze Wanderung zu den Wikingern ist, etwa in zwei Stunden erreichen.

TOUREN-STECKBRIEF

Anfahrt: Der Kanuverleih Abenteuer Flusslandschaft befindet sich in Anklam nördlich der Peene in der Werftstraße 4 bei **GPS N 53°51'39.7", E 13°41'29.2".**
Kanuverleih: Prion 2er-Kajak €45 pro Tag, Kanadier Old Town für 3 bis 4 Personen €45. Schwimmwesten, Paddel und eine Packtonne inklusive. Alle Boote und die Ausrüstung wie Paddel und Westen sind top gepflegt und in bestem Zustand. www.abenteuer-flusslandschaft.de
Anspruch und Charakter: Einfache Kanutour schon nahe am Mündungsbereich der Peene, die hier daher recht breit ist. Zahmwasser ohne Strömung, an windigen Tagen kann das Paddeln gegen den Wind jedoch recht anstrengend werden. Auch für Kanuanfänger geeignet.
Highlights: Kanufahrt, Begegnungen mit Reihern, Adlern oder Bibern, Wikingergräber und Aussichtsturm in Menzlin.
Einkehr: Imbiss am Rastplatz in Menzlin und im Flusscafé am Kanuverleih Anklam.
In der Nähe: Lilienthal-Museum.

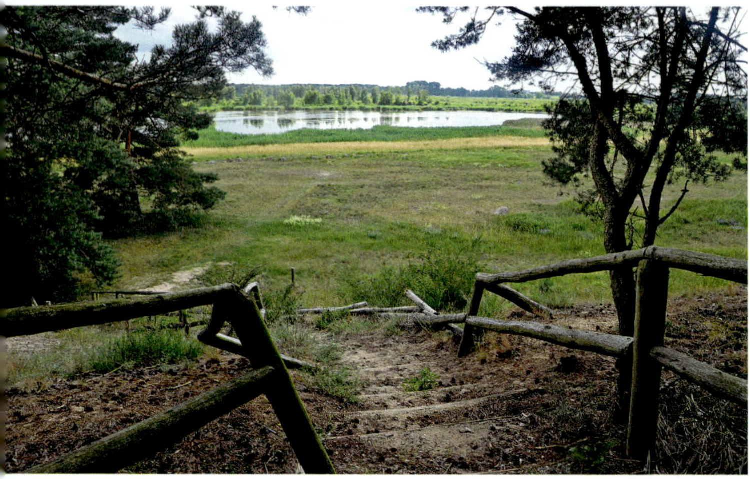

Vom Anleger des Kanuverleihs durchqueren wir zuerst die Stadt, paddeln unter der **Fußgängerbrücke** und dann unter der Straßenbrücke hindurch und am links gelegenen **Wasserwanderrastplatz Anklam** vorbei. Dann wogt an den Ufern ein Meer aus Schilf. Dahinter verbirgt sich eine einsame Wald- und Wasserlandschaft. Vier Kurven weiter liegt am rechten Ufer der **Rastplatz Menzlin**. Wir paddeln rechts in den Wasserlauf, in dem viele Boote liegen, und legen am Kanuverleih an. Hier kann man sich am Imbiss mit Grillwürstchen, Soljanka und Kuchen stärken, bevor es zu den Wikingergräbern geht.

Mit dem Auto zu den Wikingergräbern
Das *Alte Lager* erreicht man auch auf dem Landweg. Von Anklam geht es dazu am Nordufer der Peene entlang bis Menzlin und dort den Hinweisschildern zur Kanustation nach. Kurz vor dem Kanurastplatz gibt es an der Straße bei GPS N 53°52'20.4", E 13°37'18.4" einen kleinen Parkplatz.
In Menzlin finden in der Abenddämmerung **Biber-Entdeckungstouren mit Kanu** oder Floß statt (€ 15, Kinder € 8). Außerdem gibt es geführte Moorwanderungen, Floßtouren und Führungen zum »Alten Lager« mit Wikinger-Imbiss.
Tel. 0152 04052068.
www.kanuverleih-menzlin.de

Die Wikingergräber von Menzlin

Vom Rastplatz gehen wir auf dem Fahrweg bis zum ersten **Abzweig**, folgen dort der Beschilderung nach rechts und halten auf das weithin sichtbare **Wäldchen** zu, in dem sich die acht schiffsförmigen Steinsetzungen und zwölf kleine Steinkreise verbergen. Viel weiß man nicht über die alte Ansiedlung, die auf das 9. Jahrhundert datiert wird. Zu dieser Zeit war die Region an der

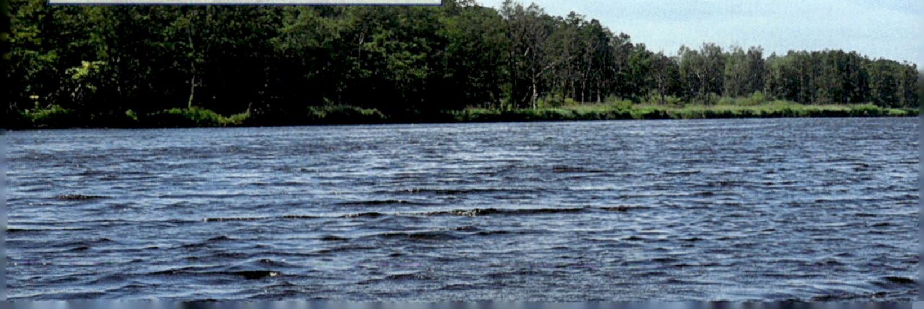

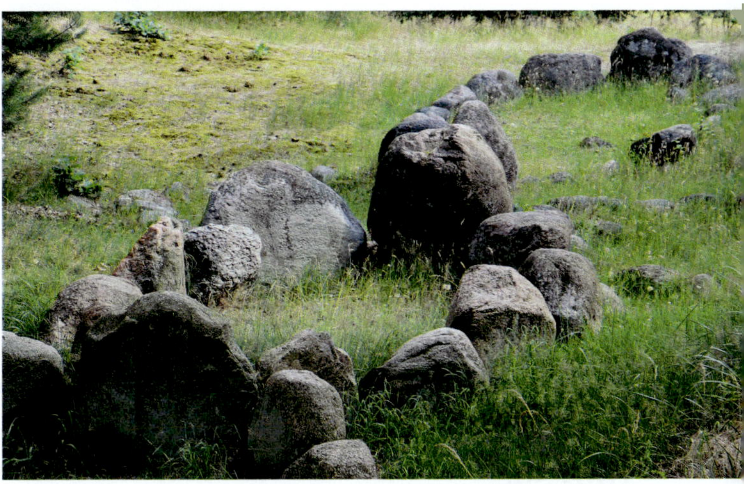

Peene von slawischen Volksstämmen bewohnt und die Wikingersiedlung mitten im Slawenland war wohl eine Handelsniederlassung, die über Jahrzehnte ständig bewohnt gewesen sein muss. Außer den Steinkreisen hat man auf dem Gelände Perlen aus Materialien wie Amethyst, Bergkristall, Glas, Karneol und Schiefer gefunden. Diese Materialien kommen in der Region nicht vor, sind also ein Indiz für regen Handel. Menzlin lag zu dieser Zeit am viel frequentierten Handelsweg Via Regia, der von Stettin über Wismar und Lübeck bis zur Elbmündung führte.

Die Steinsetzungen auf dem Sandberg an der Peene wurden zwischen 1965 und 1969 entdeckt und ausgegraben und werden anhand der gefundenen Grabbeigaben als Frauengräber eingeordnet. An der Peene fand man außerdem die Überreste einer alten Brücke und einer gepflasterten Straße. Der heutige Name des Flurstückes »Altes Lager« klingt zwar nach Wikingern, hat aber wahrscheinlich gar nichts mit der Siedlung aus dem 9. Jahrhundert zu tun. Er geht auf das Jahr 1676 zurück, in dem der preußische Kurfürst Friedrich Wilhelm bei der Belagerung des schwedisch regierten Anklam hier sein Heerlager einrichtete. Der alte Name der älteren Siedlung an der Peene ist unbekannt.

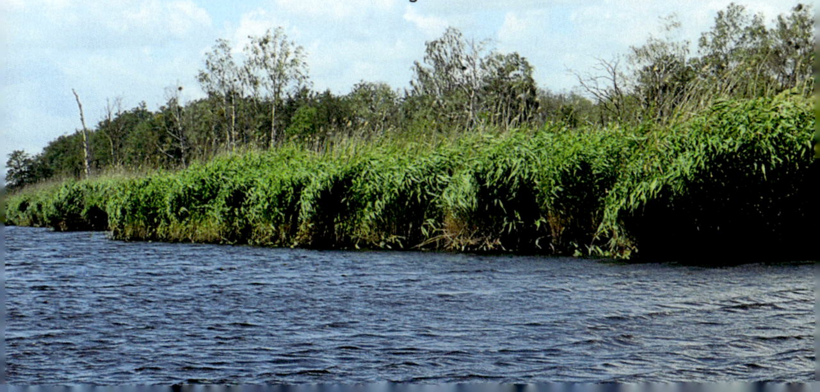

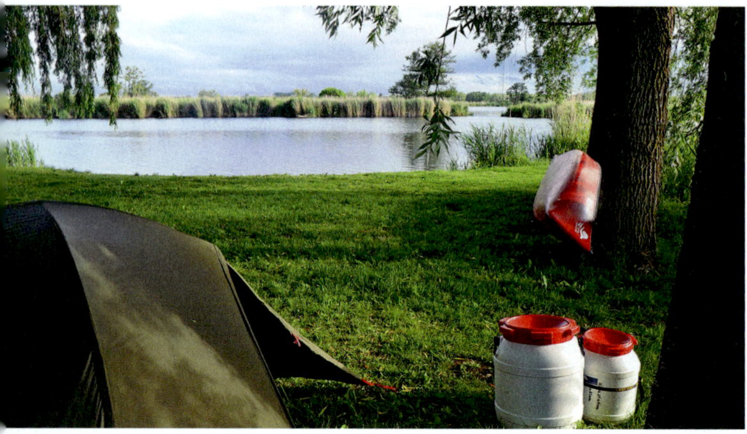

STRECKE
67 km

6 Tage

ab 6

Tour 54: Auf dem Amazonas des Nordens

Eine sechstägige Flussreise mit dem Kanu

Zwischen dem Kummerower See und Anklam durchquert die Peene ein ausgedehntes Naturschutzgebiet und berührt nur wenige größere Orte. An ihrem Ufer brüten circa 18 Seeadlerpaare. Hier leben Biber und Fischotter, und einen Reiher bekommet man ganz bestimmt zu Gesicht. Mitten in Deutschland sind wir hier fünf Tage auf dem Wasser, erleben ganz viel Natur, zelten direkt am Flussufer und entfernen uns doch nie wirklich weit von der Zivilisation. Noch einfacher können Familien das Kanuwandern kaum ausprobieren.

Etappe 1: Verchen – Trittelwitz (8 km)
Einstieg am sehr schönen **Badeplatz in Verchen** am Kummerower See (nur in der Nebensaison möglich, ansonsten Aalbude), der mit ganz seichtem Badeufer auch für kleinere Kinder gut geeignet ist. Von hier aus geht es erst über den flachen Seebereich bei Verchen und dann über die tiefere Fahrrinne in die Peene. Gleich hinter der Einfahrt folgt links der **Gasthof Aalbude** ① und gegenüber der Wasserwanderrastplatz. Wer schon hier zum Essen einkehren möchte, legt rechts an und setzt mit der Fähre zum Gasthof über.

Tourstart am Badeufer in Verchen am Kummerower See

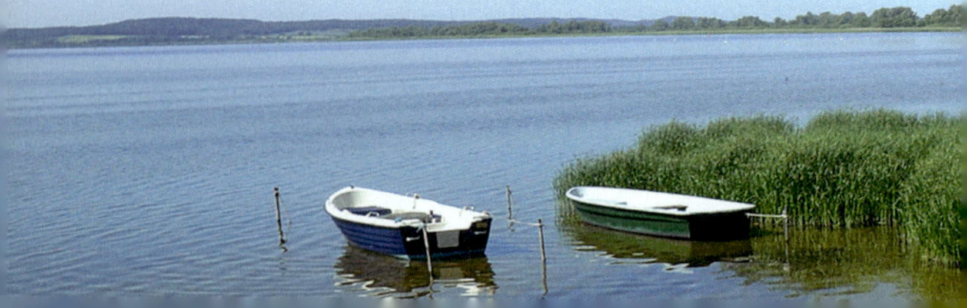

TOUREN-STECKBRIEF

Anfahrt: Der Kanuverleih Abenteuer Flusslandschaft, an dem Sie auch Ihr Auto während der Paddeltour abstellen können, befindet sich in Anklam nördlich der Peene in der Werftstraße 4 bei **GPS N 53°51'39.7", E 13°41'29.2".**

Kanuverleih: Prion 2er-Kajak €45 pro Tag, Kanadier Old Town für drei bis vier Personen €45 oder €265 pro Woche, inklusive Schwimmwesten, Paddel, einer Packtonne und Transfer. Bei einer mehrtägigen Fahrt mit Campinggepäck (Zelt, Isomatten, Schlafsäcke, Kocher) auf ausreichend Stauraum achten! Ein Kanadier, der auch noch Gepäck transportieren soll, sollte maximal mit zwei bis drei Personen besetzt sein. Alle Boote und die Ausrüstung wie Paddel und Westen sind top gepflegt und in bestem Zustand. www.abenteuer-flusslandschaft.de

Anspruch und Charakter: Einfache Paddeltour ohne Umtragungen. Auf der kompletten Strecke gibt es weder Wehre noch Schleusen. Zahmwasser mit schwacher Strömung, die eher vom Wind als von der Fließrichtung abhängig ist.

Highlights: Mit etwas Glück die Sichtung von Reihern, Adlern oder Bibern, Zelten auf einfachen Plätzen direkt am Flussufer, Baden.

Unterkünfte: Einfache Biwakplätze am Flussufer, die nicht vorgebucht werden müssen.

Weitere Kanustationen in Verchen am Kummerower See.

Orientierung: Vor allem für Paddler mit eigenem Boot lohnt das Büchlein »Kanu kompakt Peene« (Thomas-Kettler-Verlag) mit detaillierten Flusskarten und vielen weiteren Informationen.

Die Peene fließt im ersten Abschnitt unserer Tour durch Sumpfland. Die Ufer sind mit Schilf bewachsen, aus dem ab zu ein kahler Baum ragt. Seit das Ufergebiet der Peene unter Naturschutz steht, steigt der Grundwasserspiegel. Die Bäume im Uferbereich bekommen nasse Wurzeln und sterben nach und nach ab. Aus dem bewirtschafteten Kulturland wird wieder sumpfige Wildnis und Lebensraum für Reiher, Kranich, Seeadler, Fischadler und die scheuen Fischotter. Die nackten Äste der kahlen Bäume sind bevorzugter Sitz für Vögel aller Größen. Wir sind schon kurz hinter Aalbude unserem ersten Seeadler begegnet, der von seinem luftigen Sitz den Fluss beobachtete. Im Schilf direkt neben dem Kanu hört man Teich- und Drosselrohrsänger, die Rapper unter den Singvögeln. Ihr knarzendes Karre-karre kiet-kiet ist nicht besonders melodisch und erstaunlich laut für den kleinen Vogel, der meist irgendwo neben uns in den Schilfrohren schaukelt und nur mit Mühe zu entdecken ist. So gibt es auf den ersten Kilometern bis zum Wasserwanderrastplatz Trittelwitz für aufmerksame Beobachter viel zu entdecken – auch wenn am Ufer auf den ersten Blick vor allem Schilf zu sehen ist.

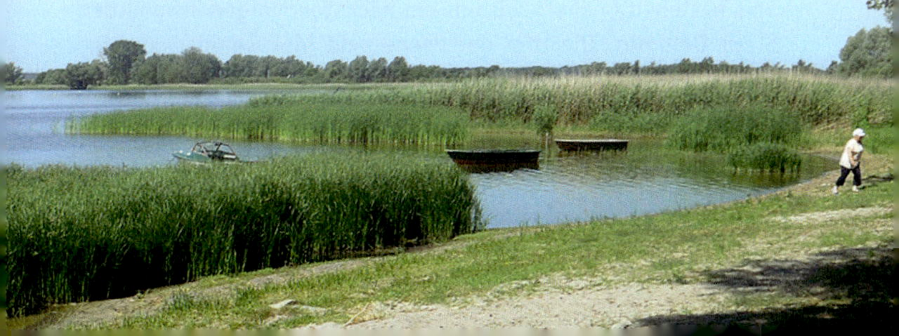

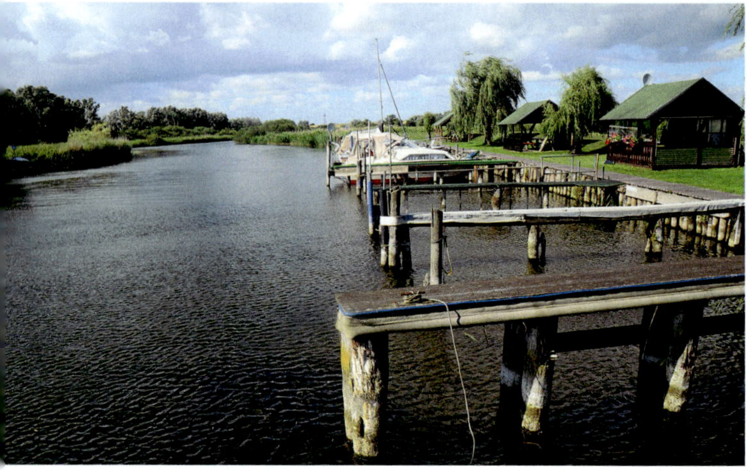

Am Wasserwanderrastplatz Aalbude

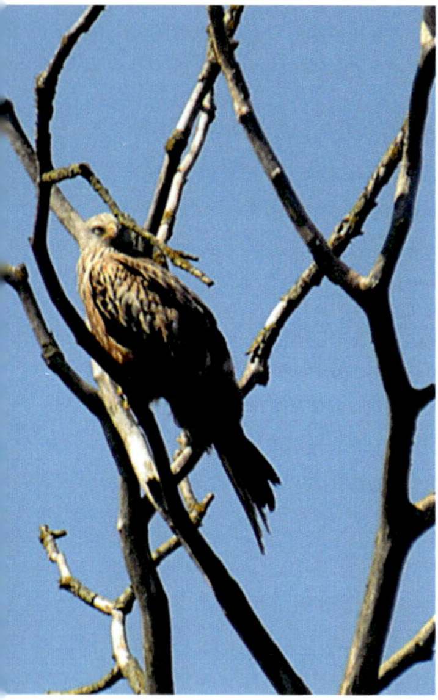

In **Trittelwitz** angekommen findet sich ein Platz für das Zelt direkt am Wasser, daneben ein kleines sandiges Badeufer und zwei überdachte Picknickbänke als Sonnen- oder Regenschutz. Läuft man in Richtung Dorf, kommt man zuerst am Häuschen mit Herz (Trockentoilette) vorbei und nach 150 Metern steht rechts am Ortseingang eine Wassersäule, an der man gegen den Einwurf einer Euromünze die Trinkwasservorräte auffüllen kann. Gleich das erste Haus links im Ort ist dann der **Gasthof Trittelwitz** mit schönem kleinen Biergarten und Zimmern (in der Nebensaison geöffnet ab 17 Uhr, im Hochsommer auch am Nachmittag). Die Übernachtungsgebühr €1,50 pro Kanu und €2,50 pro Zelt wird morgens zwischen 9 und 10 Uhr vom Hafenmeister kassiert.

Etappe 2: Trittelwitz – Pensin (15 km)

Von Trittelwitz nähern wir uns am nächsten Morgen schnell der Stadt **Demmin**. Die Ufer der Peene sind hier weniger sumpfig und die Bäume stehen dicht am Wasser. Kurz vor Demmin beulen rechts und links des Flusses besonders viele Teiche die Ufer aus. Hinter einer schmalen Zufahrt verbergen sich wahre Seerosenparadiese, die ein wichtiger Rückzugsort für Wasservögel sind und nicht befahren werden dürfen. Bei den ersten Häusern der Stadt mündet von rechts die **Tollense** in die Peene. Rechts hinter der

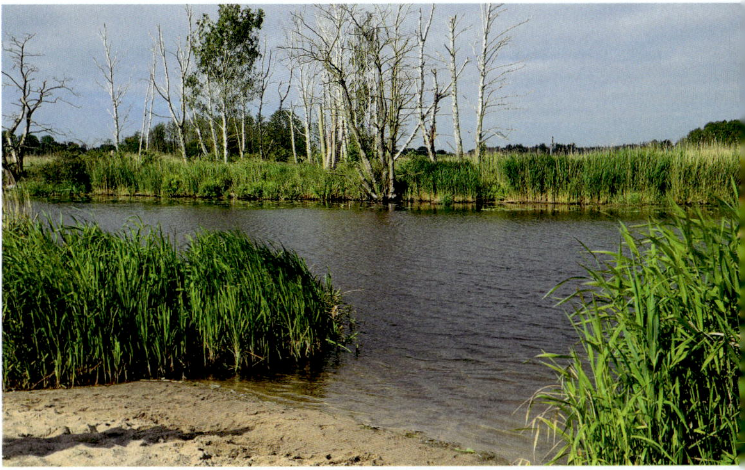

Am Rastplatz Trittelwitz gibt es eine schöne Badestelle mit Sandboden.

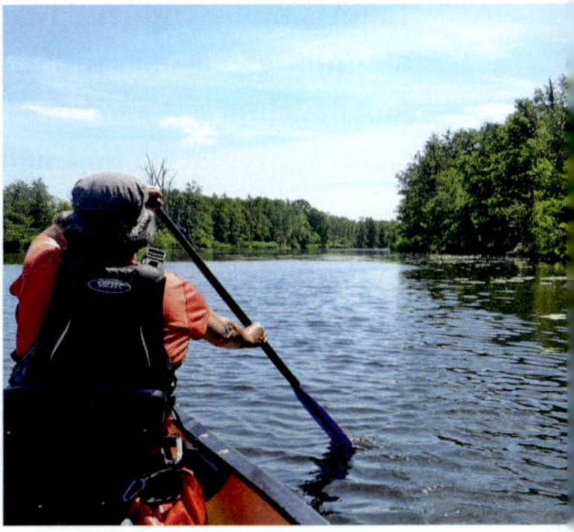

Mündung blitzen rote Mauern durch die Bäume: Hier stehen die Reste einer alten Slavenburg. Kurz vor der ersten Brücke von Demmin zweigt links die Zufahrt zum Wasserwanderrastplatz ab, der aber noch bis mindestens 2023 wegen Bauarbeiten geschlossen ist. Dahinter führt ein Bretterpfad am Fluss entlang und kurz darauf sieht man den Zaun des **Freiluftmuseums Hanseviertel** ② (Mai bis September 10 – 17 Uhr, www.hanseviertel-demmin.de), in dem man sich über die Handwerkstechniken der Hansezeit informieren und einiges selbst ausprobieren kann. Durch ein Holztor kann man links in den Hafen der Anlage fahren. Der Anleger ist für Kanus leider mäßig geeignet.

Dann unterqueren wir die **Hebebrücke von Demmin**, die in regelmäßigen Abständen geöffnet wird, damit Hausboote hindurchfahren können. Mit dem Kanu passen wir locker durch die Durchfahrt und müssen nicht warten. Hinter der Brücke folgt ein unschönes Handelshaus und dann sind wir erst mal wieder außerhalb des Stadtgebietes. Von links mündet hier die **Trebel** und die Peene wird noch einmal ein Stückchen breiter. Dann folgen erneut Häuser und wir unterqueren eine zweite Brücke. Links befindet sich der Kanuverleih **Kanuhaus mit Imbiss** ③, an dem man ebenfalls Pause machen könnte. Von hier aus sind es noch fünf Kilometer bis Pensin, unserem heutigen Ziel. Wenn man darauf achtet, kann man im folgenden Abschnitt viele Spuren von Bibern und Fischottern am Flussufer finden.

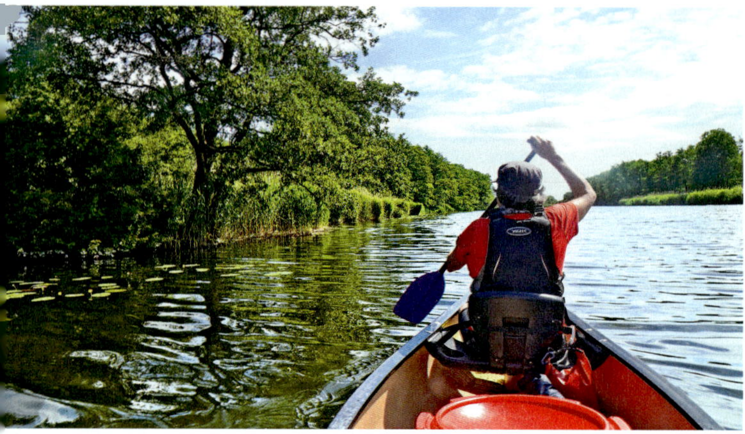

Auf der Peene. Unten: Der Gasthof in Loitz lädt zur Pause ein.

Der **Wasserwanderrastplatz Pensin** verfügt über eine richtige Toilette und einen Frischwasserhahn hinter dem Häuschen. Auch hier gibt es Picknicktische und einige Bäume spenden am schönen Badeufer mit Sandstrand auch ein wenig Schatten. Etwa 800 Meter weiter ist im Dorf Pensin außerdem ein Gasthof zu finden.

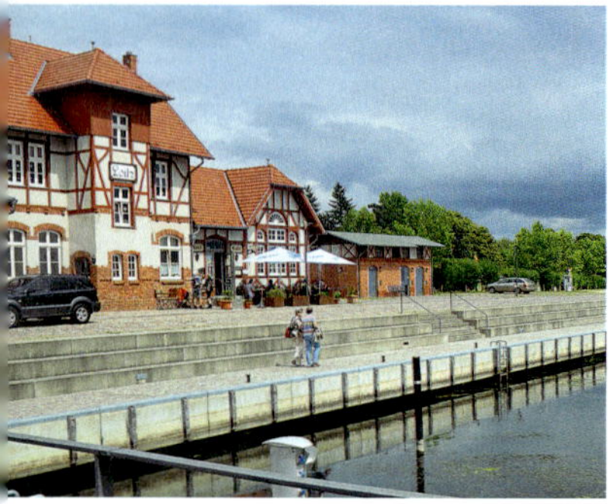

Etappe 3: Pensin – Alt Plestlin (14 km)

Zwischen Pensin und Alt Plestlin gibt es besonders viele schöne Rastmöglichkeiten. Den ersten Platz, den **Wasserwanderrastplatz Zeitlow** ④, erreichen wir schon nach vier Kilometern. Dann durchpaddeln wir die kleine Stadt **Loitz**. Links hinter der Brücke isst man im **Gasthof Karl Loitz**, den man bereits vom Flussufer sieht, ganz ausgezeichnet – der perfekte Ort für eine Mittagspause (www.restaurant-loitz.de). Wer lieber picknicken möchte, kann das bei Kilometer 47 am **Sophienhof** tun. Auch hier gibt es ein einladendes Badeufer,

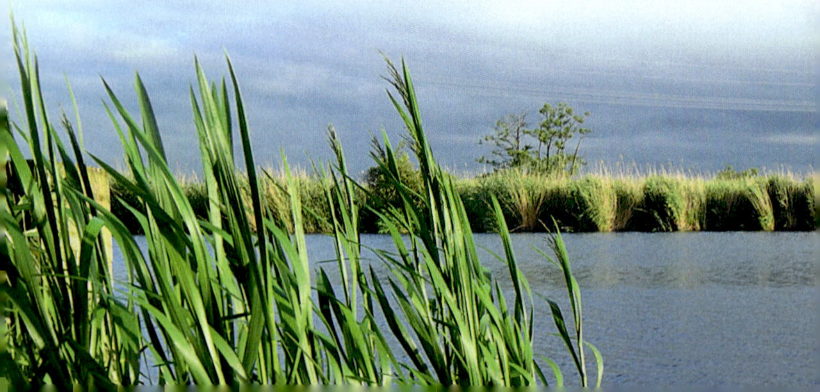

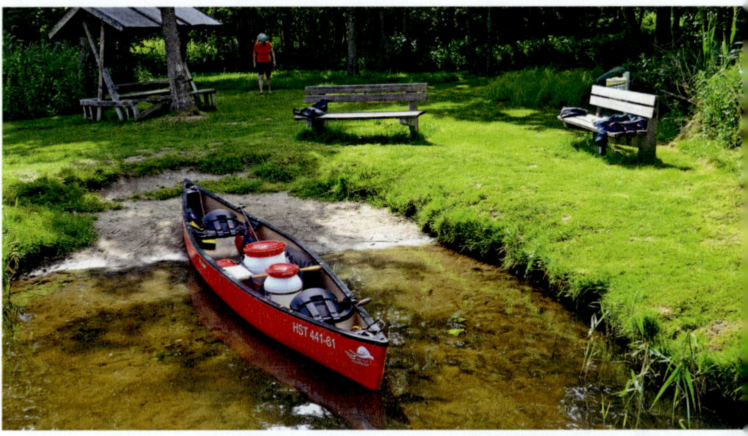

Auf dieser Wiese können wir in Alt Plestlin unser Zelt aufstellen.

wenn auch der Strand ein wenig steinig ist. Gut 200 Meter läuft man in den Ort, wo es im **Dorfladen** neben Bioprodukten, Bier und Keksen auch Kaffee, Brot und Kuchen gibt. Vor dem Laden stehen Tische im liebevoll gestalteten Garten (dorfladen-sophienhof.de).

Die letzten vier Kilometer bis **Alt Plestlin** sind dann schnell geschafft. Der Rastplatz befindet sich auf dem Gelände eines ehemaligen Verladehafens und ist mit Dusche und WC voll ausgestattet.

Etappe 4: Alt Plestlin – Gützkow (18 km)
Zwischen Alt Plestlin und Jarmen gibt es zwei **Badeplätze** am linken Ufer. Spätestens am zweiten Platz bei **Alt Jargenow** ⑤ sollte man unbedingt eine kleine Pause einplanen. Anschließend folgt die Ortsdurchfahrt Jarmen, die wir als eher ungemütlich empfunden haben, und bis Gützkow gibt es dann keinen offiziellen Rastplatz mehr. Hinter Jarmen sollten wir gut auf die Kilometerschilder am rechten Ufer achten, damit wir kurz hinter **Kilometer 68** die Zufahrt links in den Swinowbach nicht versäu-

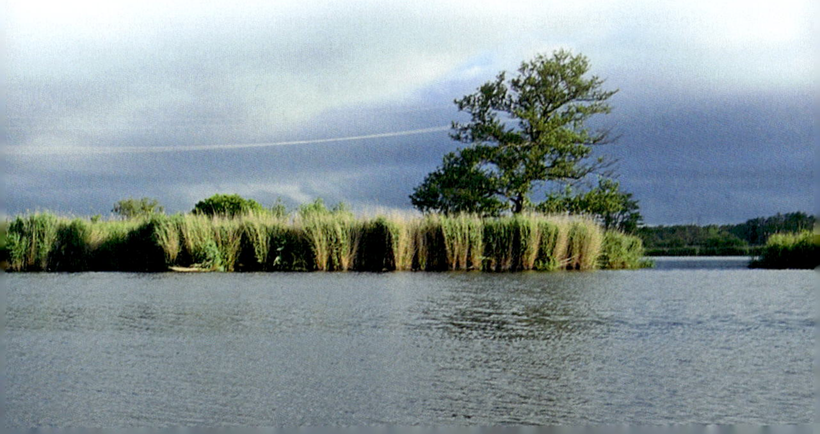

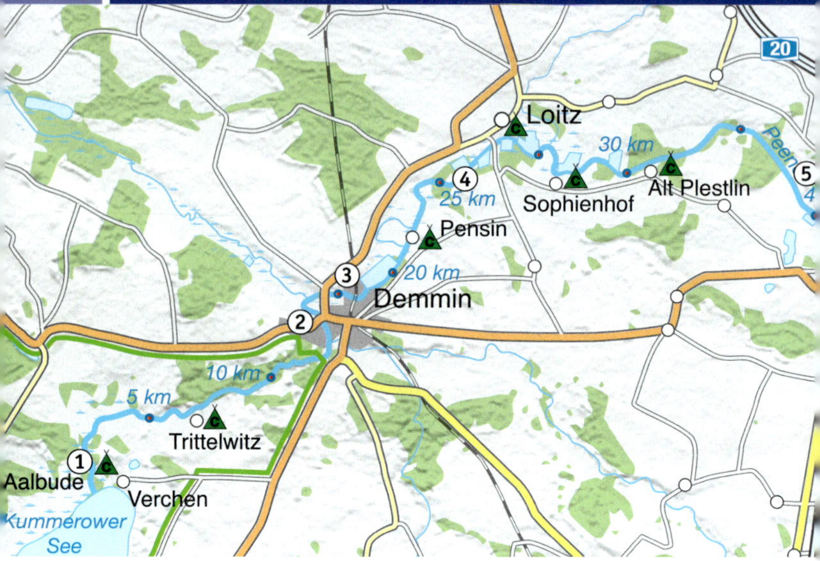

men. Der Kanurastplatz in Gützkow befindet sich am **Kanuclub**. Um das Gelände zu erreichen, müssen wir einfach nur bis zum Ende des Swinowbaches paddeln. Die Zeltplätze liegen direkt am Wasser und es gibt auch eine Dusche und ein WC.

Etwappe 5: Gützkow – Stolpe (12 km)
In den ersten Kilometern sind am Ufer mehrfach schöne kleine Rast- und Badeplätze zu entdecken. Auch der **Wasserwanderrastplatz Stolpe,** das Ziel der Etappe, ist ein attraktiver Platz. Zur Einkehr haben wir hier die Wahl zwischen dem Imbiss am Hafenbecken und dem Gasthof im Gutshaus **Stolper Fährkrug** und eine Badestelle gibt es auch.

Am linken Ufer liegt ein kleiner Rastplatz mit Picknicktisch und ein Fußweg führt am Mühlenbach entlang zum Dorf **Quilow**, in dem es ein Wasserschloss aus dem 16. Jahrhundert zu sehen gibt. Zwischen beiden Ufern verkehrt eine kleine Personenfähre.

Etappe 6: Stolpe – Anklam (10 km)
Die letzte Etappe ist noch einmal besonders schön, wenn auch nicht sehr lang. Die Peene ist vor Anklam schon recht breit und die Ufer sind durchgängig grün und meistens schilfbewachsen. Auf eine sehr interessante Rastmöglichkeit treffen wir auf halber Strecke in **Mentzlin.** Am Rastplatz gibt es einen Imbiss und ein kurzer Fußweg führt zu den **Steinsetzungen** ⑥ eines historischen Wikingerlagers. **[› Tour 53]**

Von hier aus sind es dann noch fünf Kilometer nach **Anklam**. Schon hinter der nächsten Kurve erspähen wir am Horizont über einem grün wogenden Schilfmeer den Kirchturm von St. Marien und kurz darauf auch den Turmrest der alten Kirche St. Nikolai,

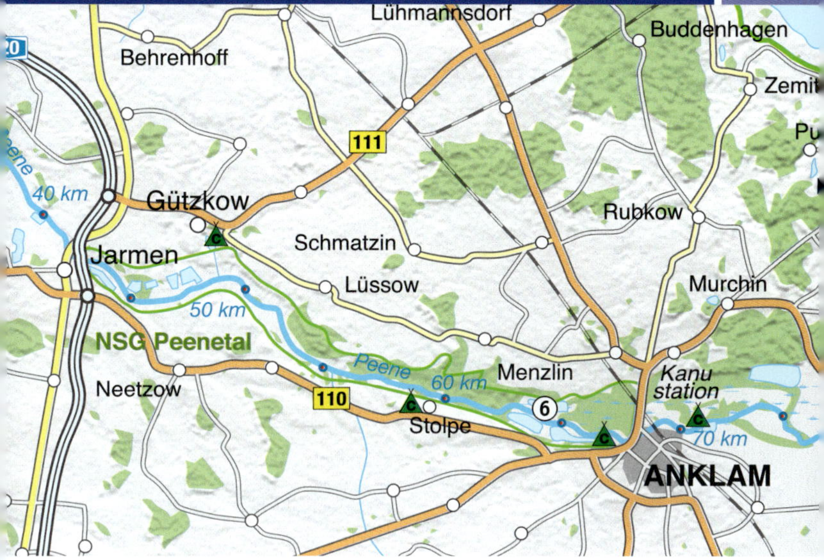

doch sie sind noch weiter weg, als man so denkt. Am Stadtrand von Anklam liegt dann zuerst der **Wasserwanderrastplatz** auf der rechten Seite. Dann kommen wir, unter der Brücke der Umgehungsstraße hindurch, zum gerne von der Jugend der Stadt besuchten Uferbereich. Vor uns sehen wir die **rostrote Holzbrücke** für Fußgänger und gleich dahinter ist auf der linken Flussseite ein neuer Rastplatz für Wasserwanderer zu finden. Noch ein paar Meter weiter liegen links die Solarboote von Abenteuer Flusslandschaft vor Anker. Links dahinter stehen die Tische des reizenden **Flusscafés** über dem Wasser und dort ist auch der Kanuanleger, an dem unsere Paddeltour ein Ende findet.

Im Flusscafé am Kanuverleih kann man die Tour gut ausklingen lassen.

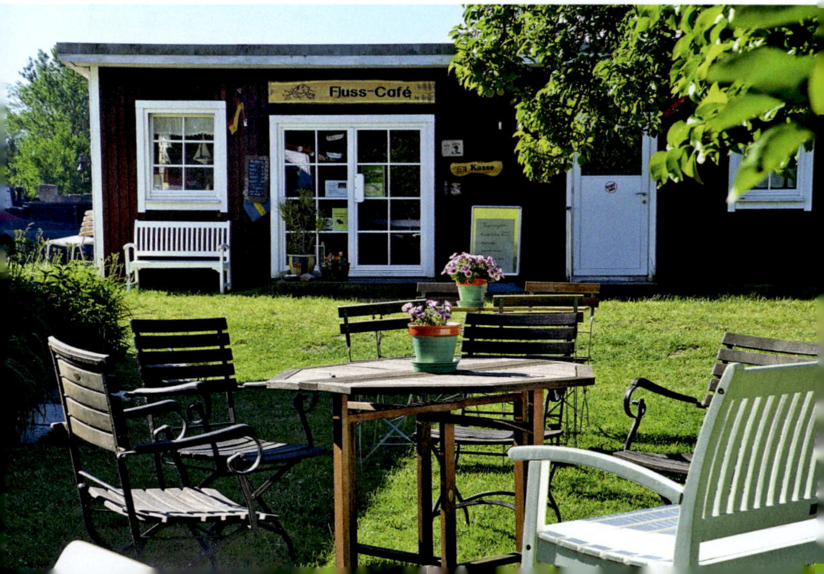

Lebensraum Peeneufer
Welche Tiere gibt es hier am Fluss?

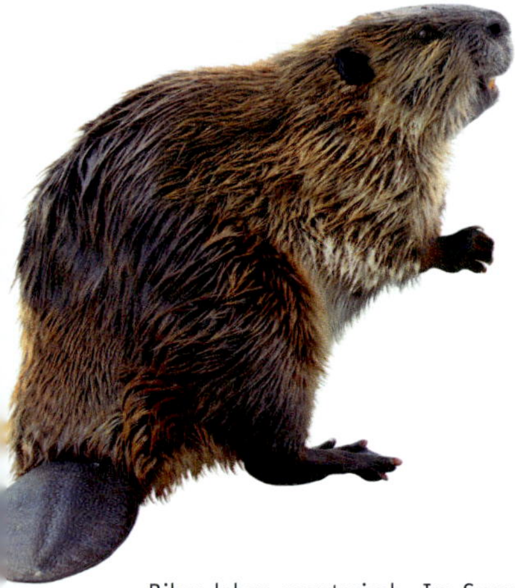

Biber – Biber sind nachtaktiv und nur in den frühen Morgenstunden und in der Abenddämmerung zu entdecken – ihre Spuren sind aber auch tagsüber nicht zu übersehen. Sie leben im Familienverband in Höhlen in der Uferwand. Um vor Feinden geschützt zu sein, liegt der Eingang zur Biberburg unter Wasser. Dazu brauchen die Nager Gewässer mit einer Tiefe zwischen 50 Zentimetern und einem Meter. Fällt der Wasserstand, wird der Biber aktiv: Er baut Dämme. Oberhalb des Dammes entsteht dann ein sogenannter Biberteich, der große Uferbereiche komplett unter Wasser setzen kann.

Biber leben vegetarisch. Im Sommer fressen sie Wasserpflanzen wie Rohrkolben, Schilf, Wasserlilien und Seerosen, im Winter weichen sie hauptsächlich auf Baumrinde aus. Und spätestens hier beginnt der Konflikt mit dem Menschen. Eine Biberfamilie ist in der Lage, ein Gebiet nachhaltig zu verändern. In der kompletten Uferzone sind die Bäume bis zu einer Höhe von einem Meter entrindet. Um an weiteres Futter zu kommen oder um Bauholz für ihre Dämme zu erhalten, fällen Biber auch Bäume mit beachtlichem Umfang. Einen Stamm mit 40 cm Durchmesser schaffen sie leicht in einer einzigen Nacht. An den typischen Nagespuren erkennt man Bibergebiete auch tagsüber. Um wertvolle, alte Bäume vor Bibern zu schützen, umwickelt man sie mit Draht.

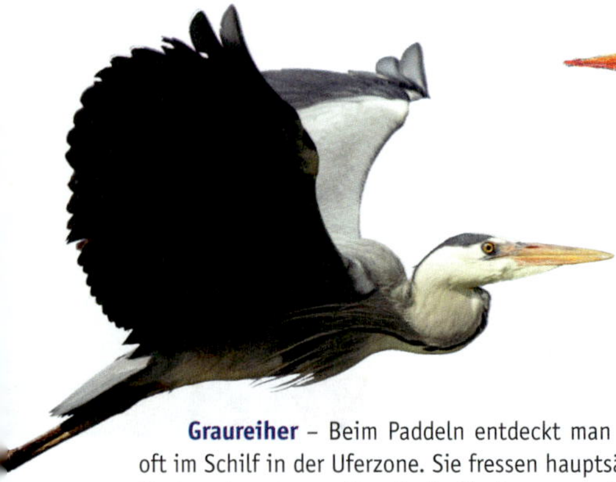

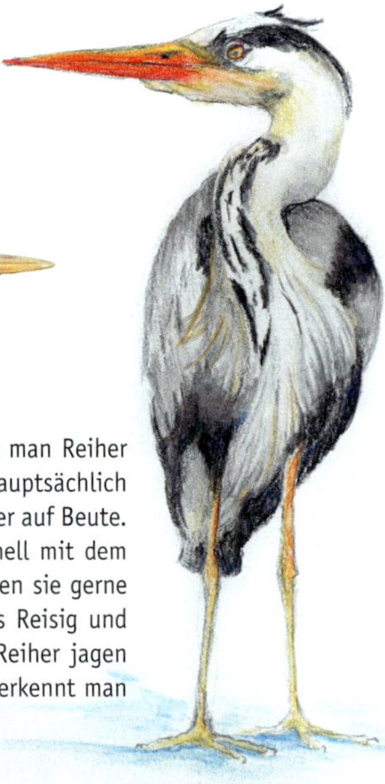

Graureiher – Beim Paddeln entdeckt man Reiher oft im Schilf in der Uferzone. Sie fressen hauptsächlich Fisch und warten am Seeufer im Flachwasser auf Beute. Entdecken sie etwas, stoßen sie blitzschnell mit dem spitzen Schnabel zu. Bäume am Ufer nutzen sie gerne als Ruheplätze. Ihre Nester bauen sie aus Reisig und Zweigen in hohen Bäumen in Ufernähe. Reiher jagen alleine, brüten aber in Kolonien. Im Flug erkennt man sie eindeutig an ihrem aufgerollten Hals.

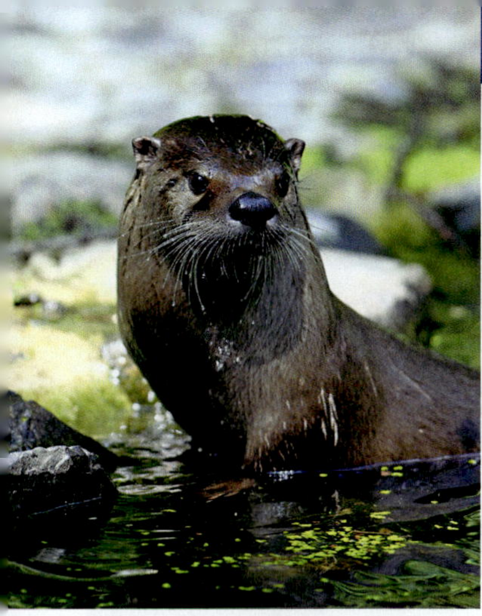

Fischotter – Der seltene und sehr scheue Fischotter gehört zur Familie der Marder und ist damit ein Raubtier. Fischotter verschlafen den Tag meist in Höhlen oder Verstecken in der Ufervegetation und jagen in der Nacht. Sie fressen neben Fisch und Wasservögeln auch Mäuse und Insekten. Ihr Lebensraum sind flache Flüsse mit zugewachsenen Ufern und da sie ein recht großes Revier zum Jagen brauchen, finden sie in Deutschland fast keinen Lebensraum mehr.

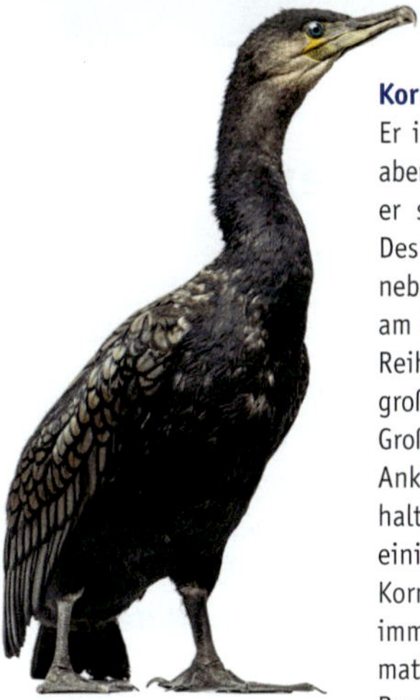

Kormoran – Der Kormoran ist ein geschickter Fischjäger. Er ist einer der wenigen Wasservögel, die gut fliegen, aber auch mehrere Meter tief tauchen können. Dazu muss er seine Federn nach dem Fischen wieder trocknen. Deshalb sitzen oft Gruppen von mehreren Vögeln reglos nebeneinander auf abgestorbenen Bäumen oder Buhnen am Wasser und halten die Flügel in die Luft. Wie auch Reiher leben und brüten Kormorane in Kolonien. Eine große Kolonie befindet sich in der Nähe von Aalbude im Großen Roisin, eine weitere nahe der Peenemündung im Anklamer Stadtforst. Da der Kot von Kormoranen säurehaltig ist, sterben die Bäume unter den Nestern nach einiger Zeit ab und werden dann verlassen. Große Kormoran-Kolonien sind deshalb, und auch wegen dem immensen Fischbedarf so einer Gruppe, nicht unproblematisch. Seit der Vogel unter Schutz steht, sind die Bestände nicht nur an der Ostsee stark gestiegen.

Seeadler – Mit einer Flügelspannweite bis zu 2,50 Meter ist der Seeadler der größte Greifvogel in Deutschland. Bis zu sieben Kilo wiegt ein Seeadlerweibchen – die männlichen Vögel sind ein bisschen kleiner und leichter. Zur Jagd sitzen Seeadler gerne auf Bäumen am Rand von Seen und Flüssen und warten auf die passende Gelegenheit: auf dem Wasser treibende Fische, ein verletztes Blässhuhn oder ein schlecht beaufsichtigter Jungvogel. Sie nehmen auch Nester von Kormoranen, Reihern und kleineren Greifvögeln aus und fressen die Reste toter Tiere.

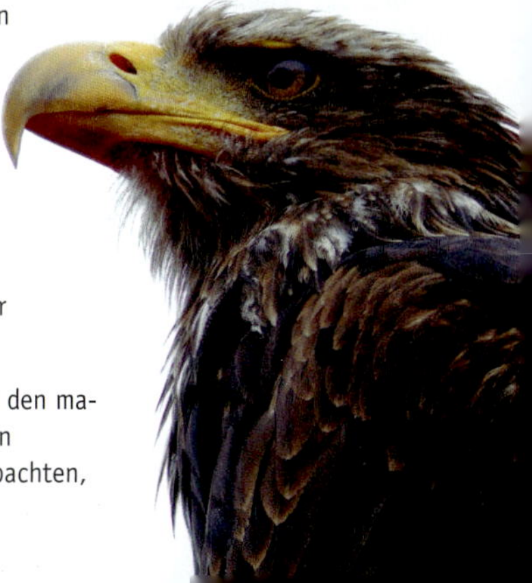

Ist man mit dem Kanu unterwegs, sieht man den majestätischen Vogel oft hoch über den Bäumen kreisen. Einen Seeadler bei der Jagd zu beobachten, ist dagegen ein wirklich seltenes Erlebnis.

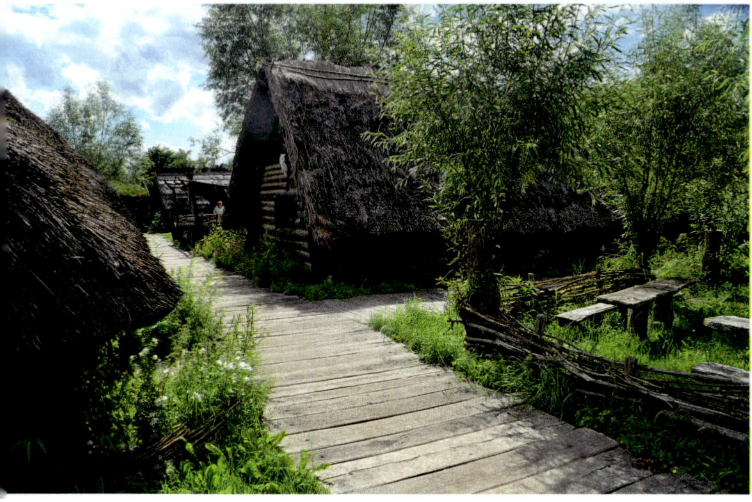

2–3 h

ab 4

Tour 55: Reise ins frühe Mittelalter

Das Ukranenland in Torgelow

Der Duft nach frisch gebackenem Brot zieht über die reetgedeckten Dächer der Blockbohlenhäuser, das durchdringende »Pling« eines auf Metall treffenden Schmiedehammers klingt durch die Brettergassen und vor einem Haus sitzt eine Frau in langem Gewand im Schatten eines Stoffsegels und biegt flexible Weidenzweige zu einem Korb. Das uralte Dorf am Flussufer ist voller Leben und der Besuch im Ukranenland eine intensive Zeitreise ins frühe Mittelalter.

Der Weg durchs Dorf: Ein Pfad schlängelt sich vom Parkplatz durch den Wald und nimmt uns – Schritt für Schritt – mit auf eine Zeitreise über mehr als 1000 Jahre zurück. Am Waldrand

TOUREN-STECKBRIEF

Anfahrt: Das Museum befindet sich am südlichen Ortsrand von Torgelow an der L32 nach Hammer. Der Parkplatz liegt an der Straße bei **GPS N 53°37'09.7", E 13°59'31.0".** Ein Fußweg führt in etwa zehn Minuten zum Dorf.

Öffnungszeiten: Mai bis September Di bis Fr 12–16 Uhr, im Juli und August auch samstags. Eintritt €6, Familie €15, Kombikarte mit Castrum Turglowe €10, Familie € 24. ukranenland.de

Anspruch und Charakter: Besonders authentisches Freilichtmuseum in idyllischer Alleinlage am Flussufer, die Häuser sind eingerichtet und größtenteils begehbar, einige Werkstätten sind immer besetzt und in Betrieb.

Highlights: Werkstätten auf dem Gelände, Schiffe im Hafen, Details in den Häusern. Besonders interessant ist es, das Ukranenland als angemeldete Gruppe zu besuchen, weil dann auch Events wie eine Bootsfahrt mit dem Slawenschiff oder Brotbacken möglich sind. Museumsfest ist Mitte August.

Einkehr: Imbiss am Parkplatz.

In der Nähe: Tierpark Ueckermünde.

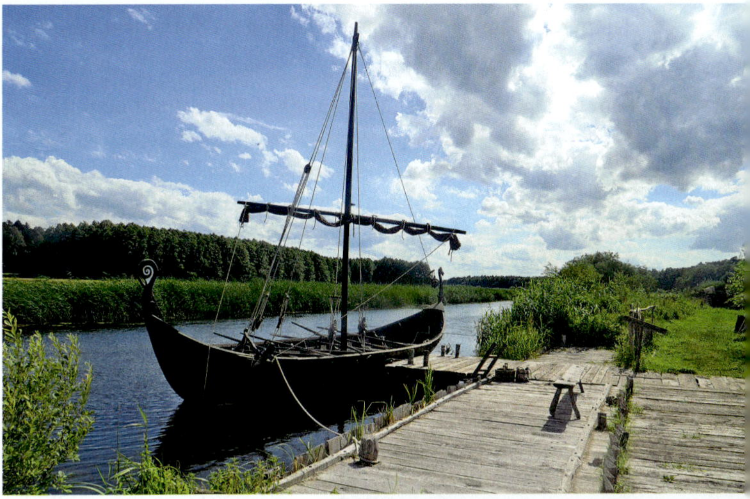

fällt der Blick über Wiesen auf den Fluss und auf eine Palisade aus angespitzten Holzpfählen, die das Dorf an der Uecker vor Überfällen schützt. Hinter der Kasse am Eingang steht ein Ukrane mit langem, spitz zulaufenden Bart, die langen Haare sind zu einem Pferdeschwanz gebunden. Er ist mit einer Tunika, Gürtel und weiten Hosen bekleidet.

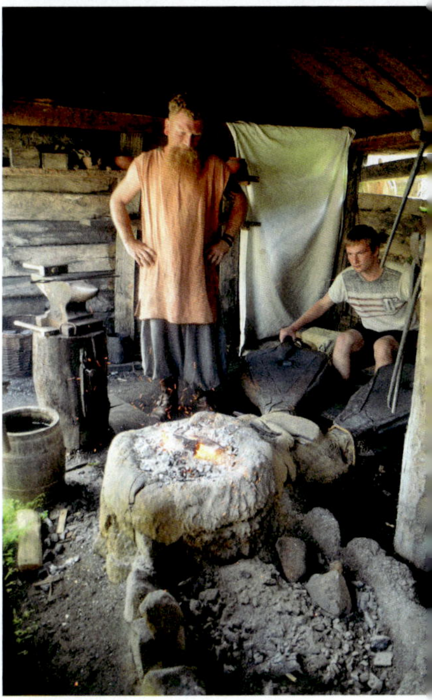

Die Ukranen sind ein slawischer Stamm, der nach archäologischen Erkenntnissen um die vorletzte Jahrtausendwende am Flussufer der Uecker lebte. Sie waren Handwerker, Bauern und Krieger und trieben Handel auf dem Wasserweg. Läuft man heute den Bretterweg zwischen den Holzhütten ins Dorf hinein, braucht es wenig Fantasie, um die Welt der Ukranen zu erleben. Die meisten der niedrigen Häuser wirken bewohnt. Kalte Asche liegt in der Feuerstelle unter der als Schutz vor dem Funkenflug aufgespannten Haut, ein Kessel hängt darüber. Die Bänke an den Wänden sind mit wärmenden Fellen bedeckt, vom Gebälk baumeln Bündel aus Kamille und Minze. In der Esse der Schmiede brennt ein Feuer, an den Tischen im Freien sitzen Frauen und flechten Körbe aus Weidenrohr und am Bootsanleger schaukelt die Svarog mit gerefften Segeln.

Ganz besondere Freude bereiten die Details: Alle Holzteile vom Balken bis zum Bodenbrett sind mit der Axt behauen, Balken ausschließlich mit Steckverbindungen verbaut, die Gärten üppig grün und die Möbel kunstvoll verziert. Besondere Schmuckstücke sind die Schiffe im Hafen. Die Svarog ist der Nachbau eines Bootes, das vor über 1000 Jahren in Ralswiek auf Rügen sank und die etwas größere Svantevit gleicht einem Boot, das im polnischen Lebafelde gefunden wurde.

Einige der Werkstätten im Dorf sind immer besetzt, sodass man das eine oder andere Handwerk selbst ausprobieren kann: ein eigenes Messer schmieden, einen Löffel schnitzen, filzen, Körbe flechten und weben. Man bezahlt eine kleine Gebühr für das Material und schon kann es losgehen. Auch eine Fahrt mit der Svarog ist möglich. Alternativ können wir auch einfach durchs Dorf schlendern, neugierig in jede Hütte schauen, uns ans Wasser setzen und die Szenerie in Ruhe auf uns wirken lassen. Weit und breit stört kein Zeichen der modernen Zivilisation das Bild. Ein Besuch im Ukranenland ist unwirklich und doch real und wird, wenn wir uns darauf einlassen, zur intensiven Reise in die Vergangenheit.

Castrum Turglowe

Im 13. Jahrhundert änderte sich die Bevölkerungsstruktur der Region. Im Rahmen der Wanderung der europäischen Völker zogen Menschen aus dichter besiedelten Gebieten im Westen und im Osten an die Uecker. Turglowe war wohl der Sitz ihres Burgvogtes. Ebenso prunkvoll wie der Verwalter der Stadt residierten die wohlhabenden Kaufleute. Zu dieser Zeit begann der Aufstieg der Hanse. Das Wohnhaus eines reichen Kaufmannes steht im Zentrum des rekonstruierten mittelalterlichen Marktes. In der Vorburg gab es aber auch kleinere Handwerkerhäuser und ein Speicherhaus. Da der Platz im Schutz der Burg begrenzt war, begann man mehrstöckig in die Höhe zu bauen. Die nur 400 Jahre später an der Uecker errichtete Siedlung hat einen gänzlich anderen Charakter als das slawische Dorf.

Geöffnet Mai bis September Di bis Fr 12–16 Uhr, im Juli und August auch samstags, Eintritt €6, Familie €15, Kombikarte mit Ukranenland €10, Familie €24.
www.castrum-turglowe.de

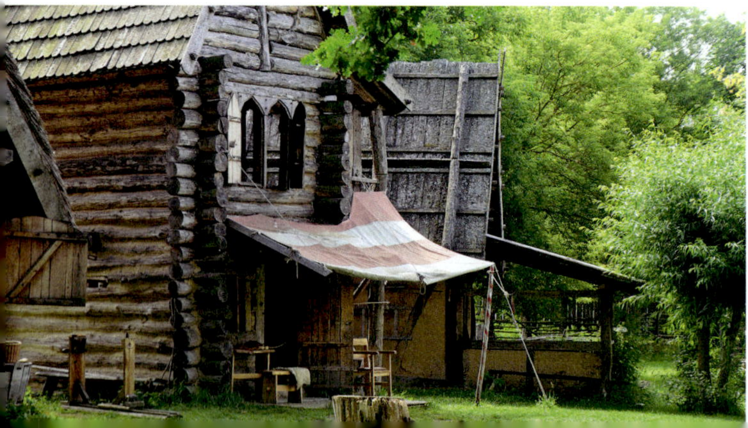

UNTERKUNFT UND ÜBERNACHTUNG

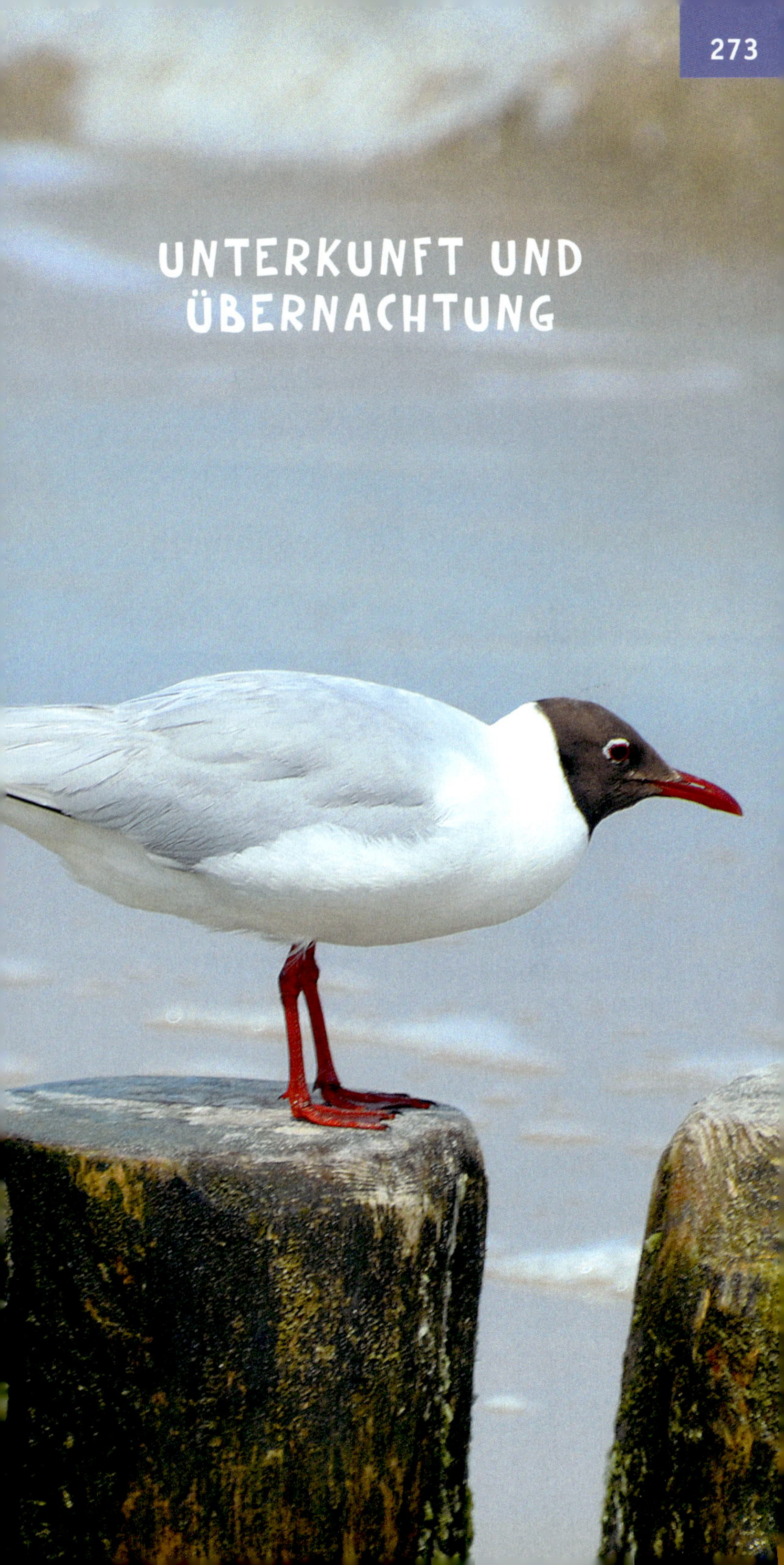

Reisen mit Kindern

Wer mit Kindern auf Reisen geht, braucht ein Domizil mit Raum zum Spielen, Toben und Krach machen. Ein Hotel ist da nicht nur aus Kostengründen die schlechteste Lösung. Viel entspannter erholt man sich im eigenen Häuschen oder Apartment. Ferienhäuser und Ferienwohnungen findet man an der Ostsee in allen Größen und Komfortstufen. Die Auswahl reicht vom schicken Ferienbungalow über rustikalere Unterkünfte auf Bauern- oder Reiterhöfen bis zur einfachen Hütte auf dem Campingplatz. Besonders geeignet ist die Region auch für Campingfreunde: Über 50 Plätze stehen zur Auswahl – und die meisten liegen in unmittelbarer Nähe zum Meer.

Ferienhaus und Ferienwohnung

Feriendörfer und Familienhotels

Der Vorteil von Feriendörfern, in denen viele Häuschen dicht beieinander stehen, ist einfach: Genau wie auf Campingplätzen kommen hier in den Ferien viele Kinder zusammen und Spielkameraden gibt es gleich nebenan. Teilweise wird im Sommer auch ein spezielles Kinderprogramm mit Spielen und Ausflügen angeboten. Ein paar Beispiele, die uns gefallen haben, haben wir hier zusammengetragen:

Naturnah und nah am Strand

www.hiddensee-heiderose.de

www.ostseeferienpark-seepferdchen.de

Familienhotels mit Action und Fun unter:

www.clubfamily.de

Stilvolle Unterkunft direkt am Wasser
(nicht für kleine Kinder geeignet)

www.im-jaich.de
naturhafen.de

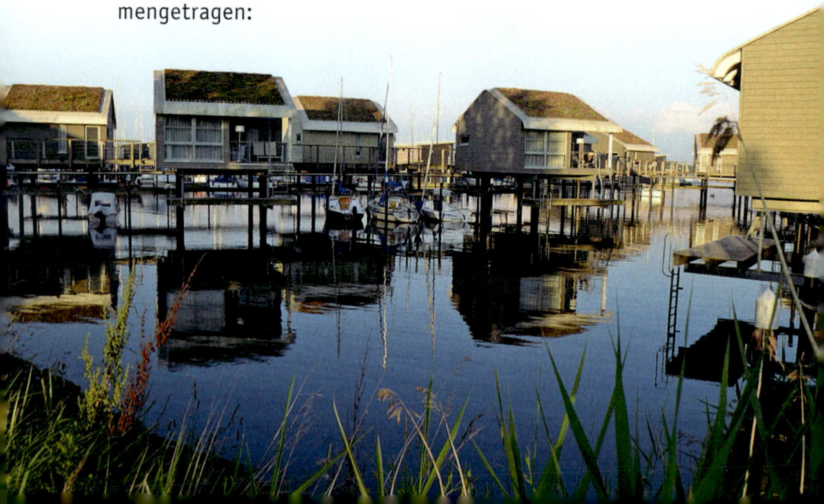

Ferienwohnungen und Ferienhäuser

Ferienhäuser und -wohnungen kann man auch von privat mieten. Meist wird dann nur eine einzelne Unterkunft angeboten. Viele der privaten Häuser stehen im Landesinneren oder in den Dörfern am Bodden. Man wohnt hier individueller und die Atmosphäre ist persönlicher, dafür gibt es keine Kinderbetreuung und weniger Spielkameraden. Das Programm bleibt so Familiensache.

Ferienhäuser privater Anbieter finden sich zum Beispiel unter folgenden Internet-Adressen:

www.familienurlaub.com/ostsee
www.ostseeklar.de
www.ferien-mv.info
www.fewoscout.com
www.fewo-direkt.de
www.ostsee-reisen.de
www.ostsee-ferienwohnungen.de
www.ostsee-strandurlaub.net
www.ostsee24.de

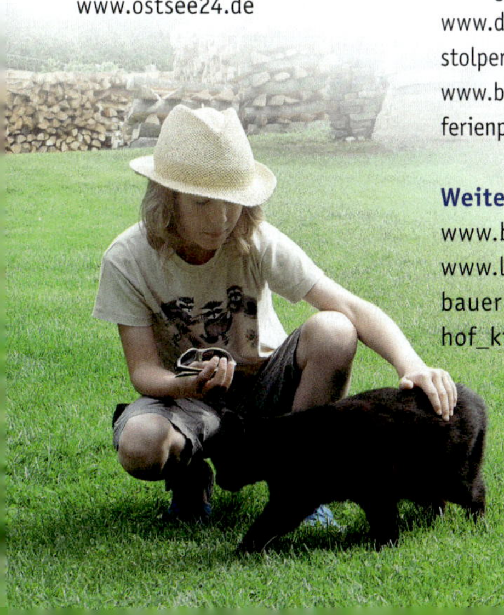

Ferien auf dem Bauernhof

Wer Anschluss und ein wenig Kinderprogramm sucht, ohne dafür in eine sterile Feriensiedlung zu ziehen, ist vielleicht auf einem der Ferienbauernhöfe richtig: Meist gibt es mehrere Unterkünfte und so auch weitere Kinder. Es ist genug Platz zum Toben und Kinder sind besonders gern gesehene Gäste. Auf allen Ferienbauernhöfen gibt es auch Tiere. Kinder können hier Schafe, Ziegen, Katzen oder Kaninchen streicheln und fühlen, wie samtig sich die Nase einer Kuh anfühlt. Beim Melken zuschauen, frische Milch probieren, die Tiere füttern oder mit auf den Traktor steigen – so richtige Ferien nach Kinderwünschen eben. Wer gerne reitet, findet auch Ferienwohnungen auf Reiterhöfen.

Diese Adressen haben uns besonders gefallen:
www.gut-nisdorf.de
www.dreiseithof-schmadebeck.de
stolperhof.wordpress.com
www.bernsteinreiter.de/reiterhof-ferienpark

Weitere Bauernhöfe unter:
www.bauernhofurlaub.de
www.landsichten.de
bauernhof-ostsee.de/bauernhof_kinder

Familienunterkunft Jugendherberge

Längst sind Jugendherbergen nicht mehr die leicht schmuddeligen Unterkünfte, die wir aus unserer Schulzeit in Erinnerung haben. Nicht nur Schülergruppen, auch Familien finden hier eher einfache, aber trotzdem ansprechende Unterkünfte.

In einer Jugendherberge haben Kinder viel Platz und keiner murrt, wenn die Kids sich ordentlich austoben. Familienzimmer mit eigenem Bad sind inzwischen fast überall eine Selbstverständlichkeit. Frisch renovierte Jugendherbergen bieten auch oft Zimmer mit Doppelbett und einem oder zwei Hochbetten für die Kids.

In den als Familienherbergen zertifizierten Häusern gibt es außerdem Spielzimmer und Spielbereiche für Kinder in den Außenanlagen. Man kann Spiele leihen und eine Tischtennisplatte oder ein Kicker und ein zünftiger Lagerfeuerplatz zählen in Jugendherbergen beinahe zur Grundausstattung. Oft wird sogar Kinderbetreuung angeboten.

An festgelegten Wochenenden gibt es Familienprogramm. Spielkameraden sind hier schnell gefunden, sodass die Kinder ihren Spaß und die Eltern zwischendurch ein wenig Zeit für sich haben.

Zur Übernachtung in einer Jugendherberge braucht man einen gültigen Jugendherbergsausweis. Eine Mitgliedschaft für Familien kostet € 22,50 im Jahr. Die Unterkunft selbst ist für Kinder bis zwei Jahre kostenfrei, für Drei- bis Fünfjährige erhält man 50 Prozent Rabatt. Die Eltern zahlen in vielen Herbergen nur den Juniorpreis (ab etwa € 17 bis € 25 / ÜF pro Person). Möglich ist einfach nur Übernachtung mit Frühstück – man kann aber auch Vollpension zu sehr günstigen Preisen buchen. www.jugendherberge.de

Jugendherbergen

Jugendherberge Born-Ibenhorst mit Zeltplatz

Das Jugendherbergs-Dorf liegt genau zwischen Bodden und Ostsee. Zimmer in Bungalow- und Schwedenhäusern, 47 Zimmer mit Bad. Kinderfreundliche Ausstattung. Spielplatz, Kinderbetreuung, umfangreiches Freizeitangebot.
Ibenhorst 1, Born a. Darß
Tel. 038234 229

Jugendherberge Warnemünde

Strandherberge direkt an der Ostsee, 34 Zimmer mit Dusche und WC, Cafeteria, Spielzimmer, Sportmöglichkeiten.
Parkstr. 47, Rostock/Warnemünde
Tel. 0381 548170

Jugendherberge Wismar

Großer Backsteinbau, zwei Kilometer vom Zentrum der Altstadt, 27 Zimmer mit Dusche/WC.
Juri-Gagarin-Ring 30a, Wismar
Tel. 03841 32680

Jugendherberge Binz

Direkt im historischen, denkmalgeschützten Ortsteil von Binz, direkt

hinter der Strandpromenade. 6 Zimmer mit eigener Dusche, Spiel- und Sportplätze, Strandkorbvermietung, »coole« Jugendherberge.
Strandpromenade 35, Binz
Tel. 038393 32597

Jugendherberge Prora mit Zeltplatz
Riesige Herberge mit wechselvoller Geschichte direkt am Strand. Gute Ausstattung, 62 Zimmer mit Dusche/WC, 3 Apartments.
Mukraner Straße Gebäude 15, Binz/Prora, Tel. 038393 66880

Jugendherberge Sellin
Modernes Gebäude im Ort im Küstenwald, 500 Meter zum Badestrand, 44 Zimmer mit Dusche/WC, Spielwiese und Spielplatz.
Kiefernweg 4, Sellin
Tel. 038303 95099

Jugendherberge Heringsdorf
Direkt an der Strandpromenade, 1km bis ins Ortszentrum, 59 Zimmer mit Dusche/WC, Kaminzimmer, Wintergarten, Erlebnisangebote.
Puschkinstr. 7–9, Heringsdorf
Tel. 038378 22325

Jugendherberge Stralsund
Direkt am Strelasund und dem Naturschutzgebiet Halbinsel Devin gelegen. Badestrand, Cafeteria mit Fischerstube und Außenterrasse. 40 Zimmer mit Dusche und WC.
Strandstr. 21, Stralsund/Devin
Tel. 03831 490289

Jugendherberge Greifswald
Zentral gelegene moderne Herberge, 15 Minuten zur Altstadt. 36 Mehrbettzimmer ohne Dusche/WC, Apartments auf Anfrage. Spielzimmer, Freilufttheater, Sportplätze, Cafeteria.
Pestalozzistraße 11/12, Greifswald
Tel. 03834 51690

Jugendherberge Ribnitz-Damgarten mit Zeltplatz
Fünf Vierbettzimmer in reetgedecktem Holzhaus, Volleyballplatz. Sechs Kilometer zum Sandstrand.
Am Wasserwerk, Ribnitz-Damgarten
Tel. 03821 812311

Jugendherberge Murchin/Zeltplatz
Drei Blockhäuser mit mehreren 4-Bett-Zimmern im Wald am Kleinen Murchiner See. Pro Blockhaus einmal Dusche/WC und Aufenthaltsraum. Naturlehrpfad.
Jugendherberge Nr. 1, Murchin
Tel.03971 210732.
www.jh-murchin.de

Grün Wiek - Baumhausdorf
Die ehemalige Leiterin der **Jugendherberge Beckerwitz** und ein engagiertes Team sind dabei, die 2017 geschlossene Herberge am Rande des Klützer Winkels wiederzubeleben.
Die Baumhäuser vermitteln das Gefühl, mitten in der Natur zu schlafen. Sie sind ab April 2022 wieder zu buchen. Auch Ferienwohnungen werden vermietet. Das nachhaltige Konzept mit Schwerpunkt Umweltbildung umfasst auch einen Hofladen, ein Bistro mit regionalen und Bio-Produkten und eine Fahrradvermietung (www.winkelkraut.de). Auch Kulturangebote soll es geben und der Hof selbst soll zum Wildkräuterhof werden.
Buchung unter www.gruenewiek.de

Die Wabenhäuser von Beckerwitz

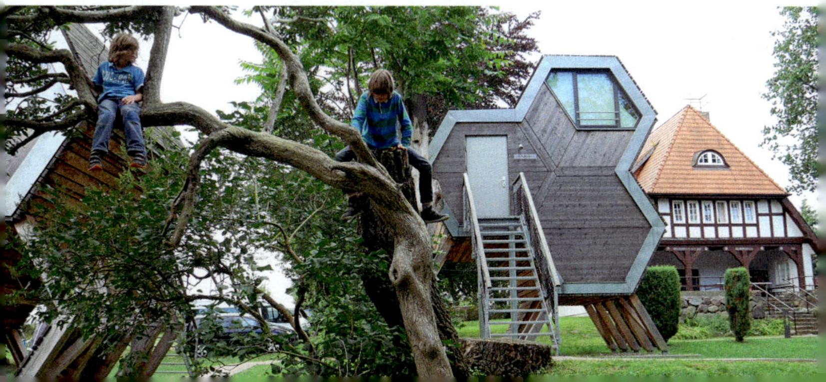

Auf dem Campingplatz

Ein ganz großer Vorteil am Campen an der Ostsee ist, dass fast alle Campingplätze nahe am Meer liegen, einige sogar direkt hinter der Düne. Ein Ferienhaus in vergleichbarer Lage ist nicht ganz so leicht zu bekommen und hat außerdem seinen Preis. Wer mit dem Zelt oder einem Wohnmobil an die Ostsee fährt, hat über 50 Campingplätze und zusätzlich etliche Stellplätze für Wohnmobile zur Auswahl. Im Sommer sollte man allerdings immer rechtzeitig reservieren.

Der durchschnittliche sanitäre Standard der Campingplätze an der Ostsee ist gut, und wer Wert auf eine komfortable Ausstattung legt, hat einige gepflegte Plätze zur Wahl. Wer es lieber ruhig und naturnah mag, sollte sich auch beim Campen am Bodden umsehen.

Anders als in anderen Regionen Deutschlands ist es in Mecklenburg-Vorpommern überall üblich, warme Duschen mit Münzen oder Zählern zu betreiben. Die Duschmarken kosten zwischen 50 Cent und einem Euro und man kauft sie direkt bei der Anmeldung. Ab und zu bekommt man auch einen speziellen »Schlüssel«, auf den bei der Anreise ein Guthaben gebucht wird, mit dem man dann duschen oder Wäsche waschen kann. Brötchenservice am Morgen gibt es überall und meist befindet sich auch ein kleiner Laden oder ein Imbiss auf dem Gelände.

Die meisten Kinder lieben die lockere Atmosphäre auf einem Campingplatz. Hier ist viel Platz zum Toben, sie finden jede Menge Spielgefährten und im Zelt schlafen ist eine aufregende Sache. Nicht alle Eltern teilen diese Meinung. Wer lieber in einem Bett schläft und beim Aufbauen eines Zeltes Tobsuchtsanfälle riskiert, kann auf vielen Plätzen voll ausgestattete Wohnwagen oder Bungalows mieten. Diese Unterkünfte sind preisgünstiger als ein Ferienhaus und verbinden den Komfort einer festen Unterkunft mit der kindgerechten Atmosphäre eines Campingplatzes. Alle größeren Campingplätze haben auch feste Unterkünfte im Angebot.

Wir geben in der folgenden Übersicht zur groben Orientierung auch Preise an, obwohl diese sich oft schnell verändern. Der niedrigere Preis gehört dabei zur Nebensaison, der Maximalpreis wird in den Sommerferien fällig. Dusche, Strom und Kurtaxe gehen noch einmal extra. Die Kutraxe wird in allen Badeorten erhoben und ohne Kurkarte darf eigentlich niemand an den Strand. Tagesgäste ohne Unterkunft vor Ort zahlen den Eintritt fürs Meer an den Automaten, die an den Strandzugängen montiert sind.

Klützer Winkel

1 Regenbogen Camp Boltenhagen

GPS N 53°58'53.7", E 11°13'1.54"
Große Ferienanlage mit Campingplatz nahe an der Küstenstraße, etwa 500 Meter zum Strand. Spielplatz, Laden, Fahrradverleih, Restaurant, Kinderanimation (Hauptsaison), ruhigere Plätze unter Bäumen im hinteren Bereich des Platzes. Mietwohnwagen, freundliches Team, WLAN inkl.
Geöffnet April bis Anfang November und über Weihnachten.
Platzpreise sind nach Größe, Ausstattung und Urlaubszeit breit gestaffelt und können über das Buchungsportal abgefragt werden. Tel. 038825 42222.
www.regenbogen.ag

2 Camping Ostseequelle

GPS N 53°55'45.4", E 11°16'13.0"
Durch die Straße vom flach abfallenden Sandstrand getrennt, Schlaffässer, Mietwohnwagen, kleiner Shop, Pizzeria, Spielhütten für Kinder und Jugendliche neben dem Platz, Fahrradverleih, WLAN gratis, Kinderland nebenan.
Geöffnet April bis Oktober.
Platz inkl. 2 Pers. €18–35,
Tel. 038428 60222.
www.ostsee-campingplatz.de

3 Camping Liebeslaube an der Wohlenberger Wiek

GPS N 53°55'51.1", E 11°17'19.0"
Die Touristenplätze befinden sich leider alle nicht in Meernähe, es gibt aber eine schöne unparzellierte Campingwiese mit Bäumen. Naturbadestrand, Kinderprogramm, Spielplatz, Surfschule, Fahrradverleih, Restaurant, Imbiss, Ferienwohnungen, WLAN gratis. Viele Dauercamper.
Ganzjährig geöffnet.
Platz inkl. 2 Pers. €24–37, weitere Person €4,50–7, Kinder 3 bis 14 Jahre €2,50–4, Duschen €0,50/min, ACSI-Rabatt, Tel. 038428 60219.
www.campingplatz-liebeslaube.de

4 Ostseecamping Beckerwitzer Strand

Kleiner familiärer Platz direkt hinter naturbelassenem Kiesstrand. Ohne Schnickschnack, nette Betreiber. Imbiss.
Geöffnet April bis Anfang Oktober.
Platz inkl. 2 Pers. €27, weitere Person €6,50, Kinder 3 bis 14 Jahre €4,50, Duschen €0,50,
Tel.038428 60265.
www.ostseecampingbeckerwitz.de

5 Ostseecamping Zierow

GPS N 53°56'01.9", E 11°22'24.4"
Kinderfreundlicher Platz direkt am Hochufer (Zaun), Zugang zum schmalen, sanft abfallenden Strand über Treppe, Kinderanimation mit Schatzsuche, Nachtwanderung in der Hauptsaison, großer Spielplatz auch für Kleinkinder, Indoorspielplatz, Hallenbad, Tiergehege mit Streichelzoo, Restaurant, Laden, gute Sanitäranlagen mit Kinderbad, Fahrrad- und Kettcarverleih, WLAN, auch Mietunterkünfte, tolle Sonnenuntergänge.
Ganzjährig geöffnet.
Platz inkl. 2 Pers. und Strom €30–39, Aufschlag für Komfortplätze, weitere Person €5–6, Kinder bis 14 Jahre €2,50–3.
www.ostsee-camping.de

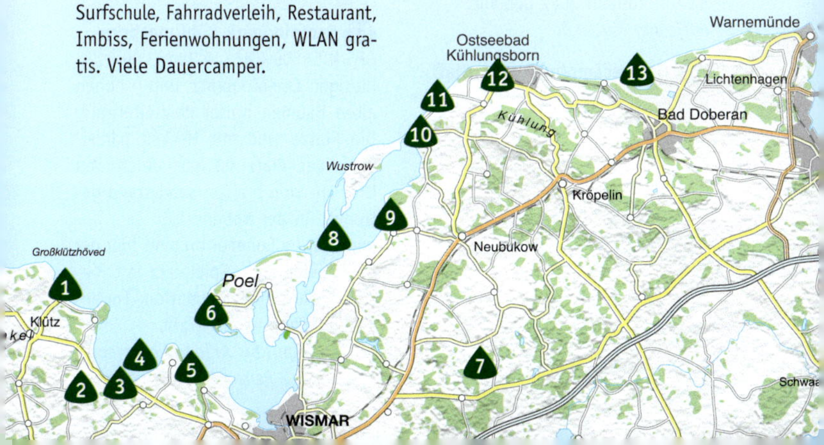

Von Wismar nach Rostock

6 Camping Leuchtturm Poel

GPS N 53°59'38.2", E 11°22'44.5"
Rechtwinklig angelegter, teilweise mit Hecken parzellierter Platz mit wenig Schatten. Viele Dauercamper und daher ein bisschen Schrebergartenatmosphäre, aber mit separatem Bereich für »Durchgangscamper«, wie man uns hier nennt. Gepflegte moderne Sanitäranlagen, direkter Zugang zum Sandstrand durch mehrere Türen im Zaun, Shop, Surfschule am Platz. Kein WLAN.
Geöffnet April bis Oktober.
Platz inkl. 2 Pers. €16,50–20,50, weitere Person €4–5,50, Kinder 3 bis 14 Jahre €1,50–3, Dusche €1. Tel. 038425 20224.
campingplatz-leuchtturm.com

7 Kunterbunthof

GPS N 53°55'57.6", E 11°42'13.6"
Liebevoll und kreativ gestalteter Ferien- und Künstlerhof östlich von Schwerin. Kleiner Campingplatz mitten im Grünen mit Lagerfeuerplatz, Schafen und Hühnern. Jurte und Ferienwohnung.
Ganzjährig geöffnet.
Platz inkl. 2 Pers. €25, weitere Person €5. Tel. 0160 8512456.
www.poletopole.de

8 HaffCamp Boiensdorfer Werder

GPS N 54°01'41.9", E 11°31'22.2"
Auf dem Gelände des ehemaligen Camping Möwe wird umfangreich renoviert und gebaut. Die Neueröffnung ist für Frühjahr 2022 geplant.
haffcamp-werder.de

9 Ostseecamping Am Salzhaff

GPS N 54°02'17.0", E 11°35'09.0"
Familienfreundlicher Platz mit eigenem Badestrand am Salzhaff, Spielplatz, Kinderanimation, Laden, Ferienhäuser in Strandnähe, Restaurant, Imbiss, WLAN, Wind- und Kitesurfschule. Direkt am Ostseeradweg.
Ganzjährig geöffnet.
Platz inkl. 2 Pers. €18,50–30, Aufschlag für Seeplatz, weitere Person €5–8, Kinder 2 bis 13 Jahre €2,50–4, Tel. 038294 78686.
www.ostseecamping-am-salzhaff.de

10 Campingpark Rerik

GPS N 54° 6'47.3", E 11°37'50.4"
Komfortabler, sympathischer, professionell geführter Platz mit parzellierten und durch Hecken unterteilten Stellplätzen. Wenig Schatten. Top-Sanitäranlagen, gepflegt, geräumig, sauber und mit sanfter Musik, Kinderbad. Kleiner Laden, Bistro. Sehr nettes Team. Es gibt auch verschiendene feste Unterkünfte, ein Family-Pod für vier Personen. Kinderanimation (Ferien), Spielplatz, samstags großes Lagerfeuer mit Grillen.
Ganzjährig geöffnet.
Platz inkl. 2 Pers. €19–29, weitere Person €5–7, Kinder 3 bis 14 Jahre €2,50–4,50, ACSI-Rabatt.
Tel. 03829 75720.
www.campingpark-rerik.de

11 Ostseecamp Seeblick

GPS N 54°07'40.1", E 11°38'44.5"
Campingplatz in Alleinlage direkt an der Steilküste, steiniger Naturstrand (manchmal Seegras). Naturbelassener Platz mit Hecken oder unter Bäumen, viele Plätze mit Meerblick, gute Sanitäranlagen, Spielplatz, Kinderbetreuung, Kinderanimation, Tauchschule, Restaurant, kleiner Laden, WLAN gratis.
Geöffnet Mitte März bis Anfang November.
Platz inkl. 2 Pers. €28,50–43,50, Seeplatz mit Aufschlag, weitere Person €8–13, Kinder 3 bis 13 Jahre €3–5, ACSI-Rabatt, Tel. 38296 78480.
www.ostseecamp.de

12 Campingpark Kühlungsborn

GPS N 54°09'4.45", E 11°43'09.31"
Riesiger Campingplatz unter hohen alten Bäumen hinter dem Uferwald. Die Plätze sind mit Hecken parzelliert, der Platz ist nur durch den Uferweg vom breiten Sandstrand getrennt. In der Nebensaison sehr angenehm, im Sommer brummt hier der Bär. Restaurants, Spielplatz mit Riesenrutsche, Kinderanimation, Ferienchalets, Shop, WLAN gratis.
Geöffnet April bis Anfang November.
Platz inkl. 2 Pers. €27–45, weitere

Person €7,50–11,50, Kinder 3 bis 13 Jahre €4–7,50, Tel. 038293 7195. www.topcamping.de

13 Ferien-Camp Börgerende
GPS N 54°09'07.8", E 11°54'00.4"
Gepflegter Platz in toller Lage, durch Zufahrtsweg vom schönen Sandstrand getrennt, Plätze in unterschiedlichen Preiskategorien, sehr schönes Sanitärgebäude, Kinderbad, schöner Spielplatz, Restaurant, Laden, Feuerstelle, WLAN.
Geöffnet April bis Oktober.
Platz inkl. 2 Pers. €29–37, Aufpreis für Komfortplätze, weitere Person €6–7, Kinder 6 bis 15 Jahre €3–4, Tel. 038203 81126.
www.ostseeferiencamp.de

Rostocker Bucht

14 Ostseecamp Rostocker Heide
GPS N 54°14'38.3", E 12°12'43.6"
Stark dauercamperlastig, aber direkt hinter der Düne, die meisten Plätze liegen sehr schattig im Buchenwald. In ruhiger Alleinlage. Jugendzeltplatz am Platzrand. Gute, moderne Sanitäranlagen. Spielplatz mit Wasserspielen und Klettergerüsten, Café direkt daneben, Kinderanimation in der Hauptsaison.
Geöffnet Ostern bis Oktober.
Platz inkl. 2 Pers. €18–31, weitere Person €4,50–8, Kinder 6 bis 15 Jahre €2–4,20. Angebote für Familien, Tel. 038206 77580.
www.ostseecamp-ferienpark.de

15 Camping in Neuhaus
GPS N 54°16'54.2", E 12°18'45.2"
Plätze auf großer, mit Hecken unterteilter Wiese in zweiter Reihe hinter einem Hotel. Gepflegte Sanitäranlagen, ruhige Lage, direkt am Radweg. Kurzer Weg zu schönem Strandabschnitt unterteilt in Textil, FKK und Hundestrand. Mit dem Fahrrad in Richtung Westen finden sich bei Strandübergang 27 (FKK) und 28 die ruhigsten Strandabschnitte.
Nach Dierhagen Strand mit Restaurants läuft man in die andere Richtung etwa 20 Minuten am Meer entlang, WLAN gratis. Keine Animation. Imbiss, Bäcker.
Geöffnet April bis Oktober.
Platz inkl. 2 Pers. €25–41, weitere Person €6–9, Kinder 6 bis 15 Jahre €2–3, Tel. 038226 539930.
www.camping-neuhaus.de

16 Camping »An den Stranddünen«
GPS N 54°18'15.4", E 12°20'54.8
Kleinerer Platz am Ortsrand von Dierhagen, einfach ausgestattet aber mit erstklassiger Lage am Meer. Nur ein Maschendrahtzaun trennt die Stellplätze von der Düne. Neue Sanitäranlagen. Spielplatz, Fahrradverleih, Imbiss, Gaststätte. Mietwohnwagen.
Geöffnet April bis Oktober.
Platz inkl. 2 Pers. €16,50–24, weitere Person €4–6,50, Kinder 3 bis 14 Jahre €2,50–3,50, Tel. 038226 80492.
campingplatz-wiesner.de

Fischland-Darß-Zingst

17 Regenbogencamp Born
GPS N 54°23'2.4", E 12°30'16.5"
Naturbelassenes Gelände mit vielen Bäumen im hinteren Bereich und einer großen schattenlosen Wiese direkt am Bodden. Badeplatz und Surfschule (auch Kite-Surfen). Die Sanitärgebäude sind schon etwas älter, die WCs und Duschen aber neu eingebaut und sauber. Kostenloses WLAN in der Nähe des Empfangs. Freie Platzwahl.
Geöffnet April bis Anfang November.
Platzpreise sind nach Größe, Ausstattung und Urlaubszeit breit gestaffelt und können über das Buchungsportal abgefragt werden. ACSI-Rabatt, Tel. 038234 244. www.regenbogen.ag

18 Meißner's Sonnencamp
GPS N 54°27'10.7", E 12°33'31.3"
Im Kiefernwald hinter den Dünen von Prerow gelegen. Gute Sanitäranlagen, FKK-Strand nahe am Campingplatz. Spielplatz, Ferienwohnungen.
Geöffnet April bis Oktober.
Platz inkl. 2 Pers. €20–29, weitere Person €4–6, Kinder 3 bis 16 Jahre €2, Tel. 038233 60198.
meissners-sonnencamp.de

19 Regenbogencamp Prerow

GPS N 54°27'15.7", E 12°32'51.8"
Camping am Ortsrand von Prerow, direkt hinter dem Sandstrand. Stellplätze für Wohnmobile im Wald etwas abseits, in Strandnähe und in den Dünen dürfen nur Zelte und Wohnwagen stehen, die mit Hilfe eines Traktors an ihren Stellplatz gezogen werden. Gute Sanitäranlagen, WLAN gratis. Direkt am breiten Nordstrand, der Weststrand ist in gut 15 Minuten mit dem Fahrrad erreichbar.
Geöffnet April bis Anfang November.
Platzpreise sind nach Größe, Ausstattung und Urlaubszeit breit gestaffelt und können über das Buchungsportal abgefragt werden. Tel. 038233 331.
www.regenbogen.ag

20 Camping Am Freesenbruch

GPS N 54°26'26.1", E 12°39'37.5"
Großes gepflegtes Wiesengelände in Alleinlage hinter dem Deich mit einigen Bäumen, nur durch die Straße vom Strand getrennt. Gepflegte Sanitäranlagen. Sauna, Fitness und Massage in der Freesenlounge. Schöner Spielplatz, Kinderanimation in den Sommerferien, Imbiss, gutes Restaurant und Fahrradverleih.
Ganzjährig geöffnet.
Platz inkl. 2 Pers. €29–37, weitere Person €7,50–10, Kinder 3 bis 14 Jahre €4,50–6, Tel. 038232 15786.
www.camping-zingst.de

21 Camping Naturdüne Zingst

GPS N 54°26'28.0", E 12°43'32.5"
Einfacher Platz direkt an einer wenig befahrenen Sackgasse. Angenehmes Wiesengelände mit wenig Schatten, 100 Meter zum Meer, direkt am Übergang zum Hundestrand.
Geöffnet Mai bis Oktober.
Platz inkl. 2 Pers. €16–28, weitere Person €4,50–8, Kinder 5 bis 15 Jahre €3–5, Dusche €1.
Tel. 038232 175657.
naturduene.de

22 Wellness Camping Düne 6

GPS N 54°26'12.8", E 12°42'23.5"
Großer gepflegter Wiesenplatz mit fünf Sternen, wenig Schatten und kaum Sichtschutz zwischen den Plätzen. Benutzung des Wellnessbereiches mit Sauna, Hallenbad und Fitnessgeräten im Preis inbegriffen, sehr komfortable und gepflegte Sanitäranlagen. 1,5 Kilometer Fußweg um das Campingplatzgelände herum bis zum Strand. Restaurant, Kinderanimation in den Ferien, Supermarkt und Ortszentrum von Zingst in der Nähe, auch Appartments.
Ganzjährig geöffnet.
Platz inkl. 2 Pers. €22–29, weitere Person €8, Kinder 3 bis 13 Jahre €5, Tel 038232 17617.
www.wellness-camp.de

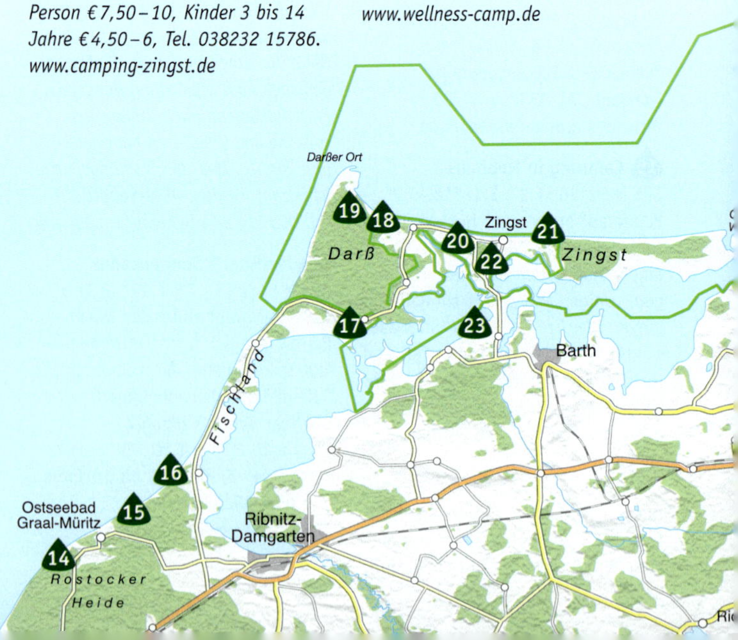

23 Naturcamp Pruchten
GPS N 54°22'42.9", E 12°39'43.2"
Unparzellierte Plätze auf der Wiese und unter Bäumen, 500 Meter Fußweg zu einem kleinen Sandstrand, der nur vom Camping zugänglich ist, gute Sanitäranlagen. Restaurant, Laden, Fahrradvermietung, Spielplatz, auch Miet-Mobilheime und Ferienhäuser.
Geöffnet April bis Oktober.
Platz inkl. 2 Pers. €27–32,50, weitere Person €7,50–8,50, Kinder 3 bis 14 Jahre €4–5, ACSI-Rabatt,
Tel. 038231 2045. www.naturcamp.de

Rügen

24 Sund Camp Altefähr
GPS N 54°19'56.7", E 13°07'13.6"
Langgezogener Platz in ruhiger Lage am Ortsrand, parzellierte Plätze, wenig Schatten, moderne Sanitäranlagen, Imbiss, kleiner Laden, Spielplatz.
Geöffnet Ostern bis Mitte Oktober.
Platz inkl. 2 Pers. €16–21, weitere Person €4,50–6, Kinder 4 bis 15 Jahre €2–2,50, Tel. 038306 75483.
www.sund-camp.de

25 Camping Schaprode
GPS N 54°30'57.9", E 13°09'54.7"
Wenige Plätze direkt am Bodden, der Rest ist durch Hecken in einzelne Reihen unterteilt. Üppig grün. Zugang zu kleinem Sandstrand, der aber leider nahe an der Fahrlinie der Fähre nach Vitte liegt. Sanitäranlagen in Ordnung, Imbiss mit eigener Fischräucherei, Spielplatz benachbart, zehn Minuten Fußweg zum Hafen, an dem die Fährboote nach Hiddensee abfahren. Spielplatz, Streichelzoo, Restaurant, Laden, Mietwohnwagen.
Geöffnet Ostern bis Oktober.
Platz inkl. 2 Pers. €20–28, weitere Person €7–10, Kinder 3 bis 15 Jahre €3,50–5, Dusche €1.
Tel. 038309 1234.
www.camping-schaprode.de

26 Camping Ostseewind
GPS N 54°37'46.7", E 13°13'19.9"
Sehr gepflegter kleiner Platz in guter Lage am Meer hinter dem rauen Sand-Kies-Strand von Dranske. Eine lange Reihe parzellierter Stellplätze direkt hinter dem Strand, einige Plätze in zweiter und dritter Reihe, beliebt und schon in der Nebensaison gut besucht. Durch die schmale Zufahrt im Wohngebiet zu Anreise- und Abreisezeiten ziemliches Verkehrschaos im Eingangsbereich. Moderne Sanitäranlagen, Spielplatz, WLAN.
Geöffnet April bis September.
Platz inkl. 2 Pers. €27, weitere Person €7, Kinder 6 bis 14 Jahre €4.
Kreptitz 2, 18556 Dranske,
Tel. 038391 89595. ostseewind.info

27 Camping Küstencamp
GPS N 54°39'46.7", E 13°16'08.4"
Kleiner Platz unter privater Leitung, ebenes Wiesengelände mit einigen Bäumen, familäre Atmosphäre, moderne Sanitäranlagen, 300 Meter zum Meer, Spielplatz, Kiosk. Ferienwohnungen.
Ganzjährig geöffnet.
Platz inkl. 2 Pers. €17,50–28, weitere Person €4–5,50, Kinder bis 5 Jahre €0–2, Kinder 6 bis 17 Jahre €2–3,50, Dusche €1. Tel. 038391 939070.
www.kuestencamp.de

28 Regenbogencamp Nonnevitz
GPS N 54°40'1.6", E 13°17'46.9"
Riesiger, komfortabler Platz im Uferwald am Hochufer oberhalb eines schönen Sandstrandes, vorrangig schattige Plätze im Wald, moderne Sanitäranlagen, WLAN kostenlos, Surfschule am Platz.
Geöffnet April bis Anfang November.
Platzpreise sind nach Größe, Ausstattung und Urlaubszeit breit gestaffelt und können über das Buchungsportal abgefragt werden. Tel. 038391 89032.
www.regenbogen.ag

29 Luigis Campingplatz
GPS N 54°40'05.0", E 13°18'14.1"
Kleiner Platz in der Nähe von Nonnevitz/Bakenberg, eher für Wohnmobile, aber auch einige Zeltplätze. Durch Hecken parzellierte, schattige Stellplätze in einem Wäldchen links der Straße, etwa 400 Meter zum Nordstrand. Sanitäranlagen mit Dusche und WC, Fahrradverleih in der Nähe.
Geöffnet April bis Oktober.

Platz inkl. 2 Pers. und Strom €22–35. Tel. 038391 89488, Nonnevitz 9, Dranske.

30 Campingplatz Drewoldtke

GPS N 54°38'4.1", E 13°22'24.5"
Kleiner Platz direkt hinter der Düne. Am Rand der Düne einige tolle Plätze für Zelte. Gepflegte Sanitäranlagen, Zugang zu schmalem Sandstrand, kleiner Laden. Kiteschule, Spielplatz, Ferienwohnungen.
Ganzjährig geöffnet.
Platz inkl. 2 Pers. €18–37, weitere Person €4,50–8,50, Kinder 4 bis 14 Jahre €2–3. Dusche 25 Cent/min. Tel. 038391 12965.
www.camping-auf-ruegen.de

31 Knaus Campingpark Rügen

GPS N 54°38'17.4", E 13°22'36.5"
Tolle Lage am Hochufer mit Zugang über Treppe zu schmalem Kiesstrand am oberen Ende der Schaabe. Der Platz ist für Wohnmobile und Wohnwagen konzipiert, es kann aber auch gezeltet werden. Auf den vorderen Plätzen weiter Blick über die Ostsee, diese Plätze kosten allerdings einen saftigen Aufpreis. Ebene Wiesen-Schotter-Plätze. Restaurant, moderne Sanitäranlagen, aber zu wenige für die Platzgröße, Spielplatz, keine Einkaufsmöglichkeit.
Geöffnet März bis Mitte Januar.
Platz inkl. 2 Pers. mit Kurtaxe €35, weitere Person €10,50, Kinder 4 bis 15 Jahre €6,10. Tel. 038391 434648.
www.knauscamp.de

32 Krüger Naturcamping

GPS N 54°34'10.0", E 13°36'37.8"
Einfacher naturnaher Platz in Alleinlage auf einer Waldlichtung bei Nipmerow. Sanitäre Einrichtungen einfach, aber okay. Wanderwege zu den Kreideklippen direkt am Platz. Shuttleservice.
Geöffnet Mitte April bis Oktober.
Platz inkl. 2 Pers. €21,50–27,50, weitere Person €7–9, Kinder 4 bis 16 Jahre €5–6., Dusche €1, ACSI-Rabatt, Angebote für Familien, Tel. 038302 9244.
www.ruegen-naturcamping.de

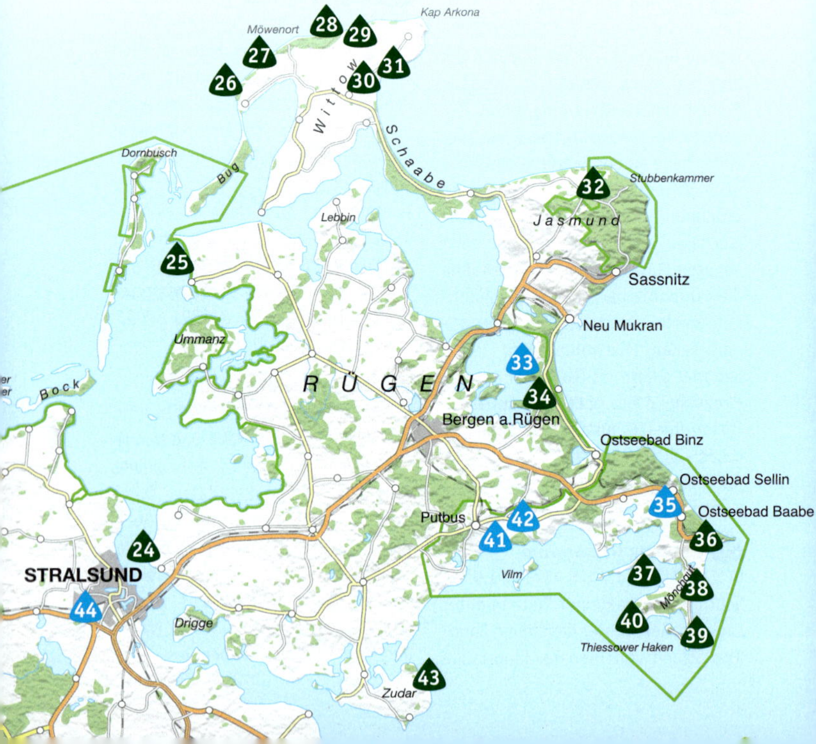

33 Wohnmobil-Oase Prora

GPS N 54°26'54.1", E 13°33'34.0"
Reiner Wohnmobilstellplatz mit parzellierten Plätzen, in der Mitte auf einer großen sonnigen Wiese, am Rand teilweise schattig unter Bäumen. Großer Platz mit besonders unkompliziertem Handling. Es gibt zwar eine Rezeption, Einfahrt ist aber jederzeit durch die Schranke möglich, ebenso das Bezahlen am Automaten, um den Platz wieder zu verlassen. Fahrradverleih, Brötchen auf Vorbestellung, Imbiss, Bushaltestelle direkt vor dem Platz, WLAN gratis.
Ganzjährig geöffnet.
Camper inkl. 2 Pers. €24–30, Kinder bis 13 Jahre kostenlos.
Tel. 01577 4283715.
www.wohnmobilstellplatz-ruegen.de

34 Camping Prora Rügen

GPS N 54°25'23.7", E 13°34'41.4"
Gepflegte Anlage auf einer Waldlichtung, schöne schattige Plätze, etwas abseits vom Meer, gute Sanitäranlagen mit Fußbodenheizung, Imbiss, Spielplatz und Fahrradverleih.
Geöffnet Ostern bis Anfang November.
Platz inkl. 2 Pers. €23–29, weitere Person €6–8, Kinder 3 bis 11 Jahre €4–5, Jugend 12 bis 17 Jahre €5–7. Dusche €0,50.
Tel. 038393 2085.
www.camping-prora-ruegen.de

35 Wohnmobilstellplatz Sellin

GPS N 54°22'18.4", E 13°42'06.6"
Schöner Platz für 50 Wohnmobile in ruhiger Lage im Grünen am Ortsrand von Sellin. Ins Zentrum und zur Seebrücke etwa 1,5 Kilometer, WC, Dusche und Möglichkeit zum Abspülen. Etwas oberhalb der Durchgangsstraße und daher trotz guter Erreichbarkeit recht ruhig, Bahnstation in unmittelbarer Nähe.
Geöffnet Ostern bis Oktober.
Camper inkl. 2 Pers., Strom und WLAN €28. Tel. 038303 92770.
www.wohnmobilstellplatz-sellin.de

36 Regenbogencamp Göhren

GPS N 54°20'48.3", E 13°44'03.8"
Im Uferwald hinter der Bernsteinpromenade, dem Uferweg zwischen Baabe und Göhren, gelegen. Ruhig und abseits des Ortes, der aber auf dem Uferradweg bequem und schnell zu erreichen ist. Sehr gute Sanitäranlagen, Restaurant, diverse Sportanlagen, im Sommer Kinderanimation, Fahrradverleih, etwa 400 Meter zum schneeweißen Sandstrand.
Geöffnet April bis Anfang November und Weihnachten.
Platzpreise sind nach Größe, Ausstattung und Urlaubszeit breit gestaffelt und können über das Buchungsportal abgefragt werden. Tel. 038308 90120.
www.regenbogen.ag

37 Mönchgut-Camping Gager

GPS N 54°18'32.0", E 13°41'07.2"
In einem kleinen Dorf am Bodden gelegen, naturbelassenes Gelände und auf dem Platz viele Häuschen, Restaurant, familiäre Atmosphäre, einfache, aber saubere Sanitäranlagen. Gaststätte, Laden, Mietwohnwagen.
Geöffnet April bis Oktober.
Platz inkl. 2 Pers. €22–31, weitere Person €5–8, Kinder 5 bis 15 Jahre €3–4. Tel. 0151 58821445.
www.moenchgut-camping.de

38 Camping Dat Stranddörp, Lobbe

GPS N 54°18'56.2", E 13°43'11.4"
Schmaler Wiesenstreifen direkt hinter der Düne mit Zugang zum langen Sandstrand, aber auch direkt an der Zufahrtsstraße zur Halbinsel Mönchgut (tagsüber Ausflugsverkehr), wenig Schatten, weitere deutlich unattraktivere Stellplätze rechts der Straße. Spielplatz, Kinderanimation (Juli und August), Minimarkt, Restaurant, Fahrradverleih, WLAN.
Geöffnet Ende März bis Oktober.
Platz inkl. 2 Pers. €20–37, weitere Person €4–8,30, Kinder 6 bis 11 Jahre €2–4,50, Jugend 12 bis 17 Jahre €2,50–6,20, Tel. 038308 2314.
www.campingruegen.de

39 Camping Thiessow

GPS N 54°16'46.4", E 13°42'50.7"
Sehr schöner Platz rechts der Straße vor dem Ort. Von den ersten beiden Reihen geht der Blick über Wiesen auf eine Bucht am Bodden. Läuft man einmal über die Straße und 200 Meter durch den Uferwald, steht man an sehr schönen, langen Sandstrand. Kleiner Laden und Imbiss auf dem Platz. Gepflegte Sanitäranlagen. WLAN mit Code, aber kostenlos.
Ganzjährig geöffnet.
Platz inkl. 2 Pers. €22,50–31, weitere Person €4,50–7, Kinder 6 bis 15 Jahre €2–4, Tel. 038308 669585.
www.campingplatz-thiessow.de

40 Surfoase Mönchgut

GPS N 54°16'39.0", E 13°42'05.8"
Lässige Surferlocation direkt am schmalen Sand-Kiesstrand, mit Meerblick, kein Schatten, kein Windschutz, etwas einfachere Sanitäranlagen, Surfschule direkt am Platz (Kurse für Kinder bis 14 Jahre).
Geöffnet April bis Oktober.
Platz inkl. 2 Pers. €19,50–25, weitere Person €4–5, Kinder 6 bis 11 Jahre €1,50–2, Jugend 12 bis 17 Jahre €3–4, Dusche €1. Tel. 038308 30125.
thiewaii.de

41 Wohnmobilstellplatz Im Jaich, Lauterbach Marina

GPS N 54°20'34.2", E 13°30'14.8"
20 parzellierte Wohnmobil-Plätze im Hafen mit Strom, Ver- und Entsorgung, sehr komfortablen Sanitäranlagen, Gaststätte, Kiosk mit Brötchenservice. Die ganze Anlage ist ausgesprochen stilvoll und modern gestaltet. Die Station des Rasenden Roland und der Hafen von Lauterbach mit weiterer Gastronomie und dem Anleger der Ausflugsboote sind in zehn Minuten zu Fuß zu erreichen.
Es gibt auch sehr schöne, komfortable Ferienhäuser auf Stelzen im Wasser.
Geöffnet April bis Oktober.
Camper inkl. 2 Pers. und Strom €20, Dusche €0,50/min, Tel. 038301 8090.
www.im-jaich.de

42 Wohnmobilstellplatz Insel Rügen

Im Grünen gelegene, parzellierte Stellplätze am Ortsrand von Lauterbach. Etwa 400 Meter vom Hafen entfernt.
Geöffnet Mitte April bis Mitte Oktober.
Camper inkl. 2 Pers. €14–16, weitere Person €3, Dusche €2/5 min, WC €0,30, nur Barzahlung, Tel. 038301 888329.
www.wohnmobilstellplatz-insel-ruegen.de

43 Naturcamping Rügen Pritzwald

GPS N 54°15'37.5", E 13°24'23.6"
Einfacher Camping in absoluter Alleinlage mit Stellplätzen im Wald, direkt an schmalem Strand gelegen. Kiosk. Keine Animation oder andere Angebote, Natur pur.
Geöffnet April bis Oktober.
Platz inkl. 2 Pers. €25, weitere Person €6, Kinder 3 bis 12 Jahre €3, Dusche €1, Tel. 038304 629771.
www.naturcamping-ruegen-pritzwald.de

44 Wohnmobilstellplatz Stralsund

GPS N 54°18'09.0", E 13°05'55.1"
Offizieller Stellplatz des Caravanhändlers Dahnke, der zwei Plätze nahe beieinander betreibt. Der neue Platz gehört zu den TOP100 Plätzen und befindet sich im Gewerbegebiet unterhalb der Rügenbrücke. Moderne Sanitäranlagen, V/E, Brötchenservice, WLAN. Etwa 1,5 Kilometer zur Altstadt. Buchung von Karten für Ozeaneum und Meeresmuseum an der Rezeption. Zufahrt 24 Stunden möglich.
Ganzjährig geöffnet.
Camper inkl. 2 Pers. €19, weitere Person €2, Kinder bis 14 Jahre frei, Dusche €1, Strom €0,50/kWh, Entsorgung WC €1, Frischwasser €1.
wohnmobilstellplatz-stralsund.de

Usedom

45 Naturcamping Usedom

GPS N 54°00'39.9", E 13°51'29.1"
Ausgesprochen weitläufiger Platz in der Nähe von Lütow mit mehreren Stellplatzarealen, die von naturbelassenen Waldbereichen unterbrochen sind. Zum Sand-Kiesstrand und zum Wassersportzentrum mit Surf-, Segelschule und Kanuverleih läuft man etwa 300

Meter bergab. Am Strand toller Blick auf den Sonnenuntergang. Gasthof Pott & Pann mit guter Hausmannskost. Gut sortierter Laden, WLAN, neue gute Sanitäranlagen. Kreativprogramm für Kinder in der Hauptsaison. Auch Blockhäuser und Mobilheime.
Geöffnet April bis Oktober.
Platz inkl. 2 Pers. €24,50–33, weitere Person €6,70–8,10, Kinder 3 bis 13 Jahre €4,30–5,30. Ab 3. Kind pro Familie frei. ACSI-Rabatt, Tel. 038377 40581.
www.natur-camping-usedom.de

46 Camping Pommerland
GPS N 54°04'58.6", E 13°53'56.6"
Naturbelassenes, unparzelliertes Gelände im Küstenwald, etwa 300 Meter zum Sandstrand, freundliches Personal, gute Sanitäranlagen, Fahrradverleih, Spielplatz, Gaststätte, Laden, Animation, Miet-Blockhäuser, Campingfässer.
Ganzjährig geöffnet.
Platz inkl. 2 Pers. €24–31, weitere Person €7–11, Jugend, Azubis, Studierende ab 17 Jahre €5–7,50, Kinder 3 bis 16 Jahre €2,50–4. Tel. 038377 40348.
camping-zinnowitz.de

47 Camping Ostseeblick
GPS N 54°05'24.5", E 13°53'08.5"
Im Küstenschutzwald hinter der Düne gelegener ruhiger Naturcamping in Trassenheide. Unparzellierte Plätze, Imbiss, Laden, kleiner Spielplatz.
Geöffnet April bis Oktober.
*Platz inkl. 2 Pers. €27–40, weitere Person €7–8, Kinder 3 bis 13 Jahre €3–4, Schüler*innen/Studierende €5,50–6,50, ACSI-Rabatt, Tel. 038371 20949.*
www.campingplatz-ostseeblick.de

48 Dünencamp Karlshagen
GPS N 54°06'59.9", E 13°50'51.2"
Parzellierte Plätze im Kiefernwald hinter der Düne. Direkter Zugang zum kilometerlangen Sandstrand von Karlshagen. Imbiss, Spielplatz und Spielzimmer, Kinderprogramm im Sommer. Autos können meist nicht direkt am Stellplatz geparkt werden.
Ganzjährig geöffnet.
Platz inkl. 2 Pers. €33–36, weitere Person €8–9, Jugend 15 bis 17 Jahre €5–6, Kinder 3 bis 14 Jahre €3–3,50, Pfand für elektronischen Schlüssel €20, ACSI-Rabatt.
Tel. 038371 20291
www.karlshagen.de/duenencamp

49 Camping »Am Sandfeld«
GPS N 54°02'48.4", E 14°00'42.5"
Familiärer, engagiert geführter kleiner Platz, 700 Meter zum schönen Sandstrand von Koserow, bzw. zur Steilküste, die man mittels einer hohen Treppe überwinden muss, parzellierte Plätze auf der Lichtung oder im Kiefernwald, gute Sanitäranlagen, Spielplatz, kleiner Laden, WLAN auf dem ganzen Platz, Radverleihstation von UsedomRad.
Geöffnet April bis September.
Platz inkl. 2 Pers. €20–31, weitere Person €6–9, Kinder 3 bis 14 Jahre €4, ACSI-Rabatt, Tel. 038375 20759.
www.amsandfeld.de

50 Camping Stubbenfelde
GPS N 54°01'54.0", E 14°02'19.0"
Komfortabler Fünfsterne-Platz mit parzellierten, meist halbschattigen Plätzen im Uferwald. In der Nähe einer Wohnsiedlung, aber ein ganzes Stück vom Badeort Kölpinsee entfernt. Moderne gepflegte Sanitäranlagen, Fitnessstudio, Sauna, Solarium, WLAN auf dem Platz kostenfrei. Restaurant, Laden, Miet-Blockhäuser.
Geöffnet April bis Oktober.
Platz inkl. 2 Pers. und Strom €27,50–41,50, weitere Person €6,50–8,50, Kinder 3 bis 13 Jahre €2,50–4. Tel. 038375 20606.
www.stubbenfelde.de

51 Naturcamping Am Strand
GPS N 54°00'59.1", E 14°04'04.0"
Riesiger Platz, der sich 4,5 Kilometer parallel zum Strand direkt hinter der Düne entlangzieht. Alle Plätze nahe am nächsten Zugang zum schönen Sandstrand. Zwischen Zelt und Düne befindet sich nur der Fahrradweg. Der Platz ist in sieben Bereiche unterteilt. Viele unparzellierte Plätze, zum

Teil im Küstenwald, zum Teil auf Wiesen. PKWs können oft nicht unmittelbar neben dem Zelt abgestellt werden. Trotz sieben gepflegter Sanitärhäuschen sind von vielen Plätzen die Wege weit – ein Fahrrad ist sehr hilfreich. Eine Karte, die man auch bei einer einzelnen Übernachtung für €5 kaufen muss, ermöglicht den Zugang zu den Sanitäranlagen. Zwei Läden, Imbiss und Restaurants, Bäckerauto am Morgen. Auch Bungalows.
Geöffnet Ostern bis Oktober.
Platz inkl. 2 Pers. €21,50–33, weitere Person €6–8, Kinder 3 bis 13 Jahre €1,50–3, Familienrabatt ab drei Kindern, Dusche €1
Tel. 038375 20923.
www.campingplatz-ueckeritz.de

52 Naturcamping Hafen Stagnieß
GPS N 54°00'08.6", E 14°02'45.2"
Großes Wiesengelände mit schönem, lichten Birkenwäldchen direkt angrenzend an den Freizeithafen, Imbiss am Hafenbecken, angenehme kleine Badebucht mit Sandboden am Achterwasser, sehr gute Sanitäranlagen.
Geöffnet April bis Oktober.
Platz inkl. 2 Pers. €20–23, weitere Person €4–4,50, Kinder 3 bisc13 Jahre €2–2,50. Dusche €1, ACSI-Rabatt, Tel. 038378 31504.
camping-stagniess.de

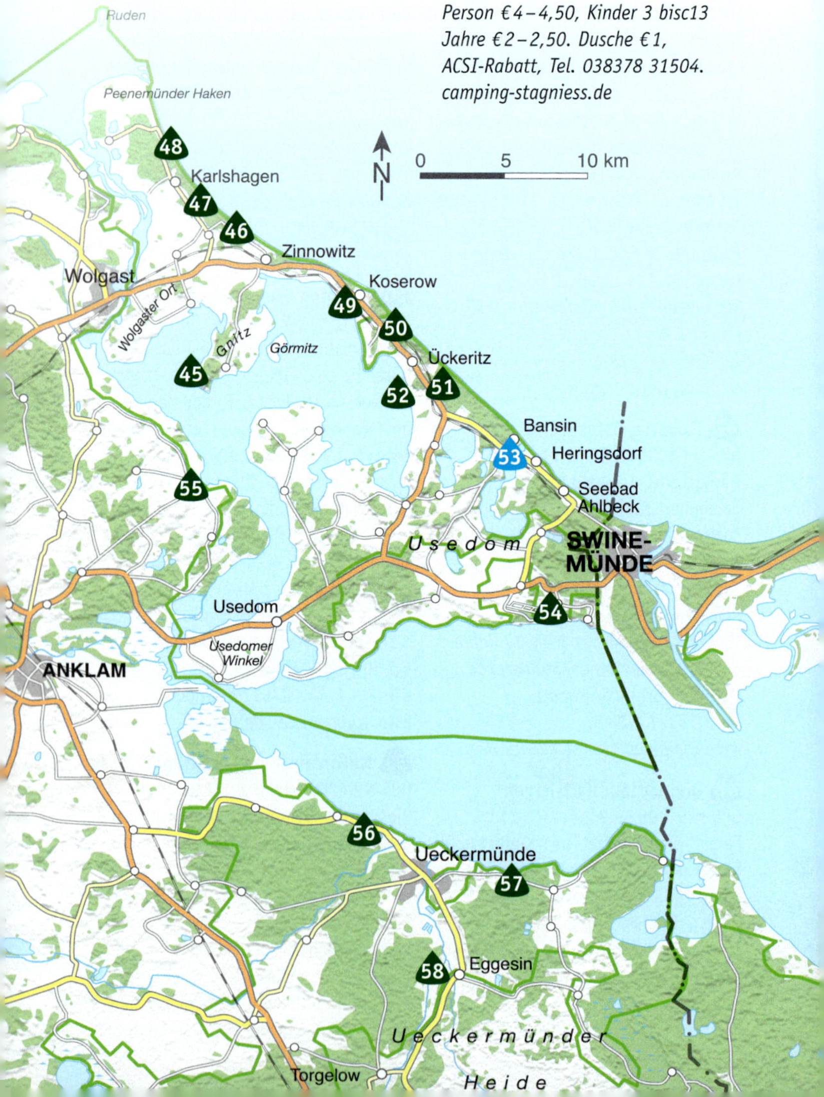

53 Mobilcamp Heringsdorf
GPS N 53°57'41.7", E 14°09'15.2"
Urprünglich nur für Wohnmobile konzipiert, inzwischen auch mit Zelt nutzbar. Moderne Sanitäranlagen. Fünf bis zehn Minuten Fußweg zum Strand, Bäckerwagen morgens, kleiner Spielplatz, Hundestrand in der Nähe. WLAN inklusive.
Geöffnet Mitte März bis Oktober.
Platz inkl. 2 Pers. €21–26, weitere Person €7,50–10, Kinder 3 bis 14 Jahre €4–5. Dusche €1
Tel. 038378 498073.
www.mobilcamp-heringsdorf.de

54 Camping Haffküste Kamminke
Naturnaher Platz unter alten Bäumen. Direkt am Haff und kurz vor der polnischen Grenze. Gute Sanitäranlagen, kleiner Laden, Spielplatz, Fahrradverleih, Ferienhäuser.
Geöffnet Ostern bis September.
Platz inkl. 2 Pers. €28–31, weitere Person €8–9, Kinder 3 bis 14 Jahre €3–4, Tel. 038376 299113.
www.insel-usedom-camping.de

Stettiner Haff

55 Naturcamping Lassan
GPS N 53°56'51.0", E 13°51'22.4"
Sympathischer naturnaher Platz, geführt von einem Ehepaar aus dem schwäbischen Albstadt. Unparzellierte Wiesenplätze, Sanitäranlagen etwas einfacher, aber in gepflegtem Zustand, Badeplatz mit kleinem Sandstrand in der Nähe, guter Imbiss am Platz, kleiner Laden mit regionalen Produkten.
Geöffnet Ostern bis Oktober.
Platz inkl. 2 Pers. €29–33, weitere Person €7–7,50, Kinder 5 bis 14 Jahre €4–4,50. Tel. 038374 559951.
www.campingplatz-lassan.de

56 Campingpark Oderhaff
GPS N 53°45'39.0", E 14°00'37.4"
Unparzellierte Zeltplätze nur durch Zaun vom Stettiner Haff getrennt, Picknicktische, teils überdacht. Ordentliche Sanitäranlagen, etwa 300 Meter Fußweg zu seichter Sandbucht mit großer Liegewiese. Spielplatz, kleiner Laden, WLAN gratis.
Ganzjährig geöffnet.
Platz inkl. 2 Pers. €26, weitere Person €8, Kinder bis 14 Jahre €5.
Tel. 039774 20420.
campingpark-oderhaff.de

57 Ferienpark Ueckermünde-Bellin
GPS N 53°44'15.7", E 14°06'50.1"
Kleiner Platz mit Wiese direkt am Haff, eigener Strand, gute Sanitäranlagen. Rabatt mit ACSI und ADAC CampCard. Restaurant, kleiner Laden. Schöne Holzhütten für 4 Personen.
Ganzjährig geöffnet.
Platz inkl. 2 Pers. €25, weitere Person €7, Kinder 4 bis 12 Jahre €3,50, Jugendliche 13 bis 16 Jahre €5,50, Tel. 39771 59110.
ferienpark-ueckermuende-bellin.de

58 Naturcamping Eggesin
GPS N 53°40'52.3", E 14°04'12.3"
Kleiner Wiesenplatz an der Randow und am Hafen von Eggesin. Einfach ausgestattet, aber alles da, was es braucht. Boots- und Kanuverleih.
Geöffnet Mitte April bis Oktober.
Platz inkl. 2 Pers. €14, weitere Person €4, Kinder 3 bis 14 Jahre €2, Tel. 0170 16 95 025.
randow-floss.de

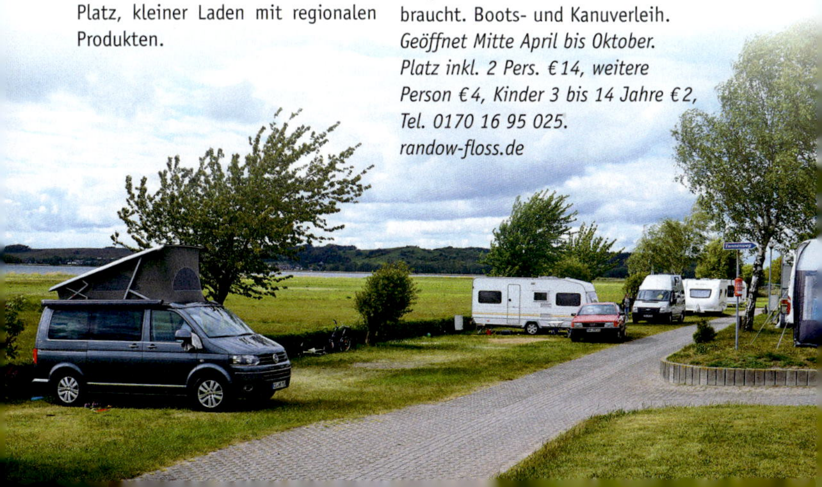

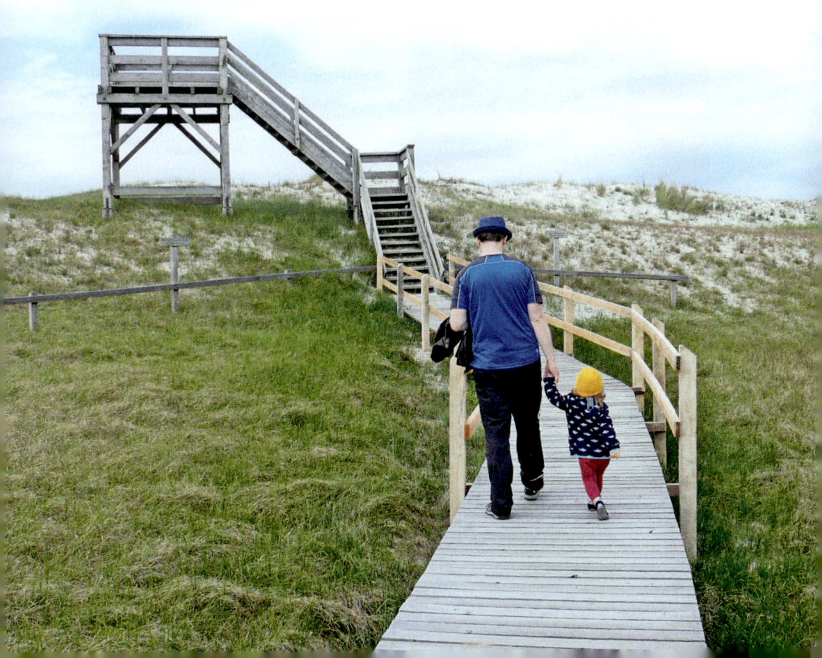

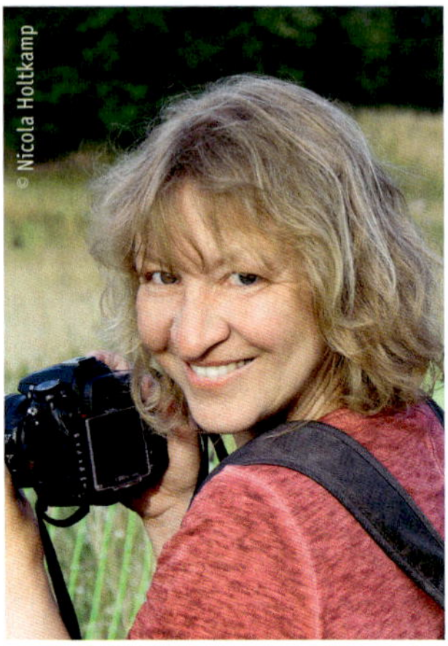

Stefanie Holtkamp

Jahrgang 1968, Grafik-Designerin, Autorin und Mutter von zwei inzwischen erwachsenen Kindern. Recherchiert, erwandert und schreibt seit über 20 Jahren Reiseführer für Familien.

Mecklenburg-Vorpommern – egal ob die Ostseeküste oder die Mecklenburgischen Seen – gehört zu ihren erklärten Lieblings-Reisezielen in Deutschland.

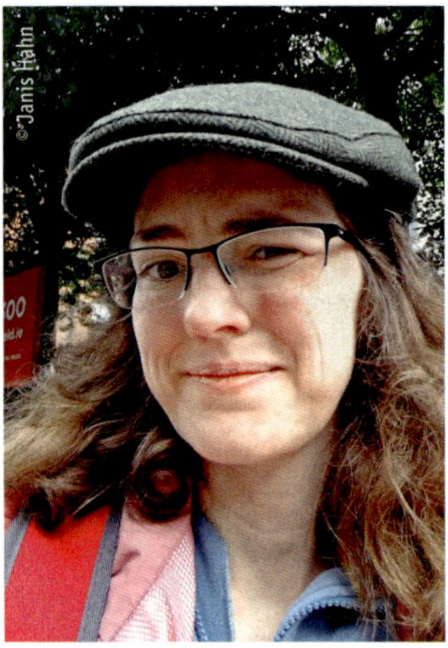

Lena Marie Hahn

Jahrgang 1982. Macht alles mögliche mit Texten und reist leidenschaftlich gerne mit der ganzen Familie. Zu der gehören neben Mann Martin die beiden inzwischen ziemlich großen Jungs Janis und Silas sowie die kleine Franka.

Mit der Ostseeküste verbinden sie familiäre Beziehungen und 20 Jahre intensive Bekanntschaft.

In ihrem Reiseblog www.family4travel.de erzählt Lena auf ganz persönliche Weise von ihren Reisen mit Familie. Hier gibt es viele weitere Infos über Ausflugsziele und Insider-Tipps an der mecklenburgischen Ostseeküste: von der Auflistung aller von Franka persönlich getesteten Spielplätze auf Rügen über die schönsten Garten-Cafés auf Usedom bis zum Erlebnisbericht, wie sich Recherche im Lockdown anfühlt.

www.family4travel.de/ostsee

Druckerzeugnis
www.natureoffice.com/DE-928-26XD9S7
klimaneutral
durch CO_2-Ausgleich

Gedruckt auf Papier aus nachhaltiger Waldwirtschaft.

2. Auflage, Mai 2022

Naturzeit Reiseverlag e.K.
82288 Kottgeisering
www.naturzeit-verlag.de
info@naturzeit-verlag.de

Vertrieb: Geo Center, 70794 Filderstadt

Satz und Gestaltung: designbuero Holtkamp

Druck: Druckerei Louis Hofmann, 96242 Sonnefeld, www.lh-druckerei.de
Kartenbasis: Heiner Newe©OpenStreetMap (www.openstreetmap.org)
Mitwirkende Geofabrik GmbH, Karlsruhe (www.creativecommons.org)

GPS-Daten: GPX522MV367

Bildnachweis:
Bildagentur fotolia: S. 12 Miredi, 132, 141 unten nothingbutpixel, 169 oben mark140, 169 unten (Seeadler) O.M., 269 oben (Fischotter) Jens Klingebiel, 269 Mitte (Kormoran) Eric Isselée

Bildagentur iStockphotos: 133 oben Frank Leung, 133 unten Thorsten Karock, S. 268 (Biber) oben GlobalP, S. 268 (Reiher) Roger Whiteway

Seite 10, 168 oben Angela Mißlbeck, Seite 138 unten Erlebnis Akademie AG, Ralf Eppinger

Lena Marie Hahn: Cover, Innentitel, Seite 2, 3, 4, 11, 13, 15, 17, 25 oben, 26-35, 40 rechts, 42, 45 oben, 52-58, 65, 66 unten, 67, 68 oben, 69, 70 oben, 72-74, 76-78, 80-83, 82 unten, 85-101, 103, 104, 110, 112 unten, 113-116, 119 oben, 121-124, 128, 143, 150-154, 155 unten, 156, 157, 162 oben, 166, 167, 177 unten, 179-181, 182 oben, 184, 185-191, 192 oben, 194 unten, 196, 197, 204, 212-215, 228-230, 231 unten, 234 oben, 236-242, 243 unten, 245-249, 252-256, 275, 277, 291.

Stefanie Holtkamp: Seite 5, 6-7, 8, 9, 18-25, 36-41, 43, 44, 46-51, 60-64, 66 oben, 68 unten, 70 unten, 75, 79, 84, 105-108, 111, 117 unten, 118 unten, 124 unten, 126, 127, 131, 136-138, 139-142, 144, 146-148, 155 oben, 158-161, 162 unten, 163-165, 168 unten, 169 unten, 170-176, 177 oben, 182 unten, 192 unten, 194 oben, 198-203, 205-211, 216-226, 231 oben, 232, 233, 235, 243 oben, 244, 250, 251, 257-267, 270-274, 289.

Illustrationen: Stefanie Holtkamp

ISBN 978-3-944378-36-7

Aktuelle Angaben unterliegen einem ständigen Wandel. Daher sind alle Informationen über Freizeitangebote, Restaurants und Campingplätze, insbesondere die Angaben von Öffnungszeiten, Telefonnummern und Preisen trotz sorgfältiger Recherche nur eine Momentaufnahme. Alle schriftlichen und bildlichen Informationen in diesem Buch erfolgen nach bestem Wissen und Gewissen der Autorinnen. Eine Haftung durch Verlag und Autorinnen kann nicht übernommen werden.

Mehr Natur, mehr Abenteuer, mehr Erholung ...

Weitere Ziele für erlebnisreiche Familienferien zwischen Wasser, Wald, Bergen und Meer gibt es in diesen Bänden der Buchreihe *Naturzeit mit Kindern*.

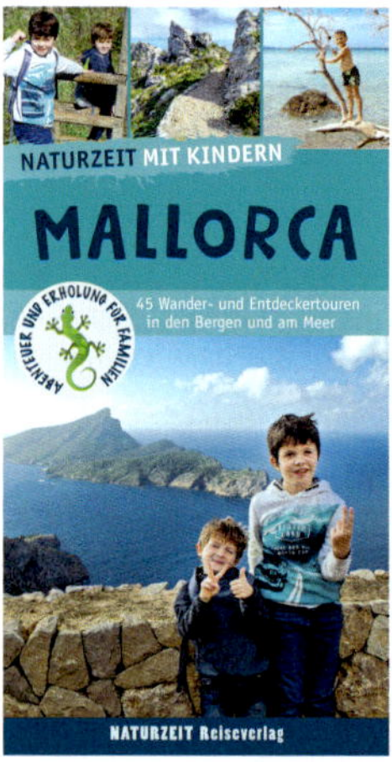

Damaris Weiss

Naturzeit mit Kindern: Mallorca

Harsche Klippen, duftende Pinienwälder, malerische Dörfer und weite Strände – Mallorca hat tolle Plätze für jeden Geschmack. Familien können hier Sonne und Sand am Mittelmeer genießen, aber auch mit unseren Wanderabenteuern die stilleren Winkel der Insel erkunden. Unsere Streifzüge führen am Meer entlang, vorbei an Piratenwachtürmen und mittelalterlichen Burgen, zu magischen Quellen und skurril geformten Felsen, hinab in Höhlen und in die Berge.

1. Auflage 2021, 264 Seiten, **€ 18,00**
ISBN 978-3-944378-30-5

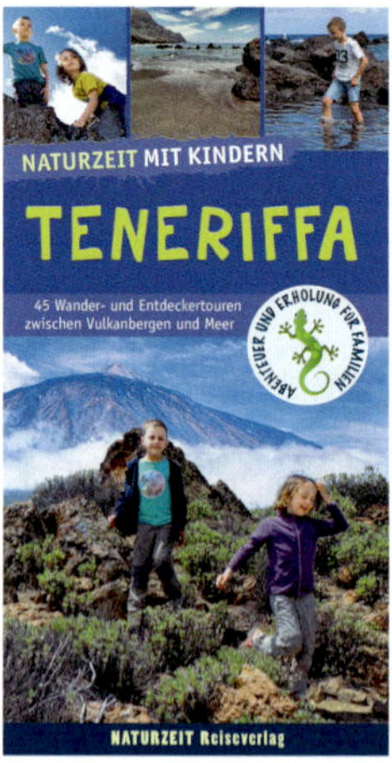

Alexander Ramin, Torben Andersen

Naturzeit mit Kindern: Teneriffa

Die »Insel des ewigen Frühlings« verzaubert mit mystischen Märchenwäldern, tiefen Schluchten, riesigen Vulkanen sowie rauen Lavaküsten und langen Sandstränden. Eine Reise über die Insel führt uns durch ganz unterschiedliche Klimazonen. Wir schmecken die salzige Gischt des Atlantiks, riechen den Duft der Pinien und spüren die Schroffheit der Lava. Unsere Touren und Ausflüge führen zu vielen bekannten Sehenswürdigkeiten, aber auch in die weniger besuchten Winkel Teneriffas.

1. Auflage März 2022, 336 Seiten, **€ 20,00**
ISBN 978-3944378-32-9

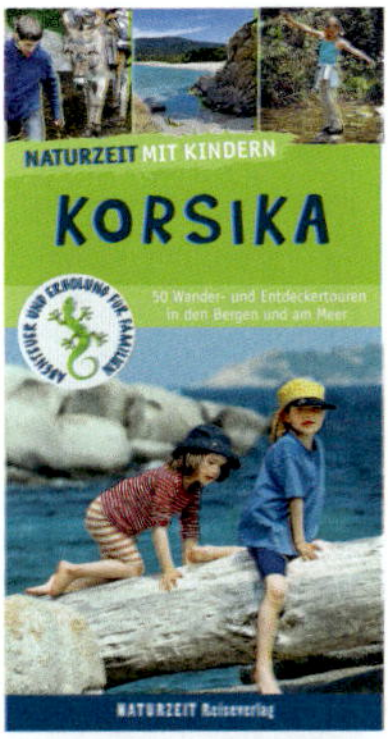

ISBN 978-3-944378-39-8
7. Auflage 2022, **€ 20,00**

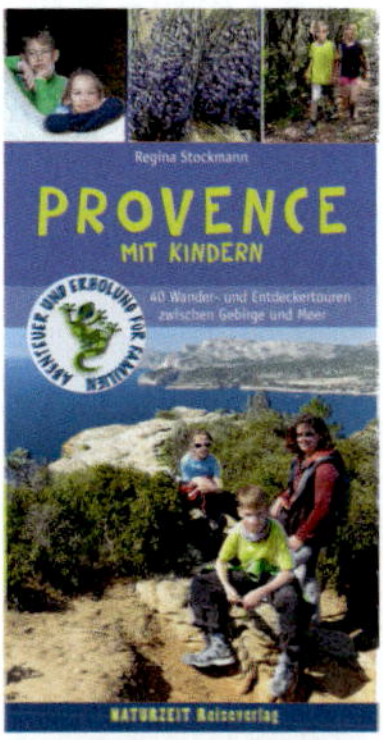

ISBN 978-3-944378-11-4
Auflage 2020, **€ 16,90**

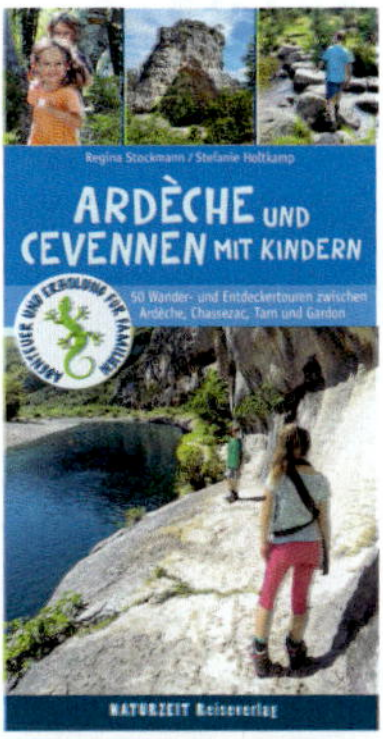

ISBN 978-3-944378-19-0
1. Auflage 2019, **€ 17,90**

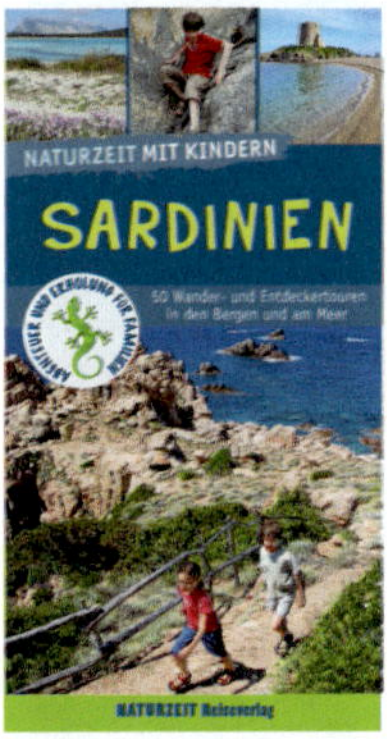

ISBN 978-3-944378-40-4
4. Auflage 2022, **€ 22,00**

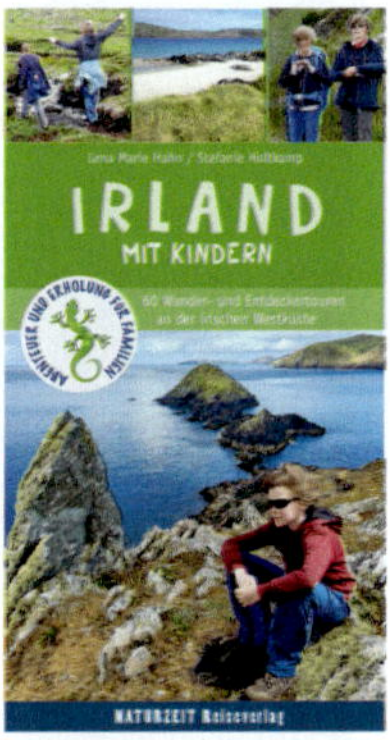

ISBN 978-3-944378-21-3
1. Auflage 2019, **€ 18,90**

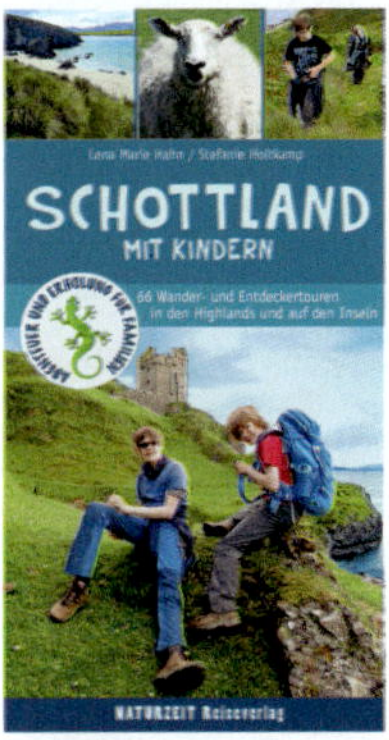

ISBN 978-3-944378-20-6
1. Auflage 2019, **€ 19,90**

Regina Stockmann, Stefanie Holtkamp,
Johanna Kraus

Trekkingträume für Familien

Vom Mikroabenteuer zur Trekkingtour

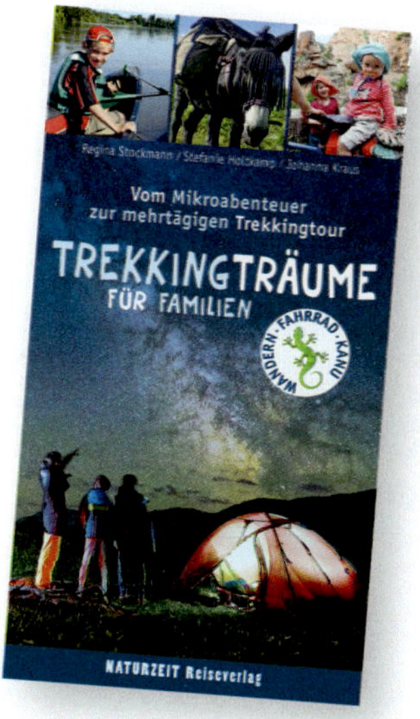

Gemeinsam raus in die Natur. Weit weg vom Lärm der Zivilisation, der Alltagshektik und vom Überfluss. Sich nur noch um elementare Dinge kümmern und ein bisschen langsamer leben. Draußen sein, kleine Abenteuer erleben, Neues entdecken, in die Sterne gucken, näher zusammenrücken und als Familie ganz viel Zeit miteinander verbringen.

Für Outdoor-Anfänger und erfahrene Outdoor-Fans, die vor der Herausforderung stehen, ihr liebstes Hobby mit ihren Kindern zu teilen.

1. Auflage 2020, 384 Seiten, **€ 19,90**
ISBN 978-3944378-25-1

NATURZEIT MIT KINDERN IN DEUTSCHLAND, ÖSTERREICH, SLOWENIEN

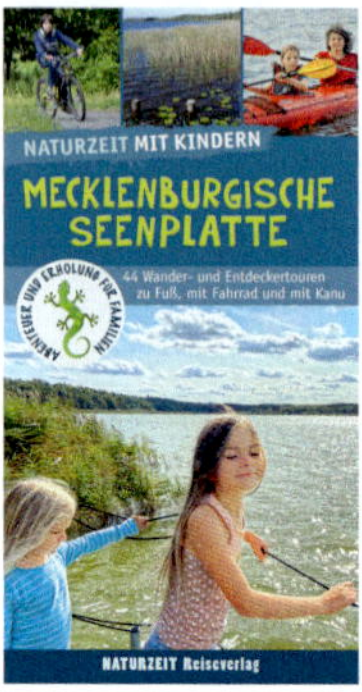

ISBN 978-3-944378-31-2
3. Auflage 2021, **€ 18,00**

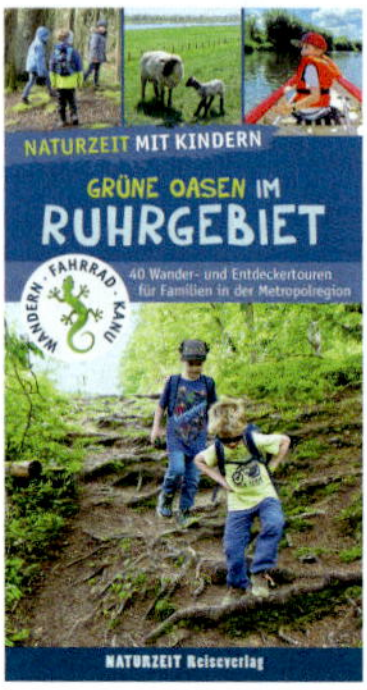

ISBN 978-3-944378-28-2
1. Auflage 2021, **€ 18,00**

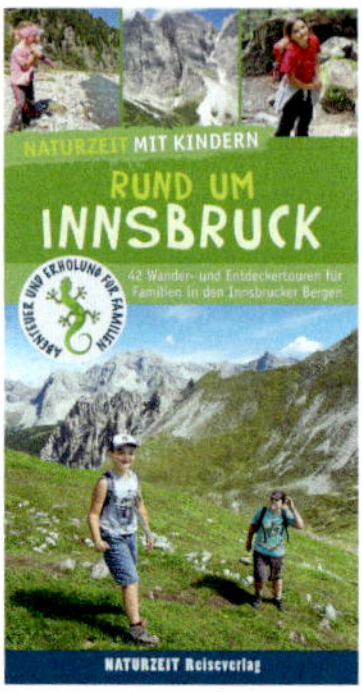

ISBN 978-3-944378-29-9
1. Auflage 2021, **€ 18,00**

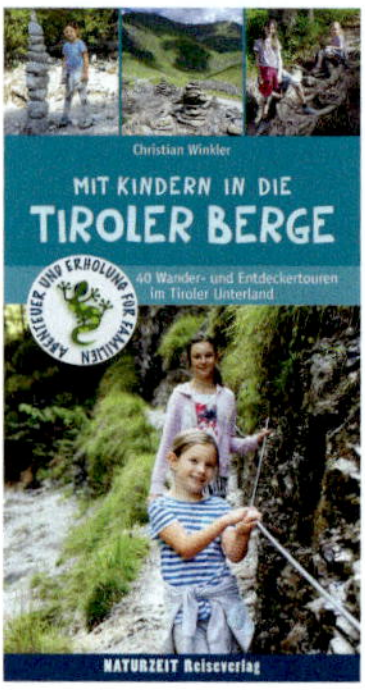

ISBN 978-3-944378-14-5
2. Auflage 2020, **€ 15,90**

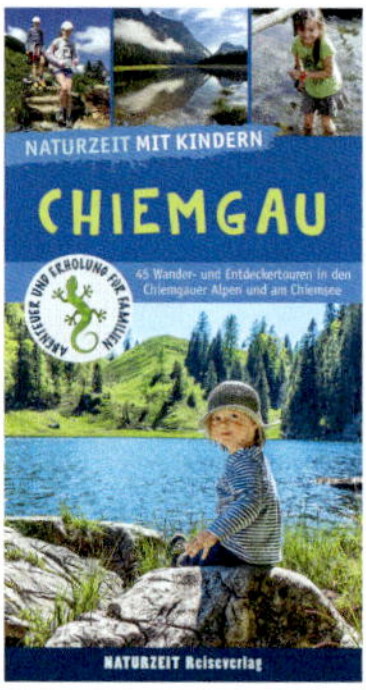

ISBN 978-3-944378-37-4
3. Auflage 2022, **€ 17,00**

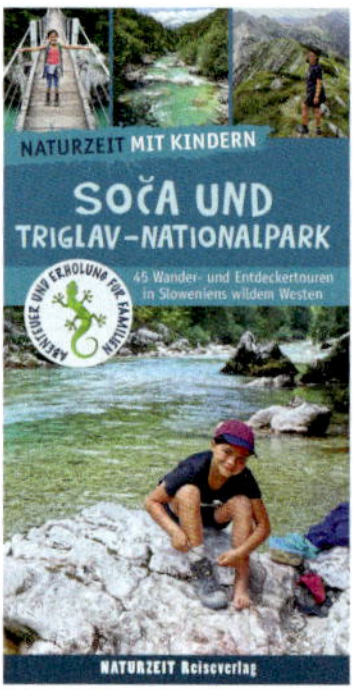

ISBN 978-3-944378-34-3
1. Auflage 2022, **€ 18,00**

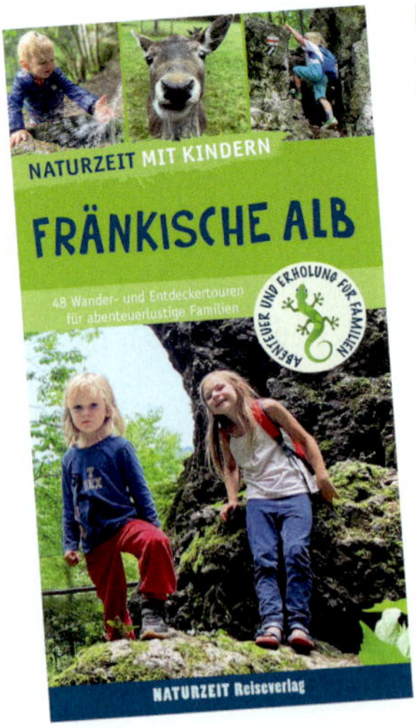

Lisa Edelhäußer

Naturzeit mit Kindern: Fränkische Alb

Bizarre Felsformationen, Höhlen und liebliche Flusstäler – die Vielfalt der Landschaft in der Fränkischen Alb ist einfach einmalig. Ob beim Klettern und Kraxeln an Felsblöcken und auf Klettersteigen, beim Wandern zu Quellen, Höhlen und Berggipfeln oder einer gemütlichen Radtour am Flussufer – große und kleine Entdecker*innen kommen hier voll auf ihre Kosten. Einige Flüsse können wir auch mit dem Kanu erkunden und an vielen Wanderrouten gibt es Spielplätze oder spannende Stationen, die jede Menge Abwechslung und Familienspaß bieten.

1. Auflage Mai 2022, 288 Seiten, **€ 18,00**
ISBN 978-3-944378-35-0

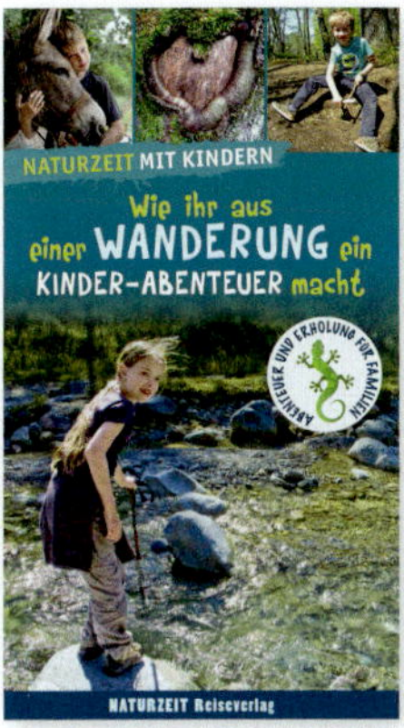

Stefanie Holtkamp

Naturzeit mit Kindern:
Wie ihr aus einer Wanderung ein Kinder-Abenteuer macht

eBook im pdf-Format,
optimiert für Handy und Tablet
ISBN 978-3-944378-99-2
Mai 2021, €7,99

Ihr wollt hinaus in die Natur und eure Kids sollen mit?

Wenn ihr eure Kinder fürs Wandern begeistern wollt, geht mit ihnen Felsen klettern, durchs Wasser waten, balancieren, kleine Schätze finden und Tiere beobachten. So wird die Natur für Kids zum Spielplatz und eure Wanderung zum spannenden Mikroabenteuer, das die ganze Familie stärkt und zu einem guten Team zusammenschweißt. Geht gemeinsam hinaus, erforscht die Welt und erlebt Abenteuer!

- **Basis-Know-How zum Wandern mit Kindern:** Was geht auch mit den Kleinsten, wie motiviert ihr große Kids, Gehzeiten und Höhenmeter, die richtigen Wege, Ausrüstung für Wanderfamilien, Orientierung im Gelände.
- Ideen für Kinder-Wanderabenteuer.
- Wanderspiele und Spiele im Wald und am Wasser.
- Kleine Auszeit: Tipps für ein Familien-Wochenende in der Natur.
- Naturwissen für Wander-Kids.

www.wandern-mit-kindern.info

ist die Website zur Buchreihe »Naturzeit mit Kindern«. Hier gibt es viele Infos und Tipps für alle, die gerne mit Kindern in der Natur unterwegs sind, und aktuelle Ergänzungen zu unseren Büchern, bevor diese Berücksichtigung in der nächsten Auflage finden.

Campingplatz geschlossen? Wegbeschreibung nicht mehr aktuell? Etwas Neues entdeckt? Wir freuen uns sehr, wenn ihr uns über positive und negative Erfahrungen berichtet und stellen diese gerne allen Lesern zur Verfügung. Bitte schreibt uns unter **info@naturzeit-verlag.de**

NATURZEIT REISE-ABENTEUER

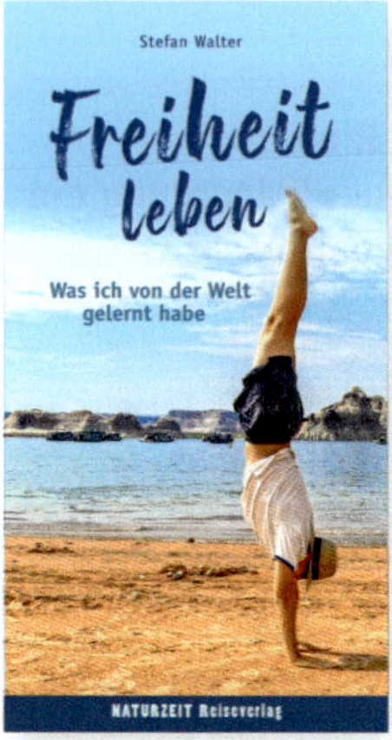

Stefan Walter

Freiheit leben

Was ich von der Welt gelernt habe

Auf der Suche nach Abenteuer und Herausforderung lässt Stefan das sichere Vorstadtleben hinter sich, um bei einem Jahr Work & Travel mehr von der Welt zu sehen. In Australien wird ein uralter Kombi das Basisquartier für die große Freiheit: Sterne zählen an einsamen Stränden, am Lagerfeuer sitzen und am Meer einschlafen. Er treibt Kühe durchs Outback, erntet Avocados, verzweifelt beim Schafe scheren und lebt einen ganz neuen Alltag.

ISBN 978-3-944378-33-6, **€ 16,00**

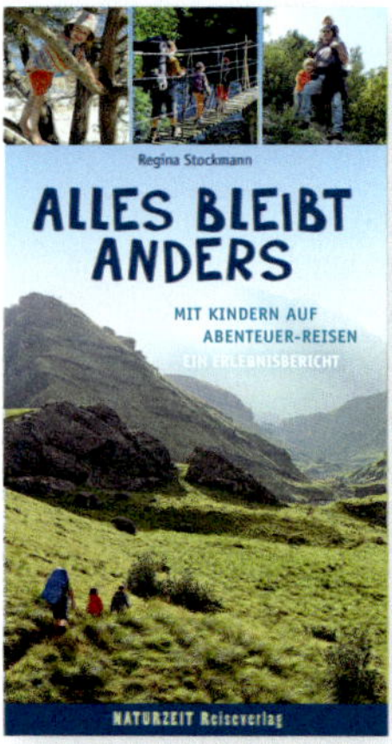

Regina Stockmann

Alles bleibt anders

Mit Kindern auf Abenteuer-Reisen

»Alles bleibt anders« erzählt von Familienreisen im Campingbus, mehrtägigen Trekkingtouren in Norwegen und im Val Grande, einer Kanufahrt auf der Loire und ersten Fernreisen nach Marokko und Südafrika. Ein Buch, das outdoorbegeisterten Eltern Spaß und Mut macht, Ideen liefert, Erfahrungen teilt und zum Reise-Träumen und Reise-Planen anregt.

ISBN 978-3-944378-12-1, **€ 15,90**

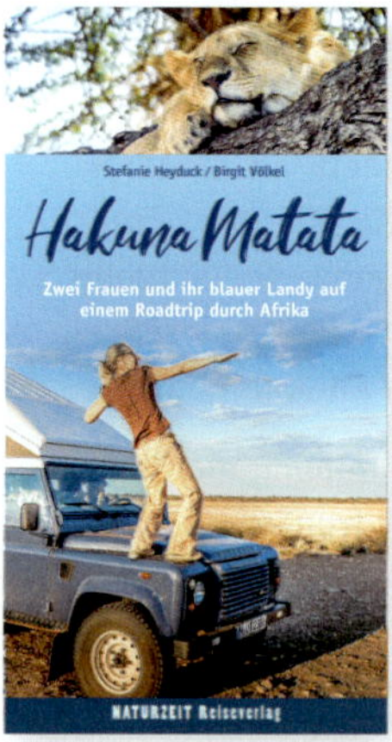

Stefanie Heyduck, Birgit Völkel

Hakuna Matata

Zwei Frauen und ihr blauer Landy auf einem Roadtrip durch Afrika

40.000 Kilometer, zehn Länder, zwei Frauen, ein blauer Land Rover Defender: Stefanie und Birgit kündigen ihre Jobs, um ein Jahr durch das südliche und östliche Afrika zu reisen. Ihr selbst ausgebauter Landy »Blaue Elise« wird zum Zuhause auf Zeit.

ISBN 978-3-944378-24-4, **€ 15,90**

NATURZEIT AKTIV

Unsere Tourenführer für Wanderungen, Fahrrad- und Kanutouren

Die Reihe »Naturzeit aktiv« richtet sich an alle, die gerne mit Ruhe und Zeit in der Natur unterwegs sind. Bei der Auswahl der Touren legen wir Wert auf eine bunte Mischung aus Wanderungen, Fahrradrouten, Kanutouren und interessanten Ausflugszielen. Länge und Schwierigkeitsgrad orientieren sich an Outdoorfans mit durchschnittlicher Kondition und Erfahrung.

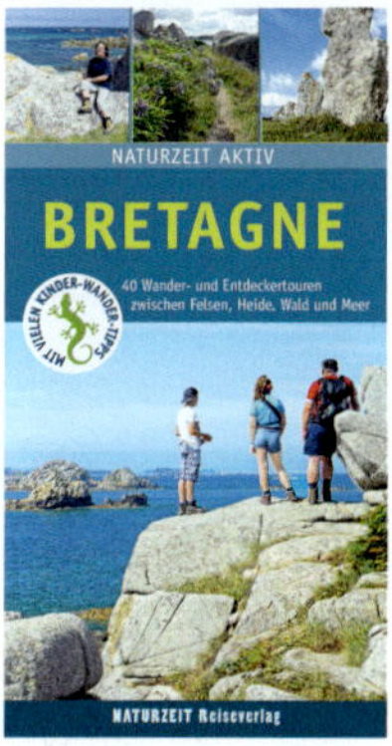

240 Seiten, Mai 2020
ISBN 978-3-944378-26-8
€ 16,90

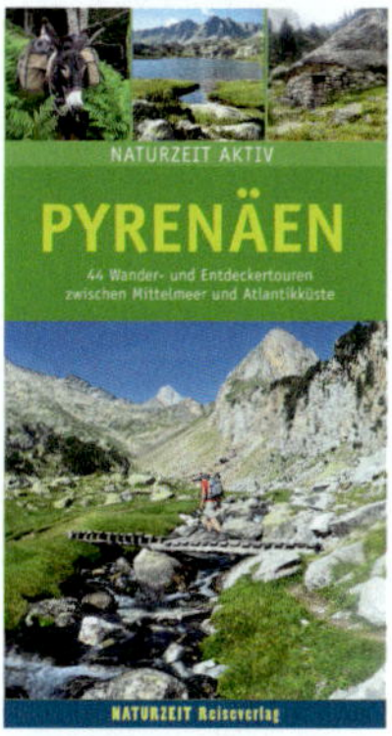

240 Seiten, Mai 2018
ISBN 978-3-944378-16-9
€ 16,90

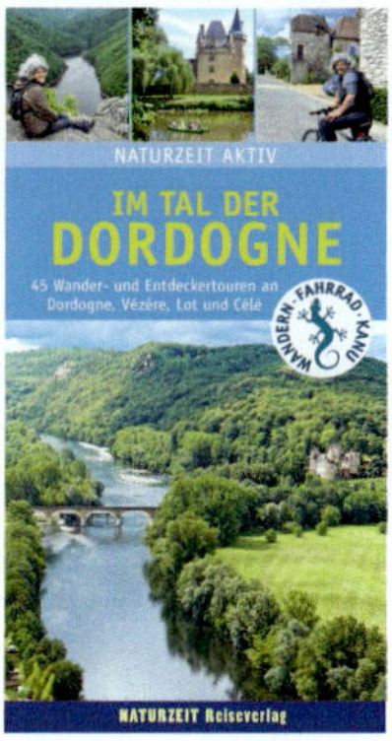

240 Seiten, Juli 2022
ISBN 978-3-944378-38-1
€ 18,00

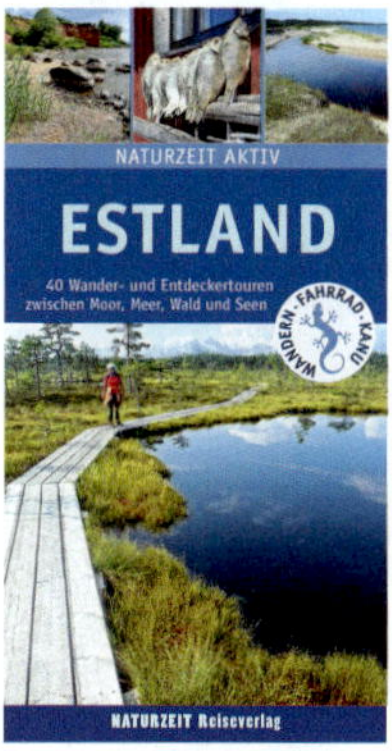

226 Seiten, Mai 2020
ISBN 978-3-944378-27-5
€ 16,90

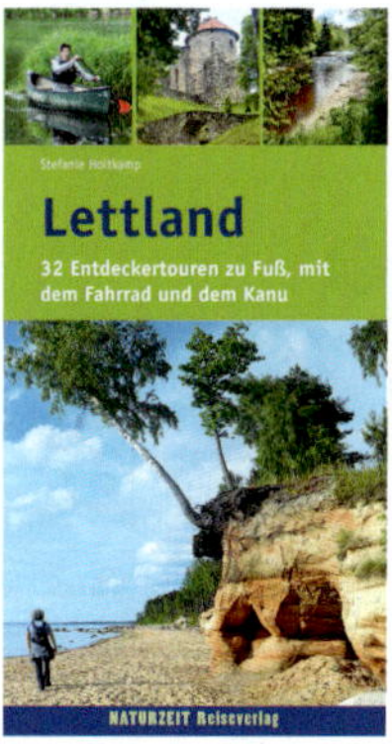

192 Seiten, Mai 2016
ISBN 978-3-944378-07-7
€ 14,90

- Abwechslungsreiche Routen durch die Natur zu Fuß, mit dem Fahrrad oder dem Kanu
- Die schönsten Badeplätze
- Alle wichtigen Sehenswürdigkeiten
- Campingführer und Übernachtungstipps

Weitere Informationen und eine Leseprobe zu jedem Buch unter www.naturzeit-verlag.de

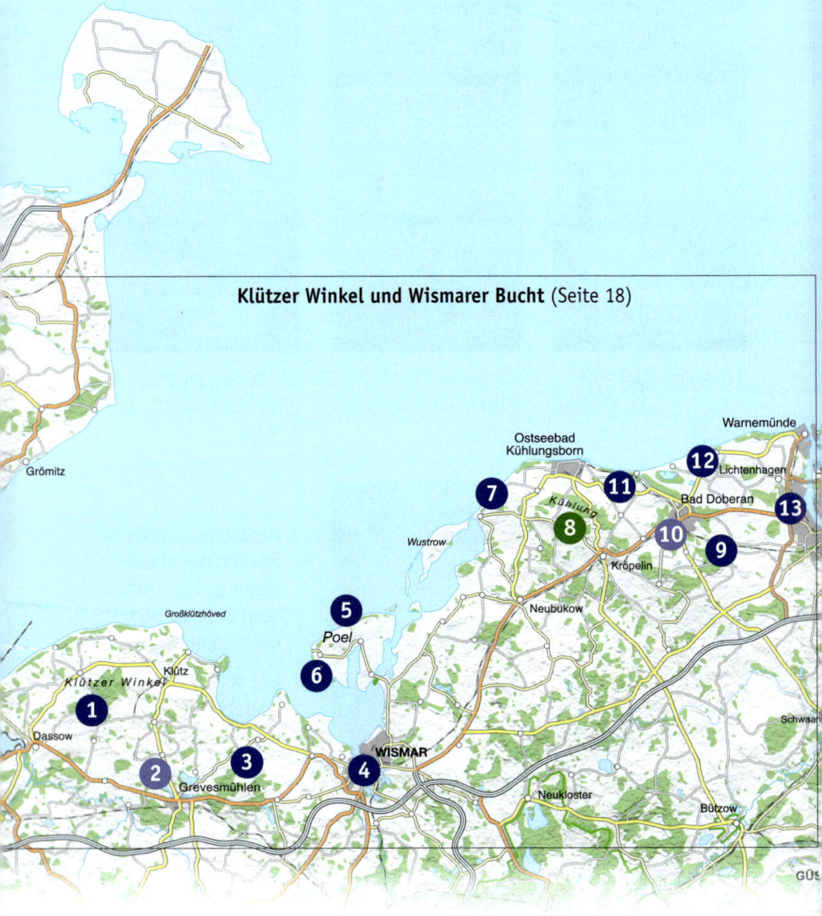

ab 4 Jahre ab 6 Jahre ab 8 Jahre